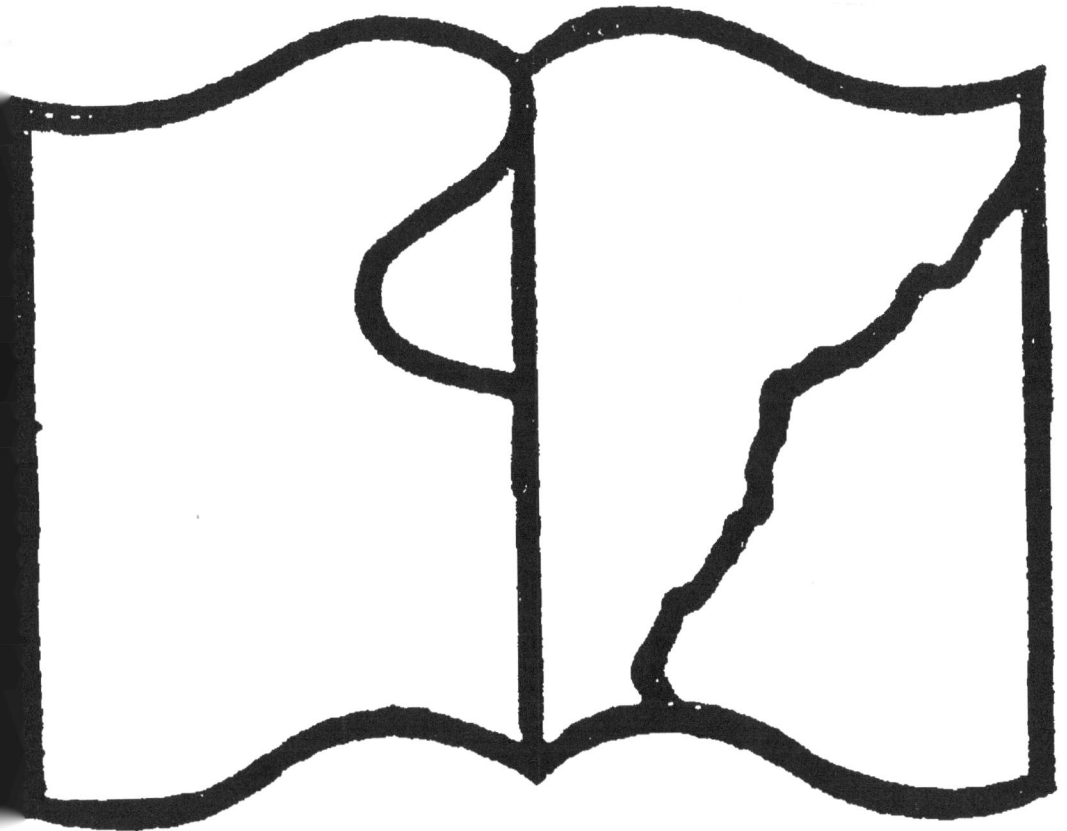

Texte détérioré — reliure défectueuse

NF Z 43-120-11

G. CHAR.

13, RUE D

ÉTUDES DE PHYSIOLOGIE SOCIALE

LA PROSTITUTION

OUVRAGES DU MÊME AUTEUR

L'Inventeur. Un vol. in-8. 1866. (*Épuisé.*)

Nos préjugés politiques. (*Bibliothèque démocratique.*) 1872. (*Épuisé.*)

Les Lieux communs. Un vol. in-12. 1873.

La Préfecture de police. — Lettres d'un VIEUX PETIT EMPLOYÉ. Brochure in-8. 1879.

La Police des mœurs. — Révélations d'un EX-AGENT DES MŒURS. Lettres d'un MÉDECIN. Brochure in-8. 1879. (*Épuisé.*)

Le Travail et les traités de commerce. — Conférence avec graphiques. Brochure in-8. 1879. (*Épuisé.*)

La Suppression des octrois et le Conseil municipal de Paris. Proposition Yves Guyot. Brochure in-18. 1880. (*Épuisé.*)

Études sur les doctrines sociales du christianisme. Un vol. in-18. Nouvelle édition. 1881.

La Science économique. Un vol. in-12, avec 57 graphiques, cartonné. (*Bibliothèque des sciences contemporaines.*) 1881.

Dialogue entre John Bull et George Dandin, sur le Traité franco-anglais. Brochure in-18. 1881. (*Épuisé.*)

Scènes de l'Enfer social : la famille Pichot. 1 vol. in-18. 1882

En collaboration avec SIGISMOND LACROIX. Histoire des prolétaires, 20 séries in-4°. (*Épuisé.*)

EN PRÉPARATION

La Morale. Un vol. in-18. (*Bibliothèque matérialiste*).

6826. — Imprimerie A. Lahure, rue de Fleurus, 9, à Paris.

ÉTUDES DE PHYSIOLOGIE SOCIALE

LA PROSTITUTION

PAR

YVES GUYOT

MEMBRE DU CONSEIL MUNICIPAL DE PARIS

AVEC 25 GRAPHIQUES

QUATRIÈME MILLE
Revu et augmenté

PARIS

G. CHARPENTIER, ÉDITEUR

13, RUE DE GRENELLE-SAINT-GERMAIN, 13

1882

A MADAME

JOSÉPHINE BUTLER

Secrétaire général de la Fédération pour l'abolition
de la prostitution officielle.

Je mets ce livre sous l'invocation de votre nom,
non pas seulement comme un témoignage de la vénération que j'éprouve pour votre caractère, de l'admiration que je ressens pour votre intelligence et
pour votre œuvre; mais afin qu'en le voyant ici, sur
cette première page, toutes les femmes comprennent
que ce livre peut et doit être lu par elles.

L'ignorance des monstrueux détails de la prostitution officielle et de ses conséquences sociales, seule,
en maintient l'existence. Quand les femmes, les plus
intéressées à cette question, comme épouses et
comme mères, auront senti l'influence qu'elle exerce
sur chaque foyer; quand elles auront vu, qu'après
avoir institué le mariage monogamique officiel,
l'État autorise la police à organiser une polygamie et une polyandrie non moins officielles, elles
cesseront de s'incliner devant les aphorismes des
héritiers de Chrysale, leur affirmant qu'il serait

indécent de leur part de s'occuper de ces mystères, et elles accorderont, à leurs égards et à leurs précautions envers elles, les remercîments que méritent de tels emprunts à la morale de Tartufe.

Alors toute femme aura conscience qu'en défendant la personnalité, la liberté, le respect des plus pauvres, des plus abandonnées, des plus déprimées, c'est le respect de la femme même que nous défendons contre la brutalité barbare que l'homme, sous des apparences de galanterie plus ou moins raffinée, apporte encore dans ses rapports avec elle.

Votre dévoué,

YVES GUYOT.

Mai 1882.

LA PROSTITUTION

PREMIÈRE PARTIE

ORGANISATION SOCIALE DE LA PROSTITUTION OFFICIELLE

CHAPITRE PREMIER

DÉFINITION DE LA PROSTITUTION

I. Les mots. — Effets des mots. — L'excommunication. — Mot pour réalité. — Le mot : prostitution. — Idée de caste. — Apologie de la prostituée. — Les nomenclatures.

II. Définition de Littré. — Tous les hommes prostitués. — Confusion avec polygamie et polyandrie. — La prostitution dans la monogamie. — La prostitution est le contraire du plaisir. — Les prostituées sont du Nord. — Définition de la prostitution.

III. La base de la famille. — La prostitution monogamique et la prostitution polyandrique. — La femme galante. — La vile prostituée. — La cocotte. — La fille en carte. — La fille de bordel. — Le but du système.

I

Prendre des mots pour des choses, se payer de mots, disputer sur des mots : telle est l'histoire de

1

toutes les aberrations intellectuelles de l'homme. Il y est poussé par deux tendances contraires : le besoin de la certitude ; la paresse de la recherche.

Alors, il englobe tout un ordre de phénomènes plus ou moins connexes dans un mot plus ou moins précis ; il y enferme des êtres de toutes sortes ; et une fois qu'il a contracté l'habitude de répéter ce mot à lui-même et aux autres, il n'observe plus les faits : il ne croit plus qu'au mot.

Dès qu'on le prononce devant lui, immédiatement une partie de ses cellules cérébrales entre en éréthisme ; et par action réflexe, il éjacule, sur la question qui nous concerne, une série d'idées incohérentes, mais toutes faites.

Descendants des scolastiques du moyen âge ; héritiers de ce peuple des sots si soigneusement élaboré par notre vieille Université ; la tête remplie des formules de nos légistes et des dogmes de nos prêtres ; pétris par une éducation mnémotechnique et non façonnés à l'observation des choses, nous avons des habitudes d'esprit absolu qui nous font encore, dans les sciences, prendre la force, le mouvement, la matière, la race, l'espèce, etc. — termes commodes tout simplement au point de vue de la classification, — pour des réalités, ayant une existence propre.

Si, en de telles matières, nous pouvons commettre de pareilles erreurs, nous les aggravons encore dans l'examen des questions sociales. Nous nous créons des entités, comme l'ordre, la morale, la religion, la société, et alors sous prétexte de défendre l'ordre, la morale, la religion, la société, les plus forts écrasent les plus faibles. De même que Calino trouve que la forêt l'empêche de voir les arbres, derrière ces mots, nous ne voyons plus les individus sans qui, cependant, il n'y aurait ni société, ni religion, ni morale, ni ordre humain.

Ce mot : « la prostitution » évoque aussitôt dans la plupart de nos cerveaux européens, l'image de femmes stationnant au coin des rues, enfermées dans des lupanars, provoquant les passants : et nous nous imaginons que ces femmes appartiennent à une catégorie à part ; qu'elles sont nées ainsi ; qu'elles forment une caste spéciale, instituée par les Décrets de la Providence, pour la satisfaction des besoins des hommes au tempérament ardent et pour la sauvegarde des familles. De sévères moralistes ont fait l'apologie de la prostituée afin de mieux montrer son rôle social. M. Lecky dit, dans ses *European morals* :

« La prostituée, type suprême du vice, est en même temps la gardienne la plus efficace de la vertu. Sans elle, la pureté inattaquée d'innombrables foyers domestiques serait souillée, et plus d'une qui, dans l'orgueil de sa chasteté préservée des tentations, ne pense à cette misérable femme que dans un dégoût mêlé d'indignation, aurait connu les tortures du remords et du désespoir. C'est sur cette créature dégradée et ignoble que s'assouvissent les passions qui eussent peut-être rempli le monde d'ignominie. Tandis que les croyances et les civilisations naissent, passent et disparaissent, elle demeure, prêtresse éternelle de l'humanité, flétrie pour les péchés du peuple. »

Quand nous entendons de pareils blasphèmes, nous nous demandons si nous ne sommes pas transportés dans quelque pays de caste, comme l'Inde ou l'ancienne Égypte. Y a-t-il donc un état social auquel appartiennent fatalement certains êtres, où ils

doivent demeurer enfermés, d'où ils ne doivent pas
sortir, qui s'appelle la prostitution ? Certes, pour
les esprits administratifs qui veulent caser dans les
cartons de leurs bureaux toutes les activités humaines,
il est commode de ranger des personnes en catégories symétriques et de dire : — Toi, tu appartiens à
l'administration ! toi, tu appartiens à la magistrature ! toi, tu appartiens au clergé ! toi, tu appartiens
aux mauvaises doctrines! toi, tu appartiens à la prostitution !

Sur les anciennes tables de recensement, il était
facile d'inscrire qu'il y avait en France 36 millions
de personnes, appartenant à la religion catholique :
mais dans quelle mesure? jusqu'où allait leur ca-
tholicisme? s'arrêtait-il au baptême?

De même pour la prostitution, où commence-t-
elle? où finit-elle? quelles sont ses limites?

Voilà ce qui ne saurait embarrasser des administrateurs, devenus des machines à étiqueter et à
comprimer. Voilà ce qui embarrasse les hommes
qui veulent se donner la peine d'observer et de réfléchir.

II

Littré définit la prostitution : « Abandonnement
à l'impudicité. »

Si cette définition est exacte, on doit appeler
prostitué un homme qui possède ou a possédé plusieurs femmes. Tous les jeunes gens du quartier
latin, les futurs défenseurs de l'ordre, de la famille
et de la société, jetant leur gourme ; les quatre-vingt-
dix-neuf centièmes de nos officiers et de nos soldats ;

élégants à bonnes fortunes, Dons Juans de boudoirs, Lovelaces de cabinets particuliers, vulgaires coureurs, petits crevés, vieux polissons, maris indépendants, ont été, sont et seront des prostitués. Ce qualificatif doit frapper quiconque n'entre pas vierge dans le lit nuptial ou n'y reste pas fidèle. La prostitution du sexe masculin est un état général, presque universel.

— Ce n'est pas vrai, dites-vous ? Soit : mais alors la définition de Littré est fausse.

Et si dans nos sociétés basées sur la monogamie, vous refusez de donner l'épithète de prostitué à un polygame, pouvez-vous l'appliquer à une polyandre ? Par corruption, souvent, on la flétrit de ce terme pour la désigner : il est impropre, car il s'applique à un autre ordre de faits.

Vous direz de parents qui auront marié leur fille à un vieillard, infirme et dégoûtant, uniquement pour des considérations de fortune, qu'ils ont prostitué leur fille, et le terme sera exact. Vous direz d'un jeune homme qui épouse une vieille femme riche, qu'il se prostitue, et le terme sera exact ; et ici, cependant, il ne s'agit pas d'actes multiples d'impudicité ou de débauche : il s'agit d'un acte de monogamie sanctionné par la loi. Vous direz également du journaliste qui vend sa plume, qu'il se prostitue, de l'homme politique qui vend ses votes, qu'il se prostitue : et le terme sera exact.

D'après ces exemples, nous avons le droit de conclure que le mot de prostitution ne s'applique pas à la fréquence des actes sexuels de l'un ni de l'autre sexe ; que lui donner cette acception, c'est le confondre avec les mots de débauche et de paillardise.

Le mot de prostitution comporte un tout autre sens.

Quelquefois des prostituées, dans un moment de franchise, disent à leur client : — « Crois-tu donc que nous fassions ça pour notre plaisir? » Voyez les dessins de Grevin qui représentent si exactement les mœurs légères de Paris. Les femmes appellent leur client, un « muffe. » A un autre degré, elles l'appellent un « michet. » Plus il est laid, vieux, cassé, repoussant, et plus il est « sérieux, » parce qu'il doit payer plus cher. Les conseils que donnent les mères d'actrices, les proxénètes, aux jeunes filles, peuvent se résumer ainsi : — « Ça t'avancera bien d'aimer ce beau brun !... pas de toquades ! Il faut être raisonnable, ma fille ! » Si la maîtresse de maison veut faire l'éloge d'une de ses pensionnaires, elle dit : — « Fanny est une bonne fille. Elle travaille bien. » Aucune des expressions de ce vocabulaire ne comporte l'idée de plaisir, de jouissance des sens, des satisfactions que peuvent donner les rapports sexuels : tous, au contraire, expriment l'idée de travail, d'effort, de répugnance vaincue, en vue d'un gain.

Si la prostitution donne lieu à des actes d'impudicité et de débauche, la prostituée ne les commet que pour la satisfaction de ses clients. Comme elle le dit elle-même : — « Les hommes sont si exigeants ! » Le débauché, l'impudique, c'est celui qui recherche et paye la débauche. La prostituée, elle, ne fait pas de la débauche pour son plaisir personnel. Elle exerce un métier.

Les méridionales ont la réputation d'être dévorées d'appétits génésiques; si la passion sexuelle était le mobile des prostituées, elles devraient toutes appartenir au Midi. A Paris, au contraire, en grande majorité, elles viennent des départements du Nord,

poussées par les difficultés de la lutte pour l'existence, le besoin de gagner et l'envie d'amasser de
l'argent. La statistique publiée dans la troisième
édition de Parent-Duchatelet, est probante à cet
égard [1].

De 1845 à 1854.	Prostituées inscrites.
La Seine a fourni..................	1153
Seine-Inférieure...................	288
Seine-et-Oise......................	253
Nord..............................	186
Aisne.............................	183
Seine-et-Marne....................	180
Oise..............................	174
Somme............................	165
Moselle...........................	155
Pas-de-Calais.....................	145
Loiret............................	113
Yonne............................	103
Eure-et-Loir......................	99
Sarthe............................	99
Marne............................	98
Eure..............................	94
Meuse............................	94
Meurthe...........................	91

Je sais qu'il faut tenir compte de la population de
chaque département et du rayon d'approvisionnement : mais cependant, si vous descendez au Sud-
Ouest, vous vous arrêtez immédiatement après le
Loiret, tandis que les huit départements au nord
de Paris viennent en première ligne.

La prostitution, pour la personne qui s'y livre,
est exactement le contraire de la satisfaction des
appétits sexuels.

Les sénateurs de la rue Marbœuf n'étaient pas

---

1. Parent-Duchatelet, *la Prostitution*, 3ᵉ éd., 1857, t. I, p. 60.

des prostitués : ce mot ne convient qu'aux dragons de l'Impératrice qui s'abandonnaient à eux. M. de Germiny avait des goûts bizarres ; le jeune Chouard, seul, était prostitué.

On peut donc dire : *est prostituée toute personne pour qui les rapports sexuels sont subordonnés à la question de gain.*

III

Il y a bien peu de mariages légaux auxquels ne se mêle la question de gain : les parents pèsent la dot de la jeune fille, la fortune et la position du prétendant ; chacun examine leurs « espérances » respectives ; les notaires enregistrent les conditions du marché. Dans quelle mesure y a-t-il prostitution de la part des conjoints ? Très souvent il est facile de le dire. « Il ne l'a point épousée pour sa beauté, à coup sûr, mais elle est riche. — Il est affreux, mais il a un bel avenir devant lui. — La dot fait passer bien des choses... » Ce sont là des locutions courantes. On plaint quelquefois la femme. Ses bonnes amies disent « qu'il faut qu'elle ait bien du courage. » Quelques-unes la raillent comme le renard se moquait des raisins. On plaisante un peu de l'acheteur, mais qu'importe ? l'acte est légal et accepté par tous. Joseph Prudhomme déclare qu'il est la base de la famille, alors même qu'il est facile de constater au premier coup d'œil que si la femme ne prend pas de collaborateurs, elle n'aura jamais d'enfants.

Dans l'union libre, en dehors de la grande caste des gens mariés, il est souvent beaucoup plus difficile de dire dans quelle mesure se mêle la question d'intérêt aux rapports sexuels. Elle n'a point été réglée par acte notarié. Elle peut être nulle des deux côtés, elle est presque toujours complètement nulle d'un côté. A Paris, où d'après les calculs du Dr Bertillon, plus du dixième des ménages (soit 40 000), sont ainsi constitués, on accorde une large indulgence à la femme dans ces conditions. Alors même qu'il est bien évident que ce n'est point par passion qu'elle a aliéné ses services à un homme atteint de satyriasis et qu'elle réitère à tout instant ses contacts sexuels avec le même individu, on ne songera point à ajouter un nouveau blâme au blâme que les puritains ont pu lui infliger pour l'acte initial.

Mais si ses actes de prostitution, au lieu de se renouveler fréquemment avec le même homme, se renouvellent avec des hommes différents, alors la morale sociale devient sévère : elle rejette cette femme très loin de ce qu'on appelle la société régulière, — sans doute, parce que sa régularité se compose, surtout, d'irrégularités couvertes d'une épaisse couche d'hypocrisie.

Une femme n'est donc pas considérée comme prostituée, en raison de la gravité ou de la fréquence de ses actes de prostitution, mais en raison du nombre des individus avec qui elle les commet.

Si cette femme ne commet ces actes que dans un certain monde ; si elle les enveloppe d'une certaine élégance ; si elle est assez heureuse pour vivre dans le luxe, elle n'est qu' « une femme galante ». Mais si cette femme est pauvre, si elle est trop laide ou n'a pas assez de charme pour pouvoir se tirer d'affaire, alors elle est stigmatisée du titre de « vile prostituée », la société « jette cette femme au ruisseau, à l'égout », et n'a pas de métaphores assez grossières pour exprimer tout son mépris.

La *Fille Elisa* a été un scandale, parce que M. de Goncourt a quitté la région du *Demi-monde*, où s'agitaient les *Dames aux camélias*, les Lorettes et autres *Lionnes*, pour jeter un coup d'œil sur la fille pauvre.

« La fille entretenue », « la cocotte! » on sourit en prononçant son nom, elle a des journaux uniquement consacrés à ses mœurs et au récit des actions d'éclat des favorisées ou des habiles. La « fille en carte », est considérée avec dégoût. Un homme qui avoue ses rapports avec la première n'avoue pas ses rapports avec celle-ci. La « fille de bordel! » c'est le dernier échelon, et la fille en carte dit elle-même avec hauteur: « Je ne suis pas une fille de bordel, moi! »

Du moment que les actes de prostitution répétés avec des hommes divers sont abominables, sont un fléau au point de vue de la morale et de la salubrité publiques, la police qui s'imagine incarner la société, n'a plus que la préoccupation suivante.

Une femme a commis quelques actes de prostitution plus ou moins avérés, en dehors des formes légales; elle a eu un ou plusieurs amants, soit par passion, soit par intérêt : alors, la police emploie toutes les forces sociales dont elle dispose, par usurpation ou en vertu de la loi, pour contraindre la femme sur laquelle elle a jeté son dévolu à ne plus vivre que de la prostitution et à répéter avec une fréquence de plus en plus grande ses actes de prostitution. Elle s'efforce de transformer celle qui n'était qu'une prostituée, à certain moments, par accident, en prostituée complète et permanente.

Ainsi, cette administration qui prétend que la prostitution est un mal — mal nécessaire, il est vrai,

— n'a qu'un but : fabriquer de « viles prostituées », ne pouvant être autre chose que des prostituées et coudamnées à perpétuité à rester prostituées.

La société, en bonne mère, s'acharne à constituer une classe de femmes exerçant un métier dans des conditions qui provoquent son mépris ; et pour y parvenir, elle a institué un système, le « système français » comme dit, avec un ignorant orgueil, M. Lecour, qui a pour idéal de faire, le plus rapidement et sur la plus large échelle possible, d'une fille entretenue une fille en carte et d'une fille en carte une fille de bordel.

Ce système s'appelle, sans doute par antiphrase, la « police des mœurs ».

Nous allons étudier ses divers procédés et leurs conséquences.

CHAPITRE II

HISTOIRE DE L'ORGANISATION DE LA PROSTITUTION OFFICIELLE

I

Si « la police des mœurs » méritait véritablement le titre de « système français », j'en souffrirais par patriotisme, mais j'en reconnaîtrais la nationalité par amour de la vérité. Heureusement que son origine est beaucoup plus haute et plus noble. Pour ne remonter qu'à l'antiquité classique, elle est due au sage Solon. Parlant de lui et de cette institution, le poète Philémon s'écrie :

« O Solon ! tu as été vraiment le bienfaiteur du genre humain, car on dit que c'est toi qui as pensé à une chose bien avantageuse au peuple, ou plutôt au salut public! Oui, c'est, avec raison, que je dis ceci, lorsque je considère notre ville pleine de jeunes gens d'un tempérament bouillant, et qui, en conséquence, se porteraient à des excès intolérables! C'est pourquoi, tu as acheté des femmes et tu les as placées en des lieux où, pourvues de tout ce qui leur est nécessaire, elles deviennent communes à tous ceux qui en veulent. »

Nous retrouverons les arguments du poète Philémon délayés dans les livres de Lecour, de Parent-Duchatelet, et les autres documents de police, sous la forme suivante :

L'organisation de la prostitution publique est une mesure de salut public ;

La prostitution est un mal nécessaire à la sauvegarde des familles ;

La prostitution doit être confinée dans des maisons de tolérance.

Nouveau titre de gloire pour le législateur athénien : il a dit le dernier mot du système !

En 1876[1], au Conseil municipal, le préfet de police, M. Voisin, à cette question : — « Sur quelle loi vous basez-vous ? » — répondit avec solennité : « Je me base sur les Capitulaires de Charlemagne. » Il était trop modeste. C'eût été bien plus majestueux de dire : « Je me base sur les lois de Solon ! »

On comprend parfaitement que dans une civilisation de caste, de classes nettement tranchées, d'esclavage, un législateur s'efforce de faire une caste des prostituées. On les logeait dans les avenues du Céramique et sous les arcades du Long Portique, à

---

1. 2 décembre.

portée des marins qui fréquentaient le port d'Athènes. Elles devaient se vêtir de .robes brodées à fleurs ; elles avaient un tribunal particulier pour juger leurs différends. Elles furent d'abord entretenues aux dépens de la République.

On dit que Solon, lui-même, exploita des troupes d'esclaves prostituées. Aspasie, la femme du grand Périclès, se livrait à ce genre d'industrie, qui n'avait rien de déshonorant. On calculait que certaines esclaves ne pouvaient guère demander un prix supérieur à 2 oboles (30 centimes) ; d'autres 1 drachme (92 centimes) ; mais une esclave, de beauté moyenne et de talent moyen, gagnait par jour 1 statère (18 fr.) et valait de 20 à 30 mines (1800 à 2700 fr.). Nous voyons deux Athéniens acheter Neæra pour 30 mines (2700 fr.), et, quand ils en sont fatigués, lui offrir la liberté pour 20 mines (1830 fr.).

Dans les grands centres de commerce, à Corinthe, à Coman, en Phrygie, à Éryx, en Sicile, etc., les temples, surtout ceux de Vénus, avaient des esclaves de ce genre, connues sous le nom sacré d'Hérodules. A Éphèse, elles étaient au nombre de mille. Considérées comme un attrait pour les étrangers et une source de richesses, elles jouissaient de certains privilèges et de certains honneurs.

Chez les Romains, système analogue à celui d'Athènes : la police a pour but de maintenir chacun à son rang ; elle surveille les citoyens, elle s'ingère dans les actes de la vie quotidienne pour faire observer les traditions religieuses et morales de la cité. Par conséquent, la prostituée clandestine manque à son devoir, puisqu'elle ne prévient pas la République de sa situation, aussi est-elle condamnée à l'amende et au bannissement, si elle ne va se faire inscrire par les édiles sur des registres. « Nos pères, dit Tacite, pensaient qu'une femme était assez punie par la seule déclaration de son impudicité. » Elles avaient leur quartier ; elles portaient des costumes particuliers, des toges courtes et ouvertes, des souliers rouges, des perruques blondes, des mitres pareilles à celles de nos évêques. S'il faut en croire Lactance, une fois ces formalités remplies, elles n'étaient point mal vues. L'une d'elles, Flora, donna tous ses biens à la République à la condition qu'on instituerait en son honneur des jeux annuels, qui seraient célébrés au printemps ; le Sénat accepta le legs. Dans ces jeux, les filles paraissaient nues, luttaient entre elles, faisaient des courses, se débattaient avec des jeunes gens, figuraient des scènes telles que l'enlèvement des Sabines, se livraient à tous les gestes lascifs et obscènes qui pouvaient séduire une population ardente et peu délicate. Du reste, ces spectacles se renouvelaient lors des fêtes à Vénus, à Marsyas, à Hermès, à Pertunda et Volupia. Dans les jeux mimiques habituels, il n'était pas rare de voir des femmes paraître nues sur la scène et y jouer, sans la moindre tricherie, toutes les scènes d'un priapisme à la fois raffiné et brutal. Tertullien dit qu'à la fin de ces représentations, un hérault criait les noms, les adresses et les prix des jeunes filles.

Parmi les prédécesseurs des faiseurs de règlements modernes, il faut citer le vertueux Auguste qui n'en présidait pas moins des banquets où on parodiait les mystères de l'Olympe ; il faut citer le chaste Tibère qui, comme compensation à ses orgies de Caprée, réglementait la débauche à Rome ; il faut citer le vertueux Caligula qui taxa les prostituées au prorata de leurs tarifs et, en bon commerçant, établit un lupanar richement décoré dans le palais impérial. Non seulement, il y réunit des femmes et des jeunes gens ; mais des esclaves nomenclateurs allaient sur les places publiques raccoler les clients : à ceux qui n'avaient pas d'argent, on prêtait à usure. L'inscription du débiteur sur les registres était un honneur pour lui, car elle constatait qu'il avait contribué à augmenter les revenus de l'empereur.

Vitruve a décrit les maisons de débauche. Les ruines de Pompéi nous ont montré leur aménagement.

Alexandre Sévère voulut supprimer la prostitution. Il fit publier les noms de toutes les femmes que la police désigna, comme s'y livrant ou en vivant. Les personnes, nées libres, ne pouvaient contracter mariage avec des femmes affranchies par ceux qui tenaient des maisons de débauche [1]. Des lois de Dioclétien et de Maximien défendirent aux sénateurs d'épouser non seulement des prostituées, mais encore des filles de tenanciers de maisons de débauche. La loi romaine faisait des entremetteurs et des prostituées une caste taxée d'infamie ; et la notification de l'infamie avait des conséquences légales positives : ils ne pouvaient jouir de leurs biens, avoir la tutelle de leurs enfants, obtenir une charge publique, prêter serment en justice ou former une accusation [2]. Ils ne pouvaient, en changeant de vie,

---

1. Tit. XIII, *Ex. corp. jur.* Ulpian.
2. Leg. 43 ff., *de ritu nuptiar.* libr. XXIII, tit. II, *in princip.*, et § 7, 8 *et* 9 ; et lib. III, tit. II, § 2. *De his qui not. infamiá*, ff. leg. 15 *et mul., de curat. fur.*, etc., *et ibi gloss.; leg.* 12, *cui bono, de verb. obligat.; leg. 4, is qui, de accusat. et inscript.;* lib. III, tit. II, *de his qui not. inf. et gloss.;* LENOCUI, *In leg. qui judic. de accusat.*

effacer cette tache ; car, dit la loi, la turpitude n'est point abolie par l'intermission [1]. La pauvreté ne pouvait être invoquée comme excuse [2]. Si un esclave devenait affranchi et avait tiré parti des filles esclaves qui étaient dans son pécule, cette note d'infamie le frappait [3].

Nous comprenons difficilement comment ce système fonctionnait ; mais les abus auxquels il donnait lieu n'avaient que peu d'importance dans une société hiérarchisée, basée sur l'esclavage, où l'individualité humaine n'était rien, et qui considérait que les souffrances, les misères des gens, sans titre et sans défense, n'avaient aucune importance.

Valentinien supprima aussi la prostitution, ce qui prouve que la suppression précédente n'avait pas été très effective, et la frappa de pénalités féroces.

A Byzance, Théodora, fille d'Acacius, le maître des ours, le belluaire de la faction des Verts, élevée au milieu des gens du Cirque, dès son enfance jouant des pantomimes, dès rôles bouffes où elle se montrait nue aux matelots du port à qui elle s'abandonnait ensuite pour quelques deniers, devint femme de l'empereur Justinien qui, épris d'elle, se rappela le commandement de Dieu :

Chair ne désireras.
Qu'en mariage seulement.

Épousée ainsi par vertu, elle voulut se montrer digne d'une si grande fortune en faisant expier, par

---

1. Leg. 43, ff., *de ritu nuptiar.*, § 4, tit. II.
2. *Ead. leg.*, § 5.
3. *Id.*, leg. 41, et lib. III, tit. II, § 3, *De his qui not. inf.*

2.

ses anciennes camarades, ses péchés passés. Elle en fit ramasser cinq cents qu'elle enferma dans un palais abandonné, situé sur le Bosphore. Beaucoup périrent dans la mer en cherchant à s'évader.

Nous trouvons fréquemment dans l'histoire de la réglementation de la prostitution des accès de chasteté, ayant les mêmes conséquences, et tout aussi bien justifiés.

Certaines peuplades barbares traitaient les prostituées avec sévérité. Chez les Goths, toute fille ou femme mariée qui était reconnue se livrer au métier de la prostitution, devait être arrêtée, condamnée à recevoir trois cents coups de fouet et bannie à perpétuité. Si elle reparaissait dans la cité et qu'elle tînt la même conduite, on lui appliquait de nouveau trois cents coups de fouet et on la mettait en service chez quelque personne pauvre, avec défense de paraître aux yeux du public.

Charlemagne consacra un capitulaire à la suppression de la prostitution : mais le grand empereur ne donnait point lui-même l'exemple de la chasteté, de sorte qu'il y avait, même à sa cour, beaucoup de femmes vivant dans le libertinage. A son avènement, Louis le Débonnaire les condamna à parcourir les campagnes, pendant quarante jours, nues de la tête à la ceinture, en portant sur le front un écriteau, où était inscrite la cause de leur condamnation.

II

Le but que se sont proposé tous ceux qui, sans vouloir supprimer la prostitution, ont essayé de lui imposer des règlements, a été de transformer la prostitution clandestine en prostitution autorisée. Ils ont dit aux femmes :

— Prostituez-vous ! nous ne demandons pas mieux, mais avec l'autorisation de l'autorité !

La prostitution a suivi au moyen âge et sous l'ancien régime, toutes les phases des différents corps de métier. Les règlements, auxquels elle était soumise, étaient analogues à ceux des autres corporations.

A Paris, elle avait son organisation, ses statuts, ses juges à part, sa patronne. Tous les ans, elle faisait une procession le jour de la Madeleine. La débauche, dans ce catholique moyen âge, avait un caractère de violence que nous comprenons mal aujourd'hui. Aller voir une fille folle, c'était ni plus ni moins que la damnation. On y allait cependant, et on y allait avec d'autant plus de passion. Le danger de payer de l'enfer un plaisir de quelques instants lui enlevait la banalité, ajoutait à la facilité, qui le rend fastidieux, la puissante attraction du drame. Une fois qu'on avait jeté son âme au diable, alors on en prenait pour le prix. Le plaisir de l'homme était multiplié par la terreur de l'enfer. Quand on avait perdu son âme, on ne regardait plus à son argent, et on vidait son escarcelle jusqu'au dernier denier. — Vive la joie ! je suis damné.

Dans cette société composée de compartiments multiples, la prostitution en occupait un où elle se mouvait fort à l'aise. De même que chaque corps de métier avait sa rue, portant son nom : la cordonnerie, la ferronnerie, la chanvrerie, la vannerie, la tannerie, etc., elle avait ses rues tout à elle; et on voit par leur nombre la place importante qu'elle tenait dans le Paris du moyen âge. C'étaient les rues Brise-Miche, Tiran, Chapon, Champfleury, du Regnard, le Grand-Huleu et le Petit-Huleu, les rues des Deux-Portes, du Pélican, Beaurepaire, la rue Percée, Bourg-l'Abbé, Tire-Boudin, la rue Gréneta, les rues Trasse-Putain, Trasse-Nonain. Elles demeuraient encore à l'abreuvoir de Mâcon, dans la Bouillerie, dans la rue Froidmantel, près du clos Brunel, dans la cour Robert, dans la rue de Baillehoë, dans la rue Glatigny. L'entrée de la rue Glatigny était nommée le Val d'Amour.

Les lupanars s'appelaient des abbayes, et il n'y avait pas de petite ville qui n'eût sa « rue chaude ». Par un étrange renversement des habitudes actuelles, la nuit, au couvre-feu, elles devaient quitter leurs clapiers et cesser d'exercer leur métier.

Cette corporation subit le sort des autres. La royauté mit la main sur elle. Quant Louis IX fit, du prévôt de Paris, un agent de la royauté, analogue à notre préfet de la Seine et à notre préfet de police actuels, il se figura, avec ses idées d'homme d'ordre et moral, qu'il lui suffirait d'une ordonnance pour supprimer la prostitution. En 1254, il ordonna que « les filles de joie fussent boutées tant des champs comme des villes et dépouillées de leurs biens, voire de leurs habits jusqu'à la cotte et au pélisson ». Au nom de la morale royale, les gens de police volèrent et maltraitèrent quelques milliers de femmes. Les malheureuses revenaient ou étaient remplacées par d'autres, pour une raison fort simple : il y avait toujours des clients, et la demande appelle l'offre.

L'efficacité des mesures de saint Louis est attestée par ce fait : en 1270, après la prise de Damiette, les gens du roi établirent, dans le camp même et près du pavillon du roi, des lieux de débauche dont ils tiraient profit.

Ce fut en 1258 qu'Étienne Boileau ouvrit le Livre des Métiers qui eut pour résultat l'absorption des corporations de métiers dans la royauté. La prostitution suivit le sort commun. Louis IX, s'étant aperçu qu'il ne pouvait la supprimer, la réglementa. A partir de ce moment, le travail fut un droit régalien dont chaque sujet devait acheter et payer la concession au roi. Un menuisier ne pouvait faire des portes, un serrurier ne pouvait faire des serrures qu'après en avoir obtenu le privilège, moyennant argent. S'il se fût permis de faire une porte, ou une serrure de sa propre volonté, il eût été rudement poursuivi et châtié pour apprendre à respecter les prérogatives de la couronne. De même, la femme ne put faire commerce d'elle-même sans patente en règle. Elle devint une institution royale.

Une ordonnance du prévôt de Paris, du 18 septembre 1367, enjoint à toutes les femmes de vie dissolue, d'aller demeurer dans les bordeaux et lieux publics qui leur étaient destinés.

En 1387, une ordonnance supprime encore, sur le papier, la prostitution à Paris. Deux ans après, en 1389, Charles VI, donne « aux filles de joie du bordel de notre grande ville de Toulouse, dite notre grande abbaye », la liberté de porter des robes et des garnitures de soie, qui leur étaient interdites, en ne maintenant pour elles que l'obligation d'avoir une jarretière au bras. En 1424, Charles VII fait pour la même ville une ordonnance spéciale sur la demande des capitouls qui, chaque année, recevaient une redevance. Cette ordonnance tend à rétablir « l'ordre pour les jeunes ribauds qui cassaient les portes et les fenêtres sans aucune crainte de Dieu. »

Sous Charles VI, l'ordonnance de 1420 avait procédé à une organisation générale de la prostitution, dans le dessein d'en faire un instrument fiscal. Les lieux de prostitution furent soumis à une taxe en faveur des villes qui, de leur côté, leur fourniraient des locaux convenables. Les quartiers où les filles devaient demeurer étaient délimités. Toutes ces dispositions sont mentionnées sur les registres de la Chambre des comptes.

L'idéal de la police de ce temps, comme du temps de Solon, comme aujourd'hui, est de « concentrer la débauche dans des maisons de tolérance », pour me servir de la formule consacrée du langage administratif.

Dans toute l'Europe, du douzième au seizième siècle, nous trouvons des organisations analogues.

A Genève, à Nuremberg et dans d'autres villes, les filles publiques avaient leur surveillante ou supérieure [1] élue régulièrement tous les ans et assermentée par le magistrat. On l'appelait à Genève la *Reine du bordel.* Un privilège exclusif autorisait les filles, à Nuremberg, à poursuivre celles qui sans appartenir à leur corporation, s'adonnaient au libertinage. Partout, elles payaient des taxes.

A Rome, auprès du palais du pape, était établi un lieu public de débauche, dont le maréchal de la cour tirait un tribut. Des règlements, à Londres, datant de l'an 1430, organisent des étuves publiques, destinées à la débauche. Elles appartenaient au

---

1. *Mémoires de l'Institut, Académie des sciences morales et politiques*, vol. IV, p. 344.

lord maire de Londres qui les donnait à ferme à des Flamands.

A Venise [1] un édit de 1266 prescrit contre les filles le fouet, la marque au fer rouge, le bannissement; puis, en 1314, le gouvernement les parque dans un endroit spécial du Riotto; en 1416, elles peuvent circuler dans la ville, mais en portant un mouchoir jaune au cou; en 1423, elles sont inscrites d'office et soumises à un règlement sévère; en 1543, il leur est interdit de sortir la nuit sans lumière. En même temps, le gouvernement les prenait sous sa protection. Il ne tolérait pas qu'on les insultât ou qu'on manquât aux conventions faites avec elles; il veillait avec soin à ce que les personnes qui fréquentaient les lieux de débauche y trouvassent sûreté et tranquilité.

A Strasbourg, plusieurs quartiers étaient assignés aux filles publiques, dont le nombre était considérable. Un règlement de 1348 avait ordonné que, lorsqu'elles iraient par les rues ou qu'elles se tiendraient sur leurs portes, elles porteraient, sur la tête et par-dessus leur voile, un chapeau noir et blanc en forme de pain de sucre afin qu'on pût les reconnaître, et cela à peine de 30 schellings d'amende et d'être bannies de la ville pour un an et un jour. Par ordonnances de 1409 et 1430, toutes les femmes de débauche étaient consignées dans les rues dites Bieckergass, Kloppeigass, Greibengass et derrière les murs où, est-il dit dans ces ordonnances, ces sortes de femmes avaient demeuré de tout temps [2].

1. Dr Carlo Calza, *Documents inédits sur la prostitution à Venise*, 1869.

2. *Mémoires de l'Institut, Académie des sciences morales et politiques*, t. IV, p. 346-8.

Ces ordonnances furent renouvelées en 1442, 1447, 1469, 1471, 1493, 1496, 1501. Outre les quartiers mentionnés, il y en avait plusieurs autres et une quantité prodigieuse de maisons qui regorgeaient de femmes publiques.

En revenant d'Italie, les lansquenets apportent la vérole à Strasbourg [1]; alors on y prend les mesures prophylactiques suivantes.

On relégua les femmes publiques dans des rues et des quartiers éloignés; on leur interdit l'usage de certains vêtements et de certaines parures afin de les distinguer des honnêtes femmes ; on sévit contre les entremetteuses qui entraînaient les filles à la débauche, qui en achetaient dans les pays étrangers et les traitaient en esclaves. Ces mesures eurent une telle efficacité qu'on vit s'établir des lieux de débauche jusque dans la tour de la cathédrale et dans d'autres églises de la ville. On appelait les filles, qui s'y étaient fixées, *hirondelles* de la cathédrale. Le magistrat leur enjoignit, en 1521, de la quitter dans la quinzaine, ainsi que les autres églises, et de se retirer sur le Riétberg, quartier situé hors de la ville.

L'auteur du mémoire cité[2], qui est protestant, ne manque pas de dire que le protestantisme épura les mœurs des citoyens, débarrassa la ville d'une foule de prêtres dissolus, et amena la suppression des lieux de débauche: en 1536, il n'y en avait plus que deux qui disparurent complètement en 1540; mais la chasteté y gagna-t-elle? Il est permis d'en douter, car en 1550, Louis Wollf fit, au sénat des Vingt et Un, la motion de rétablir un bordel pour empêcher

---

1. Voy. 2ᵉ partie, ch. Iᵉʳ : *Maladies vénériennes.*
2. *Acad. des sciences moral. et pol.,* vol. IV.

la corruption des femmes et des filles des citoyens. Cette proposition fut renouvelée en 1553 et 1554.

En France, la cour reconnaissait la nécessité des filles de joie partout où il y avait des soldats. Alors, comme aujourd'hui, on considérait les deux institutions comme intimement liées. Toute caserne a le lupanar pour appendice. La cour emmenait à sa suite des filles de joie « royales », portant ce titre, placées sous la juridiction du roi des ribauds, qui était chargé de la police de la cour, et elles étaient obligées de « faire son lit », pendant le mois de mai.

Les filles accompagnaient les armées en campagne : c'était admis. L'armée du duc d'Albe, destinée à convertir les Flandres, était « pourvue d'un contingent de deux mille prostituées, régulièrement enrôlées, disciplinées et réparties tout comme la cavalerie et l'artillerie. » Brantôme les a décrites en connaisseur ; mais les malheureuses devaient traîner une misérable existence derrière ces gens, vivant de pillage, dans des pays épuisés, en butte à toutes les brutalités de soldats, habitués à ne rien respecter. Au seizième siècle, Strozzi en faisait noyer, dans la Loire, huit cents qui le gênaient.

L'article 311 de l'ordonnance de Henri III de 1579 enjoignit aux prévôts des maréchaux, à leurs lieutenants, même aux juges ordinaires de chasser les filles des compagnies et de les faire châtier de la peine du fouet.

Plus tard, il fut prescrit par l'ordonnance militaire du 25 juin 1750, article 602, que lorsqu'une fille ou femme débauchée serait surprise avec des soldats, cavaliers ou dragons en flagrant délit, tout officier qui en serait instruit la ferait arrêter et en informerait aussitôt le commandant de la place.

3

III

Le luxe des filles a toujours profondément choqué les femmes « respectables », qui, ayant les charges et les ennuis du mariage, veulent en avoir les bénéfices. Elles ont considéré, comme des outrages, les toilettes et les bijoux des concurrentes et des rivales qui leur enlèvent leurs maris ou leurs légitimes futurs; et il n'est pas difficile de surprendre l'inspiration des dames de la noblesse et de la bourgeoisie, dans les ordonnances qui ont pour but d'interdire, aux filles, certains vêtements et certaines parures.

En 1360, par ordonnance du prévôt de Paris, il leur est fait défense de porter ornements et parures. Elles ont avis de les quitter dans les huit jours; ce délai passé, elles devront être arrêtées en tous lieux, excepté dans ceux consacrés au service divin, amenées au Châtelet, où on leur ôtera ces habits et ornements; et il sera adjugé aux sergents cinq sous parisis par chaque femme ou fille trouvée en contravention et dépouillée.

Trois autres ordonnances de police des 8 janvier 1415, 5 mars 1419, 26 juin 1420 portèrent les mêmes défenses. Un arrêt du Parlement de Paris du 17 avril 1426 les renouvela, et ces actes mentionnent, avec détail, les habits et parures dont le port était prohibé aux femmes de mauvaise vie, et qui devaient être réservés, comme ornements des demoiselles et femmes d'honneur.

V

Nous retrouvons au seizième siècle une crise de chasteté qui provoque l'ordonnance d'Orléans de 1560, supprimant les maisons de prostitution publique. De publiques, elles devinrent privées. Le nombre des filles ne fut ni diminué ni augmenté.

Dans les commencements du dix-septième siècle, les défenses de loger les filles ou femmes de mauvaise vie furent renouvelées à Paris par des ordonnances de police.

On enjoignit aux prostituées, tantôt de vider la ville et les faubourgs dans vingt-quatre heures sous peine d'être emprisonnées et leur procès être fait et parfait, tantôt d'y prendre service et condition dans le même délai, sinon d'en sortir à peine du fouet, d'être rasées et bannies à perpétuité, sans autre forme de procès.

On s'aperçut qu'il fallait avoir des prisons pour les enfermer : l'établissement d'une maison de force pour femmes date de 1648.

Deux règlements de 1684, invoqués encore aujourd'hui, ordonnent qu'on renferme à la Salpêtrière les filles d'artisans ou d'habitants pauvres, qui auraient été débauchées et celles qui seraient en péril évident de l'être.

« Elles seront habillées de tiretaine avec des sabots ; elles auront du pain, du potage et de l'eau pour nourriture, et une paillasse, des draps et une couverture pour se coucher.

« On les fera travailler le plus longtemps et aux

ouvrages les plus pénibles que leurs forces le pourront permettre, en la manière en laquelle les directeurs qui en auront le soin particulier le trouveront
à propos. »

La même année, à Strasbourg, une ordonnance
prescrivait de fouetter les filles qui y viendraient malgré les défenses ou de leur couper le nez, au choix.

Il paraît qu'on alla bien loin dans l'application de
ces règlements, car le Parlement s'en émut; et il
n'était point fort susceptible quand il s'agissait de
la liberté des pauvres gens. Ferrière rapporte un
arrêt du 12 septembre 1708, ordonnant que les
commissaires du Châtelet seraient tenus de faire signer aux voisins leurs déclarations afin qu'il ne parût
point qu'on avait agi par passion ou sur de faux rapports. L'ordonnance de Louis XIV du 26 juillet 1713
ajouta d'autres formalités. Elle prescrivit de faire
prêter serment aux voisins avant leur déclaration,
sous peine de nullité des procès-verbaux. Sous cette
formalité, les meubles desdites filles ou femmes
seront jetés sur le carreau, confisqués au profit des
pauvres de l'hôpital général.

Un arrêt de règlement du 9 décembre 1713 prescrivit qu'en cas d'appel, les filles ou femmes, condamnées, ne pourraient être menées et enfermées par
provision à l'hôpital général, et que, cependant, elles
ne pourraient être mises en liberté, jusqu'à ce qu'il
en eût été autrement statué par la Cour.

Le Parlement de Paris, jugeant conformément à
ces principes, ordonna, par arrêt du 27 décembre 1713, qu'une fille qui avait été constituée prisonnière pour fait de débauche, sans décret préalable,
serait mise sur-le-champ en liberté.

Cela n'empêchait point que, pour donner crédit aux

actions du Mississipi, on ne fit des râfles de femmes
et d'hommes qu'on envoyait coloniser. Presque tous
périrent. On connaît la mort de Manon Lescaut.

Sous Louis XV, ces habitudes continuèrent, on
s'acharna à frapper l'instrument de débauche.
En 1734, une ordonnance renouvela les anciennes
rigueurs contre les maquerelles. Celle qui servait
de victime expiatoire devait être promenée sur
un âne, la tête tournée du côté de la queue, coiffée
d'une mître ou d'un chapeau de paille, un écriteau
accroché au cou. On la fouettait à nu, et on la mar-
quait de la lettre M ; puis on la condamnait au car-
can, au bannissement ou aux galères. Quant à ses
clients, ils pouvaient assister à ce spectacle réjouis-
sant et s'en égayer tout à l'aise. Ils n'avaient rien à
craindre pour leur personne.

La débauche, dans tous les temps et dans tous les
pays, a été volontiers considérée comme un des privilèges de l'aristocratie. Le roi, les grands, les
nobles, et leurs femmes peuvent se rouler dans le
vice. Raison de plus pour qu'ils exigent de la vertu
dans le peuple. La police des mœurs devient, du
reste, un moyen de récréation et d'amusement. Elle
protégeait les filles qui s'engageaient à dénoncer
prêtres et moines qui venaient chez elles. Les surprendre était un plaisir de la police qui envoyait
les procès-verbaux de ces expéditions à l'arche-
vêque de Paris et à la Dubarry. L'*Encyclopédie
méthodique* en cite plusieurs[1].

Sous le règne du vertueux Louis XVI et de la
chaste Marie-Antoinette, il y eut un redoublement de
règlementation.

---

1. *Dict. police et munic.*, art. PROST.

Un arrêt du parlement de Toulouse, du 6 mars 1776, prescrivit une enquête dans toute la ville, pour découvrir toutes les filles ou femmes débauchées et ordonna que celles du pays seraient renfermées dans la maison de force, et les étrangères chassées.

Puis, parut la grande ordonnance de M. Lenoir, de 1778 sur laquelle s'appuie encore la police des mœurs actuelle. En voici les principales dispositions :

« 1° Faisons très expresses inhibitions et défenses à toutes femmes et filles de débauche de raccrocher dans les rues, sur les quais, places et promenades publiques et sur les boulevards de cette ville de Paris, même par les fenêtres, le tout sous peine d'être rasées et enfermées à l'hôpital ; même, en cas de récidive, de punition corporelle conformément aux dits ordonnances, arrêts et règlements.

2° Défendons à tout propriétaire et principaux locataires des maisons de cette ville et faubourgs d'y louer, ni sous-louer les maisons dont ils sont propriétaires ou locataires qu'à des personnes de bonnes vie et mœurs et bien famées et de souffrir en icelles aucun lieu de débauche à peine de 500 livres d'amende. Enjoignons à toutes les personnes tenant hôtels, maisons garnies, d'écrire, jour par jour, sur des registres paraphés par les commissaires de quartier les personnes qu'ils logeraient; de mettre les hommes et les femmes dans des chambres séparées, et de ne souffrir dans des chambres particulières des hommes et des femmes prétendus mariés, qu'autant qu'ils représenteraient des actes en forme de leur mariage ou des certificats délivrés par des gens notables et dignes de foi, le tout à peine de 200 livres d'amende. »

Cette ordonnance, si rigoureusement appliquée

qu'elle pût être, n'avait pas, paraît-il, « extirpé la plaie de la prostitution, » pour nous servir des métaphores officielles ; car, deux ans après, une nouvelle ordonnance en date du 8 novembre 1780, promulgua un nouveau règlement, avec de nouvelles pénalités.

« Faisons très expresses interdictions et défenses à tous marchands et autres de louer à prix d'argent et à la journée ou autrement, même de procurer par d'autres moyens malhonnêtes, aux filles et femmes de débauche, les hardes et vêtements dont elles se parent et à la faveur desquels elles se montrent scandaleusement à leurs fenêtres, dans les rues et places de cette ville pour y raccrocher les passants, à peine contre les contrevenants de 300 livres d'amende et de confiscation au profit de l'hôpital général, des robes, pelisses, mantelets et autres ajustements dont se trouveront saisies les filles et femmes prostituées, même en cas de récidive, de punition corporelle. »

Une autre ordonnance de 1784 ordonnait que les filles, qui se prostitueraient dans les débits de boisson, seraient arrêtées, conduites devant le commissaire et condamnées à trois mois de prison pour la première fois.

Mercier, dans son *Tableau de Paris*, nous a montré fort bien à quels résultats aboutissaient ces mesures.

« Les inspecteurs de police déterminent pour leur part beaucoup d'enlèvements subalternes, en ce qu'ils sont crus ordinairement sur parole, et que ne frappant d'ailleurs que la dernière classe du peuple, on leur concède facilement les détails de cette autorité. Quelques-uns obéissent à leur humeur, à leur caprice.

« Pourquoi telle malheureuse se vante-t-elle hautement d'avoir la protection de l'inspecteur? Pourquoi
marche-t-elle tête levée au-dessus de ses compagnes
en les menaçant de son crédit? N'est-ce pas un nouveau désordre dans le désordre même? »

Il était commun de voir un petit bourgeois faire
mettre sa femme, prétendue dérangée, à l'*hôpital*,
par la protection d'un valet de commis de la police[1].

Sabatier, dans son *Histoire de la législation sur
les femmes publiques*, complète le tableau[2].

« Quand il s'élevait des querelles dans les maisons
de prostitution, le premier commissaire averti s'y
transportait avec la garde, faisait arrêter les femmes
et les emprisonnait, qu'elles fussent coupables ou
non. Elles étaient responsables du tapage qui se
faisait chez elles, que ce fût ou non contre leur gré.
Lorsque les voisins se plaignaient des filles qui ha-
bitaient dans le quartier, on les arrêtait également.

« Un inspecteur de police était chargé de leur surveillance, ayant sur elles un pouvoir discrétionnaire
qui lui valait une trentaine de mille livres, chaque
année. Tous les lieux de prostitution étaient inscrits
sur le registre de cet officier.

« Tout ce qui pouvait flatter les goûts de l'inspecteur de police lui était prodigué par les souteneurs
de maisons. Il disposait des personnes, de leur
liberté, jouissait de droits abusifs et percevait des
impôts sur ces malheureuses.

« Quand il avait besoin d'argent, il avertissait de
sa visite les maquerelles et les filles en chambre, et
qu'il ferait enlever celles contre lesquelles des

---

1. *Encyc. méth., police et m.*, art. ABUS.
2. P. 172 et suiv.

plaintes étaient portées. C'étaient celles qui ne lui avaient rien envoyé pendant un mois ou six semaines.

« Alors les cadeaux, les présents lui arrivaient de toutes parts, et l'inspecteur avait les premières faveurs d'une fille nouvellement séduite.

« On enlevait tous les mois, sans façon, trois ou quatre cents femmes. Celles qui avaient de l'argent se tiraient d'affaire. On mettait les malades à l'hôpital. Les autres étaient conduites en prison.

« Au bout de quelques jours, celles-ci paraissaient à l'audience du lieutenant de police qui les condamnait, sur une information faite à la diable, les unes à l'hôpital pour un mois, d'autres pour trois, six, plus ou moins. Quelques-unes étaient renvoyées. Elles étaient amenées à l'audience, dans une voiture couverte, au bas de l'escalier du Châtelet, et de là conduites dans la salle. Quelques-unes pleuraient, se déchiraient les habits, d'autres se découvraient de la manière la plus indécente.

« Des filles innocentes que la timidité empêchait de répondre, se trouvaient confondues avec ces malheureuses.

« Ces accusées étaient sans défenseurs devant leur tribunal et recevaient leur sentence à genoux.

« Outre les filles, enlevées la nuit par la police, il y en avait qu'on ne pouvait arrêter chez elles que par ordre du roi; c'étaient celles qui étaient dans leurs meubles et les femmes entretenues. L'usage était de les laisser en prison un an. Elles ne paraissaient point à l'audience et étaient conduites dans le lieu qu'avaient désigné ceux qui les avaient fait arrêter, parents, amants trompés, entreteneurs dupés; alors elle était enlevée et coffrée moyennant quelques louis ou la protection de l'inspecteur. »

Telle était la police des mœurs, à Paris, vers 1780. Telle est encore, à peu de chose près, en 1882 : preuve évidente que si, dans les sciences physiques et naturelles, nos progrès ont été immenses, ils ont été à peine apparents dans les sciences sociales !

Alors jugeant ce système, l'un des auteurs du grand *Dictionnaire de police et municipalité*, dans l'*Encyclopédie méthodique*, disait :

« Des imbéciles ont prôné ce genre d'établissement, adopté par la police, comme une excellente invention pour arrêter et punir le vice. On a dû voir par expérience jusqu'à quel point elle a réussi. »

Il constate que tous les règlements, les persécutions, « les rigueurs, les châtiments, les enlèvements n'ont fait qu'accroître la turpitude et la dépravation des prostituées, sans en diminuer le nombre. On doit donc en conclure que c'est par d'autres moyens qu'il faut chercher à y parvenir ; c'est tout ce que l'on peut faire ; car de prétendre la détruire entièrement est une chose inutile, déplacée, impolitique et dangereuse [1]. »

Ces lignes furent publiées en 1791, à propos des deux ordonnances de 1778 et de 1780 ; il ajoutait ces considérations :

« C'était l'habitude des lieutenants de police de rendre des ordonnances à peu près semblables aux deux que l'on vient de lire contre les filles au commencement de leur administration. Cela leur donnait l'air d'avoir à cœur de réprimer la licence et la corruption des mœurs. Le peuple a toujours aimé cette singerie de morale. C'est ainsi que, dans presque tous les cahiers des anciens États généraux,

1. T. III, p. 693.

on y demandait au roi de détruire les mauvais lieux de son royaume, d'empêcher la prostitution; c'est encore ainsi qu'on a vu, au commencement de la Révolution, des écrivains bêtes proposer pour l'extinction de la prostitution, non seulement des rigueurs impraticables, mais la clôture des bals champêtres et la plus sévère inspection sur les maisons garnies, les traiteurs, etc., comme des gens intéressés à favoriser la débauche. »

Tous ces passages semblent de circonstance : même charlatanisme de morale de la part de la police; même badauderie pudibonde de la part du public; mêmes préjugés aboutissant aux mêmes inepties.

Alors que l'Assemblée constituante adoptait la *Déclaration des droits de l'homme,* le tribunal du II° arrondissement du département de Paris, le 4 août 1791, rendait le jugement suivant :

« Ladite Marie-Louise Bertaut, veuve Desbleds, condamnée à être conduite par l'exécuteur dans tous les lieux et carrefours de la ville de Paris, et notamment à la place du Palais-Royal, comme plus voisine de la rue Fromenteau, sur un âne, la face tournée vers la queue, ayant sur la tête un chapeau de paille avec écriteau devant et derrière, portant ces mots : *Femme corruptrice de la jeunesse,* battue et fustigée nue de verges par ledit exécuteur et en ladite place du Palais-Royal, flétrie d'un fer chaud en forme d'une fleur de lys sur l'épaule droite; ce fait, être conduite en la maison de force de l'hôpital général de la Salpêtrière, pour y demeurer détenue et renfermée pendant le temps et espace de trois ans. »

Au moment de reproduire cet épouvantable jugement, il me venait un scrupule. Je me disais : —

un de ces êtres, qui, dans leur besoin d'avoir un évangile, après avoir renoncé à l'ancien, en ont bâti un nouveau à leur usage avec des bribes de l'histoire de la Révolution française, est capable de l'invoquer comme un précédent qu'il faudrait suivre! Et mon expérience est telle de cette race de pernicieux crétins que je me demandais avec inquiétude si je devais leur fournir ce document. Il est vrai qu'en compensation, nous pouvons citer ce passage si juste des auteurs de ce *Traité de police*[1], le plus complet qui ait été fait après celui de Delamare, le seul libéral qui ait jamais été publié.

« Il n'est pas de la compétence du pouvoir politique de connaître des actions individuelles et des fautes de la conduite privée. Aussi, c'est une erreur du zèle et de l'engouement moral de prétendre exercer une autorité despotique sur cette espèce de femmes. Si l'ancienne police, qui ne respectait rien, a cru pouvoir les vexer et les opprimer, ce n'est point une raison pour en faire autant et livrer à la rapacité, aux bandes d'agents subalternes de l'autorité, des femmes à qui leurs mauvaises mœurs ne font point perdre le titre de citoyennes et leur droit à la protection publique. »

V

Dans ces diverses dispositions, on ne voit pas la préoccupation de protéger la santé publique de la contagion des maladies vénériennes, données par les femmes.

1. *Encyclopédie méthodique. Police et municipalité.* 3 vol. in-4°.

Cependant ces maladies existaient avec une grande intensité et préoccupaient l'opinion.

A Strasbourg, lors du retour d'Italie, les troupes de Charles VIII, les landsknechts y répandirent la syphilis dont ils étaient atteints. Il fut alors défendu à tous les cabaretiers, aubergistes, chirurgiens, baigneurs, de traiter les vérolés ou de les recevoir ; les hôpitaux, les léproseries même leur furent fermés, toute communication avec eux fut interdite aux citoyens, de sorte que ceux qui étaient sans ressources succombèrent en grand nombre dans les rués et dans les campagnes[1].

Une ordonnance de Jacques IV d'Écosse, datée du 22 septembre 1497, obligeait les personnes infectées de *grand-gor* de sortir d'Edimbourg sous peine d'être marquées sur la joue avec un fer rouge afin qu'on pût les reconnaître à l'avenir[2].

A la fin du quinzième siècle, une ordonnance du prévôt de Paris prescrivit que fût puni de la mort et jeté dans la Seine, tout vénérien, de l'un et de l'autre sexe, qui ne retournerait pas dans son pays, s'il était étranger, ne demeurerait pas enfermé chez lui, ou n'entrerait pas immédiatement à l'hôpital Saint-Germain-des-Prés, s'il était de la ville[3].

Dans le seizième siècle, les vénériens, rejetés des hôpitaux communs, reçurent quelques soins dans ceux de la Trinité, de Saint-Eustache, Saint-Nicolas, Lourcine et Bicêtre[4].

1. *Ann. hyg.*, 2ᵉ série, 1855, t. IV.
2. Lagneau, *Mesures propres à prévenir les maladies vénériennes.*
3. Cité par Lagneau, *Ann. d'hyg. et méd. légale*, 2ᵉ série, t. V, p. 25.
4. Bourru, *Moyen le plus propre à éteindre le mal vénérien*, 1771. Lagneau, *Loc. cit.*, t. IV, p. 304.

L'idée de la visite périodique date du dix-huitième siècle. C'est un érudit fantaisiste de cette époque qui l'a produite dans la prétendue ordonnance de Jeanne de Naples, insérée à la fin d'un manuscrit du quatorzième siècle[1].

Un médecin réclamait, en 1761, dans des lettres sur *the Venereal Disease*, une loi exigeant que tout individu, même membre du clergé, trouvé, après un certain délai, affecté de syphilis, fût déclaré coupable de félonie.

On appliquait aux vérolés les mêmes mesures qu'aux lépreux, leurs proches parents. Les âmes bien pensantes regardaient les maladies vénériennes comme des punitions du ciel : aujourd'hui encore elles n'ont pas une autre manière de les envisager ; on ne visitait pas ceux qui en étaient affectés : on les expulsait ou on les punissait. Nous verrons plus loin que cette barbarie n'a pas cessé.

Cet aperçu historique démontre que, depuis Solon jusqu'au règlement de 1780, toutes les tentatives de l'autorité pour réglementer la prostitution sont parties de ce principe : que la prostitution — ou plus exactement la polyandrie d'un certain nombre de femmes — est nécessaire.

Par conséquent, avec une puissante logique, presque tous les auteurs de règlements ont eu pour but de protéger ceux qui en usent et de punir celles qui s'y livrent.

Dans les diverses sociétés, où l'esprit de caste a pré-

---

1. Lettre de M. Deloye, conservateur du muséum Calvet, à Avignon.

dominé, les dispositions concernant les prostituées avaient pour but de les confiner dans une caste spéciale, avec des maisons spéciales, des quartiers spéciaux, des costumes spéciaux.

Les mesures prises à leur égard, tantôt suscitées par une conception de l'utilité sociale d'après laquelle la femme est toujours placée dans un état d'infériorité par rapport à l'homme; tantôt suscitées par des croyances religieuses, des hypocrisies pudibondes, des haines jalouses, ont eu pour conséquences : l'arbitraire, des abus de pouvoir de tous genres, la corruption des agents chargés de les appliquer.

Dans les mesures de rigueur prises contre les prostituées, avant le dix-neuvième siècle, la question de la santé publique ne sert pas de prétexte.

CHAPITRE III

ANCIENS ABUS. — NOUVEAUX PRÉTEXTES

La douceur de l'administration. — Le message du Directoire. — L'arrêté de messidor. — Protéger les forts contre les faibles. — Morale et santé publiques. — Les tortionnaires décents. — Les fondateurs du dispensaire. — Les bénéfices. — La salubrité. — Résultats. — Pas de loi. — Ordonnances. — La prostitution et les factieux. — Les médecins subordonnés à la police. — La formule de M. Delavau. — Arrêtés Debelleyme, Mangin ; impuissance.

L'administration actuelle est plus terrible peut-être que celle de l'ancien régime. Elle veut éviter le bruit, le scandale, mais vous broyer en douceur et d'une manière polie, d'autant plus irrésistible. Vous avez vu un de ces effroyables marteaux-pilons, pesant des milliers de tonnes, écraser une noisette, tranquillement, juste à point. La noisette n'en est pas moins écrasée. De même, le chef-d'œuvre de l'administration est d'écraser les individus, les pauvres diables, d'une façon décente, sans qu'ils puissent crier ou du moins sans que le public entende leurs cris. Elle les écrase, dans les voitures cellulaires, avec des menottes fines, mais qui n'entrent que mieux dans les chairs, à huis clos, dans des cellules silencieuses, coûtant fort cher et admirablement aménagées par des philanthropes dont l'idéal est de fabriquer des tombeaux pour les vivants; et, non seulement des murs épais, des portes solides et matelassées, des toitures qui ressemblent à des couvercles de coffres recouvrent tout cela, mais encore un tas de prétextes humanitaires, doucereux, d'hypocrisies intéressées, dissimulent ces horreurs. L'esprit inquisiteur a changé de forme, mais il existe toujours.

Jadis, les croyants vous mettaient à la question et vous rôtissaient vif pour le bien de votre âme; aujourd'hui on vous arrête, on vous enferme, on vous passe au spéculum de force, on vous détient à perpétuité, on va jusqu'à vous inoculer la syphilis, pour le bien de votre corps, pour votre salut ou celui des autres. Les policiers et les médecins ont matérialisé l'inquisition. Elle n'en est pas moins atroce pour ceux à qui elle s'applique.

Le 17 nivôse an IV, le Directoire exécutif demanda par un message, au conseil des Cinq cents, « d'arrêter par des mesures fermes et sévères le progrès du libertinage ». Le conseil des Cinq cents nomma une commission « pour examiner ce message et faire un prompt rapport au Conseil ». Ce rapport ne fut jamais fait [1].

Au moment de la Révolution, deux employés étaient chargés de recenser et d'inscrire les filles: en 1796 on recommença un nouveau registre; en 1797, on fit une tentative de recensement : tout cela était assez insignifiant.

On sait que l'arrêté du 12 messidor an VIII constitua la préfecture de police actuelle. Le préfet de police fut l'héritier direct des anciens lieutenants de police; volontiers il le rappelle encore aujourd'hui

---

1. Voir plus loin, 1re partie, chap. VIII.

avec un certain orgueil. MM. Dubois et Pasquier
entrèrent complètement dans les vues de Bonaparte,
en se donnant pour mission de protéger les forts
contre les faibles. C'est le propre de toutes les organisations autocratiques. Ils reconstituèrent les corporations d'ouvriers et les subordonnèrent entièrement
à la police [1]; ils ne pouvaient manquer de réorga-
niser la corporation des prostituées. Une pareille
œuvre devait donner à la préfecture de police honneur et profit : honneur, en augmentant ses prérogatives, en lui fournissant des renseignements de
toutes sortes, en fortifiant son pouvoir arbitraire;
profit, car des services de ce genre sont toujours
doublés de bénéfices.

Seulement la préfecture de police montra toute la
supériorité du nouveau régime sur l'ancien. Ressus-
citer les Capitulaires de Charlemagne, les Établissements de saint Louis, les Ordonnances de Louis XIV
et celles de M. Lenoir, n'eût point été chose habile.
En l'an 1802, on ne pouvait invoquer la morale ni la
religion pour justifier la police des mœurs. La
France était alors déchristianisée, et on connaissait
trop les mœurs du premier consul, de sa famille et
de son entourage pour que toute affectation officielle
d'austérité ne provoquât pas le rire.

Il fallait trouver autre chose ; et très ingénieuse-
ment, la nouvelle police des mœurs se présenta, à la
fois, comme gardienne de la morale et de la santé
publique. Elle a su tirer un merveilleux parti de
cette double mission, mission à tiroir. — On lui
parle : morale, elle vous répond : santé ; — on lui

1. V. Yves Guyot, *Rapport sur les services de sûreté*, p. 10
(Conseil municipal, 1880).

parle : santé, elle vous répond : morale. Jamais ainsi elle ne reste muette : et, pour beaucoup de gens, la question n'est pas de donner des arguments, mais de parler. Déplacer les questions, c'est tout l'art des avocats des mauvaises causes.

Qui trouva le prétexte hygiénique? Je n'en sais rien. En tous cas, M. Dubois et M. de C... s'entendirent parfaitement. On verra sur quel terrain ils se placèrent, d'après les renseignements donnés par Parent-Duchâtelet [1], un partisan convaincu de la police des mœurs, à même d'être bien renseigné, un de ces philanthropes qui passent leur vie à étudier comment certains hommes peuvent bien torturer décemment leurs semblables en aménageant des prisons, des voitures cellulaires, des menottes, des dispensaires, sans doute nommés ainsi par antinomie ; le docteur Guillotin fut le meilleur d'entre eux : il chercha à abréger la douleur, tandis qu'en général ils s'appliquent à trouver les moyens de la prolonger en douceur.

Ce M. de C... était un ancien chirurgien-major des mousquetaires, imbu de toutes les traditions de l'ancien régime, habitué aux mœurs de l'ancienne cour, sans scrupules, trouvant que tous les moyens sont bons pour gagner de l'argent : un drôle. Il cherchait une position sociale : il trouva moyen de vivre officiellement des femmes. Il y a, dans le monde, des Alphonses de bien des genres et des catégories. M. de C... et son digne adjoint, un docteur Teytaud, furent les Alphonses officiels de la préfecture de police. Ils avaient eu de nombreux prédécesseurs; ils ont eu de nombreux successeurs.

---

1. *De la prostitution*, t. I, p. 621, 654.

Pour les soins obligatoires que ces deux honorables médecins se firent autoriser à donner aux filles, les filles isolées devaient payer 3 francs par mois, et les dames de maison 12 francs. Ils n'eurent qu'une seule préoccupation : se faire payer. Au point de vue de la salubrité publique qui était le prétexte de leurs fonctions, voici le résultat, tel que le constate Parent-Duchatelet[1].

« En confiant aux deux chirurgiens que je viens de nommer la visite des prostituées, on ne leur en donna pas la liste exacte ; on leur dit en quelque sorte : recherchez ces femmes et faites-leur payer les visites que vous leur ferez. Fidèles à ce mandat, ils ne recherchèrent que celles qui, par leur aisance, offraient la chance d'être régulièrement payés (*sic*) ; ils négligèrent entièrement les maisons de débauche tout à fait infimes pour ne s'occuper que des plus riches ; en un mot, ils abandonnèrent la classe la plus nombreuse, la plus dangereuse et la plus insalubre, celle enfin par laquelle ils auraient dû commencer.

« La négligence de ces deux hommes ne se borna pas là ; ils se lassèrent bientôt des dégoûtantes fonctions qui leur étaient confiées et s'en déchargèrent sur deux élèves en chirurgie auxquels ils donnaient 1000 à 1200 francs par an.

« Que faisaient les deux titulaires pendant que les deux élèves remplissaient tant bien que mal leurs fonctions ? Le croira-t-on ? Ils allaient de maison en maison prélever eux-mêmes les sommes qui leur étaient dues, et cela avec une sévérité et une exigence qui n'avaient pas de bornes ; ils dénonçaient

---

1. P. Duchâtelet, t. I, p. 621.

à la police les filles ou les femmes qui ne voulaient pas payer, car l'administration ne se mêlait de la recette que lorsqu'il y avait quelque arriéré. »

Ces messieurs entendaient fort bien leur commerce, ils « exigeaient le payement des filles absentes, non seulement pour affaires personnelles, mais encore lorsqu'elles avaient été enfermées dans une prison pour infraction aux règlements ou envoyées pour maladies dans un hôpital quelconque ; ils alléguaient pour raison qu'ils s'étaient transportés chez elles et que la démarche ayant été faite, elle devait être rémunérée ».

Presque immédiatement, des réclamations se produisirent ; mais naturellement elles n'eurent aucun effet. Cependant, les chirurgiens étaient assez mal vus dans l'administration ; ils gagnaient trop : cela donnait de l'envie aux autres et prise sur eux.

Ils éprouvèrent le besoin de prendre un protecteur bien en cour. Ils allèrent trouver, J. J. Leroux, professeur à la Faculté de médecine, suppléant et bras droit de Corvisart, le médecin de Bonaparte. Il accepta le titre, qu'ils lui proposaient, de surveillant et le partage des bénéfices. Nous trouverons fréquemment au cours de cette étude qu'on peut être médecin renommé, grand médecin même, et petit caractère.

Parent-Duchatelet ajoute : « Pour donner un but d'utilité à la taxe et démontrer la nécessité des visites, ces honorables inspecteurs proposèrent la création d'une salle de santé où toutes les filles malades, non susceptibles d'entrer à l'hôpital, recevraient des conseils et des médicaments qui leur seraient délivrés gratuitement et sur le produit de la taxe, ce qui leur permettrait de se soigner chez elles. Cette proposition

fut acceptée; on choisit pour cela un local dans la rue
Croix-des-Petits-Champs, point central et autour duquel se trouvait groupée la majeure partie des prostituées qui, à cette époque, attiraient l'attention de
la police. L'ouverture de cet établissement, auquel on
donna le nom de dispensaire de salubrité, eut lieu
le 13 frimaire an XI (décembre 1802). Sa direction
spéciale fut confiée au sieur Teytaud, lequel étant
mort quelque temps après, fut remplacé par M. Causereau, accoucheur de Mme Dubois. »

De l'aveu même de Parent-Duchatelet, on voit que
ce dispensaire ne fut qu'un prétexte à sinécures. Il
était si bien jugé comme tel qu'un membre du Conseil de salubrité, sollicité d'entrer dans la combinaison, refusa de s'en mêler.

Le système ne fonctionnait pas depuis longtemps;
et, dès l'arrivée de M. Pasquier, successeur de
M. Dubois, et second préfet de police, en date,
« des plaintes lui arrivèrent de toutes parts. Dames
de maisons, filles isolées, hommes en place, simples
amis de l'ordre et du bien, lui dénonçaient les faits les
plus graves, et tous appuyaient leurs observations
de preuves irrécusables. » Ce fut à un tel point que
le ministère général de la police nomma une commission d'enquête. Quoiqu'elle fût purement administrative, elle fut bien obligée de reconnaître que
tout n'était pas pour le mieux dans l'organisation
du dispensaire. Sans doute, « les intentions de l'administration avaient été louables [1]. » « Elle n'avait jamais
eu l'idée, en fondant cette institution, d'en faire un
sujet de fortune et de spéculation pour les chirurgiens. » Était-ce bien sûr? en tout cas, ceux-ci ne

1. Parent-Duchatelet, *loc. cit.*

l'avaient envisagée que sous ce rapport : « plus
occupés de percevoir le montant de leurs visites
que des soins que réclament les malades, ils négli-
gent cette partie de leurs fonctions à un degré dont
il est difficile de se faire une idée... Ce n'est qu'à
des intervalles souvent éloignés qu'ils envoient à la
préfecture de police les listes des malades. Tous les
jours, des filles infectées *depuis longtemps arrivent*
d'elles-mêmes à l'hôpital dans un état affreux. La
plupart de celles que l'on envoie en prison se sont
trouvées malades..... » Le rapport eût dû logiquement se terminer par cette conclusion : Ce dispensaire n'ayant jamais servi qu'à remplir la bourse
des chirurgiens qui l'ont organisé, il n'y a qu'à le
supprimer. Mais la logique de l'administration est de
toujours conserver et de renforcer les institutions
dont elle est elle-même obligée de reconnaître la no-
cuité. Il ne concluait pas à la suppression ; seulement, il voulait enlever les bénéfices aux médecins
pour les remettre aux gens de police proprement
dits : question de concurrence. Les chirurgiens ne ren-
daient aucun compte. On ne savait « ni le nombre des
filles qui se présentaient au dispensaire, ni le nombre de celles qui étaient visitées à domicile. » On ap-
pela le caissier du dispensaire ; mais le chirurgien,
M. Teytaud, touchait le plus souvent de la main à la
main Les livres du caissier n'en constataient pas
moins une rente annuelle d'une trentaine de mille
francs (novembre 1810). Quand il fut bien établi
que les résultats sanitaires du dispensaire étaient
nuls » et que les chirurgiens n'étaient que des far-
ceurs, touchant des « appointements exorbitants, »
on les mit à la retraite avec 3000 francs de pension
viagère, pour les récompenser, et on reconstitua le

dispensaire par arrêté du 20 décembre 1810. Les
filles devaient être visitées deux fois par mois :
la taxe serait perçue par un employé, et les médecins recevraient un droit fixe.

Parent-Duchatelet, avec sa naïveté habituelle,
s'arrête pour faire cette réflexion :

« Avant de continuer cette histoire du dispensaire, il est bon de dire que les gains énormes, faits
par les médecins, qui exploitaient à leur profit, et
d'une manière si indigne cette institution nécessaire,
excitèrent l'œuvre d'une foule de personnes qui, dans
l'espoir de prendre part à cette distribution, adressèrent à l'administration des mémoires, des projets,
des observations pour la plupart impraticables, pour
ne pas dire ridicules [1]. »

Je ne vois pas bien comment ces projets pourraient être plus ridicules que le dispensaire existant.
Il continua à fonctionner tant bien que mal.
M. Anglès, préfet de police sous la Restauration,
s'éprit d'une véritable passion pour lui : il y a des
passions de toutes sortes. Dans son zèle et dans son
ardeur qui n'avaient rien d'égoïste, il voulait étendre
ses bienfaits à toutes les villes de France. Il voulait,
de plus, le faire sanctionner par une ordonnance
royale; et, le 12 mai 1819, il adressa un mémoire
sur ce sujet au garde des sceaux : celui-ci n'en tint
pas compte. La question religieuse et politique se
mêlait tout naturellement à la question sanitaire : en
1822, M. Franchet réclamait de nouveau une
ordonnance royale s'étendant sur toute la France.
Elle devait avoir pour but « de réprimer l'esprit
d'irréligion qui profitait de sa licence pour cor-

---

1. T. I, p. 630.

rompre la jeunesse et la classe ouvrière; » elle était indispensable « parce que c'était par le libertinage que les factieux essayaient de séduire les soldats[1]. »

La police mit complètement la main sur le dispensaire et réduisit les médecins au simple rôle d'agents. Parent-Duchatelet constate avec désespoir cet événement désastreux.

En 1822, le médecin en chef redevint médecin ordinaire, et il fut remplacé par un employé nommé J.... ancien garçon de bureau à l'hôtel des Monnaies[2].

« J..., homme sans éducation, affichait la vertu, et pour cacher ses vices, il y mettait de l'exagération; jamais il n'a pu faire un rapport méthodique et sans quelques erreurs dans les calculs; mais il possédait à un haut degré l'art de la dénonciation. J'ai eu entre les mains des renseignements fournis par lui sur les opinions politiques de chaque médecin, sur leur conduite, sur les sociétés qu'ils fréquentaient; en un mot il n'était au dispensaire qu'un espion, mais un espion maladroit et incapable de cacher longtemps son jeu; on finit par découvrir ses manœuvres : il devint l'objet de la haine et de l'exécration. A plusieurs reprises, il se vit menacé de destitution, mais il sut parer les coups; enfin les médecins, fatigués de sa présence, se conduisirent de telle sorte à son égard, que l'administration se trouva dans la nécessité ou de les destituer ou de renvoyer son agent; elle s'arrêta à ce dernier parti, mais cet agent resta en place pendant près de quatre ans. »

Les inscriptions au-dessous de quinze ans étaient

---

1. Parent-Duchatelet, t. I, p. 636.
2. Parent-Duchatelet, t. I, p. 637.

alors affaire courante. On ne demandait à la femme aucune constatation d'identité ; elle versait 3 francs immédiatement pour prix de sa carte, et 3 francs à chaque visite mensuelle. Si elle y manquait, elle devait donner 8 francs le mois suivant, ou bien elle était arrêtée, détenue le temps que la police fixait et n'était relâchée qu'en versant 12 ou 15 francs. Il y avait constamment 600 femmes à la petite Force[1].

Dans sa circulaire du 14 juin 1823, M. Delavau donna la formule définitive de la police des mœurs. « Elle a voulu concentrer le mal dans des maisons connues et dirigées par des femmes qui répondissent de la conduite des filles qu'elles reçoivent chez elles.

« La police croirait avoir fait beaucoup en faveur des mœurs et de l'ordre public, si elle était parvenue à renfermer la prostitution dans des maisons tolérées, sur lesquelles son action pût être constante et uniforme, et qui ne pussent échapper à sa surveillance. »

Cette formule a reçu l'approbation de tous les chefs de la police des mœurs de Paris, de tous les auteurs de projets de réglementation, policiers et médecins. « On ne peut mieux définir, dit M. Lecour, l'action de la police à l'égard de la prostitution que ne l'a fait M. Delavau dans cette circulaire où l'on voit percer ce désir irréalisable, mais perpétuellement caressé par les administrateurs de toutes les époques, de concentrer la débauche dans des maisons de tolérance ad hoc[2]. »

1. La police sous les comtes Decazes, comte Anglès et baron Mourier, 1829.
2. La Prostitution à Paris, p. 107.

Résultat nul, du reste. M. Delavau avait eu beau s'efforcer d'enfermer la débauche dans les maisons de tolérance et de multiplier celles-ci et de les entourer de sa protection, M. Debelleyme, préfet de police en 1828, faisait le tableau suivant de l'état de la prostitution à Paris :

« Partout le scandale qu'on voulait réprimer a lieu de la manière la plus ostensible, et la voie publique est continuellement obstruée par une foule de prostituées qui s'y réunissent, non pas seulement à la chute du jour, mais à toutes les heures de la journée, et qui, encouragées par l'impunité, n'ont pas même le soin de dissimuler, sous des apparences tranquilles et décentes, le métier auquel elles se livrent.

« On les voit habituellement circuler dans les endroits les plus fréquentés de la capitale, dans les passages publics dont elles font un lieu de promenade, dans le voisinage des boutiques achalandées, aux alentours des théâtres, raccrochant les passants, les insultant par les propos les plus grossiers, les poursuivant de leurs provocations obscènes, excitant, par leurs cris et leurs violences, des rassemblements tumultueux, occasionnant sans cesse des rixes entre les habitants paisibles et les individus qui font le métier de *souteneurs*, se mêlant à tous les désordres qui surviennent dans le voisinage, et n'intervenant jamais dans toutes ces querelles que pour provoquer la résistance du public contre les personnes chargées du maintien de l'ordre et de la tranquillité. »

Comme remède, la préfecture de police se demanda si elle ne devrait pas leur imposer un costume spécial. Donner des enseignes à une profession qu'on veut gêner : c'est toute la logique de la police.

Le 11 mars 1829, un arrêté interdisait « à toute

femme publique de se montrer en tout temps sur
certains points du boulevard. » Le 15 avril 1830,
M. Mangin complétait la mesure : non seulement il
interdisait la voie publique aux filles publiques,
mais encore il leur ordonnait de « ne se livrer
à la prostitution que dans des maisons de tolérance ».

Un arrêté du 7 septembre 1830 se borne à interdire aux filles publiques de paraître sur la voie publique et de s'y faire remarquer, avant l'allumage des
réverbères.

De 1843 date le règlement de M. Delessert, qui
est resté en vigueur jusqu'en 1878, au moment où
M. Gigot le modifia, à la suite de ma campagne contre la préfecture de police. Les instructions qui accompagnaient ce règlement commençaient par la
constatation suivante :

« La circulation des prostituées sur la voie publique a dû être tolérée de nouveau par de graves
considérations qui n'ont encore rien perdu de leur
force. Il a fallu se borner à imposer à ces femmes
les obligations susceptibles de prévenir des atteintes directes aux mœurs et à la tranquillité publique.»

Dans un autre passage, M. Delessert indique les
embarras de la police :

« L'arbitraire dont l'Administration est armée
contre ces femmes ne doit être employé qu'avec une
réserve équitable ; il ne faut, par conséquent, l'appliquer qu'à des atteintes positives portées à l'ordre
public, et que la législation n'a pas prévues, ou n'a
pu définir.

« Je me réserve de déterminer la durée des punitions qu'il y aura lieu de prononcer contre les mai-

tresses de maisons et contre les filles publiques qui seront l'objet de vos rapports particuliers. »

Les faits nous autorisent donc à dire :

La police des mœurs, telle qu'elle a été organisée sous le Consulat, l'Empire, la Restauration, suit les mêmes traditions et les mêmes pratiques que les organisations précédentes de la police des mœurs. Comme dans les précédentes organisations, elle s'est efforcée de faire des prostituées une caste distincte, confinée dans des maisons et des quartiers distincts, soumise à l'arbitraire de la police.

Elle a seulement juxtaposé au prétexte moral et religieux un nouveau prétexte : la sauvegarde de la santé publique.

CHAPITRE IV

ORGANISATION ACTUELLE DE LA PROSTITUTION OFFICIELLE

I

Je crois devoir donner tout d'abord le texte du règlement fait par M. Delessert en 1843. C'est lui qui, depuis trente-sept ans, a servi de type aux divers essais de règlementation de la prostitution, tentés en Europe. J'y ai joint les modifications que M. Albert Gigot y a apportées par son arrêté du 15 octobre 1878 [1].

1. Après les *Révélations de l'ex-agent des mœurs*, je pu-

RÈGLEMENT DU 16 NOVEMBRE 1843.

INSTRUCTION RÉGLEMENTAIRE CONCERNANT LES DIVERSES OPÉRATIONS
DU SERVICE ACTIF DU DISPENSAIRE DE SALUBRITÉ.

Prostitution clandestine.

1. — *Perquisition et visites dans les maisons particulières, dans les
hôtels garnis et dans les cabarets et débits de boissons.*

Les inspecteurs du service actif du dispensaire à qui une maison
particulière ou un hôtel garni aura été signalé comme lieu clandestin
de prostitution, en informeront immédiatement par un rapport le chef
de la police municipale, qui chargera le préposé à la direction du service actif de procéder à une information exacte et scrupuleuse dont
il nous sera rendu compte par le chef de la 3ᵉ division, qui nous proposera, s'il y a lieu, le mandat nécessaire pour faire perquisition.

Ce mandat sera ensuite transmis au chef de la police municipale,
avec une note contenant les indications propres à en faciliter l'exécution.

Les inspecteurs chargés de l'opération se rendront chez le commissaire de police du quartier pour l'avertir de leur mission, afin qu'il
soit prêt au moment où son intervention sera réclamée.

Lorsqu'un mandat ne portera pas la mention qu'aux termes de
l'article 10 de la loi du 22 juillet 1791, il est exécutoire à toute heure
de jour et de nuit, à cause de la notoriété, il ne pourra être exécuté,
du 1ᵉʳ octobre au 31 mars, que de six heures du matin à six heures
du soir, et du 1ᵉʳ avril au 30 septembre que de quatre heures du matin
à neuf heures du soir[1].

L'autorisation de loger en garni, accordée aux filles publiques qui,
en raison de leur âge ou de leurs infirmités, ne peuvent se placer en
maison de tolérance, n'a d'autre but que de leur assurer un asile et
ne peut les soustraire aux effets de la contravention qu'elles commet-
traient en se livrant à la prostitution dans le garni qu'elles habitent.

bliai, également dans la *Lanterne*, les *Lettres d'un médecin*
qui précédèrent les *Lettres du vieux petit employé*. M. Albert
Gigot, alors préfet de police, point méchant homme, partagea
l'émotion générale. Il trouva qu'il y avait quelque chose à faire,
mais ne sachant que faire, il essaya d'améliorer le règlement
de 1843. Il était si plein de bonne foi qu'il me communiqua le
texte du règlement modifié avant d'en avoir fait part à M. Lecour. Celui-ci ne lui a pas encore pardonné ce manque de déférence[*]!

1. Article 1037 du Code de procédure civile.

[*] Lecour, *Campagne contre la préfecture de police.*

Il y aurait en conséquence lieu à arrêter les filles de cette catégorie, bien que porteurs d'une autorisation, si, par suite de visites opérées en vertu de mandats, elles étaient trouvées avec des hommes qu'elles auraient provoqués, fait qui constituerait d'ailleurs à la charge des logeurs la contravention à l'article 5 de l'ordonnance de police du 6 novembre 1778; mais il n'en devrait pas être de même à l'égard des filles trouvées avec des hommes dont elles partageraient le logement à titre de concubinaires, circonstance qu'il serait facile d'établir par le relevé du registre de police.

Quant aux cabarets ou autres débits de boissons où l'on favorise notoirement la prostitution clandestine, les commissaires de police peuvent y pénétrer sans mandat jusqu'à l'heure de la fermeture, onze heures du soir, et même plus tard, s'ils restaient ouverts par contravention, et y faire des visites seulement dans les localités réservées au public, afin de constater au besoin, la contravention à l'article 14 de l'ordonnance de police du 8 novembre 1780.

Les inspecteurs qui, dans le cours de leur surveillance, remarqueraient des faits constituant cette contravention, devraient en avertir sans retard le commissaire le plus voisin[1].

2. — Des insoumises.

Les inspecteurs chargés de la surveillance des insoumises doivent agir avec la plus grande circonspection à l'égard de celles qu'ils rencontrent sur la voie publique, et les suivre jusque dans les maisons de tolérance ou dans le domicile des filles inscrites, afin de ne procéder à leur arrestation que lorsque le doute sur leurs dispositions n'est plus possible[2].

Il y aura lieu de procéder à l'arrestation d'une insoumise dans un lieu public notoirement ouvert à la prostitution, s'il y a trace du flagrant délit ou aveu de la part de la fille ou de l'homme trouvé avec elle, qu'il y a eu provocation de la part de la fille à un acte de débauche.

Les inspecteurs ne procéderont à l'arrestation sur la voie publique d'une insoumise qu'ils n'auraient pu surprendre dans un des cas susénoncés que lorsqu'une surveillance prolongée leur aura permis d'ob-

---

1. N. B. La Cour de cassation a décidé, par plusieurs arrêts (30 juin et 14 juillet 1838, et 30 mars 1839), que les procès-verbaux ou rapports des inspecteurs de police ne peuvent faire seuls, en l'absence de toute autre preuve, foi des contraventions qu'ils constatent, et qu'il en est de même d'un procès-verbal dressé par un commissaire de police sur le rapport des inspecteurs, lorsqu'il n'a pas lui-même vérifié les faits.

Il ne résulte pas de cette doctrine que les agents n'aient pas le droit de constater les contraventions, mais que leurs rapports doivent être validés, soit par l'aveu des contrevenants, qui reconnaissent pour constants les faits à eux imputés, soit par les moyens que le tribunal juge à propos de faire produire.

2. Règlement de 1878, paragraphe 1, ajoute : « Ne les arrêter qu'à la suite d'une surveillance et après la constatation de faits précis et multiples de provocation à la débauche. »

server des faits susceptibles d'être précisés, soit qu'on la saisisse au moment où elle sortirait d'un lieu de prostitution ou circulant avec des filles publiques, soit qu'elle occasionne par ses provocations un scandale public [1].

Dans quelques circonstances qu'elles aient été arrêtées, les insoumises seront conduites immédiatement devant le commissaire de police du quartier où l'arrestation aura eu lieu, afin qu'il soit, sans délai, procédé à leur examen, conformément aux instructions [2].

Les inspecteurs observeront toujours, vis-à-vis de ces femmes, les convenances que commande la dignité de l'administration, sauf à faire constater juridiquement les outrages ou les voies de fait dont ils auraient été l'objet de leur part, et ils s'abstiendront, de la manière la plus absolue, de tout moyen de surprise ou de subornation.

Les inspecteurs qui mettront une insoumise à la disposition d'un commissaire de police, déposeront à ce fonctionnaire, à moins qu'il ne reçoive leur déclaration circonstanciée, un rapport détaillé énonçant les faits imputés à cette fille.

Les inspecteurs qui auront mis une insoumise à la disposition d'un commissaire de police ou qui auront assisté un commissaire de police dans l'arrestation d'une insoumise, par suite d'exécution de mandat, dans un lieu public, vérifieront immédiatement si cette fille est connue au domicile qu'elle aura indiqué, et des personnes chez lesquelles elle aura déclaré avoir servi ou travaillé, et prendront avec soin des renseignements sur sa conduite et ses moyens d'existence, ce dont ils rendront compte par un rapport spécial qui sera transmis sans retard par le chef de la police municipale au chef de la 1re division.

Les insoumises majeures, qui seraient disposées à se soumettre aux obligations sanitaires pourront être amenées directement au bureau administratif lorsque l'heure le permettra.

Les inspecteurs fourniront au sujet de ces femmes un rapport énonçant les circonstances dans lesquelles elles auraient été trouvées en faisant connaître leur domicile.

Toutes les autres insoumises seraient indistinctement mises à la disposition des commissaires de police et conduites directement à leur bureau.

Les inspecteurs ne perdront jamais de vue que l'objet des perquisitions et visites faites en vertu de mandats est la recherche des filles ou femmes qui se livrent à la prostitution publique, et non de celles qui n'ont à se reprocher qu'un fait de débauche privée qui, pour être répréhensible, ne doit pas exposer celle qui s'en rend coupable aux conséquences qui ne doivent atteindre que les vraies prostituées.

Ainsi, de ce qu'une femme est trouvée dans une maison garnie, ou dans un lieu public en état flagrant de débauche, il ne résulte pas contre cette femme imputation suffisante de prostitution si elle est en relations habituelles avec l'homme qu'elle accompagne et s'il n'est articulé aucun fait de provocation à la débauche moyennant argent.

1. Le paragraphe 3 est supprimé.
2. Règlement de 1878 : « Conformément aux prescriptions de la circulaire du 24 mars 1837. »

A plus forte raison lorsque des femmes sont couchées seules, même dans des maisons mal famées, doit-on agir à leur égard avec plus de circonspection[1].

Ils s'attacheront, en conséquence, avec le plus grand soin à l'examen des femmes découvertes par suite de coopérations, afin d'éclairer autant qu'il dépendra d'eux, sur le compte de chacune, les commissaires de police qu'ils assisteront dans l'exécution des mandats[2].

Prostitution tolérée.

1. — Maisons de tolérance.

Les inspecteurs doivent exercer une surveillance journalière sur les maisons de tolérance, à l'effet de s'assurer qu'il ne s'y passe rien de contraire à la tranquillité publique et au bon ordre, et que les maîtresses de maison se conforment exactement et continuellement aux conditions particulières qui leur sont imposées et aux obligations d'ordre général, notamment en ce qui concerne la mise et le nombre des filles qui peuvent circuler, et l'heure d'entrée en circulation et de fermeture[3].

Quant aux entrées et aux sorties qui ont lieu furtivement après l'heure de fermeture, elles ne constitueraient une contravention punissable qu'autant qu'il en résulterait un bruit de nature à troubler le repos public.

Ils rendront compte, sans retard, par un rapport spécial, de tout fait grave ou extraordinaire qui se passerait dans ces maisons et rappelleront sans cesse aux maîtresses qu'elles doivent en donner immédiatement avis au commissaire de police de leur quartier, quand elles ne pourront en informer en temps opportun le bureau administratif ou le chef du service actif du dispensaire[4].

1. Règlement de 1878 : « Il est expressément recommandé, lorsque des femmes sont trouvées couchées seules, même dans les maisons mal famées, de ne point procéder à leur arrestation à moins que les circonstances ne donnent au commissaire de police la conviction que ces filles viennent de se livrer à un acte de prostitution. (Comparer avec l'avant-dernier paragraphe.)

2. Règlement de 1878 : « Les commissaires de police devront examiner avec soin et dans le plus bref délai les circonstances qui ont donné lieu à l'arrestation des filles insoumises ; ils décideront, après avoir entendu la personne arrêtée, si l'arrestation doit être maintenue. Dans le cas où ils devront procéder d'urgence à certaines vérifications, ils pourront y pourvoir en faisant adresser un télégramme au chef de la police municipale par le poste de l'officier de paix de l'arrondissement.

« Ils dresseront procès-verbal de l'interrogatoire des personnes arrêtées.

« Il leur est expressément interdit, pour ces interrogatoires, de se servir de formules imprimées. »

3. Remplacer par : et les heures de sortie et de rentrée.

4. Au lieu de ses derniers mots : « L'officier de paix de l'attribution des mœurs. »

Ils veilleront à la rigoureuse observation de la défense faite aux maîtresses de maison de recevoir des élèves des lycées ou écoles civiles, des militaires en uniforme ou des jeunes gens au-dessous de l'âge de puberté (18 ans).

Ils signaleront les maisons qui seraient le plus habituellement fréquentées par ces jeunes gens[1].

2. — Filles inscrites.

Les inspecteurs veilleront constamment à l'exécution de toutes les dispositions de l'arrêté du 1er septembre 1842.

Ils exigeront des filles isolées, soit dans les visites des garnis et autres lieux, soit dans le cours de leur surveillance sur la voie publique, la représentation de leur carte, afin de s'assurer de leur exactitude à la visite et de rechercher les retardataires qui leur auraient été signalées par les bulletins semi-mensuels délivrés par le bureau administratif.

Ils accompagneront au besoin, à leur domicile, celles dont ils auraient des raisons de suspecter la véracité au sujet de l'absence de leur carte.

Les inspecteurs qui, chargés d'amener une fille inscrite au bureau administratif, ne l'auront pas trouvée à son domicile, se borneront à rendre compte de cette circonstance, sans laisser trace de leur mission, afin de ne pas donner à la fille recherchée l'idée de disparaître.

3. — Disparues.

La recherche des filles disparues doit être faite avec la plus grande circonspection.

Comme un certain nombre de filles ne cessent de se soumettre à leurs obligations sanitaires que par suite d'un retour à une conduite régulière, les inspecteurs se borneront à l'égard des disparues qui seraient rentrées dans leur famille, qui se livreraient à un travail honnête, ou qui ne paraîtraient plus tirer leurs moyens d'existence de la prostitution publique, à faire connaître par un rapport particulier la position actuelle de ces femmes.

Ils n'amèneront au bureau administratif que les *disparues* qui seraient trouvées dans des maisons de tolérance, chez des filles publiques ou dans des lieux publics ouverts à la prostitution, et celles qui, rencontrées sur la voie publique, dans une maison garnie ou particulière, ne seraient dans aucun des cas d'exception susénoncés.

4. — Translation à la préfecture des filles arrêtées.

Les filles publiques que les inspecteurs arrêteront dans Paris ou dans la banlieue et qu'ils ne pourront amener immédiatement à la préfecture de police, seront déposées dans les postes désignés dans la circulaire du 10 février 1841, d'où elles seront transférées ultérieurement « sous escorte de sergents de ville, ainsi qu'il est prescrit par cette instruction[2]. »

1. Ce dernier paragraphe supprimé : « Signaleront les infractions commises. »

2. Les mots entre « » remplacés par « au dépôt ».

Quant aux filles inscrites et aux insoumises arrêtées par les commissaires de police ou par les maires, par suite d'opérations dans lesquelles ils auront été assistés par des inspecteurs du service actif, leur envoi à la préfecture sera opéré suivant le mode indiqué par le fonctionnaire qui aura procédé à l'arrestation, lorsque les inspecteurs qui auront assisté ces commissaires de police ne pourront les amener eux-mêmes à la préfecture ou les déposer dans les postes spéciaux de l'intérieur[1].

Banlieue[2].

Sauf les opérations de la surveillance journalière dont les maisons de tolérance de la banlieue sont l'objet, les inspecteurs du service actif ne prêteront leur assistance au maire ou commissaire de police d'aucune commune de la banlieue pour des explorations extraordinaires sans y être autorisés par un ordre spécial.

Les investigations auxquelles ils se livreront dans ces explorations auront uniquement pour objet la recherche des retardataires et de toutes autres filles inscrites qui seraient sous le coup de notes particulières, et ils laisseront aux maires ou commissaire de police le soin de statuer à l'égard des autres femmes qui seraient découvertes.

Si une fille recherchée pour un motif quelconque était signalée comme retirée dans une maison de tolérance, l'officier de paix ferait rapport à l'effet d'obtenir un ordre spécial que l'agent qui serait chargé de l'exécuter représenterait d'abord à l'autorité locale pour requérir au besoin son assistance.

Dispositions particulières.

1. — *Outrages publics à la pudeur (Sodomie).*

La surveillance des inspecteurs du service actif du dispensaire s'étendra sur tous les délits d'outrage public à la pudeur et principalement sur les actes de sodomie.

Mais ils s'abstiendront expressément de tout moyen qui paraîtrait avoir le caractère de la provocation, et s'attacheront surtout à saisir le flagrant délit.

Le fait de sodomie, tenté ou consommé dans un lieu ouvert au public, constitue le délit d'outrage public à la pudeur.

2. — *Des primes.*

Les opérations des inspecteurs du service actif du dispensaire donneront seules droit aux primes allouées pour les causes particulières ressortissant à ce service[3].

3. — *De la qualification des inspecteurs.*

Les inspecteurs ne prendront plus à l'avenir, dans leurs rapports

1. Tout ce paragraphe supprimé.
2. Tout ce titre est supprimé.
3. Supprimé.

ou dans les déclarations qu'ils seront appelés à faire devant des officiers de police judiciaire, le titre d'employés ou d'inspecteurs de l'attribution des mœurs, cette dénomination n'ayant pas été maintenue par l'arrêté organique du dispensaire de salubrité[1].

Dispositions générales.

Les instructions dont les dispositions ne sont pas rappelées dans la présente, continueront de recevoir leur application.

Les notes particulières, qui seront données au service actif du dispensaire pour surveiller des personnes, des localités ou des points de la voie publique, et qui auront un caractère de continuité, seront conservées tant que la cause subsistera, et seront seulement rappelées dans les rapports auxquels donneront lieu les résultats successifs des surveillances qui feront l'objet de ces notes[2].

Service administratif.

ADDITION DU RÈGLEMENT DE 1878.

Préalablement à toute opération, le commissaire interrogateur, chef du bureau des mœurs, devra procéder à l'examen des pièces relatives à l'arrestation des filles insoumises, afin de rechercher les cas où il y aurait lieu de surseoir à la visite corporelle.

L'interrogatoire des filles insoumises est fait par le commissaire interrogateur en personne; il donne lecture à la fille des déclarations par elles faites et lui fait signer le procès-verbal dressé à cette occasion. Il entend, au besoin, les agents.

Lorsqu'il s'agira de procéder à l'inscription d'une fille insoumise majeure qui refuse de se soumettre aux obligations sanitaires et administratives, ou d'une fille insoumise **mineure**, au lieu de se borner comme on l'a fait jusqu'ici à un exposé écrit des faits, la décision sera réservée à une commission composée du préfet ou de son délégué, du chef de la 1re division et du commissaire interrogateur. Cette commission entendra la femme arrêtée et les agents.

Il importe de rappeler que les filles publiques, au moment de leur inscription, reçoivent un avis imprimé, portant qu'elles peuvent obtenir leur radiation des contrôles de la prostitution, sur leur demande, et s'il est établi par une vérification, faite d'ailleurs avec discrétion et réserve, qu'elles ont cessé de se livrer à la débauche.

En ce qui touche les punitions disciplinaires à infliger aux filles inscrites, on continuera de procéder comme aujourd'hui, c'est-à-dire que les punitions seront infligées par le préfet, sur les propositions du commissaire interrogateur, visées par le chef de la 1re division. Toutefois, dans le cas où une fille insc'ite réclamerait contre la punition qui lui est infligée, sa réclamation sera portée sans délai devant une

1. Supprimé.
2. Supprimé.

commission composée du préfet de police ou de son délégué assisté de deux commissaires de la ville de Paris appelés à tour de rôle.

Cette commission statuera après avoir entendu la personne arrêtée ainsi que les agents, s'il y a lieu.

Lorsque la commission ne sera pas présidée par le préfet personnellement, sa décision devra être ratifiée par lui.

Afin d'assurer la permanence du service, le sous-chef de la 3e section du 2e bureau sera nommé commissaire interrogateur suppléant, mais il n'interviendra qu'en cas d'empêchement du commissaire interrogateur titulaire.

Service médical.

Bien qu'il ne se soit produit aucun cas où la visite corporelle ait été faite de force[1], il sera recommandé au service médical de s'abstenir d'y procéder dans le cas où il rencontrerait une résistance.

L'incident sera, dans ce cas, porté immédiatement à la connaissance du préfet.

Note administrative sur les mesures dont les filles publiques sont l'objet à Paris (1864).

Toute femme qui se livre notoirement à la prostitution publique est réputée fille publique et enregistrée comme telle, soit sur sa demande, soit d'office.

La mesure de l'enregistrement consiste dans l'inscription, sur un registre particulier destiné à cet usage, des nom et prénoms de la fille publique, de son âge, de son pays, de sa demeure et de sa profession antérieure. Avant l'enregistrement, il lui est donné connaissance des règlements concernant les filles publiques.

L'enregistrement est presque toujours volontaire; on n'y procède d'office qu'à l'égard du petit nombre de femmes qui, livrées manifestement à la débauche, déjà arrêtées plusieurs fois pour fait de prostitution, ou atteintes de maladies contagieuses, refusent de se soumettre à des mesures auxquelles il est du devoir de l'autorité de les assujettir dans l'intérêt de l'ordre et de la santé publique.

Les filles publiques enregistrées se divisent en deux classes : les isolées, c'est-à-dire celles qui ont un domicile particulier, soit à terme, soit en garni, et les « filles de maison », dénomination affectée à celles qui demeurent dans des maisons de prostitution, dites de tolérance.

Elles peuvent passer d'une classe à l'autre, après une déclaration préalable.

Les femmes qui tiennent des maisons de tolérance, et qu'on appelle « maîtresses de maison », ne peuvent exercer sans l'autorisation de l'administration, autorisation qu'elles n'obtiennent que sur la production du consentement écrit du propriétaire de la maison où elles veu-

---

1. Mensonge.

leat s'établir, d'un bail enregistré, et après que des renseignements ont établi la nécessité de créer une tolérance sur le point indiqué.

Par des raisons de convenance, ces maisons doivent être éloignées le plus possible des églises ou des temples, des palais nationaux, des monuments, administrations ou établissements publics et des maisons d'éducation.

Dans l'intérêt des habitants voisins, on exige que les fenêtres des maisons de prostitution soient garnies, en dedans, de doubles rideaux, et, au dehors, de persiennes avec cadenas.

Les maîtresses de maison sont responsables des désordres qui ont lieu, soit à l'intérieur, soit à l'extérieur de leur habitation par le fait des filles qu'elles logent ou qu'elles reçoivent passagèrement.

Celles qui ne se conforment pas aux obligations qui leur sont imposées, sont privées, temporairement ou définitivement, de leur tolérance.

Le nombre de filles qui peuvent demeurer dans les maisons de tolérance est subordonné à la localité.

L'obligation la plus importante que l'enregistrement impose aux filles publiques, est celle de subir des visites sanitaires périodiques; car si, d'un côté, l'autorité a été dirigée dans le parti qu'elle a pris à l'égard de ces femmes, par le désir de réprimer le scandale qu'elles occasionnent, elle a eu surtout en vue de prévenir ou d'arrêter les effets de l'affreuse contagion que la prostitution propage, et tous ses soins ont tendu à multiplier les garanties que recommandait l'intérêt si puissant de la santé publique.

Douze médecins, dont un, sous le titre de médecin en chef, a la direction du service, sont chargés de ces visites.

Les filles isolées sont visitées, une fois par quinzaine, au bureau médical, où il se trouve constamment deux médecins de service.

Les filles de maison le sont une fois par semaine, à domicile, surcroît de précaution que nécessitent leurs rapports plus fréquents avec les hommes, que ceux des filles de l'autre classe, l'insouciance apathique qui leur est propre, et leurs habitudes généralement plus déréglées que celles des filles isolées.

Ces dernières reçoivent, au moment de leur enregistrement, une carte renouvelée tous les ans.

Quand elles ont subi la visite, elles font apposer sur cette carte un timbre pour justifier de son accomplissement; car, à chaque instant du jour, elles peuvent être obligées de représenter leur carte.

Les visites des filles de maisons se constatent par des visas des médecins, sur un livre dont les maîtresses de maisons sont munies et sur lequel elles sont tenues de faire inscrire au bureau administratif les filles qui viennent demeurer chez elles.

Elles doivent aussi se rendre au même bureau pour faire rayer celles qui les quittent, et il faut que ces deux formalités soient remplies dans les 24 heures, au plus tard, afin que ces femmes ne gardent pas plus longtemps une fille qui ne serait pas enregistrée ou qui serait malade, et qu'on puisse rechercher les filles sorties qui ne rentreraient pas immédiatement dans une autre maison, ou qui ne viendraient pas se faire mettre dans la classe des isolées.

Indépendamment des visites régulières, les filles isolées ou de maison en subissent une nouvelle, au bureau médical, chaque fois qu'elles passent d'une classe à l'autre, qu'elles changent de maison de tolérance, ou qu'elles viennent chercher des passeports, qu'elles sont arrêtées, ou qu'elles sortent de prison ou des hôpitaux.

Lorsqu'une fille est reconnue malade dans une maison de prostitution, elle est aussitôt envoyée au bureau médical pour y subir une contre-visite.

Les médecins rédigent, pour chaque fille malade, un rapport énonçant la nature de l'infection.

Les malades sont envoyées le soir même à l'hôpital, où les accompagne le certificat des médecins du bureau médical.

Si, parmi les filles isolées, il en est qui se soumettent sans contrainte aux obligations sanitaires, il n'en est pas de même du plus grand nombre, qui cherchent à s'affranchir de ces obligations.

Le bureau administratif reçoit du bureau médical les renseignements nécessaires pour connaître les filles qui ont manqué aux visites.

Un certain nombre d'agents sont spécialement chargés d'assurer l'exécution de cette partie des règlements.

Ils ont pour mission d'engager les filles isolées à se rendre exactement aux visites et de contraindre les retardataires.

Ils sont aussi obligés de visiter les maisons de tolérance afin de s'assurer si les conditions imposées aux femmes qui les tiennent sont exactement remplies, et si ces femmes ne recevraient pas clandestinement des jeunes filles pour les prostituer ou ne favoriseraient pas d'autres genres de désordres.

Les filles qui renoncent à la prostitution sont, sur leur demande, et après un temps d'épreuve, rayées des contrôles.

Note administrative sur les obligations des maîtresses de maisons (1879).

OBLIGATIONS GÉNÉRALES.

Les maîtresses de maisons sont tenues de faire enregistrer, dans les 24 heures, au bureau administratif du dispensaire de salubrité, les filles qui se présentent chez elles pour y demeurer.

Lorsqu'une fille inscrite sur le livre d'une maîtresse de maison vient à sortir de chez elle, celle-ci doit également, dans les 24 heures, en faire la déclaration au même bureau.

Lorsque l'entrée ou la sortie d'une fille a lieu la veille d'un jour férié, après midi, la maîtresse de maison doit en faire la déclaration le lendemain dudit jour avant midi.

Les maîtresses de maisons doivent tenir leurs croisées constamment closes, en faire dépolir les vitres ou les garnir de persiennes fermées par des cadenas.

Celles qui ont la faculté de faire circuler une fille et de placer une domestique sur leur porte, ne pourront les laisser sortir qu'une demi-heure après l'heure fixée pour le commencement de l'allumage des réverbères, et, en aucune saison, avant sept heures du soir; et elles devront les faire rentrer à 11 heures.

Elles doivent veiller à que la mise des femmes soit décente, et les empêcher de provoquer à la débauche par gestes ou propos indécents, de fréquenter les cabarets et de s'enivrer; de stationner sur la voie publique; d'y former des groupes et d'y circuler en réunion.

Lorsque, dans l'intervalle d'une visite médicale à l'autre, elles découvriront qu'une fille est atteinte d'une maladie contagieuse, elles devront la conduire immédiatement au bureau médical.

Il leur est expressément enjoint d'informer sans retard, indépendamment de l'avis à donner au commissaire de police, le chef du service actif du dispensaire de toute espèce d'évènements qui auraient lieu dans l'intérieur de leur maison ou au dehors, par le fait des femmes qui demeurent chez elles.

Il leur est défendu de recevoir des mineurs et des élèves des collèges et des écoles nationales civiles et militaires en uniforme.

———

Préfecture de police.

Voici quelques extraits de l'arrêté du 1er décembre 1874 relatif au dispensaire.

Nous, Préfet de police,

Vu sur cette matière les arrêtés des 29 octobre 1822, 16 novembre 1826, 25 mars et 30 avril 1828, 16 juin 1854, 23 décembre 1868, 5 février et 31 décembre 1872;

Avons arrêté et arrêtons ce qui suit :

Article premier. — Dans l'intérêt de l'action de police, en ce qui touche les mesures relatives à la prostitution, et pour éviter des divulgations susceptibles de causer des catastrophes et de compromettre l'honneur des familles, le dispensaire ne doit, en aucun cas, être considéré comme un lieu de clinique. Aucun médecin n'appartenant pas au personnel du dispensaire, aucune personne étrangère à son service ne pourra, sans notre autorisation spéciale, avoir accès dans les salles de visite ni même dans les salles d'attente affectées aux filles inscrites.

Art. 2. — Le personnel médical du dispensaire se compose d'un médecin en chef, d'un médecin-chef adjoint, de quatorze médecins titulaires et de quatre médecins adjoints.

Les traitements de ces médecins sont fixés comme il suit :

1 médecin en chef................................	3600	fr.
1 médecin-chef adjoint......................	3000	
1 médecin.......................................	2600	
4 id.	2400	
3 id.	2000	
4 id.	1800	
2 id.	1600	

5.

Les médecins adjoints ne reçoivent pas de traitement [1].

Art. 5. — Le service de santé du dispensaire est divisé en service intérieur et en service extérieur.

Art. 6. — Le service intérieur consiste à visiter les insoumises et toutes les femmes inscrites ou à inscrire sur les contrôles de la prostitution, qui se présentent au dispensaire, et à faire, à cet égard, toutes les vérifications et écritures nécessaires pour assurer le contrôle médical et le rattacher à l'action administrative.

Ce service a lieu tous les jours, les dimanches et fêtes exceptés; il commence à 11 heures 1/2 du matin, finit à 4 heures et comprend ainsi trois séances d'une heure et demie chacune.

Art. 7. — Il y aura toujours à chaque séance deux médecins du dispensaire, sans compter le médecin en chef, et, attendu que les visites ne peuvent souffrir aucune interruption, les deux médecins de service seront tenus d'attendre, pour se retirer, l'arrivée de leurs collègues les remplaçant.

La visite des filles qui se seront présentées avant la clôture de la séance ne pourra jamais être renvoyée au lendemain.

Art. 8. — Le service intérieur est fait par tous les médecins titulaires du dispensaire. Chacun d'eux est, tous les deux jours, de service à une des séances. Le médecin en chef est de service tous les jours. Il est spécialement chargé de la visite des filles insoumises. A son défaut, cette visite est faite par le médecin en chef adjoint.

Art. 9. — Toutes les visites subies par les filles isolées, les filles arrêtées (dépôt) ou les autres envoyées par le bureau administratif, doivent être exactement et sur-le-champ inscrites sur les registres du dispensaire.

Art. 10. — Lorsqu'une femme aura été reconnue malade, il en sera fait immédiatement mention au journal courant et sur les registres. On transmettra en outre aux médecins de l'infirmerie de Saint-Lazare un bulletin énonciatif des nom et prénoms de cette femme, de sa maladie et de la date de son envoi à l'infirmerie.

Art. 11. — Toutes les fois qu'un médecin du dispensaire aura remarqué qu'une femme est atteinte d'une affection qui la rend suspecte, sans qu'elle paraisse suffisante cependant pour justifier un envoi à l'infirmerie, il consultera ceux de ses confrères présents au dispensaire, et ils prononceront ensemble sur l'ajournement de la mesure ou sur son exécution, s'ils le jugent nécessaire. Dans le cas d'ajurnement, la décision prise devra être inscrite sur le registre *ad hoc*.

Art. 12. — Le service extérieur consiste à se rendre chaque semaine, et à un jour fixe, dans les maisons de tolérance comprises dans l'enceinte de Paris et dans celle des communes suburbaines du département de la Seine, pour y visiter toutes les femmes qui s'y trouvent.

Art. 13. — Ce service sera fait par tous les médecins du dispensaire

---

1. Dans sa session de 1875, le Conseil municipal de Paris a voté, sur la proposition de M. Lafont, un crédit de 8000 fr. destiné à augmenter de 500 fr., à partir du 1er janvier 1876, le traitement de chacun des médecins du dispensaire. Depuis, M. Lafont a constamment voté contre la police des mœurs.

(*le médecin en chef excepté*); mais, attendu que sa surveillance doit s'étendre à toutes les parties du service, il devra, lorsqu'il le jugera utile, s'assurer par des contre-visites de la bonne exécution des visites sanitaires.

Art. 14. — Le lotissement des maisons de tolérance en autant de circonscriptions qu'il y a de médecins titulaires et leur répartition entre ces médecins seront faits par le médecin en chef, en tenant compte, tant du nombre des maisons et des filles qu'elles renferment, que de l'éloignement et de l'étendue des localités où elles sont situées.

Ce lotissement et cette répartition **seront** soumis à notre approbation.

Art. 15. — Les médecins chargés de la visite sanitaire dans les maisons de tolérance des communes suburbaines pourront être dispensés de prendre part au service intérieur du dispensaire.

Art. 16. — Chaque médecin remettra au médecin en chef, le lendemain de la visite dans les maisons de tolérance, un bulletin qui comprendra le nombre des filles de maisons visitées, les noms de celles qui, ayant été malades, ou qui, ayant manqué à la visite, devront se rendre au dispensaire et être, à ce titre, signalées au bureau administratif, enfin les noms des filles qui auront été mises en observation, pour faire l'objet de l'examen prescrit par l'article 11.

Art. 17. — Tous les trois mois, les médecins du dispensaire changeront de circonscription, en suivant un ordre de roulement basé sur l'ancienneté des services.

Art. 18. — Doivent être considérées comme faisant partie du service extérieur les visites à domicile faites aux filles isolées qui, pour cause de maladie, ont demandé à notre administration et ont obtenu d'être visitées chez elles. Ces sortes de visites seront réparties entre les médecins titulaires par le médecin en chef.

Art. 19. — Les envois à l'infirmerie de Saint-Lazare et l'expédition des bulletins de santé sont décidés en dernier ressort par les médecins de service. La solution de toutes les autres questions, et particulièrement celle du renvoi à l'infirmerie de Saint-Lazare des filles qui viennent d'en être ramenées, est réservée au médecin en chef.

Art. 23. — Hors le cas prévu et indiqué à l'article 18, et sous aucun prétexte, aucune visite à domicile aux filles inscrites à la police ne peut être faite par les médecins du dispensaire. Ils ne pourront non plus les recevoir à leurs consultations particulières.

Art. 26. — Il nous transmettra, chaque mois, un rapport sur le résultat des opérations mensuelles du dispensaire, et, chaque année, un rapport général contenant les diverses observations que le bureau médical aura recueillies, pendant l'exercice journalier de ses fonctions[1].

Art. 27. — Lorsque le médecin en chef croira utile de prendre auprès des maîtresses de maison et des filles publiques des rensei-

---

1. On verra plus loin que ces rapports sont bien insignifiants et bien arriérés, ou que le préfet de police s'est moqué du conseil municipal, d'accord avec le médecin en chef du dispensaire, en lui envoyant des statistiques ridicules dont la date exacte n'est même pas fixée.

gnements d'une nature quelconque, il les fera venir au dispensaire par l'intermédiaire du chef du bureau administratif. Il nous proposera de prendre, à l'égard de celles-ci, toutes les mesures qu'il jugera convenables dans l'intérêt du service de santé.

Art. 30. — Les anciennes dispositions réglementaires ou les pratiques consacrées par l'usage qui ne sont pas contraires au présent règlement, continueront à avoir leur exécution.

Le préfet de police,

Signé : L. RENAULT.

Note administrative sur le service actif des mœurs[1]
(1879).

La brigade des mœurs se compose ainsi :
1 officier de paix,
1 inspecteur principal,
1 brigadier,
3 sous-brigadiers,
60 inspecteurs.

Paris et la banlieue sont divisés en 11 fractions auxquelles on a donné le nom de *lots*, et qui sont surveillées par trois groupes d'inspecteurs marchant sous la direction de 3 sous-brigadiers.

Le premier groupe comprend cinq lots et la banlieue.

Le deuxième groupe comprend trois lots.

Le troisième groupe comprend également trois lots.

Chaque lot a pour titulaire un inspecteur auquel on adjoint un ou plusieurs collègues, selon l'importance du lot.

Ainsi, le premier groupe comprend 5 lotiers et 12 inspecteurs adjoints; le deuxième, 3 lotiers et 11 inspecteurs adjoints (c'est ce groupe qui a a surveillance des pédérastes); enfin le troisième groupe a 3 lotiers et 3 inspecteurs adjoints.

Les renseignements sur les femmes arrêtées sont pris par 7 inspecteurs.

Deux autres sont attachés au 2ᵉ bureau de la 1ʳᵉ division.

Quatre font le service de permanence au bureau, de 9 heures du matin à 11 heures du soir.

Quatre remplissent les fonctions d'expéditionnaires.

Enfin, quatre inspecteurs sont chargés de la confection des dossiers, du bulletinage et du classement.

RÉCAPITULATION.

Lotiers...	11
Inspecteurs adjoints aux lotiers..................	26
Employés aux renseignements	7
Expéditionnaires et chargés du classement.........	8
Attachés au 2ᵉ bureau de la 1ʳᵉ division	2
Permanence	4

1. Cette organisation a été modifiée par l'arrêté du 9 mars 1881, qui réunit la brigade des mœurs à la brigade de la sûreté.

II

Nous avons cru utile de donner ces textes complets : nous allons maintenant indiquer les analogies et les différences qui existent entre les réglementations étrangères et la réglementation parisienne.

Marseille. — Même règlement qu'à Paris, seulement il y a un tarif classant les prostituées par rang de patente :

Art. 12. — La rétribution due par chacune des filles pour frais de visite est de 50 centimes, 1 franc et 2 francs, selon le local et les jours où elles seront visitées et la catégorie à laquelle elles appartiennent.

Celles payant 50 centimes seront visitées tous les lundis et mardis au dispensaire actuel. Celles payant 1 franc seront visitées les mercredis et vendredis au dispensaire du coin Reboul. Celles payant 2 francs seront visitées les samedis au même dispensaire.

Sont dispensées de cette rétribution les filles arrêtées comme se livrant à la prostitution clandestine et qui ne seraient pas inscrites.

Une modification qui a été introduite en 1865 aux dispositions de ces deux derniers articles, établit que les filles peuvent être visitées gratuitement au dispensaire, sur leur demande, le lundi, et que toutes celles qui en font la demande peuvent être visitées à domicile le mardi pour 1 franc, le mercredi et le vendredi pour 2 francs, et le samedi pour 3 francs.

Bordeaux. — Le docteur Jeannel a établi un système analogue, qu'il considère modestement comme un chef-d'œuvre.

Les filles qui, au lieu de venir le mardi et le vendredi, viennent le jeudi ou le vendredi, payent une amende de 75 centimes. Si elles attendent jusqu'au samedi, l'amende est de 2 francs. Si elle n'a pas d'excuse légitime, la fille qui ne s'est pas soumise à la visite le samedi au plus tard, est emprisonnée pour vingt-quatre heures ; cette peine est portée à trois jours en cas de récidive, et enfin à dix jours, en cas de maladie vénérienne.

« Il est fort curieux, dit un rapport cité par le Dʳ Jeannel, de remarquer que cette différence entre la gratuité et les deux amendes établisse une sorte de classement parmi les prostituées. Ce ne sont jamais que les plus pauvres qui usent du bénéfice de la gratuité ;

celles qui jouissent d'un certain luxe et d'une aisance relative, viennent le jeudi et le vendredi; enfin, le samedi, se présentent seulement celles qui appartiennent aux maisons les plus riches et les plus en renom; et parmi les filles libres, celles qui sont les plus élégantes et les plus fortunées. C'est pour elles un point d'honneur que de payer la visite. »

Au moyen de ce que le D' Jeannel appelle la rétribution facultative, la municipalité de Bordeaux se crée un revenu annuel moyen d'environ 18 000 francs, qui sont versés volontairement par les prostituées et affectés à l'entretien du dispensaire. Le dispensaire ne coûtant que 13 000 francs par an, la ville fait un boni de près de 5000 fr. sur les visites sanitaires !

A *Alger*, autrefois l'inscription des filles publiques était faite par le mezoûan, intendant général de la police, qui affermant lui-même ces malheureuses, achetait cet avantage au prix d'une redevance annuelle.

La police française a continué ces principes.

A Alger, les maisons de tolérance payent une licence annuelle de 300 francs et un droit de patente de 57 francs; les filles inscrites, qu'elles soient chez elles ou en maison, doivent payer une rétribution annuelle de 108 francs (9 francs par mois, 3 francs par décade), pour frais de visite. Les filles qui se présentent au dispensaire sans payer sont visitées, mais on leur ouvre un crédit, si bien que l'administrateur du dispensaire disait un jour : « Nous avons des femmes qui nous doivent tant qu'elles ne pourront jamais s'acquitter et seront obligées de garder leur carte toute leur vie. »

L'autorité ecclésiastique a contribué à cette situation.

Après les années de famine 1868-1869, des enfants furent recueillis. On les baptisa et on les tatoua au front de la double croix latine. Les Arabes repoussèrent plus tard ces orphelines non croyantes, et elles n'eurent plus d'autres ressources que la prostitution.

A *Brest* et à *Lorient,* les ministères de la marine et de la guerre contribuent par une subvention annuelle aux frais de la police des mœurs.

A *Montpellier*, un arrêté de 1872, dû à M. Coste, invite les propriétaires à dénoncer à la police les femmes qui demeurent chez eux.

1. *Ann. d'hyg.*, juillet 1853, t. V, p. 249.

III

Bruxelles. — Bruxelles, naturellement, voulut avoir un règlement à l'instar de Paris. Il date du 18 avril 1844.

M. Lenaers déclarait, dans son rapport du 1er février 1876, « qu'il était un des meilleurs et des plus complets qui existassent; » cependant il le compléta et l'améliora encore.

Dans le rapport qui précède ce nouveau règlement, il commence par essayer d'établir la légitimité de l'inscription des filles mineures et des femmes mariées. Il justifie la taxe établie à Bruxelles et la maintient.

L'article 4 de l'ordonnance du 14 juin 1851 « interdisait aux filles éparses de recevoir des hommes ailleurs que dans les maisons de passe ». M. Lenaers montre que cet article est impraticable. Il invoque comme autorité le règlement de la ville de Hambourg, « qui défend aux prostituées d'avoir relations avec les hommes ailleurs que dans leurs demeures; » dans le canton de Genève, « les filles isolées et en chambre sont présentées par l'autorité comme la création la plus utile. »

Art. 1er. — « Sont réputées filles publiques toutes filles ou femmes qui se livrent habituellement à la prostitution. »

Art. 3. — Toute fille ou femme non inscrite qui sera signalée comme se livrant à la prostitution, sera mandée au bureau de police pour y être interrogée, et, s'il y a lieu, inscrite d'office par le collège des Bourgmestre et Échevins.

Celle qui n'aura pas obtempéré au premier appel pourra être punie des peines établies par l'art. 46 du présent règlement.

Art. 31. — Une rétribution sera payée par tous les tenants-maison de débauche et de passe d'après un tarif arrêté à cet effet par l'administration communale.

Art. 32. — Cette rétribution est payable par anticipation et sans restitution dans aucun cas.

Art. 34. — Les visites pour les éparses et les filles en maison ont lieu deux fois par semaine.

Art. 35. — Les filles des deux premières classes seront visitées à domicile.

Les filles éparses pourront se faire visiter chez elles, pourvu qu'elles payent au dispensaire, par anticipation, quatre visites à la fois, à raison de 1 franc par visite.

En vertu des articles 28 et 30 du Code pénal du 8 juin 1867, l'article 50 frappe les contraventions au règlement d'une amende s'élevant au maximum à 25 francs et d'un emprisonnement maximum de sept jours.

A Paris, les contraventions au règlement sont « punies administrativement » et non judiciairement.

Telles sont les principales dispositions qui s'écartent du règlement de Paris.

Les scandales des procès des proxénètes belges ont montré que ce règlement parfait avait bien quelques inconvénients.

Le bourgmestre, M. Buls, vient d'y proposer certaines modifications que voici[1] :

Interdiction du séjour des filles mineures dans les maisons publiques.

Défense de vendre des comestibles et des boissons dans les maisons de débauche.

Si la femme réclame sa liberté, l'agent des mœurs doit sur l'heure la lui assurer.

Les vêtements, bijoux, tout ce qui appartient aux femmes qui voudraient quitter la maison, ne pourraient être retenus sous aucun prétexte par le tenant-maison.

Au besoin, la somme nécessaire à la femme pour regagner son domicile ou sa nouvelle destination.

A cet effet tout tenant-maison sera tenu de déposer dans la caisse communale une somme déterminée dans l'arrêté qui tolère son établissement.

Le service des mœurs se fera à l'aide d'un roulement et aura une rémunération spéciale.

La conférence annuelle de la Fédération se réunissait au mois de septembre 1879 à Liège. Cette réu-

1. 5 décembre 1881.

nion préoccupa le collège communal qui remania son règlement et y ajouta les dispositions suivantes :

Liège (règlement du 11 juillet 1879). — Art. 10. — Il est défendu aux filles éparses de recevoir des hommes ailleurs que dans les maisons autorisées aux termes du présent règlement.

Art. 19. — Il sera placé par les soins des agents de l'administration communale, dans les maisons de prostitution, à l'endroit qui sera indiqué par la police et aux frais des tenants-maison, des boîtes destinées à recevoir les réclamations que les filles croiraient devoir adresser aux autorités.

Les clefs de ces boîtes seront déposées entre les mains de M. le Bourgmestre.

Art. 20. — En cas de sortie, les effets de chaque pensionnaire devront lui être restitués. Elle aura également le droit d'emporter les effets qu'elle aurait achetés pendant son séjour dans la maison.

L'art. 13 spécifie deux visites par semaine.

Les contraventions sont punies d'une amende de 5 à 15 fr. et d'un emprisonnement d'un à cinq jours.

Art. 3. — L'inscription d'office n'aura lieu qu'en vertu de l'autorisation du collège des Bourgmestre et Échevins.

Immédiatement après son inscription la femme sera soumise à la visite sanitaire.

IV

En Hollande, comme en Belgique et en France, la réglementation est laissée aux communes. Elle existe à la Haye, à Leyde, à Harlem, à Utrecht, Arnheim, Rotterdam.

Je cite les deux articles suivants du règlement de Rotterdam, le premier, à cause de la contradiction qui le caractérise; le second, parce que je montrerai plus loin de quelle manière il en est tenu compte.

Art. 1er. — Bien qu'interdite en principe, l'existence des maisons publiques pourra être tolérée par le directeur de la police à des conditions particulières et sans contrevenir en rien à la règle générale établie sur ce point.

Art. 8. — Les tenants-maison devront se rappeler qu'ils sont passibles de toutes les rigueurs de la loi en cas d'attentat à la pudeur ou de détournement de mineures.

Amsterdam. — Amsterdam n'a point de règlement. Le rôle de la police locale se borne à prévenir le scandale public, sans qu'aucune ordonnance lui permette d'intervenir directement; elle a de plus à s'opposer, autant que possible, à l'admission des filles mineures dans les maisons de débauche. Les filles ne sont point tenues de se faire inscrire.

V

Italie. — On a remarqué que les règlements ci-dessus ne reposent sur aucun texte de loi. A Paris, le préfet de police ordonne; à Bruxelles, le bourg-mestre ordonne également. En Italie, la matière est réglée par l'article 86 de la loi de sûreté publique du 20 mars 1865 qui remplace l'article 119 de la loi de sûreté publique du 13 novembre 1859.

Dispositions concernant la moralité publique.

Art. 86. — Les autorités de sûreté publique feront arrêter tous ceux qui tiendront clandestinement des maisons de prostitution.

Dans l'intérêt de l'ordre et des mœurs, et dans celui de la sécurité publique, le gouvernement pourra faire des règlements relatifs aux femmes qui se livrent à la prostitution.

Le règlement, en date du 15 février 1860, rédigé par le ministre de l'intérieur, destiné d'abord aux villes du Piémont, Turin, Gênes, Milan, s'applique maintenant à toutes les villes d'Italie.

Ce règlement, en dehors des dispositions qui sont appliquées en France et en Belgique, contient les dispositions spéciales suivantes. Il interdit aux prostituées :

7° De rester hors de chez elles sans motif légitime, à partir de huit heures du soir pendant les mois d'octobre à mars inclusivement; et à partir de dix heures du soir pendant les autres mois;

8° D'errer dans les rues, en particulier dans celles qui avoisinent leur domicile et spécialement le soir;

9° Il est interdit aux prostituées de fréquenter les théâtres, et celles qui s'y présenteront d'une manière indécente seront punies.

Il contient en outre certaines dispositions tout à fait spéciales aux maisons de tolérance.

En principe, la prostituée doit demeurer dans une maison de o.é-rance. Seulement l'art. 17 contient cette atténuation

« L'autorisation pour une prostituée de résider dans un domicile particulier ne sera accordée par le questeur (chef de la police), ou par l'autorité de sûreté publique, qu'avec beaucoup de réserve et toujours sous consentement du propriétaire de la maison. »

Art. 28. — Si une prostituée veut changer de domicile, soit qu'elle habite une maison de tolérance ou qu'elle ait un domicile particulier, elle doit d'abord en demander l'autorisation au questeur ou à l'autorité de sûreté publique par l'intermédiaire du bureau, qui aura à émettre son préavis sur cette demande.

L'autorisation de résider dans un domicile particulier ne sera accordée aux prostituées des maisons de tolérance que par des motifs de famille ou de santé.

Art. 41. — Les maisons de tolérance sont divisées en trois classes :

Appartiennent à la première classe, les maisons où le tarif d'entrée est fixée à 5 francs et au-dessus;

A la seconde, celles où le tarif est de 2 à 5 francs;

A la troisième celles où le tarif est inférieur à 2 francs.

Art. 54. — Sont à la charge des tenants-maison de la première catégorie :

1° L'entretien des prostituées, la fourniture des objets d'habillement pour la maison et pour le dehors, le payement de la taxe et de la visite sanitaire, et celui des frais causés par une maladie non vénérienne, soignée dans la maison de tolérance;

2° Le vêtement, le linge, et tout ce qui concerne la propreté des prostituées, durant leur séjour à l'hôpital des syphilitiques.

Art. 55. — Quand une prostituée entre dans une maison de tolérance, le tenant-maison doit immédiatement procéder à l'inventaire des effets d'habillement et autres objets appartenant à cette femme; ils seront inscrits dans un registre spécial tenu par lui à cet effet.

Si le tenant-maison fait un payement pour le compte d'une prostituée, il doit en faire aussitôt la déclaration au bureau, en présentant la quittance y relative.

Art. 56. — Pendant le séjour d'une prostituée dans une maison de tolérance, elle n'est pas obligée de se servir des effets qui lui appartiennent en propre; ces effets seront gardés par le tenant-maison, qui devra les lui remettre à l'époque de sa sortie avec tous ceux dont elle aura fait l'acquisition à ses propres frais, et dont la mention aura dû être ajoutée à l'inventaire. Les registres contenant l'inventaire des effets appartenant aux prostituées seront vérifiés et visés par le bureau sanitaire.

Art. 57. — Le produit de la prostitution, dans les maisons de la première catégorie, sera réparti comme suit : les trois quarts au tenant-maison, et un quart à la prostituée.

Dans les maisons de la seconde catégorie, il sera réparti comme suit : deux tiers à la prostituée et un tiers au tenant-maison[1].

La répartition des gains sera faite tous les quinze jours

Les prostituées qui auront à rembourser des avances reconnues par le bureau sanitaire laisseront la moitié de leur part pour être portée en déduction de leur débet.

Ces décomptes seront inscrits dans un registre spécial que le bureau vérifiera chaque fois qu'il le jugera nécessaire.

Art. 58. — Il est absolument interdit aux tenants-maison d'infliger aucune retenue pécuniaire aux prostituées en punition d'une faute, ni de les maltraiter.

Art. 59. — Il est également interdit aux tenants-maison d'admettre dans leur établissement des filles qui n'auraient pas accompli leur seizième année.

En cas de transgression, l'autorisation leur sera retirée.

Art. 60. — Si une prostituée manifeste l'intention de renoncer à la prostitution, le tenant-maison devra en prévenir immédiatement le bureau sanitaire, qui encouragera celle-ci à réaliser sa résolution.

Dans ce cas, le fait que la prostituée aurait contracté une dette envers le tenant-maison ne pourra être un obstacle à sa sortie de la maison de tolérance.

Art. 61. — A Turin, Milan et Gênes, les tenants-maison des deux catégories doivent payer au bureau, outre la taxe des visites sanitaires pour les prostituées demeurant chez eux, une somme annuelle fixée selon les catégories.

Art. 62. — Les tenants-maison des deux catégories sont tenus d'afficher dans leur établissement, en un endroit convenable, un extrait du présent règlement, contenant les articles relatifs aux maisons de tolérance, et indiquant, en outre, en gros caractères, la classe à laquelle la maison appartient.

Il leur est interdit de modifier leur tarif sans en avoir d'abord fait la déclaration au bureau sanitaire.

Art. 63. — Tout différend survenu entre les prostituées et les tenants-maison ou les entremetteuses, lorsqu'il ne sera pas de la compétence des tribunaux, sera porté à la connaissance du bureau sanitaire, qui prendra les mesures nécessaires de conciliation.

Art. 71. — Toutes les prostituées inscrites sont astreintes à deux visites par semaine, c'est-à-dire tous les trois jours.

Art. 74. — Il est facultatif aux prostituées éparses d'être visitées à domicile, si elles déposent d'avance au bureau le montant de la taxe de quatre visites à raison de 1 fr. 50 chaque.

Art. 78. — Toute prostituée qui manquera à la visite sanitaire sans en avoir donné avis au bureau sera arrêtée et conduite à la visite.

En cas de récidive, de même que si elle cherche à mettre obstacle à un examen minutieux et exact, comme devra l'être celui du médecin visiteur, elle pourra être soumise à des mesures coercitives selon la gravité du cas.

1. Le règlement n'indique pas la répartition pour les maisons de la troisième catégorie.

Art. 79. — Si une prostituée éparse, durant trois mois consécutifs, s'est présentée exactement à la visite aux jours prescrits et a acquitté régulièrement la taxe fixée pour la visite, la somme entière payée par elle lui sera restituée au bout de trois mois.

Art. 86. — Une prostituée qui, après avoir été déclarée infectée, s'absentera au lieu de se présenter au bureau pour être envoyée à l'hôpital des syphilitiques, sera immédiatement arrêtée et conduite de force à l'hôpital, et à sa sortie elle sera punie d'un emprisonnement de cinq à quinze jours.

Art. 88. — Quand une prostituée se trouvera enceinte de plus de sept mois, elle devra, si elle est saine, être envoyée à l'hospice de la Maternité ; si elle est infectée, elle sera placée à l'hôpital des syphilitiques jusqu'à guérison, et ensuite transférée à l'hospice de la Maternité.

Une prostituée possédant des moyens d'existence peut, en cas de grossesse, se placer chez une accoucheuse patentée, sous réserve du consentement du bureau.

A la suite du cinquième congrès d'hygiène tenu en Italie, on apprit que les recettes fournies par la prostitution étaient employées aux fonds secrets : affinité ingénieuse entre la perception et la destination !

Le parlement s'en occupa. Les recettes furent inscrites au chapitre du ministère de l'intérieur. Cette recette fait partie du budget de l'État.

VI

Allemagne. — Le code prussien contenait les dispositions suivantes :

Art. 999. — Les femmes de mauvaise vie qui font trafic de leur corps doivent se retirer dans les lieux de débauche tolérés sous l'autorité et la surveillance publiques.

Art. 1000. — Les maisons de débauche doivent être tolérées seulement dans les grandes villes populeuses et reléguées loin des rues et voies publiques.

Art. 1001. — Mais, même en ces lieux, nul ne doit en établir sans l'autorisation expresse du magistrat de police, sous peine de détention d'une à deux années dans une maison de force.

Art. 1004. — Ceux ou celles qui tiennent ces maisons n'y pourront admettre aucune femme à l'insu et sans la permission du magistrat de police, sous peine de 50 écus pour chaque contravention à cette disposition.

Art. 1007. — Les femmes en âge de minorité ne doivent point être reçues dans les lieux de débauche. Si cela a été fait sans que le magistrat de police en ait été instruit ou contre sa défense, celui ou celle qui tient la maison doit être condamné à la réclusion dans un fort ou dans une maison correctionnelle pendant une jusqu'à deux années.

Art. 1014. — Si une maîtresse de maison ne prévient pas immédiatement le magistrat de police lorsqu'une femme est infectée du mal vénérien, elle encourt pour la première fois la prison pendant trois mois, et, en cas de récidive, la détention dans une maison correctionnelle pendant six mois avec condamnation au fouet à l'entrée et à la sortie.

Art. 1015. — Si la personne attaquée du mal vénérien a cédé sa maladie et par là donné lieu à sa communication, elle doit subir une détention de six mois à un an dans une maison correctionnelle, et, en outre, la condamnation au fouet lors de l'entrée et de la sortie.

Art. 1016. — En général, le magistrat de police emploiera tous ses soins et sa surveillance à l'effet qu'il soit pris des mesures pour arrêter les progrès de la contagion vénérienne.

Art. 1023. — Les femmes qui font métier de prostitution sans s'être placées sous la surveillance de la police doivent être arrêtées et condamnées pour trois mois aux travaux correctionnels.

Art. 1025. — Néanmoins, les personnes ayant encouru la peine portée par l'article 1033, en obtiendront la remise si elles font connaître leur grossesse conformément aux lois [1], etc.

En 1845, le gouvernement fit fermer les maisons de tolérance à Berlin. Le général de Wrangel les fit rouvrir au bout de quelques années, dans l'intérêt de la garnison, disait-il. Un règlement très détaillé fut promulgué en 1853, comprenant les dispositions spéciales suivantes :

Visite deux fois par semaine pour les filles de maison.

Si une fille manque à la visite, pour la seconde fois, elle subit un emprisonnement de huit jours à un mois, avec travail forcé.

Le règlement contient un « modèle de demande à l'effet d'être autorisé à tenir une maison de prostitution » en vingt-six articles; un règlement imposé aux chefs de maison en seize articles et une prescription pour les prostituées en dix-huit articles. Le tenant-maison verse une somme en recevant son autorisation : il doit payer pour

---

1. *Code général pour les États prussiens*, IIe part., tit. XX, sect. XII, *des délits charnels.*

chaque fille une contribution mensuelle. Il prend l'engagement de dénoncer toute fille qu'il soupçonnera d'être atteinte de maladie : « Pour
toute infraction à cet égard, je payerai une amende de 10 à 100 tha-
lers, et je me rends responsable de tout dommage que des tiers auron
souffert de l'infection que cette prostituée leur aurait communiqué. »

La prostituée qui, dans ce cas, ne se dénonce pas elle-même, sera
punie d'un emprisonnement de six mois à un an, « peine portée par la
loi contre ceux qui se rendent sciemment et volontairement coupables
de transmission de maladies. »

Les maisons de prostitution ont été, de nouveau,
supprimées en 1855; mais les dispositions du règlement sont restées applicables aux filles isolées.

L'inscription est censée volontaire, on ne fait pas de différence entre
les mineures et les majeures. Il est défendu aux prostituées non inscrites de raccoler dans la rue. Comme à Paris, il est défendu aux prostituées de demeurer plusieurs ensemble dans la même maison ; mais
cet article n'est pas appliqué. La visite gratuite a lieu une fois par
semaine : les prostituées sont divisées en deux catégories : les prosti
tuées infimes qui doivent venir au dispensaire, les aristocrates chez
qui se rend le médecin. Si elles sont malades, on leur inflige une pénalité. Il paraît qu'on va jusqu'aux coups de bâton.

Dans certaines villes d'Allemagne, la police inscrit, mais ne donne
ni carte, ni certificat de visite, pour éviter « l'apparence de délivrer au
vice un droit de patente de colportage. »

A Hambourg, dans la nuit du 17 septembre 1876, les maisons de tolérance furent fermées. Les filles furent jetées sur le pavé sans argent.
La police transporta aux frontières celles qui n'étaient pas allemandes.
La même année, on ferma également celles de Kiel, d'Altona, de
Flexbourg, de Hoderlesben. A Dresde, toutes les femmes, isolées ou
en maison, sont assujetties aux mêmes obligations. Il est interdit « aux
femmes isolées de se mettre aux fenêtres de leurs appartements qui
doivent être, d'ailleurs en tout temps, garnies de rideaux épais et
bigarrés. » A Mayence, à Leipzig, il y a des maisons de tolérance.

VII

Autriche. — A Vienne, il n'y a pas de maisons
de prostitution reconnues; la loi prescrit d'emprisonner les prostituées. M. Wilde, cité par M. Acton,
n'en porte pas moins à 15 000 le nombre des femmes

qui vivent de la prostitution à Vienne. Toute femme
suspecte rencontrée dans les rues après une certaine
heure est arrêtée, soumise à la visite sanitaire, et
consignée à l'hôpital si elle est trouvée malade. La
police a le droit de pénétrer avec un médecin sanitaire dans le domicile des femmes qui vivent de la
prostitution, et de les envoyer à l'hôpital si elles
sont trouvées infectées de maladies vénériennes.

VIII

Danemark. — La police des mœurs s'est établie
peu à peu de 1820 à 1830; en 1841 on établit la visite deux fois par mois; en 1844 une fois par semaine; en 1853 deux fois par semaine.

En 1844 une loi se substitua aux règlements de
police; en 1874, nouvelle loi pour empêcher la propagation des maladies contagieuses.

A Copenhague, les femmes qui veulent se livrer à la prostitution
doivent en faire la demande à la police : elles ne sont inscrites que
si elles ont accompli leur dix-huitième année, qui est l'âge de l'émancipation en Danemark.

Les filles qui ont reçu l'autorisation sont inscrites sur un registre
et reçoivent une carte. Il y a un autre registre sur lequel on inscrit
les noms des femmes à qui l'autorisation de se prostituer a été refusée.

Si une fille publique malade s'est soumise spontanément au traitement médical, dès qu'elle s'est sentie atteinte du mal vénérien, elle
est traitée gratuitement et rendue à la liberté après guérison. Mais
lorsque la police a dû la forcer au traitement, et qu'on peut constater
que l'intéressée a caché sa maladie, la prostituée est punie de cinq à
trente jours d'emprisonnement, au pain et à l'eau, ou même d'une
détention de plusieurs mois dans une maison de correction. — A l'é-
gard des femmes non inscrites, qui sont atteintes d'une maladie vénérienne, on procède de la même manière.

Suède. — A Stockholm, la réglementation a été
introduite par les médecins et la police, en dehors

de toute loi. La loi interdit les maisons de débauche, mais elles sont tolérées et nombreuses[1].

Espagne. — L'inscription est toujours volontaire, sans engager les droits des tiers sur la personne inscrite, ni atténuer la responsabilité civile ou criminelle que celle-ci a pu encourir.

Il y a une taxe sur les maisons de tolérance et sur les femmes.

IX

Angleterre. — En Angleterre, jusqu'en 1864, on n'avait fait nul essai pour organiser la prostitution. Lord Clarence Paget, premier secrétaire de l'amirauté, présenta un « Acte pour prévenir les maladies contagieuses », *Contagious Diseases Prevention Act,* qui plaçait sous un régime spécial onze stations navales et militaires, dans le but d'arrêter le développement des affections syphilitiques dans les armées de terre et de mer.

Le 20 juin, à deux heures du matin, il fut présenté en première lecture, devant un petit nombre de membres présents à la Chambre des Communes, sans soulever aucune observation. Le 27 juin, le bill fut lu une seconde fois, au milieu du même silence; le 30 juin, à deux heures du matin, devant une assistance composée en majeure partie de fonctionnaires du gouvernement et de personnes connues pour être favorables au projet de loi, une commission fut désignée, et dès le 15 juillet cette commission présentait son rapport; le 19 juillet, le bill fut renvoyé à la commission pour amendements; le len

---

1. Lettre de M. Testuz.

demain, celle-ci se présentait de nouveau devant la
Chambre, et, le 21 juillet, le projet fut adopté en
troisième lecture sans un mot de discussion. « Cet
acte, dit le *Journal of the Working men's league*,
adopté si précipitamment et avec une sorte de mystère, aux heures les plus avancées de la nuit, en
présence d'un chiffre insignifiant de membres et sans
discussion, a introduit pour la première fois un système d'espionnage policier, de despotisme médical et
de légalisation du vice, absolument nouveau dans la
législation anglaise. »

Une association se forma pour obtenir l'extension
du *Contagious Diseases Prevention Act* à la population tout entière, et en 1866, sous l'impulsion
des promoteurs de cette association, et grâce à l'indifférence du public et de la plus grande partie des
membres du Parlement, l'Acte de 1864 fut remplacé par un Acte nouveau.

« Le 16 mars 1866, à une heure du matin, dit le
Medical Enquirer, cet Acte, destiné à amender celui
de 1864, fut présenté en première lecture. La seconde lecture eut lieu le 22. Le 9 avril, il fut renvoyé à une commission spéciale, où siégeaient cinq
vice-présidents de l'association pour l'extension de
l'Acte à la population tout entière, et d'autres membres qui avaient fait partie de la commission précédente; le 26, à deux heures du matin, la commission présenta son rapport; un timide effort fut tenté
alors pour ouvrir une discussion sur un projet de
loi d'une si grave portée, mais on répondit par cette
monstrueuse assertion « qu'un bill de cette nature
« ne devait pas être discuté publiquement. » Un
membre essaya d'introduire à l'article qui définit les
pouvoirs remis à la police, un amendement qui,

seul, pouvait offrir quelque garantie contre les abus
du pouvoir de la part de fonctionnaires subalternes ;
il portait que le juge devant qui l'enquête serait
faite devait, dans tous les cas, requérir des preuves
testimoniales autres que la simple attestation des
agents de police ; cet amendement fut rejeté sans un
mot d'explications. — Toute l'affaire avait été arran-
gée avec tant de secret et d'habileté qu'il n'y avait
pas un membre du Parlement sur vingt qui eût
connaissance du bill ; on supposait généralement qu'il
s'agissait d'une mesure concernant le bétail, et, dans
le corps électoral, il n'y eut pas un électeur sur vingt
mille qui se rendît compte de la violation de la Constitution, accomplie après minuit, devant les bancs
presque déserts du Parlement. »

Deux ans plus tard, en juillet 1868, un amendement peu important fut ajouté à l'acte de 1866, et,
en juillet 1869, un acte nouveau compléta et étendit
les dispositions des actes antérieurs et porta de
onze à dix-huit le nombre des localités auxquelles
s'appliquent les dispositions législatives concernant
la prostitution.

L'acte de 1866, l'acte explicatif de 1867 et l'acte
de 1869 doivent être cités ensemble sous le titre
officiel de *Contagious Diseases Acts* [1].

Depuis ce temps, il n'en a pas été fait d'autres, et
personne n'a osé en demander l'extension. Nous ne
reproduisons pas ces bills, fort étendus et fort com-
pliqués, comme toutes les lois anglaises ; nous nous
bornons à mentionner les principales dispositions
qui les caractérisent.

---

1. Sheldon Amos, *Laws for the regulation of vice.*

1° Acte des maladies contagieuses, 1866.

L'an vingt-neuvième de la reine Victoria.

CHAPITRE XXXV.

Acte pour mieux prévenir la propagation des maladies contagieuses dans certaines stations navales et militaires (11 juin 1866).

Au nom de Sa Majesté la reine, de l'avis et du consentement des lords spirituels et temporels et des Communes, assemblés dans le présent Parlement, et par leur autorité, il a été décidé ce qui suit :

1. Le présent Acte pourra être désigné sous le titre de *Contagious Diseases Act*, 1866 (Acte des maladies contagieuses, 1866).

2. Dans le présent Acte,

Les *maladies contagieuses* signifient maladies vénériennes, y compris la gonorrhée ;

Le mot *police* signifie police métropolitaine, ou toute autre police ou constablerie autorisée à agir dans les localités auxquelles s'applique cet acte ;

Le mot *surintendant* comprend les inspecteurs ;

Les mots *chef de service médical* désignent le principal médecin ou chirurgien résidant dans ledit hôpital ;

Le mot *juge* désigne le juge de paix ayant juridiction dans le comté, le bourg ou la localité où se produit le fait exigeant l'intervention judiciaire, ou dans tout autre lieu auquel cet acte s'applique ;

Les mots *deux juges* signifient deux juges ou plus assemblés et agissant ensemble, et s'appliquant à tout magistrat de police ou magistrat salarié ou à tout autre juge ayant, en vertu de la loi et pour un objet quelconque, le pouvoir de siéger en compagnie d'autres juges.

4. Les localités auxquelles s'appliquent le présent acte seront celles mentionnées dans la première cédule : leurs limites celles que la cédule indiquera.

5. Les dépenses sont payées sous la direction de l'amirauté et du ministre de la guerre.

6. Ils nomment les médecins visiteurs.

8. Ils doivent instituer certains établissements ou parties d'établissements, comme hôpitaux devant servir au but du présent acte.

Voici les dispositions combinées des actes de 1866 et de 1869 relativement à la visite et à l'inscription de la femme :

Acte amendant l'acte des maladies contagieuses de 1866
(11 août 1869).

3. Lorsqu'une femme qui se présentera à la visite sanitaire se trouvera, par une circonstance quelconque, dans un état qui ne permettra pas au médecin visiteur de l'examiner, celui-ci pourra, s'il a des rai-

sons suffisantes de croire qu'elle est atteinte d'une maladie contagieuse, la faire détenir dans un hôpital certifié, jusqu'à ce que le
médecin visiteur ait pu l'examiner; mais cette détention ne pourra
pas excéder le terme de cinq jours. Le médecin visiteur signera à cet
effet un certificat attestant qu'elle se trouve dans un état qui ne permet pas au médecin de l'examiner et qu'il a des raisons suffisantes de
croire que cette femme est atteinte d'une maladie contagieuse ; le certificat indiquera en outre l'hôpital où elle doit être renfermée. Un cer-
ficat pareil aura la même valeur qu'un certificat délivré conformément
aux dispositions de l'acte principal, excepté en ce qui concerne la
durée.

Si le motif qui empêche un médecin visiteur d'examiner une femme,
est que celle-ci se trouve dans un état d'ivresse, elle pourra être détenue, sur un ordre du médecin visiteur et pour un terme qui ne dé-
passera pas 24 heures, dans le local où sont détenues d'habitude les
personnes emprisonnées pour ivresse, tapage, ou autres délits passibles
de peines de simple police [1] ;

4. Lorsque, dans une déclaration attestée par serment devant un
juge, un *surintendant de police aura fait connaître qu'il a de bonnes
raisons de croire que telle femme qu'il nommera est une prostituée
publique* et qu'elle réside dans les limites d'une des localités auxquelles s'applique le présent acte, ou que, résidant dans un rayon de
10 milles en dehors de ces limites, ou n'ayant point de domicile fixe,
elle est venue en dedans de ces limites dans un but de prostitution, ou
qu'elle s'est prostituée en dehors de ces limites avec un homme domi-
cilié en dedans desdites limites, dans les quinze jours qui ont précédé
la déclaration, le juge pourra, s'il le trouve à propos, adresser à cette
femme une citation qui lui sera transmise par les soins du surintendant de police [2].

Art. 16 (act. de 1866). — Dans l'un et l'autre des deux cas suivants,
savoir :

Si la femme à qui la citation a été adressée comparaît en personne,
ou se fait représenter par un tiers, aux temps et lieux indiqués dans
la citation ou à d'autres temps et lieu en cas d'ajournement;

Et si elle ne comparaît pas, et qu'il soit attesté par serment au juge
présent que la citation lui a été remise en temps utile, ou bien, en
cas d'ajournement, que l'ajournement lui a été notifié;

Le juge présent, après que les faits formant l'objet de la déclaration
auront été attestés par serment devant lui d'une manière satisfaisante,
pourra, s'il le trouve à propos, ordonner que la femme dont il s'agit
soit soumise à des visites sanitaires périodiques de la part du médecin
visiteur, pour un temps qui n'excèdera pas un an, dans le but de s'assurer chaque fois si elle n'est pas atteinte d'une maladie contagieuse.
Dès lors, ladite femme sera astreinte à se soumettre à ces visites, et
l'ordre du juge sera, pour le médecin visiteur, un pouvoir suffisant.

1. Disposition qui ne se trouve pas dans l'acte de 1866.
2. Disposition nouvelle, remplaçant et renforçant l'art. 15 de l'acte
de 1866. Le rayon de 5 milles est porté à 10 milles. Mais par la rédaction de la formule E de la seconde cédule, le rayon de 10 milles se
trouve en réalité de 15 milles.

Art. 5 (act. de 1866). — Un ordre soumettant une femme aux visites sanitaires périodiques restera en vigueur aussi longtemps que la femme qu'il concerne résidera dans un rayon de 10 milles en dehors des limites de la localité où l'ordre a été rendu. La présente disposition remplace celle de l'art. 32 de l'acte principal, qui fixait l'étendue du rayon à 5 milles.

Art. 17 (act. de 1866). — Toute femme, habitant une des localités auxquelles s'applique le présent acte, peut, au moyen d'un écrit signé par elle en présence du surintendant de police et attesté par celui-ci, se soumettre volontairement à des visites sanitaires périodiques, conformément aux prescriptions du présent acte, pour un temps qui n'excédera pas un an.

Art. 6 (act. 1869). — Lorsqu'une femme, conformément aux dispositions de l'acte principal, se soumet volontairement, au moyen d'un écrit signé par elle, aux visites sanitaires périodiques, cette soumission aura le même effet que l'ordre du juge soumettant une femme aux visites ; toutes les dispositions de l'acte principal relatives aux visites sanitaires, aux pénalités encourues par une femme qui s'absente afin de se soustraire aux visites, ou qui refuse ou néglige volontairement de s'y soumettre, ainsi qu'à la durée de l'ordre qui la soumet aux visites, lequel doit rester en vigueur après qu'elle a subi un emprisonnement pour absence, refus de se soumettre ou négligence, s'appliqueront au cas mentionné dans le présent article.

Art. 20 (act. 1866). — Si, dans l'une de ces visites, la femme est reconnue atteinte d'une maladie contagieuse, elle se trouvera dans le cas d'être enfermée dans un hôpital certifié.

Art. 21 (act. 1864). — Elles pourront se rendre volontairement à l'hôpital certifié pour y être soumises à un traitement médical; mais si, après que le certificat la concernant lui aura été remis, elle néglige ou refuse de le faire, le surintendant de police devra l'arrêter et la conduire immédiatement à l'hôpital où elle doit être traitée : le certificat du médecin visiteur lui servira de pouvoir pour justifier cette mesure.

Art. 7 (act. 1869). — Une femme pourra être détenue pendant une nouvelle période de trois mois, en sus des six mois prévus par l'art. 24 de l'Acte principal, si un certificat dans la forme prévue par ledit article, attestant qu'une prolongation de la détention de cette femme pour traitement médical est nécessaire, est délivré à l'expiration des six mois; mais la détention ainsi prolongée ne pourra pas excéder une période de neuf mois en tout.

Art. 25 (act. 1866). — Si une femme détenue dans un hôpital estime que son état permet de la rendre à la liberté, et que le chef du service médical de l'hôpital s'y refuse, cette femme pourra, à sa requête, être admise à comparaître devant un juge; si celui-ci tient pour suffisamment démontré que ladite femme est exempte de maladie contagieuse, il pourra la libérer de sa réclusion à l'hôpital, et cet ordre de libération aura le même effet qu'une autorisation de sortie délivrée par le chef du service médical.

Art. 28 (act. 1866). — Dans les cas suivants, savoir :

Si une femme soumise, par un ordre émané d'un juge en vertu du

présent acte, aux visites sanitaires périodiques, s'absente temporairement afin de se soustraire aux visites, ou si elle refuse ou néglige volontairement de se soumettre ;

Si une femme détenue pour traitement médical dans un hôpital certifié quitte l'hôpital, sans en avoir reçu l'autorisation écrite du chef du
service médical (la preuve du contraire incombera à l'accusée);

Si une femme détenue pour traitement médical dans un hôpital certifié, ou une femme qui sera entrée volontairement dans un hôpital certifié pour s'y faire soigner d'une maladie contagieuse, refuse ou néglige volontairement, durant son séjour à l'hôpital, de se conformer
aux règlements qui y seront en vigueur;

Dans chacun de ces cas, elle sera coupable d'offense envers le présent acte, et sera passible, sur procédure sommaire, d'un emprisonnement avec ou sans travail forcé, qui ne pourra pas excéder un mois
dans le cas d'une première offense et qui ne pourra pas excéder trois
mois dans le cas de récidive. Dans le cas d'offense résultant du fait
d'avoir quitté l'hôpital sans autorisation délivrée en la forme mentionnée plus haut, la femme pourra être arrêtée par tout constable sans
qu'il soit besoin.

Art. 31. — Si à une femme quittant un hôpital certifié, il a été remis
par le chef du service médical un bulletin indiquant qu'elle est encore
atteinte d'une maladie contagieuse et qu'elle se livre ensuite à la prostitution sans avoir, au préalable, reçu d'un médecin visiteur un certificat écrit au dos du bulletin ou d'une copie de ce bulletin certifiée
par le chef du service médical de l'hôpital (certificat dont il incombe
à elle de fournir la preuve), et qui atteste qu'elle est exempte de maladie contagieuse, elle sera coupable d'offense envers le présent Acte,
et, après procédure sommaire devant deux juges, sera passible d'emprisonnement avec ou sans travail forcé, pour un terme qui ne pourra
pas excéder un mois dans le cas d'une première offense ni trois mois
dans le cas de récidive.

Art. 32 (act. 1866). — Tout ordre soumettant une femme aux visites sanitaires périodiques restera en vigueur, conformément aux dispositions du présent Acte, aussi longtemps que la femme à laquelle il
s'applique résidera dans les limites de la localité où l'ordre aura été
rendu, ou dans un rayon de 5 milles en dehors de ces limites [1]; mais
il ne pourra être valable pour un terme plus long qu'une année, et
lorsque le chef du service médical d'un hôpital certifié, en délivrant à
une femme l'autorisation de quitter l'hôpital, aura attesté qu'elle est
exempte de maladie contagieuse (certificat dont il incombe à elle de
fournir la preuve), l'ordre qui la soumet aux visites sanitaires périodiques cessera d'être en vigueur [2].

Art. 33. — Si une femme, soumise aux visites sanitaires périodiques,
soit de son propre consentement, soit en vertu d'un ordre émané d'un

1. Le rayon de 5 milles est porté à 10 milles par l'art. 5 de l'Acte de
1869.

2. Par conséquent, lorsqu'une femme sort de l'hôpital et qu'elle est
guérie, l'ordre la soumettant aux visites cesse son effet (avant l'expiration du terme légal d'une année), et la femme n'est plus considérée
comme prostituée.

juge et non détenue dans un hôpital certifié, désire être relevée de l'obligation de ces visites et adresse dans ce but une demande écrite à un juge, le juge lui adressera une citation écrite fixant le jour et le lieu où cette femme doit comparaître devant lui à cet effet et fera remettre cette citation à la demanderesse; il fera remettre également copie de la demande et de la citation au surintendant de police.

Art. 34[1]. — Si, lors de la comparution, le juge acquiert une conviction suffisante que la demanderesse a cessé d'être une prostituée publique, ou si la demanderesse, avec l'approbation du juge, est admise, avec ou sans cautions, selon le bon plaisir du juge, à justifier de sa bonne conduite pendant trois mois à partir du jour de la comparution, le juge pourra ordonner qu'elle soit relevée de l'obligation des visites sanitaires périodiques.

Art. 35. — La justification de la bonne conduite sera réputée nulle, si, durant le laps de temps qui aura été accordé à cet effet, la femme en question se livre à la prostitution dans un carrefour, une rue ou un endroit quelconque, dans les limites d'une des localités auxquelles s'applique le présent Acte, ou si, dans ces limites, elle se conduit d'une façon quelconque comme une prostituée publique.

Art. 9. — La femme devra adresser sa demande au médecin visiteur. Si, après un rapport présenté par le surintendant, le médecin visiteur acquiert une conviction suffisante que la demanderesse a cessé d'être une prostituée publique, il pourra la dispenser des visites sanitaires périodiques.

Art. 36. — Si le propriétaire, le locataire, le gérant ou le remplaçant du gérant d'une maison, chambre ou local quelconque, dans les limites d'une des localités auxquelles s'applique le présent Acte, ayant des raisons suffisantes de croire qu'une femme est une prostituée publique et atteinte d'une maladie contagieuse, l'excite à se livrer à la prostitution dans ladite maison, chambre ou local ou tolère qu'elle s'y livre, il sera, après procédure sommaire devant deux juges, passible d'une amende qui n'excèdera pas 20 livres sterling ou bien, à la discrétion des juges, d'un emprisonnement qui ne pourra pas excéder le terme de six mois avec ou sans travail forcé.

Ceci sans préjudice des peines qu'il aura pu encourir pour avoir tenu une maison de débauche ou pour désordre, ou pour les dommages qu'il aura pu causer par là.

Art. 42. — Toute action ou poursuite contre qui que ce soit, intentée pour faits accomplis en exécution du présent acte doit être jugée dans le comté....

Si un arrêt est rendu en faveur du plaignant, celui-ci n'aura pas recours contre le défendeur pour les frais du procès, à moins que le juge n'en ordonne autrement[2].

1. Cet article offre à une femme la possibilité de se dégager de la prostitution légale; mais l'article suivant (35) faisant dépendre l'appréciation de la conduite ultérieure de cette femme de la dénonciation d'un officier de police, la chance de salut que renferme l'article 34 devient illusoire.

2. Flagrante injustice : une plaignante dont la plainte est écartée devra payer les frais du procès; si elle obtient gain de cause, le fonc-

Dans cet Acte, il n'est nullement spécifié que les femmes seront inscrites sur un registre ; mais il a bien fallu trouver un procédé de contrôle, et la police s'est naturellement attribuée le droit d'inscription. Le capitaine Harris le constate dans ses rapports.

X

Des actes analogues aux *Contagious diseases Acts* ont été établis dans les trois résidences de Calcutta, Bombay, Madras, à la Jamaïque, à Ceylan, aux Barbades.

A Hong-Kong, en 1857, le gouverneur anglais avait établi un règlement sur la prostitution, s'appliquant seulement aux Chinoises destinées à l'usage des Européens ; prohibant les maisons clandestines, mais admettant les maisons ouvertes ; assujettissant « les femmes se livrant à la prostitution ou demeurant dans des maisons où des femmes habitent ou sont entretenues dans le but de pratiquer la prostitution, d'après un certificat du registrateur général. »

tionnaire condamné ne pourra être recherché pour les frais du procès, à moins que le juge n'en ordonne autrement.

Art. 9. — Dans tout lieu de débauche doit être suspendu, de manière à être en évidence, un tableau contenant, en anglais et en chinois, le nom et l'âge de toutes les personnes résidant dans la maison.

Dans les articles suivants sont établies des pénalités pour infractions aux règlements.

Art. 12. — S'il est établi devant le magistrat ou son substitut qu'une prostituée atteinte d'une maladie vénérienne a communiqué l'infection à une autre personne, cette prostituée sera punie d'une détention de trois mois, et le tenant-maison, dans la maison duquel cette prostituée habitait, d'une amende de deux cents dollars.

La prostitution est patentée, et cette patente a rapporté, en 1878, 50,000 dollars[1].

Art. 17. — Tout maître d'hôtel garni devra indiquer l'état de santé de chaque matelot résidant chez lui autant qu'il pourra s'en assurer. Les frais de traitement à l'hôpital seront dus par le matelot. Si le maître de l'hôtel n'a pas indiqué la maladie du matelot ou a fait un faux rapport sur sa santé, c'est lui qui doit payer les frais du traitement.

Art. 18. — Si le matelot refuse de se laisser transporter à l'hôpital ou veut en sortir avant d'être guéri, ou s'il a négligé d'avertir son maître d'hôtel qu'il a une maladie vénérienne, il est passible d'une amende de 25 dollars et d'un emprisonnement d'un mois.

A Malte, une ordonnance du 16 juin 1861 a décidé que toute personne qui sera notoirement une prostituée sera astreinte à trois visites par mois. » En cas de refus, elle sera condamnée à trois mois de prison. Si elle est atteinte d'une maladie vénérienne, la cour de police judiciaire ordonnera qu'elle soit enfermée dans un hôpital jusqu'à guérison.

Le Canada, l'île Maurice, Gibraltar ont été invités à organiser la prostitution. Au cap de Bonne-Espérance, une loi semblable fut établie par le Conseil législatif en 1868; mais les abus qu'elle provoqua la firent abroger en 1872.

En 1876, M. Fawell proposa un bill analogue à la législature de la Nouvelle-Galles du Sud.

XI

Aux États-Unis, il n'y a ni réglementation ni législation sur la prostitution, malgré diverses tentatives faites dans l'État de New-York, à Chicago, à Cincinnati, dans l'État de Pensylvanie. A Saint-Louis, dans le *City charted*, on introduisit ces mots : « supprimer ou régler les maisons mal

1. *Report general*, p. 34.

famées. » Cette clause resta en vigueur de 1870 à 1874, époque où elle fut rappelée par un vote unanime du sénat du Missouri[1].

A Boston, il n'y a pas de service médical ; mais les lois du Massachusetts, concernant les offenses contre la chasteté, autorisent la police à arrêter les promeneurs de nuit, hommes et femmes (*male et female night walkers*). Les maisons mal famées sont rigoureusement interdites. Cependant elles existent si bien que la police en donne elle-même la statistique[2].

En juillet 1878, le gouvernement des États-Unis adopta un acte sur toutes les maladies infectantes ou contagieuses, comprenant un règlement de quarantaine. En le prenant à la lettre, cet acte pourrait être étendu aux maladies vénériennes ; mais le chirurgien général du service des hôpitaux s'est défendu de vouloir s'en servir au point de vue de la prostitution.

XII

Égypte. — Jusqu'à Méhémet-Ali, les femmes publiques formaient une corporation sous l'autorité d'un cheickh. Il décréta l'abolition de la prostitution. Elle existe toujours.

Sur 50 000 Européens habitant l'Égypte, il y aurait 16 000 filles publiques européennes[3].

1. *Report of a visit to the United States*, par Henry J. Wilson et James P. Gledstone, délégués de la Fédération. 1876.

2. *R. House of lords*, p. 157 ; *letter from Boston police commissionner*, 12 juillet 1881.

3. Nicole, *Ann. d'hyg. et de méd. légale*, 2e série, 1878, p. 200.

Japon. — Le Dr Magot déclare que nulle part la prostitution n'est aussi bien réglée qu'au Japon. A Yeddo, elle a un quartier spécial appelé le Gankiro, grand quadrilatère, entouré d'une palissade et d'un fossé. Une seule porte y donne accès. En 1872, il avait une population de 20 000 personnes, et la ville ne comptait que 72 000 habitants. C'est là que se trouvent les plus belles maisons. Ce fut dans l'une d'elles que le commandant américain Perry signa le traité qui ouvrit définitivement les frontières du Japon aux étrangers. Les autres villes, Osaka, Niégata, Nagasaki, etc., possèdent des quartiers semblables.

Les règlements défendent la prostitution clandestine, au dehors, et la femme qui s'y livre est poursuivie avec d'autant plus d'acharnement qu'elle est considérée comme faisant de la contrebande au détriment du fisc. Moyennant un tarif déterminé, elle acquiert son « fonda », sorte de patente gravée au fer rouge sur une planchette en bois qu'elle doit présenter à chaque réquisition : c'est sa carte. Si elle ne l'a pas, elle est fustigée et emprisonnée[1].

XIII

A quelles personnes s'appliquent tous ces règlements ? Beaucoup ne se sont même pas mis en peine d'examiner cette question. Le règlement français ne donne aucune définition de la prostitution. Le règlement belge dit :

1. *Ann. d'hyg. et de méd. légale,* 1873.

« Sont réputées filles publiques, toutes filles ou femmes qui se livrent habituellement à la prostitution. »

Rotterdam. — « Toute femme qui se livre habituellement à la débauche. »

Berlin. — « Toutes les femmes qui auront erré dans les rues en état de débauche seront inscrites ou dénoncées à la police comme se livrant notoirement à la prostitution. »

Espagne. — « Doivent être enregistrées toutes les filles qui vivent habituellement du vil commerce de leur corps. »

Toutes ces définitions se bornent à dire : est prostituée une prostituée.

Le colonel Vincent, dans un projet qu'il a exposé devant le comité de la chambre des Lords [1], donne une définition qui se rapproche de celle que j'ai donnée plus haut :

« Une prostituée commune est une femme qui soumet sa personne à des relations sexuelles ou est raisonnablement suspectée de le faire, pour son propre profit ou le profit d'autrui. »

Les *Acts* anglais, comme le règlement de Berlin, comme cette définition du colonel Vincent, créent une classe de suspectes; et cette suspicion s'étend fort loin. Dans l'enquête de la Commission royale, l'inspecteur Annis [2] a déclaré qu'il ferait inscrire comme prostituée toute femme qui reçoit « des hommes chez elle, à son domicile, si elle cohabite avec plusieurs hommes. » Le surintendant Wakeford, après avoir dit une première fois [3] qu' « une prostituée est une femme de laquelle plusieurs preuves concourent à établir qu'elle est une prostituée, » dit, un peu plus loin [4], qu'il réclamerait l'inscription « d'une femme qui gagne une partie de sa

---

1. *Report*, etc., *protection of poor girls*, 1881 ; R., 656.
2. Rép. 646-651.
3. Rép. 43-51.
4. Rép. 184-426.

subsistance par un travail honnête... si elle commet un acte immoral avec un homme, » et qu'il regarderait « comme étant à quelque degré une prostituée une femme qui fréquente plus d'un seul homme, ne fût-ce qu'occasionnellement. » Le surintendant Macdonald [1] dit : « L'*Act* ne s'en tient pas au terme ordinaire de *prostituée*; il emploie l'expression de *prostituée commune*. L'idée que je me fais d'une prostituée commune est celle d'une femme qui gagne sa vie en prostituant son corps pour un salaire. » Et à la question suivante : « Il ne suffirait donc pas, dans votre opinion, qu'elle reçût de l'argent occasionnellement ou dans des cas particuliers pour cet usage de son corps, et il faut que cela constitue son gagne-pain habituel? » Il répondit : « Effectivement. Je puis ranger au nombre des prostituées communes une femme qui ajoute à ses gains au moyen de la prostitution. Si elle stationne dans la rue et provoque les passants, lors même qu'elle gagne une partie de sa subsistance par une autre occupation, je l'envisagerai certainement comme une prostituée commune. Mais si une femme a l'habitude de rencontrer un certain homme dans la High-Street à Portsmouth, et de lui donner rendez-vous dans un endroit que nous savons être un lieu de débauche, l'acte de cette femme, fût-il répété, n'est pas suffisant pour faire d'elle une prostituée commune. Il faut quelque chose de plus que cela, il faut qu'elle soit commune à toutes les personnes qui voudront la payer. » L'inspecteur Smith, de son côté [2], « ne considérerait pas une femme comme une prostituée

1. Rép. 10-261 et 10-262.
2. Rép. 14-277-14-466.

commune, à moins qu'elle ne se conduisît d'une manière commune », et ne réclamerait pas l'inscription d'une prostituée isolée qui serait fréquentée par plusieurs hommes à son propre domicile, à moins qu'elle ne fréquentât des « maisons communes de débauche » ou des « maisons de passe », ou qu'elle ne provoquât dans la rue, en un mot « qu'elle ne fît précisément les mêmes choses que font les prostituées communes. »

Il en résulte qu'on ne sait même pas à quelles personnes doivent s'appliquer les terribles lois ou règlements édictés contre la prostitution.

XIV

D'après le docteur Campana, ils devraient frapper les 40 000 femmes qui, d'après le docteur Bertillon, au minimum, vivent en concubinage à Paris. Il résulte de cette élasticité de définition les évaluations les plus fantastiques sur le chiffre de prostituées. Pour Paris, M. Maxime du Camp l'évalue à 120 000 ; M. Lecour, tantôt à 60 000, tantôt à 30 000.

En 1762 Rétif de la Bretonne, dans son *Pornographe*, estime à 20 000 le nombre des filles publiques à Paris ; en 1789 on estimait à 30 000 les filles qui vivaient de la prostitution, à 9 ou 10 000 celles qui raccrochaient dans les rues ; en 1802, on les évaluait à 30 000 ; sous la Restauration à 15 ou 20 000 ; après 1830 à 20 000 ; si ces chiffres avaient quelque apparence d'exactitude, ils prouveraient que la prostitution a diminué d'une manière considérable relativement à la population.

En Angleterre, et pour les mêmes causes, même

incertitude. M. Guerry, faisant des recherches statistiques à Londres, en 1834, demanda le chiffre des prostituées à des employés de la police ; les uns lui donnèrent le chiffre de 70 000 ; d'autres le chiffre de 50 000 ; d'autres le réduisirent à 40 000. M. Mayne, un des deux directeurs de la police, prit des renseignements auprès des surintendants des divers quartiers : il résulta de cette enquête que ce chiffre devait être abaissé à 8 ou 10 000. William Acton (1851) dit que l'évêque d'Oxford compte 80 000 prostituées en Angleterre ; le relevé de M. Coquhoum, 50 000 ; le docteur Edgar les évalue au douzième des femmes.

Ces chiffres sont impossibles à établir pour cette excellente raison que la prostitution n'est point une chose fixe, uniforme, malgré tous les efforts de la police pour lui donner ce caractère.

XV

Conclusion. — Il n'y a pas de définition rigoureuse et uniforme de la prostitution.

Les faits plus ou moins vagues, plus ou moins établis, qui constituent la prostitution sont laissés à l'appréciation des agents de la police.

Presque partout, la police agit en vertu de règlements, en dehors de la loi.

Là où une loi existe, elle a pour conséquence de donner à la police la plus grande latitude d'action.

Elle demande ou exige la collaboration de personnes privées, poussant ainsi chacun à une mouchardise réciproque.

La police a pour but, sous certaines hypocrisies de forme, de transformer la prostitution clandestine en prostitution ouverte ; elle considère la première comme un délit ou une contravention ; la seconde, comme un état régulier.

Elle établit cet état régulier à l'aide d'une inscription, prétendue volontaire, ayant pour conséquence de parquer la personne qui y est soumise dans une classe spéciale, en dehors du droit commun.

On s'efforce de reléguer les femmes une fois inscrites dans des maisons de tolérance. Toute femme suspecte est assujettie à la visite préalable; toute femme inscrite à une visite périodique.

Dans certains pays, la personne malade est punie ; partout elle est soumise à une détention pour subir un traitement obligatoire.

Presque partout, la prostitution est considérée comme un instrument fiscal.

Les mesures prises, soit au point de vue prétendu moral, soit au point de vue de l'hygiène, s'appliquent entièrement aux femmes, jamais aux hommes.

Les auteurs de la plupart de ces règlements supposent qu'un homme ne peut contracter de maladies vénériennes ou syphilitiques que par suite de mauvaise intention ou au moins de négligence coupable de la part de la femme.

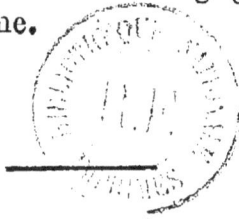

CHAPITRE V

LE FONCTIONNEMENT DU SYSTÈME

I.

Le personnel. — Nous avons exposé l'organisation du système; nous allons maintenant voir son fonctionnement.

A Paris, le chef de la première division le met en branle : c'était, jusqu'en 1878, M. Lecour qui a eu le grand tort d'essayer d'en faire la théorie; car son livre m'a fourni une partie des renseignements, à l'aide desquels je l'ai forcé de donner sa démission.

C'était un type. Fils d'un ancien gardien de prison, ce qui, à coup sûr, n'a rien de déshonorant, il avait grimpé tous les degrés administratifs à force de souplesse tenace et il avait conservé de son origine première l'envie de tout ce qui lui paraissait au-dessus de lui, le mépris féroce pour tout ce qui était au-dessous de lui. Il avait le pédantisme de l'ignorance et l'orgueil de sa fonction. Assis sur son fauteuil, derrière son bureau, sa grande bouche mal meublée ouverte, la lèvre inférieure pendante, il parlait morale, salubrité publique, administration, entremêlant confusément tous ces grands mots, faisant ressortir son importance dans des phrases visqueuses qui semblaient traîner quelque chose, comme la trace de bave que laissent les limaces. Point méchant homme au fond, mais féroce parce qu'il se croyait infaillible. Défenseur de la religion, marguillier de l'église de Belleville, attaché à tous les bons principes, attribuant tous les maux aux

athées et aux républicains, il croyait faire œuvre
sainte en veillant scrupuleusement à l'organisation
de la débauche. On ne peut pas en vouloir à des
hommes qui professent de pareilles contradictions.
C'est un cas pathologique. Ils ont des lacunes.

Par influence héréditaire, éducation première, il
croyait que certains hommes étaient nés pour envoyer les autres en prison. S'il avait eu à symboliser
la société, il l'eût représentée poussant un verrou, un
trousseau de clé à la main. Avec de pareilles apti-
tudes, il jouissait de sa fonction en virtuose. Dans
une commission, on lui disait :

« Ainsi, vous vous permettez 10 000 arrestations
et détentions par an, en dehors de toutes formes
légales...

— 15 000! reprit-il, mettant son orgueil dans l'exagération du chiffre. »

Son successeur, M. Naudin, ne croit peut-être pas
beaucoup à sa mission, mais il croit à sa place, il y
tient et, pourvu qu'on la lui laisse, il avouera, au
besoin, que la police des mœurs est une chose exé-
crable. Eclairé par l'exemple de son prédécesseur,
il se gardera bien d'écrire une ligne sur son service.
Dans sa timidité, il ne consent jamais à donner complets les renseignements que lui demande le conseil
municipal.

M. Coué était chef du deuxième bureau de la première division. C'est cet employé qui est chargé de
l'enregistrement, de l'inscription, de l'envoi à Saint-
Lazare, de la mise en liberté des femmes, qui ordonne
la recherche des disparues et des insoumises. Il a
été remplacé par M. Hardelay. Tous les deux insignifiants.

L'officier de paix chargé du service actif jusqu'en

1881 était M. Lerouge. Un article du *Figaro*, fait
par un ami, et qui était destiné à adoucir les amer-
tumes de sa mise à la retraite, vantait son élégance.
Il avait l'élégance commune d'un gros brun qui
porte de grosses moustaches et qui ramène en avant
des cheveux noirs très pommadés. Sans doute
l'influence du milieu lui avait donné un singulier
aspect qui faisait que, lorsqu'on se trouvait en face
de lui, on était prêt à se dire :

« Tiens ! c'est là l'officier de paix chargé de la police des mœurs !... ma foi, j'aurais cru le contraire.»

Il fut mis à la retraite le 9 mars 1881 en même
temps que M. Remise, l'inspecteur principal. Ils
furent les boucs émissaires livrés par M. Andrieux
à l'opinion publique. Celle-ci ne prit pas garde à
ce sacrifice uniquement destiné à déguiser une es-
cobarderie de M. Andrieux.

Au lendemain de la délibération du conseil municipal du 28 décembre 1880, prescrivant la suppression de la police des mœurs au premier janvier 1882,
M. Ranc publia un article dans lequel il traitait la
question avec le dédain d'un homme qui regarde
ces choses de haut et qui, en sa qualité de boule-
vardier faisandé, ne peut attacher quelque importance à des questions aussi misérables que la légalité des règlements de l'ancien régime et le respect
de la liberté des filles.

Il déclara, d'un ton comminatoire, que le service
des mœurs n'était qu'une question de voirie, qu'il
faudrait changer le nom « de police des mœurs »
qui est déplaisant, et continuer d'en appliquer les
procédés. Cette manière de résoudre la question
était au niveau des conceptions administratives de
M. Andrieux. Il s'empressa de l'adopter. Par l'ar-

rêté du 9 mars 1881, dans lequel, avec une douce ironie, il visait la délibération du conseil municipal du 28 décembre 1880, il supprima la brigade des mœurs.

Du reste, l'article 5 donnait à qui savait lire, la signification exacte de cet arrêté : « Les attributions du service des mœurs sont confiées aux chefs, inspecteurs principaux, brigadiers, sous-brigadiers et inspecteurs du service de la sûreté. »

Le mot était supprimé; la chose restait, aggravée. Les quatre-vingts agents des mœurs existants s'annexaient tout simplement les deux cent quarante agents de la sûreté dont ils prenaient le titre; total : trois cent vingt agents des mœurs.

Les journaux amis de M. Andrieux et de M. Macé qui devenait le nouveau directeur de ce service célébrèrent cette grande réforme. *La Loi* félicitait le préfet de police de cette aimable mystification.

« Le service des mœurs va être supprimé nominalement; mais on continuera à arrêter les filles insoumises et les malades. Ces arrestations ne seront plus faites par les agents des mœurs, mais par des agents de la sûreté.

« Le personnel du service supprimé va, en effet, être versé dans le service de M. Macé. En somme, M. Andrieux, qui connaît son Paris, efface une étiquette déplaisante et conserve, sous un autre nom, la chose déplaisamment étiquetée. »

Rien de plus ingénieux que cette fusion pour la sécurité des criminels. Les agents de la sûreté auraient à arrêter un assassin : ils arrêtent une fille en échange. Walder échappe à toutes les recherches. Comme compensation, on fait une rafle. Un brigadier était célèbre pour avoir découvert Moyaux en

Belgique, alors qu'un marchand de vin l'arrêtait à
Paris ; il prit sa revanche en arrêtant une Belge,
Mme Eyben.

Mais cette augmentation d'attributions donnait à
M. Macé l'occasion de faire répéter à tout instant par
les reporters de son entourage : « L'habile M. Macé »
prépare ceci. Il fera ceci, il fera cela. La *Patrie* annonçait en termes pompeux les plans de M. Macé :
« Paris sera divisé en dix zones. Les agents marche-
ront deux par deux : un homme de la sûreté avec un
agent des mœurs. A ces agents, des fileurs seront
adjoints, et les gardiens de la paix recevront de nouvelles instructions. La police opérera en grand, elle
nettoiera les rues de la capitale des souteneurs et
des filles. »

J'ai connu M. Macé. Il m'a arrêté le 9 août 1870.
Je ne lui en veux pas, quoique j'aie été un peu assommé
dans la circonstance. Je croyais que le moment était
venu de renverser l'Empire et j'essayais à haute voix
de communiquer cette opinion aux soldats qui étaient
chargés de garder le Corps législatif. Le soir, sentant
l'Empire crouler, M. Macé vint me chercher, et,
chemin faisant, en homme prudent qui ménage l'a-
venir, s'excusa, me dit qu'il était un lecteur assidu
de la *Lanterne* prohibée et me demanda ma protection. Petit, remuant, myope, bavard jusqu'à l'incon-
tinence, beaucoup trop occupé de lui pour s'occuper
des autres, il m'a toujours paru avoir les qualités
exactement opposées à celles d'un bon policier. C'est,
sans doute, pour ce motif qu'il est devenu chef de la
sûreté et de la police des mœurs.

Les agents des mœurs ne sont pas des hommes
au-dessus de l'humanité. Un jeune homme sort du
service. Il n'a point de métier ou il a oublié celui

qu'il avait commencé à apprendre. Il aime l'uniforme,
songe à sa retraite et appréhende le travail avec ses
difficultés, ses luttes, ses chômages. Il demande
une place dans la police. On la lui donne. On le met
dans le service des mœurs, comme on l'aurait mis
dans le service de la sûreté, au hasard. Il ne les a
apprises jusqu'alors que dans les établissements qui
avoisinent des casernes. On lui donne quelques
instructions, reposant sur l'arrêté de 1843, amendé
par M. Gigot en 1878. Quand M. Gigot rédigea
celui-ci, on ne parlait même plus du règlement de
1843. L'agent nouveau recevait des leçons verbales
de ses anciens, qui lui disaient : « Tout est dans
la pratique. »

Ils l'emmenaient à la chasse et lui apprenaient
à rabattre le gibier et à le cueillir. Pour ce métier, on lui donnait 97 fr. 50 par mois avant l'augmentation votée par le conseil municipal, en 1878,
pour tous les inspecteurs et gardiens de la paix.
Maintenant il en aurait 120, n'était la retenue. Avec
cette somme, on lui met en main des pouvoirs
plus grands que ceux de n'importe quel magistrat.
On le jette dans la corruption jusqu'au cou. Pour
avoir dit que, dans de pareilles conditions, un agent
des mœurs courait des risques de se salir, le tribunal de police correctionnelle m'a condamné, au mois
de novembre 1879, à six mois de prison et à une
amende qui, avec les frais, monta à près de
6000 francs pour le gérant et pour moi : la Cour
confirma. Pendant les six mois que j'ai passés à
Sainte-Pélagie, ayant eu tout le loisir d'admirer ce
jugement, j'en ai découvert la véritable portée. C'est
une portée philosophique.

Par ce temps d'incrédulité, les magistrats, gardiens naturels des saines doctrines, ont voulu donner aux dépens d'un athée une démonstration de la vérité des causes finales.

Pour qu'un homme, en effet, sorti la veille du régiment, n'ayant dans sa poche que le strict nécessaire, tout bouillant de passions mal assouvies dans sa vie de garnison, plein de désirs multiples, agissant sur des personnes qui ne sont jamais crues quand elles réclament et sont si habituées à être à la merci de la police qu'elles n'ont pas d'autre idée que de se mettre en bons termes avec ses agents; mêlé à toutes sortes de secrets, de détails qui ne sont point sans produire sur l'être le plus calme une excitation encéphalique qui en produit une autre; pour que cet homme reste pur, intègre, patauge dans les bassins de cette voirie de Bondy sans s'y souiller, n'ait jamais l'idée d'abuser de son pouvoir ni d'en justifier l'abus par un mensonge, il faut que cet homme ait été fait exprès, comme le nez a été fait pour porter des lunettes.

Malheureusement pour cette thèse d'une philosophie si élevée et si profonde, en faveur des hommes qui sont chargés de « moraliser » la société, je trouve dans le rapport sur le budget de 1881 de la préfecture de police le passage suivant :

« Deux agents ayant laissé dernièrement échapper un prisonnier, M. Caubet a fait annoncer qu'ils avaient été envoyés en disgrâce dans le service des mœurs, affirmant ainsi qu'il est composé du rebut des agents. M. Benjamin Raspail, député, obtient le départ d'un commissaire de police d'une commune du département de la Seine qui s'y était signalé par de véritables actes de satyriasis; quelque temps après, il s'informe de ce qu'il était devenu; on lui apprend qu'il avait été placé dans le service des mœurs, sans doute afin qu'il pût donner plus librement cours à ses penchants. » (Lettre du 10 avril 1880.)

Enfin, une scène toute récente, place de la Bourse, à quatre heures du soir, en plein jour, au milieu de Paris, vient de montrer de quoi sont capables ces agents, à quels excès ils peuvent se livrer.

Le 2 septembre, cinq d'entre eux, Dupuy, Falret, Fossé, Stéphani et Bruot, tous ivres, eurent une discussion avec la loueuse de chaises du pourtour de la Bourse et la saisirent par le bras. Affaire d'habitude. Une personne présente s'interposa. L'agent se jeta sur elle et la prit à la gorge. On s'attroupa. L'un d'eux tira son revolver et en menaça le public. La foule s'empara d'un des agents et le conduisit au poste de la rue de la Banque. Le commissaire de police les garda, mais rabroua les témoins. Il voulait, selon la noble habitude de toutes les administrations, « étouffer l'affaire. » Pendant ce temps, ses trois honorables collègues arrêtaient M. Gostalle, l'amenaient au poste de police, l'accablaient d'injures et d'outrages ; puis on le relâchait, en lui disant, d'un ton protecteur, que l'affaire ne serait peut-être pas poursuivie !

Quelque temps après, M. Gostalle passe sur la place Saint-Michel. Il trouve ses quatre agents, vêtus en blouse et coiffés de casquettes. Ils l'entourent avec des menaces. La Préfecture de police est tout près. Il prit le parti héroïque de s'y réfugier. Nous devons toutefois avouer que les agents ne l'y poursuivirent pas.

Or, quelque temps auparavant, dans l'affaire de Mlle Bernage, Rabasse, brigadier-chef de la police des mœurs, avait affirmé sous serment que jamais les agents des mœurs n'étaient vêtus de blouses ni ne portaient de casquettes.

Nous avons cité ce fait parce qu'il donne un résumé caractéristique de l'état psychologique de la plupart des agents des mœurs : la confiance que tout leur est permis, l'esprit de brutalité qui les domine, la conviction qu'ils sont en état de guerre avec le reste de la société, qu'ils ont tout pouvoir sur toutes les femmes et doivent considérer tous les hommes comme des ennemis, l'esprit de vengeance et enfin, comme critérium de leur moralité, l'ivrognerie qu'ils étalent à quatre heures du soir, et dont il n'est pas difficile de prévoir le crescendo dans la soirée, moment où ils opèrent

Autre fait depuis la fusion de la brigade des mœurs et de la brigade de sûreté :

Le 31 mars, un jeune homme, M. Désiré Royé, âgé de vingt-deux ans, chétif, petit de taille, — il a été refusé à la conscription pour ce motif, — sortait de chez son cousin, M. Menon, demeurant rue Alexandre-Dumas, 70. Il cause quelques instants, boulevard Voltaire, avec une jeune fille. Au moment où il la quittait, quatre agents en bourgeois l'arrêtent, ainsi que la jeune fille. Ils lui étreignent les bras, le traitent de souteneur et déversent sur lui toutes les ignominies dont leur vocabulaire est si riche. Ils le traînent du Cirque d'Hiver au bureau de police, situé, 135, boulevard Richard-Lenoir, en le frappant à coups de pied et à coups de poing. Ces agents sont gais. Au poste, ils le plaisantèrent agréablement sur sa petite taille.

« Allons, cent-garde ! qu'est-ce que tu fais ? »
Et ils le collaient sur une colonne du poste.

« Je suis zingueur et travaille chez M. Poupard, 23, rue du Cherche-Midi.

— Montre ton livret! »

Par hasard, il l'avait sur lui.

« Pourquoi n'as-tu pas été soldat?

— Je n'ai pas la taille. »

Ils s'amusèrent à se mesurer avec lui. — Ces gens de police sont drôles!

Puis ils le relâchèrent. Le malheureux eut toutes les peines du monde à se traîner jusque chez lui, 9, rue Chapon. Le lendemain, il écrivit à son cousin, M. Menon; celui-ci vint le chercher et fit constater son état par un médecin qui, à coup sûr, n'est pas suspect à la préfecture de police, le docteur Bergeron.

Ses bras étaient couverts d'ecchymoses. Il en avait tout le long de l'épine dorsale, une sur la tempe gauche, une autre sur l'œil droit. Certaines de ces ecchymoses avaient sept à huit centimètres de diamètre. Il resta alité plusieurs jours.

Chose extraordinaire, le parquet ne l'a pas poursuivi pour rébellion.

La véracité de ces agents égale leur douceur. En voici un exemple qui date du mois de juin dernier :

En mars, la huitième chambre du tribunal de police correctionnelle de la Seine condamnait à trois mois d'emprisonnement M. Ledésert, que trois agents des mœurs accusaient d'avoir accompli publiquement des actes immoraux. Il les niait, et il affirmait que son état de santé les rendait impossibles. Il fit appel. Le 7 avril, la Cour chargea M. le docteur Brouardel de rechercher et de dire si, au point de vue médical et physiologique, et eu égard à l'état de santé dans lequel pouvait être le prévenu à la date du 9 janvier

1881, les prétendues attitudes lubriques imputées à Ledésert, l'état qui aurait été constaté chez lui à quatre reprises différentes, entre quatre heures et demie et cinq heures un quart du soir, enfin les provocations auxquelles il se serait livré, constituent des faits conciliables, scientifiquement, avec l'affection gastro-intestinale dont il se serait trouvé atteint, et les douleurs aiguës de ventre et la diarrhée qui en aurait été la conséquence, etc. »

Les conclusions du rapport de M. le docteur Brouardel furent en opposition formelle avec les déclarations des agents.

La cour ordonna que M. Brouardel et les trois agents de la police des mœurs comparaîtraient à son audience pour être entendus sur les faits imputés à Ledésert.

Les agents répétèrent leurs affirmations avec audace ; le docteur Brouardel maintint ses conclusions. La cour voulut bien avoir, pour cette fois, plus de confiance dans ses déclarations que dans le rapport des agents.

Mais si M. Ledésert n'avait pas eu une infirmité bien constatée, s'il n'avait pas eu un médecin assez indépendant pour se mettre en opposition avec ces messieurs de la police, il y eût eu une victime d'une nouvelle erreur judiciaire à ajouter au passif de cette bande.

Ici encore, dans ce débat judiciaire, le prévenu pouvait avoir un avocat, faire comparaître un expert ; mais quand il s'agit d'une femme, où sont ses garanties ? Le rapport de l'agent fait foi, tout est dit.

M. Albert Millaud, qui « croit à la nécessité de la police des mœurs, » admet que « les agents, en accomplissant leur service, se laissent aller quelquefois à des actes, à des brutalités que leurs chefs doivent adoucir, mais non punir [1] ! »

Les défenseurs les plus fanatiques de la police des mœurs disent tout tranquillement : « Il est évident que le préfet de police ne peut pas recruter le service des mœurs parmi les bacheliers ès lettres ou les officiers retraités [2]. » C'est pour ces motifs, naturellement, qu'il faut donner à ces hommes non seulement le pouvoir d'arrêter qui bon leur semble, mais chose plus grave, de déshonorer qui ils veulent.

En 1873, on a institué une sous-brigade destinée à surveiller les pédérastes. Elle est dirigée par Rabasse, qu'on a voulu probablement récompenser ainsi de sa déposition si singulière dans le procès Bazaine. Il paraît qu'à la préfecture, on supposa qu'avant tout, pour un semblable service, il fallait quelqu'un qui sût s'expliquer obscurément. On comprend ce sentiment à propos d'actes qui en général, se font dans la nuit et sont jugés à huis clos, seulement une pareille disposition d'esprit est bien grave pour les gens qui ne pensent point à mal.

A Montpellier, le conseil municipal a révoqué un agent nommé B... qui faisait de ses fonctions de gros revenus, en ménageant les uns, en persécutant les autres, et vivant en bons termes avec certaines maisons de tolérance. Il était allé jusqu'à poursuivre des femmes n'ayant qu'un seul amant, tandis qu'il laissait les autres complètement libres. « D'après le témoignage des femmes, disait le rapport, il se fait

1. *Figaro*, 5 octobre 1878.
2. *Figaro*, 5 octobre 1878.

fort de les radier ou de les mettre en carte malgré
le maire et le commissaire central. Il dit lui-même
qu'il est au-dessus du pouvoir communal, de M. le
maire, du commissaire central. »

D'après une lettre adressée à M. Pappas, adjoint,
« deux jeunes filles furent accostées par cet agent,
à leur sortie de l'hôpital, détournées du chemin
qu'elles suivaient; depuis lors, on n'en a plus entendu parler. Il est coutumier du fait. » Il livrait des
bonnes ou des domestiques à des chefs de maison
de tolérance de la région. En même temps, il faisait du proxénétisme pour les particuliers.

Dans une grande ville de province, où la police
des mœurs s'est montrée féroce à maintes reprises,
un voyageur disait à une femme qui racolait.

— Vous n'avez pas peur de la police !...

— Oh! je ne m'y frotterais pas, si j'étais sans
argent. Mais si j'étais surprise par un inspecteur,
je lui graisserais la patte. Avec 3 francs, je me tire-
rais de ses griffes.

Quant à la chasteté des agents des mœurs, je ne
demande pas mieux que d'y croire; mais alors leur
vertu est extraordinaire, elle dépasse de beaucoup
celle des plus illustres ascètes. Malheureusement,
nous voyons quelquefois certains de leurs chefs
mêlés à des affaires assez louches : je ne veux mentionner ici que le cas de M. Étienne, commissaire
de police de Marseille, constaté judiciairement en
1874[1].

A Hong Kong, le corps général de police n'est pas
employé à la recherche des *Brothels* et des Chinoises,
consacrés au service des Européens. Les « infor-

---

1. Compte rendu du procès. *Rappel*, 27 octobre 1874.

mers » spéciaux sont non seulement récompensés quand ils ont réussi à faire inscrire de nouvelles Chinoises, mais on leur rembourse les frais de vin, de soupers, qu'ils ont fait pour les séduire. On a payé à Hung-A-Wai ses relations avec une fille de quinze ans. Soung-A-Wai couche avec Tai Yan contre sa volonté, et ensuite la fait condamner à 100 livres st. d'amende. Pour les payer, elle fut obligée de vendre son enfant. Les agents violent de temps en temps des vierges qu'ils font ensuite passer pour prostituées[1].

Qu'elle le veuille ou ne le veuille pas, la police des mœurs est un instrument de chantage. Elle tient souvent par quelque secret, dont ils s'exagèrent l'importance, des hommes considérables, une multitude de familles. A la préfecture de police, on disait : « Oh ! il n'y a pas de danger que Lecour et Lerouge, soient jamais renvoyés ! ils savent trop de choses ! » Cette nouvelle institution permet enfin à des drôles d'exploiter la terreur qu'elle répand partout. A Lille, pendant trois années, une bande d'individus s'emparait des amoureux qui se promenaient dans le bois de Boulogne, et en se faisant passer pour agents des mœurs, abusaient de la femme, volaient l'homme. Si profonde était l'épouvante qu'ils inspiraient que, de leur propre aveu, plus de cinq cents femmes tombèrent entre leurs griffes et subirent leurs outrages. Ils auraient pu indéfiniment continuer, s'ils ne s'étaient oubliés jusqu'à tuer un ouvrier. Leurs divertissements étaient d'une nature telle que ces gens ingénieux furent condamnés : Cuvelier, Butin,

1. Lord Kimberley's *Defence of the government brothel system*. J. Stansfeld, 1881.

à vingt ans de travaux forcés ; Merchez à huit ans de travaux forcés ; Basset à huit ans de réclusion ; Leleu à huit ans de travaux forcés ; Connard à cinq ans de réclusion ; Mullier, à cinq ans de travaux forcés, etc. [1].

Au mois de novembre 1880, on a jugé à la Cour d'assises de la Seine, la bande Houillon qui exploitait le bois de Boulogne de Paris d'une manière semblable. Elle avait, en plus, des femmes qui servaient d'appât. A tout instant on apprend l'arrestation et la condamnation de quelque drôle qui, comme moyen de séduction à l'égard d'une femme, a usurpé le titre d'agent des mœurs. Les pédérastes se font souvent passer pour agents des mœurs ; et si on en juge par le fait suivant, ils en ont quelquefois le droit.

« Je fus autorisé, dit Canler [2], à prendre, à titre d'agent secret, un de ces *antiphysiques* qui, moyennant 125 francs par mois, eut pour mission de me tenir constamment au courant de tout ce qui se passait dans ce sale monde. »

Beaucoup des agents s'en iraient tranquillement faire de la flirtation quelque part et n'en bougeraient guère, s'ils n'étaient stimulés. M. Lerouge avait l'habitude de répéter :

— Il faut du nombre !

S'il n'avait pas « son nombre, » il s'écriait :

— Les insoumises baissent !

Alors « il passait ses agents au blaireau dans le cabinet Vert. » Il n'y avait pas de gratifications à la

---

1. *Gazette des Tribunaux,* 17-18 février 1873.
2. P. 272.

fin du mois, mais de mauvaises notes. Il fallait se
mettre en chasse.

Dans cette chasse, les agents des mœurs ont,
comme principaux collaborateurs, des filles déjà en
carte[1]. Celles-ci haïssent d'une haine profonde « les
sales femmes qui font la noce sans être patentées. »
C'est bien juste. Pourquoi ne pas soumettre leurs
collègues aux obligations auxquelles elles sont soumises? Elles ne demandent qu'à abaisser à leur niveau ces concurrentes libres. Si elles sont bonnes
indicatrices, les agents leurs rendent cela en liberté,
même en protection. Les dames de maison de tolérance détestent aussi les filles libres, qui détour-
nent des clients. Plus elles en mettront sous la main
de la police, plus le recrutement de leur personnel
sera facile. M. Béraud constatait que la « préfecture
ne pouvait avoir d'inspecteurs plus clairvoyants, plus
alertes et mieux renseignés[2]. » Il conseillait de les
utiliser de plus en plus largement. Le conseil fut
suivi, car MM. Poirat-Duval et Trébuchet, félici-
taient, en 1857, l'officier de paix chargé du service
actif, « d'avoir su gagner la confiance des filles et
des maîtresses de maison, dont il a fait à l'administration des auxiliaires utiles[3]. »

De là des relations aussi agréables que profitables
pour les uns et les autres.

M. Dutasta, ex-chef de la police de sûreté, en
1855, disait :

« Cette surveillance est une source d'abus des plus
graves. Certains fonctionnaires ne se font pas scru-

1. Trébuchet et Poirat-Duval dans *Parent-Duchatelet*, t. I,
p. 144.
2. *Mémoires*, t. Ier, p. 187.
3. Note. *Parent-Duchatelet*, t. II, 230.

pule de prendre en main les intérêts des dames de maison contre les filles, et de les envoyer directement aux maîtresses d'autres établissements où il leur a été fait des avances. Quelquefois le caprice et l'esprit de fantaisie semblent avoir inspiré certaines mesures... Après ce que nous avons appris ici de l'arbitraire dont on use dans certains endroits envers ces malheureuses, ces faits et bien d'autres ne doivent pas nous surprendre[1]. »

Le docteur Jeannel, qui est un fanatique de la police des mœurs, qualifie ses agents « d'êtres qui offrent rarement les conditions désirables d'intelligence et de moralité. » Il parle de leurs « brutalités, » de leurs « connivences. » Il dit qu'« ils font le courtage, indiquent aux débauchés la demeure de certaines filles et profitent de leurs fonctions pour se livrer au plus dangereux proxénétisme[2]. »

M. Hemeleers, dans son plaidoyer pour M. Boland, rédacteur du *National* de Bruxelles, disait :

« Les fonctionnaires de la police sont, en général, des fonctionnaires pauvres. Ils se voient tout d'un coup les supérieurs, les maîtres des tenanciers : ceux-ci sont généralement des industriels riches : ils peuvent procurer à la police la fortune et tous les biens de la terre; ils peuvent leur donner le paradis que Mahomet promet à ses fidèles. La police doit succomber fatalement et, en réalité, partout elle a succombé[3]. »

Mme Van Humbeek, dite Malvina, grande tenan-

---

1. *Compte rendu des travaux de la police de Bordeaux,* cité 3e éd. P. D., t. II, p. 402.

2. P. 317.

3. Trib. de Bruxelles, audience du 1er mars 1881.

cière de Bruxelles, morte en octobre 1879, laissa, par testament, sa propriété à M. Lemoine, commissaire de police en second auprès de M. Schröder, chef de la police des mœurs.

Les rapports de la police judiciaire ont constaté que, le 5 septembre 1874, le nommé Vandenbroeck, rue aux Fleurs, 42, se vantait hautement d'être autorisé par la police à placer des femmes dans les maisons de débauche. A la date du 18 octobre 1874, un agent de la sûreté envoyait à ses chefs la note suivante : « Kribber, rue Grétry, 84, en fuite de Bruxelles, actuellement à Liège. A été condamné par défaut, à Cologne, pour détournement de mineures ; il n'a dû sa fuite qu'à l'avertissement d'un agent de police qui l'a prévenu. »

Quand M. Dyer vint à Bruxelles pour faire une enquête sur la situation des femmes anglaises détenues dans les maisons de tolérance, M. Schröder lui dit : « Vous êtes peut-être l'agent de quelque autre maison. Vous avez peut-être le projet de duper le tenancier et de revendre ailleurs la fille. »

M. Dyer poursuit son enquête à ses risques et périls, malgré l'autorisation donnée aux tenanciers de le mettre à la porte à coups de bâton, s'il les ennuie. Il en publie le résultat : aussitôt M. Lenaers, commissaire en chef de la police de Bruxelles, dément dans une lettre au *Standard* (17 janvier 1880), les faits allégués, que reconnaissait quelques mois après le tribunal de police correctionnelle [1].

Le conseil communal ayant été obligé d'ouvrir une enquête pour la forme, M. Henri Boland, directeur du *National*, fit une déposition extrêmement grave

---

1. Voir 1re partie, chap. V.

pour MM. Lenaers et Schröder ; il accusait le premier, commissaire de police en-chef de la police de Bruxelles, de faire, sous le nom de son fils, le commerce de vin et de liqueurs avec les maisons de tolérance, de leur fournir leur mobilier et un instrument de musique, appelé orchestrion. MM. Lenaers et Schröder intentèrent un procès en diffamation à M. Boland. J'étais au tribunal correctionnel, le jour du mardi gras, sur le rôle duquel le hasard ou un huissier malin avait porté cette cause grasse pour les imbéciles, en réalité si horriblement navrante. Je vis un monsieur à petites moustaches, pommadé, gommeux de mauvaise mine. Je ne m'y trompai pas : c'est le sort des agents de police qui s'occupent « des mœurs », de ressembler à leurs administrés. En sortant du tribunal, M. Schröder, dans le couloir, s'étant mis à une certaine distance, se retourna et, assujettissant son lorgnon, fit un geste de menace au groupe dans lequel j'étais et où se trouvait M. de Linge, avocat de M. Boland. Il s'en allait triomphant avec M. Lenaers, qui, plus réservé, sentait bien que ce procès ne valait rien pour eux. Quelques semaines après, en effet, cinq des témoins qu'il avait fait comparaître pour prouver qu'il n'était pas fournisseur des maisons de tolérance, étaient poursuivis à leur tour et entraînaient dans leur condamnation pour faux témoignage, MM. Lenaers et Schröder, qui allaient rejoindre le bourgmestre Vanderstraeten dans la vie privée.

Car, la connivence ne s'arrêtait pas à la police. Les débats apprirent que ce bourgmestre avait vendu sa maison paternelle à des tenanciers, après avoir procédé à l'aménagement spécial nécessité par ce genre d'industrie, et dans une certaine mesure, restait in-

téressé à l'exploitation. On cria : haro! et lui, donna
sa démission, en se disant : « Je n'ai pas de chance.
Que me veut-on ? Bien d'autres en ont fait autant à
ma place. Puisque le système de la réglementation
est fondé sur l'existence des maisons de tolérance,
pourquoi me reprocher d'avoir vendu l'immeuble
paternel pour cette destination? J'étais logique! »

Il avait raison, au fond, mais le collège communal
voulut faire de la morale à ses dépens. Il faut toujours des boucs émissaires. Les échevins retirèrent
l'autorisation à sa maison, de sorte qu'ils le ruinèrent.
Il fut non seulement obligé de donner sa démission
de bourgmestre, mais encore de conseiller communal; il dut même s'expatrier; mais j'entends sa
protestation :

« Ingrate patrie! pourquoi me chasses-tu, puisque
tu conserves le système et que tu continues à maintenir dans leur place MM. Lenaers et Schröder!
S'ils ont raison de faire ce qu'ils font, je n'avais
pas tort; alors pourquoi ce *tolle* contre moi? S'ils ont
tort, alors pourquoi le conseil échevinal donne-t-il
des autorisations de maisons de tolérance? Pourquoi
le conseil communal maintient-il les règlements concernant la police des mœurs? »

En même temps que les affaires de Bruxelles se
déroulaient, on jugeait à Marseille une femme Artaud
pour excitation de mineures à la débauche, et on
découvrait que le plus bel ornement de ses parties
fines était M. Quintard, inspecteur des mœurs, en
compagnie d'un adjoint au maire.

A côté du teneur de maisons, qui existe à Lyon, à
Marseille, à Bruxelles, à Paris, où cependant la
maison n'est pas sous son nom, mais sous le nom
de sa femme, avec autorisation de sa part, s'il est

marié légitimement, la police des mœurs a encore donné naissance à un autre type d'individu inconnu à Londres : le souteneur. Il a diverses fonctions.

Il fait le guet pour la femme, et il la prévient par un signal quand il voit un agent des mœurs[1].

De temps en temps, si l'occasion est favorable, il la défend tantôt contre les agents des mœurs, tantôt contre des clients récalcitrants.

Enfin, quelquefois, il a des rapports intimes, à la fois avec des voleurs et avec la police. Les deux passages suivants des *Mémoires de Canler* vont nous édifier sur sa principale fonction, et nous montrer comment la police des mœurs l'a engendré et développé.

« Un autre souteneur avait une espèce de bureau d'agent d'affaires. Lui, vendait des délations à ses collègues. Un de ceux-ci avait sa *marmite* à Saint-Lazare ; il venait à ce bureau ; il achetait une délation qu'il allait porter à la préfecture de police, où, en échange, on lui donnait la liberté de sa *marmite*. Une fille est condamnée à six mois de Saint-Lazare : le souteneur vint au bureau. — Avez-vous une bonne délation? — Oui, l'adresse de deux voleurs fameux, que la police ne peut pas trouver.

« — Combien ?

« — Cinq cents francs.

« — C'est trop cher, je ne peux pas.

« On débattit. Le prix fut de 300 fr.; et le souteneur alla à la police porter l'adresse en échange de la liberté de la fille.

« J'ai connu un souteneur nommé Coutelier, celui-là même qui, d'après la déclaration de Lacenaire

---

1. Parent-Duchatelet, t. I, 156.

lui avait prêté une chambre de la rue de Sartine pour
y assassiner un garçon de banque. Ce Coutelier avait
toujours dans plusieurs quartiers cinq ou six *marmites* qui, tous les soirs, lorsqu'il faisait sa tournée,
lui remettaient chacune une ou deux pièces de cinq
francs. Cet homme, en grande réputation près des
filles, était extrêmement recherché par elles, parce
qu'il ne laissait jamais une de ses marmites plus de
deux ou trois jours à Saint-Lazare [1]. »

Et comment? il allait faire des révélations à la
préfecture de police et, en échange de ses révélations, on lui donnait la liberté de la fille !

« Un autre *poisson*, nommé B., avait joint à son
infâme métier celui de recruteur et d'expéditeur de
jeunes filles dans les maisons de tolérance de la
province, sous prétexte de leur fournir une place, une
position, des moyens honnêtes d'existence. Les maîtresses de ces ignobles établissements hébergeaient
ces pauvres et innocentes créatures et les tenaient
prisonnières jusqu'au jour où, à force de séductions,
de mauvais exemples, et quelquefois d'abus de
toute espèce, elles consentaient à se livrer à la débauche. Ce honteux trafic procurait à son auteur de
gros bénéfices [2]. »

A Paris, nous avons vu la police soutenir les souteneurs à Bullier contre les étudiants [3]. A Bordeaux,
nous avons vu les souteneurs soutenir à leur tour
la police dans une bagarre.

Au mois de mai 1878, une femme nommée Caro-
line Maurice, a été trouvé assassinée. Chez elle il y

1. P. 194.
2. P. 296.
3. Voy. *Lanterne*, 12 octobre 1881.

avait des brouillons de lettres de son amant : dans les unes, il lui demandait de l'argent ; dans les autres, il la dénonçait comme prostituée insoumise et malade.

M. Lecour disait : « Il faut tolérer ce qui est mauvais, lorsque cela ne peut être supprimé sans créer le pire. » C'est l'aveu de la complicité de la police avec les souteneurs.

Tel est le personnel chargé, au nom de la morale publique, d'appliquer l'organisation de la prostitution.

II

Ces agents se mettent en chasse, deux par deux, ou trois par trois, afin de se surveiller les uns les autres.

— Il faut du nombre !

Alors, ils trouvent une fille en carte. Sur son trottoir, à l'heure réglementaire, elle « fait le quart, » ouvertement, raccrochant à haute voix, et adressant à chaque passant des propositions dans lesquelles elle énumère tous les détails aphrodisiaques qui peuvent le séduire, côte à côte avec le gardien de la paix. Parfois elle se livre à un petit bout de conversation avec celui-ci. Le service des mœurs, cela ne le regarde pas. Elle lui raconte ses déboires, et il s'intéresse à ses succès et à ses revers. Ses succès le font rêver. Cette femme ne doit stationner que de sept heures à onze heures. Elle ne peut faire ses affaires dans un aussi court espace de temps. Aussi, elle ne se décide jamais à rentrer. Les agents des mœurs passent à onze heures et quart, et, s'ils n'ont pas

leur provision suffisante, ils la « cueillent. » Elle
est de bonne prise.

La malheureuse résiste quelquefois, elle crie : ses
protestations n'ont pas d'importance. Le rapport de
l'agent est un document infaillible. « Il le corsera, »
si « elle fait sa tête. » Elle n'a donc qu'un seul parti
à prendre : se laisser emmener. Les vieilles se rési-
gnent. Elles ont l'expérience.

Il suffit de se reporter au règlement pour voir
qu'une fille en carte est toujours dans le cas d'arrestation. A neuf heures du matin, qu'elle sorte pour
faire son marché, elle commet deux infractions : elle
se trouve sur la voie publique en dehors de l'heure
réglementaire et ailleurs qu'à la station qui lui est
assignée. Si un agent la rencontre, il peut l'arrêter.

— Il faut pourtant bien qu'elle mange, me disait l'un d'eux.

Elle est à sa fenêtre! arrêtée : Un agent monte
chez elle ; il la trouve avec une de ses amies. Il arrête les deux. Deux femmes n'ont pas le droit de se
trouver ensemble. Pas n'est besoin de tant de motifs. L'agent monte chez elle et l'arrête. Cela suffit.

Si la femme réclame, la police lui répond :

— Votre logement, ce n'est pas chez vous, c'est
la Préfecture de police.

La police « autorise la femme à loger en hôtel, »
s'il lui convient. S'il ne lui convient pas, il l'arrête.
Le maître d'hôtel qui est bien avec la police et qui
trouve que sa locataire ne lui rapporte pas assez la
dénonce à l'agent du quartier, qui « l'emballe. »

Certaines femmes ne sont pas plutôt sorties de
Saint-Lazare qu'elles sont reprises. Il y en a qui
ont été arrêtées plus de cent fois.

En 1877, l'agent Gros trouva, vers minuit, une

femme du côté de la place de la Sorbonne. Il l'arrête. Elle le supplie de la laisser libre, disant qu'elle a un petit enfant malade et qu'elle est sortie pour lui chercher des remèdes. L'agent dit :

— C'est de la frime.

Il l'emmena au poste.

L'enfant mourut dans la nuit. Les journaux le surent. On en parla; mais le 16 mai arriva. La femme mourut folle à la Salpêtrière.

En un mot, la femme en carte est la chose de la police. Si elle devient riche, puissante, alors elle peut être tranquille, se faire exempter de la visite, demeurer indépendante. Il y a des filles en carte qui se promènent en équipage, passent sur les boulevards, vont au bois, se prélassent aux places réservées lors des causes célèbres; mais celles à qui « en veut un inspecteur » ne savent pas, chaque fois qu'elles mettent le pied dehors, si elles n'iront pas coucher à Saint-Lazare.

La fille en carte, ainsi pourchassée, n'a qu'une ressource, se mettre fille de maison. Là, si elle n'a plus à redouter l'agent de police, elle est sous la domination absolue de la maîtresse de maison. Elle ne court pas le risque d'être arrêtée à chaque minute, parce qu'elle est perpétuellement prisonnière. L'agent des mœurs fait l'inspection des maisons, mais il se considère comme un très petit personnage auprès de la maîtresse de maison, bien cossue, ayant une grosse entreprise, une dame qui parle haut, et représentant quelquefois des intérêts considérables, traite directement avec l'officier de paix, le chef de bureau et le chef de division. Cela froisse l'amour-propre de certains des agents; mais ils avalent leur humiliation.

La fille de maison n'a guère affaire à l'agent des mœurs que lorsqu'il lui prend fantaisie de quitter la maison où elle était sans payer ses dettes. Alors la dame court à la police. — « Il me faut cette femme, cette voleuse! » Les agents des mœurs se mettent en chasse, à la recherche des « disparues. »

— C'est incroyable, me disait, avec naïveté, un agent, combien les femmes en carte et les femmes en maison cherchent à se dérober à l'action de la police!

La principale occupation des agents est de tâcher de les rattraper.

La fille disparue est le meilleur gibier; le plus délicat, c'est « l'insoumise. » C'est ainsi que la police désigne toute femme, sans exception, qui n'est pas inscrite. — Madame, qui me lisez, vous êtes une insoumise. — Monsieur, madame votre mère, si respectable, est une insoumise aux yeux de la police.

Les agents s'en vont trois par trois. Ils voient une femme, une ouvrière. — Il faut du nombre!

Ils la suivent tout en se consultant l'un et l'autre :

— Est-elle bonne?

— Je crois que oui.

— Je crois que non.

— Arrêtons-la, dit le sous-brigadier, « elle est légale ! »

Ceci dit, ils sautent dessus, et l'empoignent à lui broyer les bras et les épaules. Tant pis pour sa toilette, si leur étreinte déchire la robe et écrase le chapeau. Elle peut crier, elle peut protester, quelques taloches accompagnées de beaucoup d'injures, débitées dans un argot spécial, l'auront bientôt mise à la raison.

Cependant, arrêter une « insoumise » qui se livre

à un « racolage cynique ou non, » selon la formule de M. Lecour [1], n'est point un acte aussi simple qu'on peut le croire.

M. Lecour, dont le livre est inépuisable, a fort bien indiqué comment les femmes, comme à plaisir, comme par malice, tendaient à rendre de plus en plus difficile la tâche des agents des mœurs.

« Ce n'est pas tout d'avoir à compter avec ces nuances *parfois insaisissables*, et ces nécessités de circonspection extrême, il reste encore à se tenir en garde contre les erreurs que rend possibles la *légèreté de conduite*, lorsqu'elle s'accompagne de ces excentricités d'allures et de toilette si communes aujourd'hui [2]. »

Aussi, de peur de se laisser tromper par « ces excentricités de toilette, » les agents prennent la règle suivante :

Voici sur les boulevards, aux Champs-Élysées, par exemple, une fille qui racole ouvertement. Mais elle est bien mise, elle a une belle toilette. Sait-on à qui elle touche ? Peut-être à de gros bonnets. Ils viennent la réclamer le lendemain. La police la rend. L'agent reçoit une semonce.

Une pauvre fille, au contraire, mal vêtue, vivant dans les quartiers pauvres, ne sera pas réclamée. Admettons qu'elle soit mineure, qu'elle ait des parents, qu'on se soit trompé ; les parents ne la réclameront peut-être pas. S'ils viennent, la police les intimidera. Tout sera dit. Ainsi les agents ont une règle : Arrêter les filles pauvres, ne pas arrêter les filles qui paraissent riches.

---

1. *La Prost.*, p. 76.
2. Page 149.

Avec les secondes, on ne sait pas ce qu'il peut y avoir; avec les premières, on était sûr autrefois qu'il n'y aurait pas de conséquence. Maintenant, grâce aux maudits journaux en général et à la *Lanterne*, en particulier, on n'est plus sûr de rien.

Les femmes sont devenues d'une audace ! Mlle Ligeron, arrêtée en 1877, consentit à laisser constater sa virginité par d'autres médecins que ceux du dispensaire. Il en fut de même pour Mlles Lucie et Marie C... qui s'adressèrent directement au docteur Bergeron. Depuis ce temps-là, les réclamations se comptent par centaines. En 1876, à propos de l'arrestation de la femme d'un banquier de Dijon, M. Lecour avait répondu négligemment : — Est-ce qu'un mari laisse sa femme l'attendre sur le trottoir ?

Et Mlle Domergue, âgée de seize ans, arrêtée avec une de ses amies, celle-ci relâchée presque aussitôt, l'autre n'étant rendue à son père qu'au bout de 48 heures [1]!

Je ne veux point rappeler tous les faits signalés par la presse depuis 1876, je me borne à dire qu'elle n'a pas publié les plus graves et les plus épouvantables.

A propos de l'affaire de Mlle Rousseil, *l'Ordre* prenait la défense de la police dans les termes suivants :

« Je sais d'honnêtes femmes, qui ne se sont nullement vantées de semblables accidents, quand elles en ont été les victimes. Je connais une jeune et charmante femme qui fut, un jour, brutalement empoignée, par un agent de police et conduite au poste,

---

1. *Liberté*, 13 octobre 1878.

où elle passa la nuit, folle de honte, en compagnie
de filles ivres. Elle eut beau dire son nom, donner
son adresse, on ne l'écouta pas. Elle ne fut délivrée
que lorsque son mari, prévenu, vint la réclamer.
Croyez-vous que, le lendemain, elle écrivit aux journaux : « On m'a prise pour une fille ; je demande
justice ? » Elle s'en garda bien [1]. »

A mon tour, je puis dire que depuis que j'ai entre-
pris cette campagne, par ma position, j'ai reçu beaucoup de confidences qui, détail caractéristique, pour
la plupart, ne me venaient pas des victimes. Lorsque
l'enquête à laquelle je m'étais livré m'amenait en
face de l'une d'elles, son premier mot était de me
supplier « de n'en rien dire. » Je ne veux citer qu'un
fait : l'année dernière (1881) une jeune fille âgée de
16 ans, fut arrêtée dans une « opération » Elle fut
conduite au dépôt, puis au dispensaire. Heureusement
qp'elle avait ses règles. Cela empêcha la visite d'être
complète. Cette jeune fille, vierge, devait se marier
15 jours après. Les bans étaient publiés. Elle ne
voulait pas que son fiancé, employé dans une administration publique, eût connaissance de cette aventure : elle craignait qu'il n'eût peur d'être compromis,
si elle réclamait contre la police, elle avait peur,
peut-être, que cette histoire ne lui inspirât quelque
arrière-pensée ; elle eut peur enfin de livrer son nom,
celui de sa famille, toute sa vie, aux malveillances
de la police et de certains reporters qui, ses très
humbles serviteurs, ne savent la défendre qu'en
calomniant ses victimes ; cette jeune fille s'est mariée : mais elle a un secret, connu d'agents de police,
qui, un jour ou l'autre, peut devenir un merveil-

1. *Ordre* du 7 novembre 1876.

leux instrument de chantage. La vie de cette femme
est empoisonnée.

Elle n'est pas la seule dans ce cas. La *Lanterne*
du 6 mars 1881 racontait le fait suivant :

« Mercredi soir, à dix heures et demie, un jeune
ouvrier sortant, avec sa fiancée d'une maison amie,
située rue des Lombards, 2 et 4, s'apprêtait à recon-
duire la jeune fille chez ses parents lorsque trois
hommes se ruèrent subitement sur celle-ci et voulurent l'entraîner.

« Ces trois hommes, on l'a deviné, étaient trois
agents des mœurs. Le jeune homme voulut dégager
sa fiancée. Peine perdue, les agents l'insultèrent
grossièrement et le brutalisèrent même.

« Le jeune ouvrier courut alors chercher ses amis
et la concierge de la maison d'où il venait de sortir.
Ceux-ci revinrent assez à temps pour s'interposer
entre les agents et la jeune fille, qui avait déjà été
entraînée jusqu'à la rue de la Verrerie. Tous pro-
testèrent énergiquement et témoignèrent de la parfaite honorabilité du jeune homme et de la jeune
fille. Le scandale menaçait de prendre de sérieuses
proportions; les agents se décidèrent alors à lâcher
leur proie[1]. »

Si cette jeune fille eût été seule, au lieu d'être
avec son fiancé, elle eût subi le sort de celle dont
je viens d'exposer la malheureuse situation. Au
mois de juillet 1881, une jeune fille étrangère, assise
à la gare Saint-Lazare entre son père et sa mère
pour attendre le train du Havre, a été traînée au
poste par les agents[2].

---

1. *Lanterne* du 6 mars 1881.
2. *Lanterne* du 12 juillet 1881.

La police a cependant perdu de son assurance. Tous les jours pour se défendre, elle est obligée de faire une nouvelle concession. M. Camescasse n'en est plus au « racolage cynique ou non. » Devant la 7e commission, le 10 décembre 1881, il a déclaré que les agents avaient ordre de n'arrêter une femme que lorsque non seulement elle « a racolé un homme, mais lorsqu'elle l'a touché et pris par le bras, portant atteinte à sa dignité et à sa liberté. » Il est vrai qu'à partir d'une heure du matin, il considère toute femme trouvée sur la voie publique, comme bonne à prendre. La rue appartient encore aux hommes dans la nuit; elle n'appartient plus aux femmes. Les ouvrières, retardées par une veillée, les plieuses de journaux, les maraîchères, les femmes qui se rendent aux halles sont toutes exposées à une arrestation sans explication. C'est une manière d'appliquer, avant la lettre, la loi, interdisant aux femmes le travail de nuit.

De temps en temps, un des agents se livre à des provocations; si elles sont accueillies, aussitôt les camarades agissent. C'est encore là le moyen le plus sûr. Il est vrai que d'après M. Camescasse, ces provocations n'existent plus, mais ses prédécesseurs en disaient tout autant; et, de son propre aveu, elles existaient.

Toute malheureuse qui a été arrêtée une fois est sûre d'être arrêtée de nouveau. Quand les agents sont en chasse, ils cherchent le gibier facile, afin de ne pas rentrer bredouille, tout en se donnant le moins de mal possible. Ils la trouvent. Elle est de bonne prise. — Encore elle! mais c'est donc une incorrigible! Récidive!.. Pas d'observation! *Bis repetita placent.*

Les agents vont aux Folies-Bergères, dans les bals. Ils n'arrêtent jamais à l'intérieur des établissements, mais ils font leurs observations ; et ils opèrent à la sortie.

De plus les dénonciations, anonymes ou non, pleuvent à la préfecture de police. Elles émanent d'amants qui veulent se débarrasser de leurs maîtresses, de rivales, de dames de maison, de gens qui n'ont pas obtenu ce qu'ils désiraient, ou qui croient avoir à se venger d'une femme pour cause de maladie ou tout autre motif ; elles émanent de souteneurs. « Mais comme dit M. Lecour, la police n'a pas à examiner si ce sont des actes plus ou moins légitimes. Ils sont toujours profitables à la police[1]. »

Dès qu'une lettre de ce genre arrive, on livre la femme aux agents des mœurs. Si la femme a un amant et demeure en garni, elle est arrêtée.

« Quelquefois, ce sont des actes de vengeance ou de jalousie, souvent des inexactitudes volontaires, ayant pour but de ne pas exposer à des mesures de police des femmes avec lesquelles les soldats malades désirent conserver des relations[2] »

J'ai eu, entre les mains, des preuves d'un fait atroce. Une malheureuse domestique se laisse séduire par le frère de la dame de la maison où elle était. Ce monsieur est chef de bureau d'une grande administration. La bonne devînt enceinte. Sans ressources, avec son enfant, elle s'adressa à lui. Il lui répondit « qu'il avait trop de maîtresses pour s'occuper d'elle » ; et pour mettre fin à ses importunités, il la dénonça à la police des mœurs, et la fit mettre en carte.

1. P. 88.
2. Lecour, p. 90.

On fait quelquefois des distinctions, car la police n'est point égalitaire.

« S'il s'agit de *prostituées*, elles sont arrêtées et dirigées sur l'infirmerie de Saint-Lazare ; si les indications concernent des femmes qui, bien *qu'adonnées à la galanterie vénale* ne se trouvent pas dans le cas d'être l'objet de mesures administratives rigoureuses, ces femmes sont mises en demeure soit de justifier par une attestation médicale, qu'elles se trouvent en traitement, soit d'entrer à l'hôpital de Lourcine[1]. »

M. Lecour n'a jamais oublié ce qu'il devait à la galanterie vénale !

Ces procédés ne sont pas encore assez expéditifs : car, de temps en temps, la police fait une rafle.

Les femmes prétendent toutes qu'elles ont lieu lorsque l'entrepreneur a besoin d'ouvrières à Saint-Lazare. L'administration a avoué elle-même qu'il lui est arrivé de tenir compte de ses convenances[2].

Quatorze ou quinze agents peuvent arrêter quatre-vingts femmes dans l'espace d'une heure.

On les arrête surtout à la porte de Frontin, du côté du boulevard Poissonnière, du boulevard Saint-Denis, jamais à la porte de Péters, ni de Brébant, ni du Helder. Les femmes qui fréquentent ces derniers restaurants ont des relations avec « la Haute ». D'autres fois, c'est sur les boulevards extérieurs, à la sortie de certains bals qu'on opère.

Tout Parisien a été témoin d'une de ces scènes sauvages et immondes. Des agents qui se ruent sur les femmes, fuyant éplorées et en criant ; les tables de

1. P. 88.
2. Voy. plus loin.

café bousculées, les coups tombant sur ces malheureuses ; leurs robes déchirées et salies, avec une
sorte de volupté envieuse; celles qui résistent, traînées par les cheveux, assommées de coups de pied et
de coups de poing. Si un homme proteste, il partage leur sort. On sait que la police a encore l'habitude de taper sur le bourgeois[1]. Quelques lâches imbéciles ricanent et s'amusent de cette curée humaine.

Le lendemain, certains reporters, policiers bâ-
tards, qui ne connaissent pas de plus beau titre
d'honneur que d'être en bons termes avec la police
et qui, pour arriver à mériter la main de M. Lerouge
ou de M. Macé, sont prêts à des bassesses, d'autant
plus faciles pour eux qu'ils les trouvent toutes naturelles, publient des notes rédigées en style galant,
comme l'échantillon suivant :

« La nuit dernière, le service de la police des mœurs,
conjointement avec celui des gardiens de la paix, a
procédé au gigantesque déblaiement de la voie publique, particulièrement dans les quartiers de la
place de la République, du faubourg du Temple, du
boulevard Rochechouart, etc.

« Un fait peut offrir quelque idée de l'importance
de cette nouvelle pêche miraculeuse. Tous les jours,
à midi, passe devant les postes de police la voiture
cellulaire qui transporte au dépôt de la préfecture
les personnes maintenues en état d'arrestation.

« D'ordinaire, un seul voyage suffit à cette opération. Or, hier, certains postes étaient tellement
bondés de femmes arrêtées, que la voiture en question a dû faire cinq ou six voyages pour les transporter toutes au Dépôt[2]. »

1. Voy. les scènes du 8 janvier 1882.
2. Janvier 1880.

La police, avec son impudence pour le mensonge et sa pudeur pour certains de ses propres actes, avait toujours nié ces rafles. M. Lerouge lui-même, en dépit de l'évidence, les avait niées ; mais le 19 mars 1881, M. Cambon, secrétaire général de la préfecture de police, de sa voix la plus mielleuse, a déclaré avec satisfaction que la police venait de faire deux rafles. Il est vrai qu'il s'est bien gardé de leur donner ce nom vulgaire. Il les a appelées « des opérations. »

Le samedi 16 juillet, jour de la démission de M. Andrieux, des journaux faisaient, avec la jubilation qu'ils auraient mise à raconter une battue dans les bois de Marly, le récit d'une rafle « d'une centaine de péripatéticiennes ; » « on les voyait fuir partout affolées. » Cette chasse à la femme avait beaucoup amusé ces honnêtes journalistes. On la prit pour l'adieu de M. Andrieux. C'était peut-être simplement un spectacle organisé par la police pour quelque personnage à qui elle voulait faire honneur. J'ai entendu raconter naïvement par un journaliste russe, M. Boborykine, que la police avait fait faire une rafle pour lui donner une idée de « cette opération ». C'est sa manière de montrer Paris aux étrangers. Ils doivent s'en aller avec une haute idée de notre civilisation ! Ces « opérations » ont continué avec M. Camescasse sous le nom « d'épuration. » M. Camescasse les fait publier, annoncer par ses journaux, en fait enregistrer le résultat ; il est vrai que devant la 7e commission du Conseil municipal, il les a niées. Toujours le même système. La police n'ose pas avouer ses actes.

Mais, chose curieuse ! M. Camescasse a reconnu que ses prédécesseurs, qui les niaient, les commet-

taient, seulement il a déclaré que son système d'épuration n'avait aucun rapport avec celui qui était employé sous l'Empire. Cette phrase flattait la fibre de
ceux qui abhorrent le mot d'Empire et ont dans le
mot de République une foi si aveugle qu'ils ne voient
plus les infamies qu'il sert à masquer.

La femme, rentrée chez elle, et qui n'est pas dans
ses meubles n'est pas encore en sécurité : on complète les rafles sur les boulevards par des rafles dans
les hôtels et les garnis.

On arrive vers deux heures du matin. On fait ouvrir toutes les chambres. Une femme s'y trouve, soit
seule, soit avec un homme, amant habituel ou visiteur de passage. Alors le commissaire de police décide. Il dit habituellement à la femme :

— Montrez vos mains.

La femme montre ses mains.

— Il n'y a pas assez de piqûres à votre doigt. Vous
ne travaillez pas.

— Mais je suis fleuriste ! je suis brunisseuse ! Je
ne suis pas couturière.

— Ça ne fait rien. On prend au hasard, plus que
moins.

Quelquefois se passent des drames. Au mois de
février 1878, 8, rue Duperré, on opéra une descente[1]. Une malheureuse essaya d'y échapper en
sautant par une fenêtre du deuxième étage, et en
s'aventurant sur une toiture vitrée. Les vitres se
brisèrent sous son poids. Elle tomba, déchirée par
d'atroces blessures, les deux jambes cassées. Le
commissaire de police fut assez bon pour dire à un
agent :

1. *Bien public*, 8 février 1878.

— Allez chercher une voiture.

— Ce n'est pas la peine, elle va crever, répondit l'agent.

On l'emporta à l'hôpital. Elle mourut deux jours après. Dans son agonie, elle se figurait toujours être chassée par les agents des mœurs. C'était une couturière, nommée Louise O..., âgée de vingt-quatre ans. Elle n'avait quitté sa sœur mariée, chez qui elle demeurait, que depuis trois jours. Cette expédition était conduite par M. Daudet, commissaire de police.

Du reste il n'en résulta rien de désagréable pour lui. La police sait faire la part des accidents. Et puis, comme dit M. Lecour :

— Quand une femme est honnête, elle ne loge pas en garni.

En réalité, honnête ou malhonnête, question secondaire. Qu'elle ait le moyen d'être dans ses meubles, question principale. Là, comme ailleurs, question d'argent.

C'est aussi l'opinion de M. Camescasse qui a même appliqué cette doctrine aux hommes. Si ce n'est pas une manière de comprendre la liberté, c'est une manière d'appliquer l'égalité.

On a vu cependant que M. Gigot, dans son amendement du règlement de 1843, avait introduit la disposition suivante :

« Il est expressément recommandé lorsque des femmes sont trouvées couchées seules, même dans des maisons mal famées, de ne point procéder à leur arrestation, à moins que les circonstances ne donnent au commissaire de police la conviction que ces filles viennent de se livrer à un acte de prostitution. » Seulement il oubliait de spécifier à l'aide de quels symptômes le commissaire de police pouvait se faire une conviction. Devait-il regarder les draps, inspecter les serviettes et la cuvette? Les moyens de recherche étaient laissés à son appréciation.

III

Les femmes, soit arrêtées isolément, soit par rafles sont amenées au poste. Les unes se désespèrent et pleurent; les autres restent calmes. Question d'habitude. Les gardiens de la paix les reçoivent. Quelques-unes sont de vieilles connaissances. Ils les ont vues revenir tant de fois! Ils ne les enferment pas toujours au violon. Elles s'asseyent sur le banc du poste. Les gardiens de la paix lient conversation avec elles. Ils leur demandent comment elles ont été arrêtées.

— Allons! vous allez aller là-bas au grand hôtel.

C'est ainsi qu'ils appellent Saint-Lazare. La femme si elle est aguerrie, soupire, en répondant :

— Oui.

Elle sait bien qu'elle ne peut pas y échapper.

La voiture cellulaire arrive. S'il y a de la place, on la fourre dans une de ses petites cages. Étouffant en été, gelée en hiver, elle est cahotée au petit trot de deux chevaux pendant une ou deux heures, quelquefois trois heures, et finalement amenée au Dépôt.

Là, elle tombe entre les mains de religieuses dures par métier, dures par tempérament, et assouvissant sur ces malheureuses l'immense orgueil que leur donne leur vertu. Elles prennent aux dépens de leurs prisonnières la revanche de leur chasteté.

Les femmes sont empilées dans de grandes salles, communes, où elles couchent côte à côte. Ni eau, ni serviette : elles ne peuvent se livrer aux plus vulgaires soins de propreté [1]. Dans le coin des petites cours étouffées où on les empile, sous prétexte de leur faire prendre l'air, il y a un robinet d'eau dans les latrines. Le conseil général, tout en ne voulant pas savoir s'il y avait « des femmes détenues administrativement » aux risques et périls des auteurs de leur détention, pensant que la prison servirait d'ici longtemps encore, soit à elles, soit à d'autres, hélas! a voté les aménagements les plus indispensables. Depuis le 19 octobre 1880, la délibération traîne dans les bureaux du ministère de l'intérieur et n'a pas encore été appliquée [2].

L'architecte avait proposé des cellules de punition où on pouvait faire l'obscurité à volonté. Ces cellules, dans la pensée du directeur, étaient spécialement destinées aux femmes « détenues administrativement. » Des malheureuses, se voyant sous la main de la police, ont d'effroyables crises de nerfs.

Le directeur du dépôt, brave homme d'aspect, me disait naïvement :

— Vraiment, il y en a qui ne sont pas raisonnables.

Il faut bien les mettre à la raison!

IV

Alors se fait le tri, quelquefois vingt-quatre heu-

---

1. Voy. mon rapport au Conseil général, 19 octobre 1880.
2. Avril 1882.

res après ou davantage. Les femmes comparaissent
devant les employés du 2ᵉ bureau de la 1ʳᵉ division ; le chef de bureau, sous la direction de
son chef de division, s'arroge le droit de prononcer, à huis clos, sans débat contradictoire, sur
le simple rapport de l'agent, sans que la femme
puisse se faire assister dans ce débat, appeler des
témoins, soit son inscription qu'elle soit majeure
ou mineure, avec une détention à Saint-Lazare
comme préface, son enrôlement dans la prostitution
officielle, avec toutes ses conséquences ; soit son
emprisonnement, — emprisonnement administratif
— pour me servir de l'expression de M. Lecour, variable selon les caprices, le tempérament, les bonnes
ou mauvaises digestions, les insomnies et les con-
stipations de ce bureaucrate, les accès de sévérité
ou de tolérance de « l'administration. »

Les gens qui exercent des fonctions de ce genre
finissent par prendre une certaine volupté au désespoir des autres. La malheureuse se lamente, pour
la consoler, il lui dit :

— « Allons! on connaît ça! Si on les écoutait, elles
seraient toutes comme cela ; » et lourdement, grossièrement, salement, il les raille.

L'agent fait son rapport. Il a eu soin « de le cor-
ser » pour montrer du zèle. Chacune se dit : Pourquoi moi ? pourquoi pas une telle et une telle qui en
font pourtant bien autant que moi ? « elles ne sont
jamais arrêtées. Au contraire. C'est peut être la « une
telle » qui m'a fait arrêter. »

Que lui veut-on ?

On lui répond qu'elle est en infraction avec le
règlement.

Mais l'infraction qui sert de prétexte, elle l'a com-

mise dix fois, d'autres la commettent continuellement : — Est-ce qu'elles pourraient vivre autrement?

Elle exerce honnêtement son métier. On lui a
donné une carte : elle ne peut pas vivre d'autre chose.
A-t-elle fait du mal à quelqu'un? elle n'a pas volé.
Eh bien! pourquoi la met-on en prison?

M. Maxime du Camp, avec l'émotion d'un négrier,
parlant de sa cargaison de bois d'ébène, a fait la
description suivante du cabinet de M. Coué[1] :

« Bien souvent quand elles comprennent qu'on
va les envoyer à Saint-Lazare, elles éclatent en larmes et supplient qu'on les laisse aller chez elles
pour donner à manger à leur chien, à leur chat.
D'autres fois, c'est un enfant qu'elles demandent à
aller chercher pour le confier à un voisin tant que
durera leur détention. Pendant que la pauvre femme
parle d'une voix entrecoupée de pleurs, l'émotion
gagne de proche en proche, et bientôt toutes ces
malheureuses sanglotent[2]. » C'est extraordinaire.
M. Maxime du Camp n'en revient pas! « Car elles
pleurent, ajoute-t-il, comme elles rient. Sans trop
savoir pourquoi? » Du reste, on est plein d'humanité à leur égard; « on leur accorde souvent l'autorisation demandée. » M. Maxime du Camp éprouve
le besoin d'excuser cette mansuétude : « Si pendant
la détention de sa maîtresse, le chien privé de nourriture devient enragé et qu'il en résulte un malheur
dont on arriverait facilement à connaître la cause
première, quels cris l'on pousserait, et de quoi n'ac-
cuserait-on pas la police! » Évidemment le public
aurait tort; mais la police veut lui épargner ce tort.

---

1. Actuellement M. Hardelay.
2. *Paris*, t. III, p. 342.

Et si au lieu d'un chien, il s'agit d'un enfant qui
risque tout simplement de mourir de faim, sans devenir enragé? M. Maxime du Camp ne dit pas ce
que fait la police.

Elle est remplie de prudence. On ne dit jamais
aux femmes, sur le moment même, de quelles punitions elles sont administrativement frappées. Ce
n'est point par raffinement, pour ajouter à la détention le supplice de l'incertitude, c'est tout simplement par prudence, depuis que « l'une d'elles,
emportée par un mouvement de colère, saisit un
presse-papier en marbre et le lança à la tête du chef
de bureau. » M. Maxime du Camp oublie de dire
de quelle manière on lui fit expier cet emportement :
je la plains : elle dut être solidement ligotée, pas-
sée au tabac, et rester longtemps détenue à Saint-
Lazare.

Ces femmes pensent non seulement à leurs chiens
ou à leurs enfants ; mais elles pensent encore à leur
loyer qu'elles ne pourront peut-être pas payer, à
leurs affaires, leurs vêtements, leurs meubles livrés
au pillage de propriétaires souvent peu scrupuleux.
— Une femme n'a pas de défense! disait une de ces
malheureuses.

On a vu toutefois que, dans son règlement du 15 octobre 1878, M. Gigot avait établi une disposition
nouvelle pour limiter le pouvoir absolu du chef du
deuxième bureau et du chef de la première division.

« Dans le cas où une fille réclamerait contre la
punition qui lui est infligée, sa réclamation sera portée sans délai devant une commission composée du
préfet de police ou de son délégué, assisté de deux
commissaires de police, de la ville de Paris, appelés
à tour de rôle. »

Ces innovations révélaient une certaine méfiance à l'égard de MM. Lerouge, Coué et Lecour. M. Lecour s'en est plaint amèrement[1]. Nous n'avons pas besoin de faire ressortir leur insuffisance au point de vue légal; en nous plaçant au point de vue administratif, il était évident que cette commission, composée de personnages administratifs, habitués à arrêter, détenir, n'ayant qu'un médiocre souci de la liberté individuelle, convaincus que ces femmes n'avaient droit à aucun égard, ne pourrait présenter aucun avantage pour celles qu'elle était destinée à protéger. De plus, elle ne pouvait régulièrement fonctionner. Il y avait alors dix mille arrestations pour infraction, par an, soit une trentaine par jour. Il était impossible au préfet de s'astreindre à la corvée de juger toutes ces affaires. Cependant M. Gigot avait alors pour chef de cabinet M. Vergniaud. Il le délégua. Celui-ci voulait seconder les intentions de M. Gigot, et faire fonctionner régulièrement la susdite commission. M. Lecour ne le lui a pas pardonné. Il ne tarit pas en plaisanteries sur la naïveté de M. Vergniaud. Une femme est arrêtée à trois heures du matin. Elle répond aux agents qu'elle va chercher une bougie. Elle répète cette réponse devant la commission.

— C'était pour vous la mettre dans le cul? » dit M. Coué, avec cette urbanité élégante qui caractérise les gens de ce service.

M. Vergniaud fait relâcher la femme et relève vertement la grossièreté de M. Coué, qui s'en est consolé auprès de M. Lecour :

---

1. Voy. son livre : *La Campagne contre la préfecture de police.*

— Si on ne peut plus dire de ces choses-là! si maintenant on est obligé de prendre des gants pour parler à ces femmes-là, la police des mœurs est per due ! »

Après le départ de MM. Gigot et Vergniaud, sous le pachalikat de M Andrieux, les choses rentrèrent dans l'ordre, ainsi que le constate une note remise à la commission du budget[1] par la préfecture de police. Elle ne se réunit, en effet, que sur les réclamations des filles frappées.

« Du 15 octobre 1878 au 1er avril 1880, elle a eu à s'occuper de soixante et une filles réclamantes. Les punitions infligées par le bureau administratif, peines minimes d'ailleurs, ont presque toujours été maintenues.

« Depuis le 1er avril dernier, aucune autre réclamation ne s'étant produite, la commission n'a pas eu à se réunir. »

Cette conclusion était fatale : car, il ne faut pas être doué d'une bien grande perspicacité pour découvrir, sous les expressions doucereuses et filandreuses de ce style officiel, comment les choses se sont passées.

Des femmes ont réclamé à tort ou à raison. Cette commission les a trouvées bien outrecuidantes d'user de la faculté que M. Gigot leur avait accordée dans un moment d'imprudence. Elles ont été assez mal reçues. Les agents, vexés de voir ainsi contester leur dire, n'ont point manqué de leur faire payer cher leur audace. Les chefs de service, ennuyés de ce contrôle, les ont encouragés. Les punitions ont été presque toutes maintenues, peut-être aggravées; et

---

1. Décembre 1880, n° 177.

les malheureuses, ayant appris, par expérience, que ce recours non seulement était illusoire, mais dangereux, y ont renoncé, si bien que M. Camescasse, après avoir déclaré devant la 7e commission, qu'il s'était tout spécialement occupé de la question de la prostitution, fut obligé d'avouer quelques instants après qu'il ignorait l'existence de cette commission [1].

Il était facile de prévoir ce résultat dès le jour où M. Albert Gigot avait conçu le plan de cette organisation : comme toute chose, l'arbitraire a sa logique, et la logique, pour lui, c'est de ne pouvoir être régularisé.

Cependant la crainte du recours à cette commission avait fait diminuer la longueur des détentions.

Le préfet de police Gisquet, de célèbre mémoire, a expliqué, avec la naïveté d'un homme ayant pleine conscience de son droit à l'arbitraire, comment il procédait :

« Chaque jour le préfet de police prononce des condamnations contre une douzaine de prostituées prises en contravention ; les unes ont occasionné volontairement des querelles, une scène tumultueuse ; d'autres ont poursuivi des passants avec importunité ; d'autres ont été trouvées dans des cabarets avec des soldats, ce qui leur est expressément défendu, ou dans des localités qui leur sont interdites, etc. ; d'autres se sont promenées dans les rues après onze heures du soir ; et d'autres enfin ont négligé de se présenter à la visite dans les délais prescrits. — L'emprisonnement varie, suivant les cas, depuis cinq jours jusqu'à *un an*[2] ! »

1. 10 décembre 1881.
2. *Mémoires*, t. IV, 352.

Puis il parle de femmes dont les clients avaient à se plaindre :

« Quand une répugnance bien naturelle faisait préférer l'action purement administrative, je condamnais moi-même les coupables à une année d'emprisonnement, maximum de la peine que, d'après l'usage consacré, les préfets ont le droit de prononcer[1].

« Cette justice exceptionnelle n'est peut-être pas en harmonie avec l'esprit de nos institutions civiles et politiques, mais elle est indispensable, et ce mot répond à tout. »

Le *Dictionnaire de la Police,* publié par le *Journal des Commissaires de police,* en 1875, dit :

« A Paris, l'emprisonnement infligé aux filles publiques par le préfet de police est souvent de plusieurs mois. »

En 1849, l'administration avait pris le parti de donner à l'emprisonnement « une longueur uniforme d'un mois, dans l'intérêt des entrepreneurs de prisons[2]. »

En 1877, M. Lecour se défendit de prononcer jamais les emprisonnements de plus de vingt jours.

Une note de 1880 dit que « les filles publiques arrêtées pour contraventions aux règlements, sont envoyées *en punition* à Saint-Lazare, pour un temps qui varie de 4 jours à 10 jours. Ce maximum est très rarement appliqué d'ailleurs. »

M. Andrieux, il est vrai, dans la discussion du budget[3], eut soin de dire qu'il avait ordonné de

1. Gisquet, *Mémoires,* t. IV, p. 353.
2. *Parent-Duchâtelet,* t. II, p. 190.
3. Séance du 28 décembre 1880.

prolonger les emprisonnements. C'était une niche qu'il voulait jouer au Conseil municipal de Paris, aux dépens des malheureuses qui n'en pouvaient mais. C'est par milliers que se comptent ces abus de pouvoir. En 1875, il y eut 11 000 arrestations de filles soumises ; le chiffre est tombé, en 1880, à 7312. Or, en 1875, le chiffre des filles soumises était de 4554, en 1880, de 3582. On voit donc que les femmes sont arrêtées au moins deux fois par an. Il est vrai qu'il y a des protégées ; en revanche, d'autres, à peine échappées, sont ressaisies. M. Lecour dit, avec orgueil, qu'il y en a qui ont été arrêtées plus de cent fois.

On comprend que des femmes, dans cette position, n'ont qu'un désir : se soustraire à la police. Aussi, sur les 4564, en 1875, 1644 étaient disparues ; on en avait repris 747. Malgré tous ses efforts, la police perd du terrain. Sur les 3582 de 1880, 1935 ont essayé de se dérober à la police ; mais celle-ci s'est montrée à la hauteur de sa tâche ; elle en a rétabli sur ses livres 1159 ! Ces chiffres sont éloquents. Ils sonnent la fanfare de cette chasse à la femme !

V

Je supplie les dames qui me lisent de vouloir bien admettre que ces femmes ainsi traitées sont des femmes comme elles, de même espèce qu'elles, ayant des nerfs comme elles, susceptibles de sentiment, de douleur et de joie comme elles, ayant des inquiétudes, des soucis, comme elles.

Et ce ne sont pas seulement les femmes inscrites

qui sont arrêtées. Il y a aussi les insoumises. Sup-
posez une jeune fille, jetée tout d'un coup dans une
grande salle, au milieu de toutes ces femmes. Beaucoup, blasées sur la prison, sachant qu'elles ne peuvent échapper aux arrestations, se trouvent là comme
chez elles. Elles affectent de la braver, pour démontrer à la police « que tout ça, ça ne sert à rien, »
et « qu'elle n'en viendra pas à bout. »

La conviction qu'elles sont victimes d'injustices
les fait se raidir et protester en bravades, qui revêtent
la seule forme qu'elles peuvent leur donner. Elles
essayent de tromper leur ennui, leur désœuvrement,
leurs appréhensions à l'aide de plaisanteries lubriques. Elles jouent à l'amant et à la femme. Elles se
disputent quelquefois. Elles plaisantent les jeunes
qui pleurent et se lamentent. « —Tiens! ces mijorées,
ça fait les bégueules, v'là-t-i pas! » Quelques-unes,
plus sympathiques, leur donnent des conseils.

La jeune fille, ahurie, sort de là pour être conduite devant le chef de bureau. On a déjà vu que
ce n'était point un homme à « s'en laisser accroire ».
Il voit des milliers de femmes par an. Toute
femme arrêtée, en principe, pour lui, est une prostituée. Elle se désole. Elle pleure. « Elle n'est pas
raisonnable. » Cela ne saurait le toucher.

— A la visite! de gré ou de force! Puis à Saint-
Lazare, « pour lui apprendre! »

Et, en effet, elle y apprendra beaucoup de choses.

Par une faiblesse qui prouve leur peu de foi dans
la bonté de leur cause, nulle part, ces gens de police
n'ont le courage de leurs actes. M. Lecour affirme
que, dans une période de seize ans, sur 11 824 inscriptions, il y en a eu 11 104 volontaires et 790 seulement faites d'office.

Depuis que le Conseil municipal interroge les préfets de police, et qu'ils se trouvent moralement obligés de répondre à peu près à quelques-unes des questions posées, ils n'ont cessé de répéter qu'on n'inscrivait plus aucune femme d'office. Les médecins du dispensaire, pour tâcher d'excuser leur métier, répètent la même chose. Or, voici ce qui s'est passé à l'égard d'une femme, depuis moins d'un an.

Cette femme reconnaissait qu'elle était « dame galante; » elle avait de l'expérience, de l'instruction, de l'argent, toutes les conditions pour ne pas se laisser intimider facilement. Elle fut arrêtée chez elle, dans ses meubles, sans avoir fait aucun scandale sur la voie publique, ni même dans sa maison, à la suite d'une dénonciation d'un aimable monsieur, bien posé, du reste, qui avait voulu avoir ses faveurs et qu'elle avait repoussé, parce qu'elle le trouvait compromettant comme trop voisin. Elle fut envoyée au dépôt, puis à Saint-Lazare. Au bout de huit jours, on lui fait signer quelque chose sur un registre, en lui insinuant que c'était la formalité indispensable pour sa mise en liberté. Une fois sa signature apposée, on lui remet une carte. Elle la rejette. On lui dit, avec l'ironie tranquille que peut donner à un employé la certitude d'un triomphe définitif sur la résistance momentanée : — Vous viendrez à la visite dans quinze jours.

— Sinon?...

— On vous y amènera de force.

Cette femme préféra quitter la France. Au lieu d'une femme de ce genre, c'est une jeune fille sans expérience, sans instruction, sans ressources, abrutie par toutes les pollutions brutales auxquelles elle a a été soumise, dans la rue, au poste, au dépôt, au dispensaire, à Saint-Lazare, dans les bureaux de la Préfecture; intimidée avec raison par le prestige de l'autorité, vue sous la forme de tous ces gens de police. Puis un préfet de police viendra dire tranquillement : — On ne l'a pas forcée de prendre cette carte. Elle a signé !

Tous les Fra Diavolo classiques font signer par leurs victimes des bons qui n'atteignent que leur fortune : on les appelle des bandits, la police des mœurs fait signer par ses victimes des bons de servitude qui engagent leur existence tout entière.

Le docteur Jeannel indique nettement la proportion pour laquelle la volonté de la femme a contribué à son inscription : « Le plus souvent, la prostituée clandestine, poursuivie et traquée par les agents, vient elle-même réclamer l'inscription qui lui confère le droit, etc. [1] »

Si la fille refuse, M. Jeannel déclare avec la tranquillité d'âme d'un inquisiteur du bon vieux temps : « La sévérité déployée en pareil cas doit être absolument nécessaire : elle n'a rien qui doive alarmer les jurisconsultes les plus jaloux de la liberté des citoyens[2]. » Si la fille refuse, on mentionne son refus « et il est passé outre ! »

Si une femme donne de faux renseignements, on la met en prison. Il est rare, dit Parent-Duchatelet, « qu'elle résiste à cette épreuve plus de deux ou trois semaines[3] ». Il est vrai que Parent-Duchatelet dit « qu'il faut exiger de l'administration un religieux discernement », et M. Mireur réclame à son tour

---

1. P. 323.
2. P. 327.
3. *Parent-Duchatelet*, t. Iᵉʳ, p. 358.

« ce religieux discernement ». Jusqu'à présent, on
ne l'a pas trouvé!

Depuis qu'elle sait qu'on s'occupe d'elle, la police
des mœurs continue toujours ses arrestations d'insoumises; mais elle diminue le chiffre de ses inscriptions.

ANNÉES	ARRESTATIONS DE FILLES INSOUMISES	INSCRIPTIONS
1872.................	3769	1014
1873.................	3319	969
1874.................	3338	1013
1875.................	3152	913
1876.................	2349	614
1877.................	2582	553
1878.................	3599	624
1879.................	2105	272
1880.................	3504	354

La police ne cesse pas de gémir contre les difficultés qui lui sont suscitées par une méchante
presse et quelques odieux conseillers municipaux :
car, c'est à transformer la prostitution clandestine en
prostitution avouée, inscrite, que l'administration
doit s'efforcer de parvenir [1]. La police éprouve la même
haine pour la prostituée clandestine ou insoumise
que pour les marchés clandestins! Un jour, dans une
discussion, M. Lecour ne trouvait plus d'arguments :
ils s'étaient tous retournés contre lui avec une telle
précision qu'il s'était senti touché : alors faisant la
moue, il dit d'un ton doctoral :

1. Garin. *De la police sanitaire.*

— Ce n'est pas possible que des femmes puissent profiter des avantages de la prostitution sans que la police ne leur impose des devoirs !

VI

Ce n'est pas seulement en France que la police des mœurs aboutit à de semblables barbaries.

A Berlin, la police prie un particulier de racoler une femme ; si elle l'écoute, la police l'arrête. Il paraît qu'il se trouve des gens pour se prêter à cette complaisance !

Toute femme arrêtée sur la voie publique est conduite à 6 heures du matin devant le juge de la police (Polizei-Richter), juge spécial qui n'appartient pas au corps de la police, mais à la magistrature. Il y a une centaine d'agents des mœurs attachés à la quatrième division ; 3000 filles sont inscrites définitivement : à côté, il y a les douteuses. Celles-ci sont au nombre de 20 000.

A Naples, c'est la Camorra, cette association formée dans les épouvantables prisons de Naples, qui a tout envahi et qui existe toujours ; c'est elle qui règle la prostitution et exploite les femmes, d'accord avec la police[1].

Le docteur Tullio Spaziani[2] dit : « Plus d'une fois on a vu à Rome, et ailleurs, des jeunes filles conduites comme prostituées au bureau sanitaire et forcées

1. Actes du Congrès de Genève et de Gênes. Mme Mario White.
2. *Rapp. au nom de la Commission pour l'étab. d'un hôpital de vénériens à Rome*, cité au Congrès. Genève, t. II, p. 556.

de subir une visite médicale dont le résultat était la constatation des signes physiques de la virginité. »

En Angleterre dès qu'un agent « a de bonnes raisons de croire » qu'une femme est prostituée, il peut l'arrêter. Ce droit a donné lieu à plusieurs drames.

Voici le dernier connu : le 15 mars 1881, à Douvres, une jeune fille fut tout à coup pourchassée par les agents de police. Épouvantée, elle s'enfuit et dans son affolement se précipita dans le Granville Dock, où les agents n'essayèrent pas même de la sauver. Repêchée par des matelots, les agents retrouvèrent sa piste à point. Il ne fut plus alors question de son inscription. Ils la poursuivirent pour tentative du suicide qu'ils avaient provoqué ! On leur demanda les motifs de leurs soupçons : ils l'avaient vue causer à des soldats ! cette indication leur avait suffi !

Le tribunal, dans son indulgence, acquitta la jeune fille. Une question fut posée à la Chambre des Communes à sir William Harcourt, *Home secretary*, qui répondit négligemment, sans un mot de regret, — tant de pareilles institutions vicient toutes les notions ! — que les agents avaient agi indiscrètement et qu'il les avait changés de résidence.

Des faits précédents, nous pouvons induire les conclusions suivantes :

VII

Le personnel qui s'occupe de la police des mœurs n'offre aucune garantie.

La police des mœurs est un instrument de chantage.

Toute femme inscrite est à la disposition complète de la police des mœurs.

Aux yeux de la police, toute femme non enregistrée est une insoumise.

Toute femme peut être arrêtée sur la voie publique par un agent des mœurs sur le soupçon d'un « racolage cynique ou non », dit M. Lecour; sur la constatation d'un « racolage formel », prétend M. Camescasse, dont la jurisprudence paraît assez variable; sur la constatation de sa seule présence dans la rue, la nuit.

Des arrestations ont lieu par rafles.

Toute femme, logée en garni, peut être arrêtée dans une descente de police, en vertu de cet axiome de police, qu'une honnête femme doit avoir assez d'argent pour posséder des meubles.

Les modifications, apportées au règlement de 1846, par le règlement du 15 octobre 1878, non seulement sont insignifiantes, mais sont si peu appliquées que M. Camescasse ne se doutait pas de l'existence de la commission instituée par ce règlement.

Des gens de la police s'arrogent le droit, à huis clos, sans débat contradictoire, « de détenir administrativement » pendant un temps qui n'est déterminé que par leur convenance, les femmes arrêtées.

Ils s'arrogent le droit de les soumettre à une visite médicale au dispensaire.

Ils inscrivent, sur un registre de prostituées, malgré elles ou à l'aide de manœuvres destinées à les tromper, les femmes qui leur conviennent, et les astreignent à certaines règles qui les livrent à leur discrétion.

CHAPITRE VI

L'IDÉAL DU SYSTÈME

LE RECRUTEMENT. — LA DÉTENTION.

I. Apologies des maisons de tolérance. — Les génies de la police. — Les *acts* et les *brothels*. — Relations entre la police et les tenanciers.
II. M. Lenaers. — Les longues courses. — Les pauvres tenanciers. — La commandite.
III. La protection de la famille. — Psychologie des tenancières. — Portrait des protégées.
IV. Le recrutement par la police. — Les « placeuses de femmes ». — Confidences conjugales.
V. Les procès belges.
VI. La détention. — La dette. — L'intervention de la police. — La séquestration. — Complicités.

I

La femme est inscrite, enregistrée, numérotée, visitée ; ce n'est pas assez : la police n'a pas réalisé son idéal, car, comme le déclare nettement M. Lecour, « on ne peut mieux définir l'action de la police que ne l'a fait M. Delavau (1823) *dans ce désir perpétuellement caressé par les administrateurs* de toutes les époques, de concentrer la débauche dans les maisons de tolérance[1]. » Il ajoutait : « Les maisons de débauche tolérées sont la base de toute réglemen-

1. Lecour, *De la prostit.*, p. 107.

tation de la prostitution[1]; loin de limiter le nombre
de ces maisons, l'Administration est toujours dispo-
sée à en laisser établir de nouvelles[2]. « M. Parent-Duchatelet, dans sa bonne foi naïve, ne trouvait pas de
plus beau titre de gloire pour un Préfet de police que
de fonder des maisons de tolérance : « M. Pasquier,
dit-il, qu'on est sûr de retrouver partout lorsqu'il
s'agit de ces mesures qui démontrent le talent de
l'administrateur et le génie supérieur, multiplia
autant qu'il le put les maisons publiques [3].» Parent-
Duchatelet ajoute : « L'administration, dans l'intérêt
du bien, doit les entourer de toute sa protection[4]. »

Les médecins qui adoptent les vues des policiers
arrivent à la même conclusion. Le Dr Mireur propose d'assimiler la prostitution publique des filles
isolées à un délit, prévu par le code pénal; puis,
par une logique à laquelle nous ont habitués les partisans de la police des mœurs, il veut qu'elle s'exerce
librement dans les maisons de tolérance [5]!

M. Béraud, ancien commissaire de la police des
mœurs, dit dans ses *Mémoires* :

« Il convient de provoquer l'extension des maisons
de tolérance. Dès qu'une femme majeure dans ses
meubles, avec deux chambres au moins, demandera
un livre de tolérance, il importe que l'administration s'empresse de le lui accorder[6].

Ailleurs il s'écrie:

« Gloire à jamais aux Lenoir, aux Dubois, aux Pas-

1. Lecour, *De la prostitution*, p. 137.
2. *Id.*, p. 138.
3. T. Ier, p. 670.
4. T. Ier, p. 469.
5. *De la prost. à Marseille*, p. 389.
6. *Mémoires*, t. Ier, p. 184.

quier, aux Anglès, aux Debelleyme, aux Mangin[1]! »
Et pourquoi cet enthousiasme ? parce que ces messieurs ont propagé le système des maisons de tolérance.

Cette conséquence du système est si inévitable
qu'elle s'est produite même dans les villes anglaises
sous le régime des Acts. Les mauvais lieux, dont le
nom légal est « *bawdy houses* » et qui sont compris sous la rubrique générale de *disordely houses*,
constituent un délit de droit commun (*a common
nuisance*) : « Tenir une maison de débauche est un
délit commun, qui peut être poursuivi comme tel ;
une personne peut donc être poursuivie pour avoir
fréquenté une maison de ce genre... Une femme peut
être poursuivie en même temps que son mari et punie comme lui, pour avoir tenu une maison de débauche ; car c'est là un délit commis dans l'administration de la maison, administration à laquelle
l'épouse a la part principale ».

Divers Actes du Parlement ont été votés à l'effet
de procurer des procédés plus faciles et plus som-
maires que la poursuite ordinaire (*indictment*), pour
la suppression de ces maisons.

L'article 35 du *Towns Police Clauses Act* (10ᵉ et
11ᵉ années de Victoria, chap. 89) stipule que « toute
personne tenant une maison, boutique, salle ou autre lieu public, dans le ressort auquel s'applique le
présent Acte, pour la consommation de rafraîchisse-
ments de quelque nature que ce soit, qui permet à
des prostituées ou à des voleurs notoires de se réunir dans son local, sera, pour chaque délit de ce
genre, passible d'une amende qui n'excédera pas
cinq livres sterling.

1. Béraud, t. II, p. 7.

Il en résulte qu'à Londres et dans les villes qui ne sont pas soumises aux Acts, il n'y a pas de maisons de prostitution proprement dites, mais simplement des *public houses*, des *lodging houses*, où on trouve *good beds for gentlemen*, ce qu'on appelle ailleurs des lits garnis.

Les femmes n'y sont pas enrégimentées ; elles sortent, elles vont, elles viennent ; ce n'est pas la maîtresse de la maison qui reçoit l'argent des clients, n'en donnant à la femme que ce qui lui convient [1]. La police de Londres ne connaît pas un exemple d'une jeune fille qui ait été gardée dans une de ces maisons contre son gré.

Dans les villes, au contraire, où l'application des *Acts* a eu lieu, la *bawding house* est devenue une institution. L'article 36 du ch. 35 frappe bien le propriétaire d'une maison qui, « ayant des raisons suffisantes de croire qu'une femme est une prostituée publique et est atteinte d'une maladie contagieuse, l'excite à se livrer à la prostitution dans ladite maison, chambre ou local, ou tolère qu'elle s'y livre, » mais il le frappe, pourquoi? parce qu'il n'a pas dénoncé la femme comme malade, parce qu'il ne s'est pas fait l'indicateur de la police.

L'inspecteur Smith, déposant devant la commission royale de 1871, à qui on demandait (question 14,24) : — « Est-ce que les tenanciers de maisons de prostitution à Aldershot essaient de dissimuler le véritable caractère de leurs établissements? » a répondu : « Pas le moins du monde. » — (Q. 14,212) : « Ils sont connus de la police? » R. « Oui. » — (Q. 14,213) :

---

1. *Enquête sur la protection (of the poor girls)*, Col. Vincent, R. 570; Morgan, R. 600, 874.

« Et vous y entrez? » R. « Oui. » — (Q. 14,214) :
« Est-ce qu'ils hésitent à vous faire voir les femmes
ou à vous donner des renseignements sur le nombre
des femmes qu'ils ont chez eux? » R. « Non, pas du
tout. » — (Q. 14,215) : « Ainsi, en réalité, vous prenez vos informations auprès des tenants-maison,
quant au nombre des femmes qui logent chez eux? »
R. « Oui, dans une certaine mesure. » —(Q. 14,226) :
« Est-ce que les tenants-maison à Aldershot vous as-
sistent dans l'accomplissement de votre devoir, ou
vous opposent-ils des entraves ? » R. « Je n'ai jamais
rencontré auprès d'eux aucune opposition. Lorsque
je les questionne, je constate généralement qu'ils me
disent la vérité. » — (Q. 14,222) : « Les tenants-
maison sont-ils favorables aux *Acts?* » R. « Je le
crois, car je les ai entendus s'exprimer dans ce sens. »
— (Question 14,223) : « Ainsi, tant qu'ils font leur
métier sans qu'il y ait de désordre, vous ne les tra⸗
cassez pas ? » R. « Non, je ne les tracasse en aucune
façon, s'ils ne me donnent pas de motifs de le faire. »
— (Q. 14,277) : « D'où vient qu'ils sont favorables
aux *Acts?* » R. « Je suppose que c'est pour un motif
personnel. Je n'en connaîtrais pas d'autre. Lorsqu'une femme était atteinte de maladie, avant la
mise en vigueur des *Acts*, c'était pour eux une
source considérable d'ennuis et de dépense. » —
(Q. 14,278): « Elle occasionnait du dérangement au
tenant-maison? » R. « Oui. » — (Q. 14,279) : « Et
maintenant, au lieu de cela, on l'envoie à l'hôpital? »
R. « Oui, c'est ainsi que j'entends la chose. » —
(Q. 14,456). : « De quelle façon les Acts leur sont-
ils avantageux? » R. « S'ils avaient chez eux des
femmes malades, cela leur donnerait beaucoup plus
d'ennuis et de dépenses; il leur faudrait s'occuper

de les placer au *Workhouse;* peut-être aussi une
femme malade se trouverait à occuper une chambre
où le tenant-maison aurait, sans cela, logé quelque
autre pensionnaire, tandis que si cette femme continue à occuper cette chambre, le tenant-maison en
perd le loyer. »

J.-A. Phillips, de la police métropolitaine, a fait
une déposition du même genre :

(Q. 19,736) : « Avez-vous pris quelques mesures
pour obtenir le concours des tenants-maison à l'effet
de soumettre régulièrement les femmes à la visite? »
R. « Pas d'autres que celle de leur demander des
renseignements sur le personnel de leurs maisons. »
— (Q. 19,737) : « Vous ont-ils donné ces renseignements volontairement? R. « En général. » —
(Q. 19,738) : « Les tenants-maison étaient-ils hos-
tiles au système des visites? » R. « Sous certains
rapports, c'est-à-dire lorsqu'ils manquaient de filles. »
— (Q. 19,739) : « Lorsque les filles étaient détenues
à l'hôpital? » R. « Oui; mais sous les autres rapports, il approuvaient généralement le système en
tant qu'ils en retiraient quelque profit pour leur commerce. » — Q. 19,802) : « Vous avez parlé des tenants-maison; qu'avez-vous à dire de cette catégorie
de personnes? Avez-vous quelque expérience de la
façon dont ils exercent leur métier? Sont-ils des
hommes de désordre? » R. « J'ai eu fréquemment des
conversations avec des tenants-maison sur ce sujet,
et quelquefois ils paraissaient satisfaits de l'*Act*,
parce qu'ils le trouvaient favorable à leurs intérêts,
attendu que les filles étant tenues propres, cela leur
attirait plus de clients. Mais, lorsque les filles sont
à l'hôpital, c'est pour eux un stimulant à se mettre
en quête d'autres filles ; je leur ai moi-même en

tendu dire qu'ils allaient dans d'autres localités chercher des filles pour remplacer les absentes. »

« L'idéal perpétuellement caressé par la police,
est de concentrer la prostitution dans les maisons
de tolérance ! »

Dans ce but, elle protège les possesseurs de ces
maisons, en multipliant les autorisations ; en les
aidant dans le recrutement du personnel de leurs
maisons ; en sévissant contre les femmes qui, une fois
qu'elles y sont entrées, voudraient s'en échapper.

II

M. Lenaers, chef de la police de Bruxelles, dans
un rapport célèbre que les Belges présentaient volontiers comme un chef-d'œuvre, a étudié cette question
dans les plus minutieux détails.

Tout d'abord, une affirmation de pudeur : jusqu'en
1876, le collège avait délivré aux tenants-maison des
autorisations écrites. M. Lenaers ne voulait pas leur
« mettre entre les mains un document constatant que
leur exploitation est placée sous l'égide de l'autorité
et rangée parmi les plus respectables. » Il remplace
l'autorisation par la tolérance. (Art. 17). C'est la pudeur des mots. Voyons ce qu'elle devient dans les
faits.

Examinant la situation des maisons de tolérance,
il avouait qu'il faudrait peut-être les rejeter en dehors
du centre de la ville ; mais, en homme pratique, il
ajoutait aussitôt : « Les personnes à qui ces maisons
sont nécessaires ne se soucient pas de faire de longues courses ». Il aurait pu demander l'établissement

d'un tramway spécial ; il préférait ajouter, pour bien faire ressortir la valeur de son argument : « Le nombre des maisons est très restreint et il diminue de jour en jour.... Avec le moyen que j'indique, il s'élèvera. »

Ailleurs, il plaignait le sort des tenants-maison qui, « pour assurer la vogue à leurs établissements, sont obligés d'accroître leur luxe et, pour se procurer des femmes, doivent souvent faire de grands sacrifices d'argent et se livrer à des recherches coûteuses. »

M. Lenaers avait si bien inspiré cet esprit à son administration que M. Dyer, allant voir M. Schröder, commissaire de police chargé du service des mœurs de Bruxelles, raconte que celui-ci « se mit à lui parler, en termes passionnés, de la nécessité de protéger de semblables maisons, eu égard au capital qu'y avaient engagé les tenanciers. »

En effet, d'après M. de Laveleye[1], en Belgique, des sociétés se forment pour exploiter les maisons de tolérance ; c'est un placement de 30 à 40 pour 100. Il n'y a aucune raison pour qu'on ne les mette pas en sociétés anonymes, qu'on n'en fasse pas des émissions publiques, et qu'elles ne soient pas cotées à la Bourse.

A Paris, le procès relatif au testament de la femme Farcy, avec la ville de Montargis, a révélé les bénéfices considérables qu'elle avait faits dans une maison célèbre. Tout récemment la police a donné l'autorisation de s'établir à des maisons qui évidemment sont richement commanditées.

---

1. *Flandre libérale,* 25 février 1880.

III

La police envisage de si bon œil cette institution que des gens trouvent tout naturel de lui demander l'autorisation d'en profiter, comme une récompense de leurs vertus privées. Voici quelques échantillons des demandes adressées :

« Dans un âge aussi avancé, et me sentant sur le point de rendre mon âme à Dieu et de paraître devant mon Créateur, il est de mon devoir de pourvoir aux besoins de mes enfants et de leur transmettre des moyens d'existence.... »

La signataire suppliait le préfet d'accorder « une tolérance » à sa fille et à sa petite-fille
D'autres écrivent :

« Monsieur le préfet,

« Je n'ai que vous pour appui et pour ressource ; chargée d'une famille en bas âge, je vous supplie de ne pas me refuser un moyen honnête pour exister et élever mes enfants ; ne m'ôtez pas, monsieur le préfet, la consolation dont a tant besoin une mère affligée. »

« Monsieur le préfet,

« La demoiselle D.... a l'honneur de vous exposer que les plus cruels revers de fortune l'eussent réduite au dernier des actes de désespoir ; si elle n'avait pas été retenue par un sentiment religieux qui défend de disposer de ce qui vient d'En Haut.... Sa conduite austère et circonspecte, le soin qu'elle a eu de ses père et mère, celui qu'elle prodigue à ses enfants, lui ont mérité l'estime et la considération de tous les gens de bien : ne pouvant se livrer au travail, elle sollicite l'autorisation de recevoir chez elle six femmes, etc.... »

J'ai quelquefois reçu des lettres de tenanciers de maisons de tolérance, les unes pleines de menaces et

14.

de colère; d'autres plaidant les circonstances atténuantes. L'une, de la première série, disait:

« Quand donc finirez-vous toutes ces infamies?
Elles nuisent à mes intérêts. Vous me faites perdre
de l'argent tous les jours. »

Je dois avouer que j'ai le cœur fait de telle sorte
que cette lettre me combla de satisfaction.

Une autre, appartenant à la seconde série, disait:

« Les femmes que l'on trouve dans ces maisons sont mieux
enfermées et surveillées que libres. Ceux qui les gardent et en
font commerce sont pour la plupart des gens honnêtes, ruinés
par un commerce quelconque, et prenant cela comme ils pren-
draient autre chose pour gagner leur vie. Quant au sieur L...,
il est un de ceux qui ont fait le métier par goût, étant sorti de
bas étage, et il mérite la flétrissure !... »

On voit qu'il y a des degrés là comme partout. Le
correspondant qui m'écrivait cette lettre déclarait
également qu'il avait pris ce métier « pour élever
une nombreuse famille ».

Par la description que Parent-Duchatelet fait des
rapports des dames de maison avec les filles qu'elles
exploitent et avec le reste de la société, on jugera
si ces bons apôtres sont aussi intéressants qu'ils le
prétendent.

« Qu'est-ce qu'une maîtresse de maison[1]?

« C'est une femme qui, par métier, par intérêt,
par habitude et en quelque sorte par nécessité, spé-
cule sur la corruption publique, sur les goûts dé-
pravés que le libertinage fait naître; sa fortune et
son existence se fondent sur le libertinage d'autrui;
elle ne vit que de désordre et d'infamie. C'est elle
qui est à la piste des jeunes filles que leur figure
peut faire remarquer aux libertins; c'est elle qui

---

1. Parent-Duchâtelet, t. I, p. 469.

pour les faire tomber dans le piège les entoure de toutes les séductions capables de faire impression sur elles. Une dame de maison est par essence la corruptrice de la jeunesse et la pourvoyeuse du vice; sa maison est un asile ouvert à toutes les jeunes imprudentes qui se lassent de la tutelle et de la surveillance de leurs parents; c'est un lieu de rendez-vous pour tous ceux que des passions honteuses font sortir des bornes du devoir; c'est enfin une école de scandale ou des enfants à peine formés viennent faire apprentissage de la prostitution. Voilà ce qu'est une maîtresse de maison, et cependant tel est l'état de la société que leur existence est en quelque sorte nécessaire et que l'administration, dans l'intérêt du bien, doit les entourer de toute sa protection. C'est ce qui ressortira davantage de la suite de ce travail.»

Telles sont les honorables personnes, de l'aveu même des partisans du système, que la police des mœurs a pour devoir de protéger!

IV

Pour les protéger, la police a deux moyens : les aider dans leur recrutement; maintenir dans leur dépendance les femmes qui leur ont été livrées. Elle ne manque pas à cette tâche.

D'abord elle s'efforce de rejeter les femmes dans les maisons de tolérance, à l'aide d'un procédé fort simple. Une jeune fille demeure en garni. Elle est arrêtée, on lui remet sa carte et on lui dit : « Vous n'avez pas le droit de vous prostituer dans un hôtel garni. »

— Mais je n'ai pas de meubles.

— Cela ne nous regarde pas. Allez dans une maison de tolérance, ou nous vous renverrons à Saint-Lazare. »

« Dans une foule de cas, dit M. Lecour, lorsqu'il s'agit d'imposer l'inscription et des obligations sanitaires à des prostituées sans asile, ces mesures seraient illusoires, s'il n'existait pas de maisons de tolérance[1]. » On ne peut pas dire plus clairement en langage décent qu'on les prend par les épaules et qu'on les jette dans les maisons de tolérance[1].

La police ne peut plus rigoureusement adopter ce procédé, parce que les loueurs de garnis qui logent des filles sont trop nombreux : elle se contente de tracasser ceux qui ne lui plaisent pas. Mais M. Gigot a eu soin de rappeler les dispositions de l'ordonnance de 1778 dans son règlement; sur la carte se trouve cette mention : « Elles ne pourront loger en garni sans autorisation. »

M. Camescasse, par ses descentes dans les maisons meublées, les a appliquées tant bien que mal. Ces procédés de police ont donné lieu à une industrie spéciale. Des tapissiers meublent une chambre que la femme loue en son nom.

A ce premier procédé, il faut ajouter la disposition réglementaire qui, défendant à plusieurs filles d'habiter la même maison, a pour but de les rejeter, par la difficulté de trouver un logement, dans les maisons de prostitution[2].

Nous avons vu[3] que les maîtresses et les cour-

---

1. Lecour, p. 137.
2. Lecour, p. 128.
3. Chap. IV.

tières de maison servaient d'indicatrices aux agents des mœurs pour dénoncer les insoumises, pensant avec juste raison qu'une fois sous les griffes de ceux-ci, elles ne tarderaient pas à tomber sous les leurs.

A Paris, il y a peu de temps encore, les maîtresses de maison régnaient au dispensaire et y faisaient leur recrutement, tranquillement, au milieu des agents et des médecins. A Bordeaux, et dans la plupart des villes de province, il en est encore de même.

Le commerce des filles est un commerce régulier, ayant ses agents spéciaux, ses cours, ses habitudes.

M. Jeannel qui, par sa position de médecin du dispensaire de Bordeaux, a fréquenté beaucoup le personnel de la prostitution et en a obtenu des autographes, a publié un certain nombre de lettres. Partout se trouve la même phrase : — « Je dois 385 fr. » « Je dois 650 fr. » — « Une de mes amies voudrait bien partir avec moi, seulement elle doit 500 fr. C'est une belle femme brune, elle a vingt et un ans et moi dix-huit. » ... — « On ne veut pas que nous partions; mais si on veut refuser la porte, allez chercher un commissaire. » — Mme A. M., écrit à un placeur : « Si vous pouvez trouver des grisettes assez gentilles, cela m'accommoderait... mercredi 29, je dois faire dire la neuvaine de mon pauvre mari... » — Mme A., de Montpellier, écrit à une placeuse de Bordeaux : « Votre voyage payé aller et retour, bien entendu. Je pourrai vous en prendre trois ou quatre par mois. Si vous en trouvez, faites-le moi savoir et vous n'aurez qu'à vous présenter à la gare de Bordeaux, on vous délivrera des billets jusqu'à Montpellier sans que vous ayez besoin de vous occuper de rien. » Cette lettre implique que les lignes de chemins de fer ouvrent des comptes

courants aux maisons de tolérance. — Une autre
écrit : « Que votre homme aille dans les bals et
vous, de votre côté, faites ce que pourrez. Je vous
recommande la visite! » — Mme C., de Toulon : —
« J'aurais besoin d'une ou deux dames, jolies, ni
trop grandes, ni trop grosses, devant le moins possible, et ayant un extrait de naissance et un passe-
port de vingt et un ans. » On remarquera que la
dame C. ne demande pas qu'elles aient l'âge exact ;
elle demande seulement des papiers qui puissent
constater la majorité. — On s'adresse des télé-
grammes :

C...., chez F., rue Nord, n°..., Cognac.

Amenez la dame, dites-lui les conditions de la maison. On
porte peignoir et on ne sort qu'en voiture.

L..., rue B..., n°..., Bordeaux.

Mme C..., 30, rue B...., Bordeaux.

Préparez vos dames, je pars ce soir de Marseille.

La Baronne, rue St-Rome, n°..., Marseille.

Le télégraphe transmet ces commissions : la poste
trouve ces adresses : « A Mme Alice B., placeuse
de femmes. » — « A la placeuse, la Jambe-de-bois...
R. à M... »

Quelquefois il y a des déboires, et il en résulte
des reproches : « Il est bon de vous dire qu'en arrivant Léontine a été arrêtée à la visite; elle n'a pas
encore commencé à faire son commerce, et je crois
qu'elle ne le fera pas de longtemps, car elle est dans
un état pitoyable; il lui sort du mal partout. Vous
pouvez dire à Mme Pepe qu'elle a bien su jouer son
rôle pour m'attraper mon argent. » Évidemment il

y a tromperie sur la qualité de la marchandise vendue, et « Adolfe », qui signe cette lettre, aurait bien envie d'invoquer l'article 1641 du Code civil sur les vices cachés ou la loi du 27 mars 1850 sur les falsifications.

Le rapport de M. Snagge à lord Granville contient toute une correspondance de trafiquants anglais avec les tenanciers du continent. Chacun vante sa marchandise, sa loyauté, et déprécie ses concurrents.

Les échantillons suivants donnent une idée assez exacte de leur manière de procéder. Klyberg écrit :

« Mon cher Xavier..., M. Lemoine m'a écrit de la part de Quoilin qui m'offre de me payer 300 fr. par colis. J'ai répondu que je ne faisais pas d'affaires avec de pareille canaille ! » Il est vrai que nous trouvons plus loin beaucoup de lettres constatant qu'il est en relations intimes d'affaires avec cette « canaille [1] ».

Albert, coiffeur, *Leicester square*, écrit à Madame Malvina : « Je prends la liberté de vous écrire pour vous demander si vous voulez entrer en relations d'affaires avec moi, et savoir si vous désirez avoir des colis anglais de l'âge de dix-sept ans. »

La Lanterne a publié les deux lettres suivantes, que nous donnons comme curieux document sur l'état psychologique des gens qui font ce métier :

Au journal la Lanterne, *Paris,*

« Messieurs,

« Je vous adresse quelques explications vous concernant, avec preuves à l'appui.

---

1. *Rapport de M. Snagge,* p. 118.

« J'étais au café, occupé à faire une correspondance.

« Deux messieurs — si toutefois on peut les qualifier ainsi — étaient à une table à côté. Sous l'influence du liquide, ils parlaient à haute voix une langue qui me surprit et me fit involontairement prêter l'oreille. Les mots : « guenon, marmotte, poupée, vacherie, » etc., émaillaient leur conversation.

« L'un des deux, qui a pour nom Lottin, souteneur, marchand de femmes, d'après ce que j'ai compris et ce que m'a dit le garçon que j'ai fait jaser au café, disait à son digne acolyte :

« Mon cher, j'arrive de la Belgique ; je croyais là faire un bon chopin, c'était une femme magnifique ; eh bien, cette poupée m'a fait voir le tour. J'en ai été pour bien des frais, sans résultat. Tiens, vois la lettre que m'écrivait ma femme de Dieppe à Mons (Belgique) ; elle me dit que ces marmottes belges, c'est trop vicieux, que ça lit *la Lanterne*, qu'elles sont trop avancées.

« Elle a bien raison. Cette vermine d'écrivains, ces gâcheurs d'encre, c'est des propre-à-rien ; ça n'a pas le sou et tous les moyens leur sont bons pour faire du tam-tam, pour amorcer les pigeons (le public) et se faire de la réclame en prenant censément le parti de la femme, des petits, etc... »

« Le partner de l'honorable Lottin était de cet avis et disait : « Le moyen le plus simple est d'interdire l'entrée de nos maisons à tous les marchands de journaux et de ne laisser lire aux femmes que ceux qui nous conviennent. »

« Le sieur Lottin ajoutait :

« Je suis furieux de mon voyage manqué ; mais je me rattraperai ici sur place. J'ai, en outre, besoin d'un personnel domestique qui me fait souvent défaut. C'est tout de la clique. Je ne veux plus que des personnes ne connaissant pas mes trafics de maison. Je les dresserai, et quand ça sera un peu trop au courant, je changerai ça pour d'autres. On ne saurait jamais avoir assez de précautions ; heureusement que, à Dieppe, j'ai le condé franc[1]. »

« Pour cela, il me faut casquer ; mais, vois-tu, il faut savoir donner un billet de mille pour travailler en maître. J'avais des mineures, mais je n'en prends plus depuis que cette sale *Lanterne* s'est avisée de jaspiner sur les affaires belges. Nous sommes plus prudents. Maintenant que nous sommes au sac, faut penser à se retirer sous peu et à profiter de nos rentes. Vois

---

1. Nous avons trouvé dans le *Dictionnaire de l'Argot*, de M. Lorédan-Larchey, la signification de ce mot : *Condé franc, magistrat corrompu.*

que ça va encore assez bien. Laure, dans sa lettre du 21 courant, m'écrit que la recette de mardi est de 320 francs, celle de mercredi de 190. Et toi, mon cher, ça va-t-il ? »

« Leur conversation a continué sur ce ton, disant que tant qu'ils auraient la faculté du débit de boissons, ils pourraient plumer leurs pigeons à l'aide de leurs gothons. J'ai pu suivre cette intéressante conversation que je vous livre avec la lettre et dépêche que, dans la chaleur de l'explication, ils ont oubliées. Si ce monde-là n'était pas des misérables, je n'aurais pas eu l'indélicatesse de les prendre [1]. »

Voici *in extenso* la lettre adressée par Mme Lottin à son honnête mari :

Monsieur Lottin,
      bureau restant station
            Mons, Belgique.

21 avril 1881.

« Mon petit homme,

« Je suis désolée de te contrarié. Tu sais ce que je t'aie toujours dit. Je ne veux pas de femme de Belgique et je n'en prendrai jamais. Notre maison de la rue St-Pierre ouvrira au commencement de juin. Nous avons le temps. La femme de St-Ghilain et Sarah, si nous n'en avons pas d'autres, ouvriront la maison. Quinze jours après deux autres prises n'importe où, mais pas en Belgique. Elles sont trop *vicieuses*, elles lisent trop la *Lanterne*, trop d'avancement.

« Excuse-moi si je te déplais mais la dessus je ne céderai pas. Il ne faux jamais prendre les femmes dans une sphère trop élevée. Les dieppois n'en voudrait pas, elle serait trop belle. Le changement est trop frappant. Si tu as une bonne affaire, écris à Raymond et à d'autres, fais en profite tes amis, mais moi pour quelques billets de cents francs a gagné, je ne veux pas faire le placement, je suis comme toi. Je trouve avoir assé d'argent. Je ne veux pas d'ennuis. Je suis trop tranquille et me trouve si bien que par moment je me dis : Cela ne durera pas. Espérons que si.

---

1. Nous supprimons certains détails qui complètent cette lettre, pour des motifs que tout le monde comprendra, ainsi que le nom de son signataire.

« Si tu ne veux pas revenir à la maison, envoie la femme
seule : tu dois voir si tu peux avoir confiance. Je viens de recevoir les étoffes du Cardinal Flech.

« Ne m'envoie pas de dépêches pour l'argent ni plus d'une
femme.

« Je ne les recevrai pas.

« A toi. Je t'embrasse.

LAURE.

« Mardi 320.

« Mercredi 190.

« Hier mercredi, 11 heures du soir, j'ai reçu la dépêche que
je t'envoie. Je naie pas envoyé d'argent.

« Aujourd'hui jeudi, 7 heures soir, personne n'est arrivé ni
garçon ni servante.

« Je ne comprends rien. Tu a du leur donner l'argent de leur
voyage : Voie ce que tu as affaire.

« A deux heures aujourd'hui, j'ai reçu des roses de Nice, ce
sont des rosettes.

« Elle embaume ma chambre. »

Voici la dépêche dont ci-dessus :

Dieppe de Paris, 92 927, 21 20, 9 h. s. r.

« Madame Lautin maison de société Dieppe Seine-Inférieure.
— Envoyer quinze francs. Manque voyage arrive demain garçon,
coli. — Dupont Alexandre, rue Saint-Martin, 122. »

A Paris, se trouvent des cafés, de petits restaurants où s'établit la bourse des femmes. On sait
que, dans telle ville, on prend les femmes à tel et
tel tarif. A Versailles, c'est 25 francs. Le métier
d'une dizaine d'hommes et de femmes est de livrer
des jeunes filles à Versailles, tantôt de bon gré,
tantôt en les y conduisant sous prétexte d'une partie
de plaisir et en les y laissant dans un tel état d'a-
bandon qu'elles n'ont pas d'autre ressource que de
rester là où leurs marchands les ont menées. Les
maîtres des maisons de tolérance les chargent im-

médiatement d'une dette de 300 ou 400 francs :
c'est le prix qu'ils les revendent à leurs collègues de
province. Seulement, il n'y a pas toujours bonne foi.
Il est arrivé que des médecins de Versailles ont garanti « bonnes » des filles qui ont été trouvées défectueuses par le médecin de leur lieu de destination.

Alors le tenancier qui a déboursé pour deux
femmes ses 600 ou 800 francs, revient à Versailles,
ramène sa marchandise et va trouver le commissaire
de police, car c'est ce magistrat qu'on voit constamment apparaître dans toutes ces honnêtes transactions ! L'acheteur demande qu'on reprenne la marchandise et qu'on lui rende l'argent. Le commissaire
de police prend naturellement fait et cause pour les
tenanciers de son administration, déclare que les
femmes ont été livrées, que la marchandise était de
bonne qualité, que l'argent a été dûment touché,
et, comme dernière raison, menace le réclamant de le
faire arrêter, s'il insiste.

V

Aucune description ne pourrait donner une idée
plus nette et plus vive des résultats de l'organisation
des maisons de tolérance que le récit des procès
intentés à Bruxelles contre un certain nombre de
proxénètes au mois de décembre 1881. Je le publie,
d'après les comptes rendus publiés dans la *Lanterne* [1] et d'après le *Report from the select com-*

---

1. 21, 22, 25 décembre 1880, avril 1880.

*mittee of the house of Lords on the laws relating to
the protection of young girls* (26 juillet 1881).

M. Alexis Splingard, avocat à Bruxelles, mis par
le hasard sur la piste de faits odieux concernant de
jeunes Anglaises, les dénonça dans la presse. La police des mœurs se plaignit. Une instruction fut
commencée contre M. Splingard. Les procès contre
les journaux ne réussissent décidément en aucun
pays à la police en général, ni à la police des mœurs
en particulier. Dans le cabinet du juge d'instruction,
M. Lévy, les rôles changèrent ; et l'instruction aboutit à la comparution de douze proxénètes devant le
tribunal de police correctionnelle de Bruxelles.

Les prévenus étaient poursuivis du chef de faux,
de détournements de mineures, d'excitation à la débauche, et le nommé Roger de séquestration de mineures.

Voici d'abord un enlèvement qui concerne la
France[1]. Deux jeunes filles se promenaient sur les
quais de Londres. Deux individus leur offrent de
visiter l'intérieur d'un navire. Ils les font monter à
bord du bateau à vapeur *Cologne* et leur font prendre
un breuvage enivrant. Quand elles revinrent à elles,
elles étaient en pleine mer.

Les matelots remarquèrent leur attitude réservée,
quand leur ivresse se fut dissipée ; elles étaient
escortées de deux hommes que l'équipage connaissait pour des proxénètes. A Boulogne, ces jeunes
filles furent, sans se douter, conduites à la porte
d'une maison mal famée. Mais des matelots avaient
suivi le groupe. Ils se doutaient qu'une infamie
allait se commettre. Ils prévinrent les jeunes filles

1. *Report* Snagge, p. 144.

qui, sachant où on les menait, demandèrent du secours; elles furent sauvées et, n'ayant pas un sou sur elles, elles allèrent trouver le capitaine du *Cologne*, qui les rapatria.

Il existe, ou il existait, à Londres une association composée d'étrangers ayant pour but de fournir aux maisons mal famées du continent des jeunes Anglaises et principalement des mineures. L'un des membres de cette association était un grand bel homme, nommé Max, Schultz, ou Sellecarts, selon les circonstances. Il avait pour besogne de séduire les jeunes filles, soit en leur promettant le mariage, soit de toute autre façon, puis il les amenait sur le continent, et les livrait à des maisons de prostitution.

En septembre 1879, Roger, tenancier de Bruxelles, se rendit à Londres et en ramena trois mineures, qui portaient de faux noms. L'une était Adeline Tanner, parfaitement honnête et chaste avant de quitter Londres [1]; Roger, à Londres, lui avait promis le mariage; il l'emmena à Bruxelles, rue des Commerçants, 3. On lui remit un papier, sur lequel il y avait des renseignements faux. On lui dit que si elle ne se soumettait pas, elle serait conduite en prison.

Un capitaine anglais vint un jour dans cette maison et promit de l'en retirer; mais la gouvernante, ayant entendu leur conversation, l'empêcha de la revoir.

Une autre Anglaise, Emily Ellen, fut retenue pendant plus d'un mois dans la maison, où elle avait été attirée par Roger.

Une jeune fille, Ellen Newland, arrivée à Bruxelles en juillet 1879, raconta ainsi ce qui lui

---

1. *Report of select committee*, M. Snagge, M. Dyer, etc.

était arrivé. Elle demeurait à Londres, où elle fut rencontrée par le nommé Max Schultz, qui la séduisit et la conduisit à Calais.

A Calais, il lui fit croire qu'il devait retourner à Londres, pour un jour ou deux. Il la remit entre les mains d'un individu qui la mena à Bruxelles, où elle devait attendre quelques jours. A Bruxelles, elle dut aller, 22, rue Saint-Laurent. Là, on lui dit que ce Max Schultz avait amené plusieurs Anglaises. Elle voulut sortir, mais elle ne put.

Encore un autre fait signalé par le procureur du roi : Une jeune fille de seize ans et deux mois fut achetée — c'est le mot — par Geaux à une maison de Lille, où elle était depuis trois mois. Elle fut payée 800 ou 900 francs. Cette fille devait témoigner à l'audience. Elle mourut, chez elle, de la poitrine, trois semaines avant l'ouverture des débats. Cette maladie de langueur avait été provoquée par l'existence qu'elle avait menée.

Maria Higgleton dit, sous la foi du serment, qu'elle avait à Londres une vie honnête. Là elle fut embauchée par Max Schultz, qui la conduisit à Bruxelles. Elle arriva en Belgique avec une de ses amies, par Anvers. A Bruxelles, elle entra au n° 28 de la rue Saint-Laurent, chez les Mayer.

Voilà des mineures; mais il fallait qu'elles fussent inscrites à la police. — Oui ! — Eh bien, que disait la police?

On les conduisait au bureau de police sous prétexte de les mener à la douane. Elles s'y trouvaient en face d'un M. Schröder qui ne parlait pas anglais. L'interprète était la fille Parent, gouvernante d'une maison de tolérance!

Ou bien, comme le disait M. Pierre Splingard,

dans le procès d'Adeline Tanner : « Roger dictait, Schröder tenait la plume! Quelle infamie! » On vieillissait la jeune fille, si elle était trop mineure. On produisait de faux actes de naissance qu'on s'était procurés à Somerset House; et on s'en faisait ensuite une arme contre elle, en l'accusant, l'innocente, qui n'avait pas dit un mot! de s'être rendue coupable d'avoir abusé la police, crime qui la vouait à la prison. Il s'est trouvé ainsi que d'honorables jeunes filles, vivant à Londres, ont leurs noms inscrits sur les registres des maisons de Bruxelles[1].

Ces faits exposés, nous croyons ne pouvoir mieux faire que de donner un extrait du compte rendu du procès.

M. Henri Lévy, juge d'instruction, lit :

A la suite d'une instruction qui avait été dirigée contre la jeune Anglaise, j'ai été chargé de la nouvelle instruction qui a abouti au renvoi devant la justice de la fille Parent et de Sellekarts.

La prévenue Parent connaissait l'état de minorité de la fille Tanner, âgée de dix-huit ans; c'est elle qui a servi d'interprète au bureau des mœurs quand elle a donné un âge faux. Elle y était accompagnée aussi par Roger. Ils lui dirent qu'elle irait en prison si elle n'était pas docile. On lui avait dit qu'on la conduisait à la douane.

La fille Tanner, que le témoin a interrogée à l'hôpital Saint-Pierre, avait une excellente attitude; elle ne paraissait pas avoir plus de dix-sept ans et était très jolie.

Suivent une série de témoignages qui démontrent tous que la jeune fille paraissait fort jeune. Un seul individu n'avait pas été frappé de cet air de jeunesse, et avait cru aveuglément les déclarations de la fille Parent : c'était M. Schröder, commissaire de la police des mœurs.

1. Snagge, p. 27.

D. — Elle ne savait pas le français et vous ne saviez pas l'anglais.

R. — C'est la gouvernante Parent qui a traduit.

M. Schröder trouvait cela tout naturel. Les choses passaient comme cela depuis 34 ans : les faux noms, rien de plus simple. Il ne lui venait même pas à l'idée de faire une enquête, une réserve quelconque. M. Schröder avait une confiance native dans les déclarations des maîtres, maîtresses de maisons de tolérance et de leurs agents. — « Je n'ai fait aucune remarque sur l'âge des jeunes filles. »

M. Dyer, éditeur à Londres, expliqua comment la jeune fille Tanner arriva à Bruxelles, trompée par le prévenu Roger. Jamais elle n'avait eu entre les mains de faux actes.

La jeune fille avait un vice de conformation : on l'envoya à l'hôpital, et, chose horrible et honteuse, les médecins se mirent à opérer cette malheureuse, afin de la rendre propre au métier pour lequel elle avait été vendue [1]. C'est là qu'elle a été sauvée. D'après les renseignements de M. Dyer, confirmés par la police de Londres, elle était chaste avant de venir à Bruxelles. Mme Stuart, chez qui elle était domestique, le déclare. Depuis son retour en Angleterre, elle a été recueillie par M. Dyer, qui n'a eu qu'à s'en louer.

Les médecins Korten, Thiry, Guillery, Van Brughen furent entendus.

Le docteur Korten, médecin du dispensaire, comme tous ses confrères de la police, trouvait tout bien. Rien ne le surprenait ni l'âge des jeunes filles, ni leur

---

1. *Report from select. committee* Quest. 135-137 313.

position. Or, contre lui, s'élève une charge terrible.
La fille Tanner, au moment où elle a été conduite
au dispensaire, était vierge, et elle a été outrageu-
sement violée. Par qui ? sinon par le spéculum,
puisqu'elle a été conduite tout d'abord au dispensaire, qu'on lui disait être la douane.

On lui dit que si elle essayait de sortir, elle serait
poursuivie pour avoir pris un faux nom : et de fait,
elle fut poursuivie, elle fut condamnée à quinze jours
de prison, et il ne vint à l'idée ni de la police ni des
magistrats qu'il y avait peut-être d'autres coupables ! « Trois semaines dans une maison de tolérance, six mois à l'hôpital, quinze jours en prison,
voilà sa vie à Bruxelles [1]. »

La fille Émilie Ellen avait été amenée aussi par surprise à
Bruxelles. La gouvernante, Mélanie Elslande, fit l'observation
qu'elle était bien jeune.

Dans la maison Roger, Émilie Ellen avait manifesté le désir
de partir ; elle avait de violentes attaques de nerfs. Elle fut retenue cinq semaines. Elle n'avait pas la libre disposition de ses
vêtements ; elle n'avait qu'un costume de bébé avec lequel elle
n'aurait pas osé sortir.

Au bout de cinq semaines, elle eut une dispute avec Roger, qui
menaça de la mener en prison si elle voulait sortir. Elle répondit : — « J'aime mieux aller en prison que de rester ici. »
Le lendemain, elle fut conduite dans une autre maison.

Elle avait été battue par la femme Roger et par la gouvernante, la fille Van Elslande, le lendemain du jour où un Américain était venu la voir ; elle avait dit à cet Américain qu'elle
ne voulait plus absolument rester là. Elle fut séquestrée dans sa
chambre pendant cinq semaines. On lui refusait à manger, quand
elle ne voulait pas recevoir les clients.

La prévenue Van Elslande avoua qu'un jour un individu étant
dans la chambre de la fille Ellen et la fille Ellen ne voulant
pas aller le rejoindre, elle la fit descendre de force, et que la

1. *Report.* Déposition de M. Snagge, délégué par Lord Granville pour étudier la question, p. 135.

patronne — prévenue aussi, mais qui faisait défaut — la battit.

On demanda à la jeune fille pourquoi elle ne s'était jamais plainte ni au médecin ni au commissaire de police.

> — Ils ne parlaient pas anglais. Du reste, les visites de la police se font d'une façon toute particulière. Le commissaire de police est venu une fois à la maison. Il est entré dans le salon où étaient toutes les filles et a demandé si elles étaient contentes. J'avais répondu : Oui, j'avais peur d'être battue.

Quant à la question des costumes, la prévenue Parent expliqua que lors de l'entrée d'une fille dans la maison, on lui confisque tous ses vêtements; on ne lui donne que des peignoirs, des chemises de bébé et des maillots.

Quelquefois, il est vrai, elles peuvent sortir, mais en compagnie de la maîtresse de maison ou de la gouvernante.

Marie Raynche, ancienne gouvernante de la maison Roger, explique le système :

> Chaque sortie d'une des femmes avec la patronne ou la gouvernante coûte de 20 à 30 francs.
>
> Il y a un système spécial de fermeture aux portes de ces maisons : on entre aisément, mais on sort difficilement.

M. Schröder, lui, l'officier de la police des mœurs, ne connaissait rien de tout cela. Ces mesures ne constituaient point une séquestration à son point de vue. Si on lui objectait que le règlement de 1877 interdisait ces mesures, M. Schröder, dans la pureté de son cœur, ne considérait pas qu'elles fussent en contradiction avec lui. Au contraire, si les tenanciers confisquent les costumes des filles, c'est pour leur éviter de les user.

M. Schröder pouvait envoyer en toute sérénité, des jeunes filles mineures dans des maisons de tolérance; il était couvert par une décision du collège échevinal.

Il y a un interprète, le témoin Courtois; mais il manque de mémoire et ne pourrait répondre à aucune question.

C'est ce traducteur distingué qui a déclaré que la fille Newland — une autre victime — avait été *nourrice* en Angleterre, parce qu'elle lui avait déclaré qu'elle y avait été « nurse », — ce qui veut dire en français : bonne d'enfant !

Deux jeunes filles, Higgelton et Nash, âgées de seize ans, inscrites comme en ayant vingt-deux, se sauvent avec les costumes qu'on leur laissait et qui étaient le contraire d'un costume, un soir, de la maison de tolérance, rue Saint-Laurent, 28, tenue par Mayer. La maîtresse et deux gouvernantes se sont lancées à leur poursuite. Elles ont d'abord rattrapé la fille Nash ; deux la frappaient, tandis que la troisième lui tenait la main sur la bouche.

La fille Higgelton, elle, s'est jetée dans les bras d'un passant, répétant en anglais qu'elle voulait se sauver, demandant des vêtements. Deux ou trois jeunes gens sont intervenus.

Pendant cette scène très bruyante, pas un seul agent de police n'est apparu; c'est alors que le tenancier Perpète, qui suivait, s'est fait passer pour un agent des mœurs. Il a dit qu'il la prenait sous sa protection, a exhibé des papiers. Il a ramené la fille, rue Saint-Laurent.

Un photographe, M. Staquet, a assisté à la scène qui se passait rue des Sables, un peu plus haut que la rue Saint-Laurent. La fugitive criait, trois femmes se sont emparées d'elle. A l'intervention du témoin, ces femmes ont lâché prise. La fille disait qu'elle se mettait sous sa protection, qu'elle ne voulait plus rentrer rue Saint-Laurent. D'autres témoins étaient présents à cette scène qui se passait dans la nuit du 16 octobre 1879. Il n'y avait pas de police.

Un fait qui montre la confiance qu'inspire la police des mœurs à ses victimes, est le suivant. On dit à M. Splingard :

— Mais la fille Newland vous a dit qu'elle restait volontairement dans la maison de tolérance, et elle ne s'est pas plainte.

— Oui, parce qu'elle me prenait pour un agent de police.

Voici le joli personnel que la police belge entourait de sa protection :

Sellekarts a subi une innombrable quantité de condamnations : en 1848 et 1849, pour vol ; en 1854, pour coups portés à sa mère ; la même année, pour coups et blessures ; en 1879, à dix-huit mois de prison pour violences graves, etc., etc. Il subit aujourd'hui cette dernière peine dans une maison centrale.

Cartel a subi dix-huit condamnations, parmi lesquelles deux ou trois pour tentatives de viol.

L'épouse Mayer a aussi son casier judiciaire ; elle a été condamnée pour complicité d'entretien de concubine sous le toit conjugal.

Roger a été condamné pour rébellion.

Perpète a été condamné pour viol et pour usurpation de fonctions publiques.

Les maîtres et maîtresses de maison ont des ressources suffisantes pour payer la protection de la police, ainsi que le constate le passage suivant du réquisitoire :

En 1867, un Français et sa concubine, tous deux sans ressources, arrivèrent à Bruxelles. Lui, entra comme garçon de café à l'Alcazar et elle comme gouvernante dans une maison publique de la rue Saint-Laurent. En 1872, ils s'associèrent et, avec le fruit de leurs économies, reprirent un établissement rue de Diest.

Cinq ans après, en 1877, les affaires avaient prospéré à un tel point que le couple intéressant les céda pour une somme de 100 000 francs et se retira dans une gracieuse maison de campagne qu'il avait acquise aux portes de Bruxelles ; indépendamment de ce château, il possédait d'autres immeubles. Le tenancier retiré évaluait sa fortune à 400 000 francs. Depuis lors, il a repris un établissement rue Saint-Laurent ; son honnête industrie marche à merveille et il se vante d'être bientôt millionnaire

Les défenseurs des prévenus n'avaient qu'une chose à dire :

— Si nos clients sont coupables, la police n'est-elle pas la première coupable ?

Le défenseur de la gouvernante Parent a raconté que celle-ci, fille inscrite elle-même, avait voulu se faire rayer des cadres de la police et ne l'avait pas pu.

Il affirme qu'il y a plus de vingt mineures dans les maisons publiques de Bruxelles. Le ministère public nie.

« Vous avez mal cherché », riposte l'avocat.

Le défenseur de Roger pose ce dilemme :

Vous dites, s'écrie-t-il, que la prostitution est un mal nécessaire, et vous accusez ceux qui la favorisent ! Mais ces hommes qui gèrent ces établissements d'utilité publique sont des auxiliaires de la police.

L'avocat des époux Mayer et de Perpète posa cette question :

— Pourquoi reprochez-vous aux époux Mayer de n'avoir pas découvert l'âge de la fille Nash ? Est-ce que l'officier de la police des mœurs a fait une observation ? Est-ce que les médecins du dispensaire ont fait une observation ? Les actes de naissance, les papiers, ne sont-ils pas l'affaire de la police, non la nôtre ?

Le tribunal a rendu un jugement condamnant :

La fille Parent, à 23 mois de prison et à 150 fr. d'amende ; Roger, à deux ans de prison et 300 fr. d'amende ; la fille Van Elslande, à 8 jours ; Geaux, à 1 an et 500 fr. ; Mayer, à 10 mois et 500 fr. ; la femme Mayer, à 4 mois et 25 fr. ; Perpète, à 16 mois et à 5 ans de surveillance de la police ; Régnier, par défaut, à 3 ans et 500 fr. ; Landre Eugénie, épouse divorcée de Duval, par défaut, est condamnée à 10 mois et 200 fr.

A quoi est condamné M. Schröder, chef de la police des mœurs, qui a inscrit les jeunes Anglaises et a donné vingt-deux ans à la fille Nash, qui avait seize ans deux mois ?

A quoi est condamné M. le docteur Corten, médecin en chef du dispensaire, et ses collègues, sur qui plane une terrible accusation, relative à l'affaire Tanner ?

A quoi est condamné M. Lenaers, commissaire en chef de la ville de Bruxelles qui, dans son rapport de 1876, disait : « On ne peut pas attendre que les filles soient majeures pour les inscrire ! »

A quoi est condamné le collège échevinal de Bruxelles qui autorise l'inscription des mineures et leur internement dans les maisons de tolérance, à partir de l'âge de seize ans ?

Telles étaient les questions qui se posaient à la suite de ce procès ; et ces questions étaient la condamnation de la police des mœurs. Les proxénètes avaient été frappés comme boucs émissaires : on ne comprenait pas, on ne comprend pas encore que le parquet n'eût pas fait remonter les responsabilités plus haut.

Le lendemain du jugement rendu le 17 décembre, cinq jeunes filles anglaises restaient dans les maisons de Bruxelles : deux, la fille Boud, et la fille Hogg disparurent dans la matinée, sans qu'on ait jamais su ce qu'elles étaient devenues [1].

Nous avons déjà dit que M. Boland, rédacteur en chef du *National belge*, avait été condamné pour diffamation envers M. Lenaers, commissaire de police en chef de Bruxelles, à la suite des dépositions de plusieurs témoins, et que cinq d'entre eux avaient

1 Snagge, p. 165.

ensuite été poursuivis devant le tribunal correctionnel et condamnés pour faux témoignage dans cette affaire.

Les débats révélèrent que les tenanciers étaient tous les clients de la maison de commerce que tenait M. Lenaers sous le nom de son fils. Ils devaient choisir entre le vin du commissaire ou la ruine.

Au cours du procès, une nouvelle instruction avait cependant commencé ; de nouvelles arrestations eurent lieu, et au mois d'avril se déroula un nouveau procès.

Voici quelques détails :

Louisia Hennessey, jeune fille de vingt ans, comparut comme témoin.

Elle avait été enlevée de Londres, vierge. Elle partit, croyant aller servante à Paris. On la conduisit à Bruxelles, dans la maison de prostitution de Mme Paradis.

Elle protesta. On n'écouta pas ses protestations. À son arrivée, Mme Paradis tenta de lui faire subir la visite. La jeune fille montra de l'étonnement, mais Mme Paradis lui dit que c'était la règle. Elle comprit seulement, au bureau de police, à quel usage on voulait l'utiliser.

Le médecin de Bruxelles eut, paraît-il, des scrupules, pas suffisants, du reste, pour s'occuper de cette jeune fille et pour dénoncer le fait. Il la laissa entre les mains de Mme Paradis, qui l'envoya à Anvers. Là, elle fut violée et tomba malade. Elle revint ensuite à Bruxelles où elle fut séquestrée, puis vendue à La Haye, pour 1,200 fr.

Le président. — De sorte que la pauvre fille était sans ressources, sans amis, sur une terre étrangère !

Miss Hennessey dit que tout le monde, y compris Mme Paradis, savait qu'elle était mineure.

Mme Steward. — Elle connaît Louisia Hennessey depuis six mois. Elle la trouva à Londres dans un hôpital. La moralité de cette fille était parfaite avant de quitter l'Angleterre.

M. Stops, docteur à Gand, déclare qu'il l'a vue quand elle est venue à Gand. Elle avait l'air d'avoir dix-sept ans.

M. Schröder, chef de la police des mœurs de Bruxelles, naturellement, avait enregistré la jeune fille. M. Schröder le reconnaît, sans le moindre embarras, et avoue que Mme Paradis servait d'interprète. Ce policier prudent, lorsque arrivèrent les premières révélations sur la traite des blanches, alla trouver Mme Paradis et lui conseilla de se défaire de cette jeune fille. Il ajoute qu'il avait donné ce conseil parce que les réponses et l'air embarrassé de cette jeune fille lui faisaient soupçonner qu'elle était mineure. Mais il reprend ensuite, d'un air dégagé, qu'elle paraissait jeune, sans doute, mais l'air peut tromper. Cela nous arrive journellement, conclut-il philosophiquement.

Enfin, pour expliquer sa légèreté, il fait cette révélation étonnante : La jeune Hennessey paraît plus jeune maintenant qu'il y a deux ans.

Voici le résultat de ce procès (12 avril 1881) :

Évariste Paradis, deux ans de prison ; Mme Paradis, deux ans et demi, Jean Sellekarts, six ans; Louis Xavier, dix-huit mois ; Irza Lefrond, épouse Blum, dix-huit mois; Abraham Blum, acquitté.

Le Comité de Londres saisit de ces faits Lord Granville qui chargea un avocat, M. Snagge, de se livrer à une enquête en Belgique. Cette enquête a complété les faits relevés dans le procès. Dans les années 1878, 1879, 1880, trente-quatre jeunes filles anglaises avaient été expédiées de Londres à Bruxelles.

L'inspecteur Greenham n'avait obtenu qu'une liste de vingt-trois noms, ce qui prouve que la comptabilité en chair humaine de la police est médiocrement tenue[1].

1. Snagge, q. 35.

Le prix courant était de 300 francs, port payé, seulement après réception et constatation du bon état de la marchandise.

Ces jeunes filles avaient été engagées comme *barmaid*, filles de restaurant; aucune n'était prévenue du métier auquel on la destinait. Les courtiers, craignant d'en être pour leurs frais en cas de maladie de la femme, aimaient mieux prendre des jeunes filles, sages, ou à peu près, que des prostituées avouées. Adelina Tanner était vierge[1], Louisia Hennessey était vierge[2], Allen était vierge[3], d'autres encore probablement.

VI

Non seulement, la police aide au recrutement des maisons de tolérance en inscrivant des mineures, en facilitant l'inscription des filles que les maîtresses de maison leur amènent, mais encore elle aide les maîtresses de maison à les garder.

La femme est entrée, par surprise ou de son plein gré, pour échapper aux tracasseries de la police, « par peur du moulin à café », dans une maison de tolérance. La maîtresse de maison sait que la malheureuse ne tardera pas à vouloir en sortir. C'est ennuyeux. A Paris, la police a fait des règlements spéciaux pour empêcher les filles de changer de maison[4]. Mais c'était trop cru : la police est pu-

1. Snagge, q. 122-135. *Report.*
2. *Id.*
3. Thomas, q. 946.
4. Parent-Duchâtelet, t. I, p. 442.

dique. Alors, par un accord plus ou moins explicite
entre elle et les tenancières, voici comment s'est
organisé le système de séquestration.

Dès qu'une fille est entrée dans une maison, elle
en devient la débitrice.

La commission payée aux fournisseurs nationaux
ou internationaux, est marquée comme la première
dette[1]. C'est un raffinement que de faire payer son
prix par l'esclave elle-même.

La fille, une fois internée, enfermée derrière des
persiennes cadenassées et des portes verrouillées, ne
peut rien acheter en dehors de la maison, et, par
conséquent, doit payer ses oripeaux dix fois leur valeur.

A Paris, la patronne appelle pompeusement peignoir un morceau de tulle qui vaut bien cent sous, et
le compte au prix de soixante francs à la fille dont
il est destiné à rendre la nudité plus provocante, en
lui permettant de raccrocher ses bras à quelque
chose au lieu de les laisser tomber bêtement le long
de ses cuisses. Tous les jours, il y a un franc pour
la coiffure. Le blanchissage est payé dans la même
proportion. Sur les boulevards extérieurs, la fille n'a
droit qu'à une paire de draps tous les quinze jours.
On comprend dans quel état peuvent être ces draps
omnibus ; elle doit payer, si elle veut les renouveler
plus souvent. Dans certaines maisons prospères, elle
est bien nourrie, gâtée même ; ailleurs, mal nourrie,
presque affamée, de plus, vouée à l'ennui de longues
heures inoccupées de réclusion, elle se condamne à
des « extras » qu'elle doit payer aussi cher que les
clients. Toute la politique d'une habile directrice de

---

1. *Report* Snagge, p. 129.

maison consiste à ce que pas un sou, gagné comme « gants » par ses pensionnaires, n'échappe à sa griffe.

La dette grossit jusqu'à un chiffre proportionnel à la valeur de la femme et au rang de la maison. Il varie de 300, 600 à 1 200 fr., chiffre qui paraît être un maximum. Rien n'appartient plus à la femme, ni les bas qu'elle porte, ni le peignoir dont elle se couvre, ni le ruban dont elle entoure ses cheveux. Tout est obéré par la dette. Si quelqu'un veut emmener une femme de la maison de tolérance, on lui dit : Il faut d'abord payer les dettes : et la maîtresse les grossit alors en proportion de la naïveté du gogo, quelquefois avec la complicité de son esclave. « Mais si celle-ci essaie de s'enfuir furtivement, dit un homme compétent, M. Béraud[1], de la maison dans laquelle elle était inscrite, après avoir détourné, à son profit, du linge, une parure ou les vêtements qu'elle porte, et qui appartiennent à la maîtresse de maison ; si le fait est porté devant un tribunal, un verdict d'acquittement s'en suivra.

« Eh bien ! la police ne laisse jamais de tels faits impunis ; elle accueille la plainte de la matrone qu'elle doit protéger par les motifs déjà déduits, et la délinquante est condamnée à plusieurs mois de réclusion. »

Parent-Duchatelet confirme :

« Il n'est pas rare qu'une fille qui a plusieurs fois changé de maison se trouve endettée de sommes dont elle ne peut jamais se libérer. Pour échapper à la contrainte qu'on exerce envers elle, elle se sauve furtivement en dérobant quelques vêtements que la

1. T. II, p. 50.

maîtresse de maison retient comme son gage, et pour le détournement desquels celle-ci porte plainte en soustraction frauduleuse[1]. »

Alors intervient la préfecture de police :

On se contenta (1819), chaque fois qu'une fille était accusée de soustraction d'effets, de la faire venir et *de la menacer de la prison*, si elle ne restituait ce qu'elle avait volé.

Lorsque M. Anglès vit que les soustractions ruinaient certaines maîtresses de maison, il ne punit pas pour le vol, mais il tripla, quadrupla la peine pour fait de la prostitution lorsqu'il était commis par une fille accusée d'avoir soustrait des effets[2].

Les divers administrateurs qui ont passé par la préfecture de police n'ont pas toujours envisagé cette question de la même manière, car *j'ai la preuve* que plusieurs de ces voleuses ont été, dans *maintes circonstances, mises en prison et tenues enfermées* jusqu'à la restitution des objets dérobés[3].

M. Delavau prit une mesure, en vertu de laquelle une fille ne pouvait pas passer d'une maison dans une autre, sans présenter un certificat de bonne vie et mœurs de la dame qu'elle quittait[4].

« On alla plus loin sous M. Mangin; il y a des exemples de punition sévère pour de légers vols, même après la restitution des objets enlevés; cette punition était de quinze jours de prison pour la soustraction d'un peigne ou d'une paire de socques. *Rien de plus louable que le but* que se proposait

)

1. T. I, p. 441.
2. P. 256.
3. T. I, p. 447.
4. T. II, p. 255

M. Mangin : par cette sévérité excessive, il voulait surtout favoriser les dames de maison dont il avait reconnu l'indispensable nécessité[1]. »

MM. Poirat-Duval et Trébuchet ajoutent :

« Comme l'administration oblige les maîtresses de maison à vêtir les filles (d'un peignoir de tulle), elle a cru devoir intervenir au sujet des détournements d'effets. Elle inflige, en conséquence, aux filles coupables de ces détournements et qui ne peuvent restituer les effets ou en payer la valeur, des punitions proportionnées à l'importance de la soustraction[2]. »

M. Lecour suivait le même système :

« Il y a aussi les difficultés qu'amènent les petits détournements, très-nombreux, se rattachant à des effets de toilette, des vêtements, des oripeaux professionnels qu'une fille publique, à laquelle ils n'appartenaient pas, a emportés indûment d'une maison de tolérance dans une autre, difficultés dont la justice repousse la connaissance et *qui se règlent d'un mot par l'intervention de la police*[3]. »

En 1878, un honnête homme, M. Brisson, maire de Bourges, prit un parti tout contraire. Il interdit aux « chefs de maison de faire à leurs pensionnaires toute avance qui fût de nature à les lier à l'établissement. » Les chefs de maison menacèrent de se mettre en grève ; une femme qui demandait une autorisation déclara que, dans ces conditions, elle ne pouvait plus tenir son établissement. Quelques filles en profitèrent pour reprendre leur liberté.

1. T. II, p. 257.
2. T. II, p. 257.
3. P. 142.

Quoique fort contrariés, les maîtres de maison se gardèrent bien de mettre leur projet à exécution [1]. »

M. Stanley, pasteur anglais à Lille, écrit à Élisa Bond, Anglaise qui se trouvait dans une maison publique de Lille, pour la prier de venir le voir. Elle montre la lettre à « Madame », qui lui répond : — « Si tu t'en vas, je mettrai la police à tes trousses [2] ! » Elle ne put être délivrée qu'au bout de quinze jours, grâce à l'intervention du consul britannique.

A Anvers, deux filles, Alice F..., en 1874, et Sarah J-y..., en 1879, se réclament du consul anglais et demandent leur liberté : le commissaire de police ne se presse pas, prend parti pour la maîtresse de maison, et toutes les deux disparaissent, sans qu'il soit possible de les retrouver [3].

Selon son habitude il a dû commencer par les envoyer passer quelques jours à l'Amigo, avec un jupon de percale et un caraco. La maîtresse de la maison a même soin de garder les faux cheveux et dit en riant :

— En voilà encore une habillée à l'anglaise !

On comprend d'où vient cette locution par le simple exposé des événements qui se sont déroulés devant les tribunaux belges. Indépendamment de ceux que nous avons déjà vus, voici l'énumération des faits dont M. Boland offrait de faire la preuve dans sa déposition devant le collège communal [4].

13° Les filles, dans les maisons de prostitution, à Bruxelles, étaient l'objet de sévices, exercés parfois avec la plus grande brutalité.

1. *Bulletin continental*, 15 avril 1878.
2. *R. H. of Lords*, q. 1108.
3. *Report* Snagge, p. 131.
4. 1er mars 1881.

On entendait souvent, rue du Persil, des cris affreux comme si l'on battait des femmes, dans la maison n° 7.

Le tenancier Barthélemy avait la coutume de battre les filles qu'il avait dans sa maison, rue du Colombier n° 8. L'une d'elles étant parvenue à porter une plainte, il prit la fuite et partit pour la France.

Émilie E...., voulant partir de la maison où elle était retenue malgré elle, fut battue par la patronne et la gouvernante.

Adda Maria H..., fille mineure, échappée d'une maison rue Saint-Laurent, fut poursuivie par le nommé Perpète et deux filles, rejointe rue des Sables, saisie et cruellement battue et finalement ramenée de force dans la maison de débauche.

La fille L... a été frappée si violemment par le tenancier Roger, rue des Commerçants, 3, qu'il lui rompit plusieurs côtes.

La fille Adeline Tanner, a été victime dans la même maison, de mauvais traitements si violents, que de respectables témoins qui l'ont visitée à l'hôpital Saint-Pierre, et d'autres qui l'ont interrogée, les ont qualifiés d'*atrocités horribles*.

Elle poussait des cris déchirants, mais sans recevoir aucun secours.

15° Il y avait chez le tenancier Roger, dans un coin de la salle, un nerf de bœuf dont il se servait pour frapper les filles. Un témoin y a vu des traces de sang.

Il forçait les filles à venir le matin se mettre à genoux devant lui et à lui baiser les mains.

18° Les filles étaient séquestrées, en réalité, dans les maisons de débauche à Bruxelles. Les tenanciers, à leur entrée, les dépouillaient de leurs vêtements pour les vêtir de façon à ce qu'elles ne pussent se montrer décemment dans la rue. Ils les leur refusaient, quand elles voulaient partir, en leur disant qu'elles avaient des dettes qu'elles devaient d'abord payer, et en les menaçant de la prison. Les récalcitrantes étaient fustigées; celles qui parvenaient à s'échapper, poursuivies, battues, et ramenées de force.

Les lettres qu'elles écrivaient étaient interceptées, ouvertes et supprimées ou livrées à la police, selon les circonstances.

Le gouvernement anglais avait d'abord envoyé un détective, M. Greenham qui, sans doute par esprit de corps, ne fit pas un pas sans la police belge[1]. Voici un extrait de la déposition de M. Boland, con-

1. *Report* Snagge, p. 143

tenant le récit d'un ancien agent de la police de
sûreté de Bruxelles :

« Le jour où le détective anglais fit, en compagnie de
M. Schröder, la visite des maisons de la rue du Persil, des Commerçants, etc., j'étais à Bruxelles. Le même soir je me rendis
au *Café de la Renaissance* où tous les tenanciers étaient attablés.

« Le sieur Paradis, demeurant rue du Persil, dit en ma présence et en celle d'une autre personne ces mots : « Quel imbécile Schröder fit tout de même de ce détective. Imaginez-vous
que précisément, au moment où il quittait ma maison, le détective voulant ouvrir la porte et la trouvant fermée dit : —
Voyez donc, la porte est fermée comme dans une prison, — et
au même instant il se baissa pour examiner la serrure. A ce
moment, M. Schröder me fit un signe que je compris. Quelle
excellente tête doit avoir ce détective anglais, pour ne pas s'apercevoir que Schröder était en train de faire de lui un imbécile. »

« Le tenancier Roger, 3, rue des Commerçants, à cette même
occasion, c'est-à-dire se trouvant attablé au Café de la Renaissance, dit ceci : « Ils sont venus chez moi également après
dîner. Le détective anglais examina les portes des chambres et
déclara que les femmes étaient enfermées. Schröder, se trouvant derrière moi, me fit un signe, de sorte que je savais qu'il
me fallait répondre par une blague ou une plaisanterie; lorsqu'ils étaient sur le point de quitter la maison, il me fit encore
un signe; vous comprenez combien, ma femme, et moi, nous
avons ri, quand ils ont été partis. »

Voilà comment le détective a interrogé la jeune fille anglaise
qui se trouvait au numéro 12 de la rue Saint-Laurent. La police
bruxelloise avait simplement l'intention de vilipender MM. Dyer
et Splingard aux yeux du détective anglais, afin de couvrir sa
complicité dans cette affaire.

Autre affirmation, celle-ci de Mme Bulter :

La fille H. S., qui alors était dans la maison, rue du Conde,
fut interrogée par M. Greenham, avec d'autres compagnes.

Elle répondit à ses questions qu'elle était heureuse et contente
et qu'elle n'avait aucun désir de partir. Plus tard, on a cherché
à la faire fuir de Belgique et elle est venue chez moi à Liverpool,
ayant été reconnue par quelques-uns de mes amis particuliers
à Bruxelles.

Au mois de septembre 1879, s'étant échappée de cette maison, d'une très mauvaise réputation à Bruxelles, elle y avait été re-conduite de force. Je lui fis observer qu'on avait dit qu'elle avait raconté à l'inspecteur Greenham qu'elle était heureuse et qu'elle ne désirait pas s'en aller; j'ajoutai : « Et cependant vous avez tâché plusieurs fois de vous échapper et vous y êtes parvenue. Pourquoi avez-vous dit que cela était faux? »

Elle répliqua : « Comment pouvais-je dire la vérité, quand Madame (la tenancière) se trouvait dans la chambre attenante et que M. Schröder (le chef de la police des mœurs) se trouvait derrière le détective, faisant des signes et me menaçant du poing. »

Après tous ces procès, l'une des tenancières forcée de laisser partir une de ses esclaves, fouilla les bas de la malheureuse pour s'assurer qu'elle ne gardait pas un liard; et cela devant le commissaire de police qui regardait impassible!

En un mot, pour M. Béraud, pour M. Lecour, pour MM. Lenaers et Schröder, pour tous les hommes qui croient que la mission de la police est de pro-téger les maisons de tolérance, toute fille qui s'en va de la maison, sans avoir payé intégralement la dette composée de son prix d'achat et de tous les grapillages que la rapacité de sa propriétaire a pu inventer, est voleuse, si elle emporte sur elle une chemise, une paire de bas, une paire de bottines, un misérable jupon, un peigne qui ne soient pas payés; et ils ne sont jamais payés, puisque la femme est toujours endettée : et d'après cette jurisprudence, elle ne sera jamais libre jusqu'à la mort ou jusqu'au moment où la maîtresse trouvera qu'elle ne lui rap-porte plus assez, puisque c'est son corps lui-même, qui est la garantie permanente de cette dette perpé-tuelle : s'il y a conteste, la police intervient et exige la livraison!

Après ces aveux de leurs livres didactiques, de

leurs rapports officiels, les révélations de ces procès, les policiers ont encore l'audace de dire :

— C'est faux ! nous ne sommes pas complices !

Ils vont plus loin. Ils nient tout. MM. Lenaers et Schröder nièrent tout à Bruxelles, « tant, dit M. Snagge, le constant contact avec le système oblitère les facultés des agents qui l'appliquent[1]. »

Bien plus : cette corruption morale s'étend à la magistrature.

M. Janssen, procureur du roi à Bruxelles, à qui l'affaire Lenaers « a donné bien de la tablature, » pour nous servir de son style élégant, disait :

« Toute fille prostituée est séquestrée comme les cuisinières qui ne peuvent sortir tous les jours pour aller se « ballader » au boulevard. »

Il parlait ainsi le 7 mars 1881 : et les condamnations des tenanciers, la preuve authentique des faits de séquestration dataient du mois de décembre précédent !

Il parlait ainsi pour défendre MM. Lenaers et Schröder : et le mois suivant, il était démontré que le premier n'essayait de se justifier qu'à l'aide de faux témoins que leur zèle conduisait en prison !

---

1. *Report* Snagge, p. 142.

CHAPITRE VII

RÉSULTATS MORAUX

I

Quel est le résultat du système sur les malheureuses qui y sont soumises?

A l'aide des procédés que nous avons vus, la fille
est inscrite. Sa destinée est fixée.

Elle « ne peut loger en garni sans autorisation. »
Pourquoi l'autorisation à celle-ci et non à celle-là?
Mystère sur lequel pourraient seuls nous renseigner
les agents des mœurs et certains maîtres d'hôtel !

Si vous avez lu le règlement, vous avez trouvé un
tas de prescriptions qui peuvent se résumer en
ceci : — Nous vous obligeons de par votre inscription à ne vivre que de la prostitution, et, en même

temps, nous vous interdisons de faire le nécessaire pour en vivre.

Que résulte-t-il de cette logique? C'est que, malgré tout, les femmes placées dans cette situation, veulent vivre, *struggle for life*, et qu'elles l'emportent.

Vous apercevez des fenêtres avec des jalousies à moitié abaissées, des rideaux drapés les uns par-dessus les autres, relevés par des brassières de couleur, et ne laissant voir qu'un coin de vitre, dans lequel s'encadre une tête de femme qui sourit et une main qui fait des gestes d'appel; le soir une lampe remplace la tête de la femme et brille comme un fanal. Les hommes, en passant, prennent l'habitude de regarder sournoisement à ces fenêtres mystérieuses. Les enfants et les jeunes filles des voisins qui voient ce manège toute la journée, doivent demander des explications à leurs parents. Certains maîtres d'hôtel louent des fenêtres, bien achalandées, 5 ou 6 francs pour l'après-midi, et autant le soir.

Ce beau résultat est dû à la police. Sur leur carte, les femmes ont lu la prescription suivante: « Elles ne peuvent à quelque heure et sous quelque prétexte que ce soit, se montrer à leurs fenêtres, qui doivent être tenues constamment fermées et garnies de rideaux. » Elles ont mis les rideaux, elles ont fermé leurs fenêtres, seulement de telle manière que l'obligation, imposée par la police, est devenue une enseigne.

A Bruxelles, la police défendait aux prostituées de se promener sur la voie publique après le coucher du soleil. « Cette mesure, qui existe depuis 20 ans, n'a produit aucun résultat utile, » disait M. Lenaër dans son rapport de 1876. Cela se comprend.

A Bruxelles maintenant, comme à Paris, de sept heures du soir à onze heures, elles ont droit au racolage, limité par des prescriptions multiples.

« Défense expresse leur est faite d'adresser à qui que ce soit des provocations à haute voix ou avec insistance. » Donc elles peuvent en adresser à voix basse, et quant à l'insistance, elle est relative. On leur défend « de stationner sur la voie publique, d'y former des groupes, d'aller et venir dans un espace trop restreint, » mais, en même temps, « on leur défend d'exercer en dehors du quartier qu'elles habitent. » « On leur défend encore les rues et lieux déserts et obscurs, en même temps que les passages couverts, les boulevards de la rue Montmartre à la Madeleine, les Champs-Élysées, les anciens boulevards extérieurs, les quais, les ponts, les jardins et abords du Palais-Royal, des Tuileries, du Luxembourg, le Jardin des Plantes, l'Esplanade des Invalides. »

Que voulez-vous que fasse la malheureuse, soumise à toutes ces restrictions, et ne pouvant rester sur la voie publique que de sept heures à onze heures du soir? On lui interdit certains quartiers, sans doute pour y laisser le champ libre à la prostitution dite clandestine, et qui s'y affiche ouvertement; puissante logique !

Mais vous passez à un coin de rue; vous voyez là trois ou quatre femmes échelonnées, comme des pêcheurs à la ligne : tant mieux pour celle qui a pu conquérir la meilleure place. Elles stationnent! où iraient-elles ?

Le gardien de la paix est tout à côté et souvent tient conversation avec elles. La femme solidement établie, sur son coin de trottoir, dit :

17.

— Je suis en règle, j'ai ma carte.

Tout passant se sent frôlé, sinon pris par le bras :

— Écoutez-moi, monsieur, je serai bien p.... vous verrez....

Et les détails !... Cette racoleuse ouverte est la femme en carte, sous le contrôle de la police, laquelle entend ainsi défendre la morale publique sur la voie publique !

Il est vrai qu'il suffit qu'un agent des mœurs passe par là et ait besoin de « faire du nombre » pour que les malheureuses soient arrêtées.

Qu'on se figure l'état intellectuel d'une femme, condamnée à une pareille existence. Peut-elle comprendre quelque chose à la position qui lui est faite ? C'est un point d'interrogation qu'elle doit se poser souvent : — Puisque je dois vivre de la prostitution, pourquoi ne pas me laisser la pratiquer à l'aise ? Chaque fois qu'elle met le pied dehors, elle ne sait pas si elle n'ira pas coucher au poste ; et le lendemain, pour combien de temps sera-t-elle détenue ?

A la fois chasseur et gibier, guettant le client et l'agent des mœurs, par la pluie, la neige, le froid, vouée à l'insulte dans le coin où elle est rivée, subissant les bousculades et les invectives des femmes légitimes qui, fières de leur titre, voient en elle la femme qui détourne l'argent de la maison et, en échange, peut y envoyer des maladies ; en butte aux brutalités d'hommes qui se font un plaisir de faire sentir leur force à de plus faibles ; se sentant parquée dans une caste, méprisée, au-dessous de tout, elle subit toutes les influences dépressives qui doivent la conduire à l'abrutissement, à moins qu'elle n'essaie de s'y soustraire par la révolte et par la fuite.

Les profonds moralistes qui défendent ce système disent :

Le docteur Jeannel : « L'inscription donne à la prostituée une certaine liberté, étroitement limitée, il est vrai, mais enfin une liberté relle, dans l'exercice de son infâme métier[1]. »

Le docteur Adam Owre, de Christiania : « En considérant que les filles publiques payent très cher leur logement et leur nourriture, on doit leur faciliter autant que possible l'exercice de leur commerce légal. »

II

La malheureuse, exploitée par des chantages de toutes sortes, hantée par la crainte perpétuelle de l'agent des mœurs, et, pendant sa détention à Saint-Lazare, volée, pillée, expulsée, retombant dans le garni où la police la pourchasse, prend un dernier parti :

— Il le faut : je vais entrer en maison; au moins, je serai tranquille !

Nous allons voir quelle tranquillité lui procure cette nouvelle existence. Si la police « caresse perpétuellement le désir » de fonder des maisons de tolérance, et entoure les dames de maison de toute sa protection, elle observe cependant à leur égard des principes sévères. M. Lecour a rappelé avec dignité qu'elle s'efforce qu'il ne s'y produise pas de faits qui outrageraient la morale publique[2]! Afin

1. P. 195.
2. P. 141.

d'obtenir ce résultat qui, aux naïfs, paraît légère-
ment en contradiction avec le but de l'institution,
une ordonnance de 1824 interdit «aux filles de maisons en tolérance de coucher deux dans le même
lit — sans client ». Il fut cependant constaté, dans
l'enquête du conseil municipal [1], que dans les maisons
les plus luxueuses il n'y avait pas autant de lits que
de femmes. La mère ou les deux sœurs mineures, ou
bien encore deux sœurs dont l'une n'aurait pas atteint
sa majorité, ne peuvent rester ensemble comme filles
publiques dans la même maison de tolérance. Il est
défendu aux maîtresses de maisons de tolérance ou
aux femmes publiques de conserver leur enfant
chez elles quand il atteint l'âge de quatre ans.
Parent-Duchâtelet raconte avec solennité que « l'autorisation fut retirée à la maîtresse d'une maison de
tolérance, parce qu'on l'avait trouvée couchée dans
le lit d'une fille [2]. »

La police interdit de faire, dans certaines pièces de
ces maisons, ce qu'il est permis de faire dans les
pièces contiguës. Mystère ! Ailleurs, elle autorise les
installations destinées à des représentations qui eussent réjoui l'Arétin, comme le Moulin-rouge, espèce
de théâtre mobile qui tourne sur un pivot de manière
à montrer les actrices sous des aspects multiples.
La police détermine le costume que doivent porter
les femmes : pour des motifs si profonds qu'il est impossible de pénétrer jusqu'à eux, elle ne permet pas
le même uniforme à toutes les maisons. Ici, les femmes peuvent être nues ; là, elles doivent être habillées. Les unes peuvent aller à l'opéra, au bal ; c'est

1. 1877-1879.
2. T. I, p. 167.

interdit aux autres. Certaines maisons sont autorisées
à avoir des marcheuses qui provoquent ouvertement
les passants ; d'autres n'ont que des bonnes, qui se
tiennent appuyées sur le pas de la porte[1] ; les moins
favorisées doivent se renfermer extérieurement dans
la pudeur la plus farouche. Les premières font fortune ; les dernières se ruinent, si elles ne trouvent
moyen de se mettre en aussi bons termes que leurs
concurrentes avec la police des mœurs. Des agents
d'affaires servent d'intermédiaires.

III

Comme complément, dans la plupart des maisons,
au moins dans les maisons « bien tenues », « où on
fait tout, » un règlement intérieur détermine les obligations des femmes envers le client. S'il se plaint,
elle est mise à l'amende ; c'est le sadisme obligatoire.

Salons luxueux et fort confortables ; des emblè-
mes, comme des poissons accompagnés d'hameçons,
dessinés sur les fauteuils et les tabourets ! Des femmes, tantôt n'ayant pour tout vêtement qu'une paire
de bas rayés et une paire de bottines brodées, or-
nées de couleurs vives, attirant l'œil ; tantôt à moitié vêtues de peignoirs plus ou moins transpa-
rents, de costumes bizarres découvrant la poitrine
et les jambes ; quelquefois portant des toilettes de
ville complètes, avec des robes à longue traîne qui

---

1. M. Gigot avait prohibé ces moyens de provocation : M. Andrieux n'avait osé les rétablir ; M. Camescasse les a rétablis.
C'est ainsi que la police comprend le progrès de la morale
publique !

donnent l'illusion de grandes dames, dans un salon; et il faut le dire, ces corps assortis par l'habileté de la tenancière, blonds et bruns, grands et petits, forts et minces, quelquefois mis en relief par le bronze de la peau d'une nègresse, au milieu de glaces, de tapis, de draperies, de rubans, d'étoffes voyantes, de chatoiements de bijoux, ces poitrines en avant, ces reins cambrés, ces torses qui recherchent la pose qui les rend plus provocants et en fait ressortir les avantages et les particularités, font un tableau coloré, plein d'appels irritants; seulement on éprouve une sorte de malaise quand, au-dessus de ces corps, on aperçoit les têtes qui ont toutes le même rouge sur les lèvres, le même blanc sur les joues, le même kohl sous les yeux, le même rose sur les pommettes, comme un uniforme! Tous les regards ont la même expression de provocation passive. Toutes les lèvres sourient du même sourire qui annonce les mêmes promesses de raffinements. On sent que la personnalité est émoussée, affaissée chez toutes ces femmes, broyées par des malheurs passés, par la tyrannie de la police, la discipline de la matrone.

— Au choix, mesdames! » et docilement elles viennent s'offrir.

Alors ou une révolte qui se traduit par une mauvaise humeur impuissante, des récriminations grossières, des demandes d'argent brutales, un marchandage cynique, des exaspérations contre la matrone, le débinage des camarades, ou bien une douceur, une discrétion comme il faut, une complaisance prête à tout et qui, si banale qu'elle soit, sait déguiser son côté vénal si complètement, qu'elle va jusqu'à donner l'illusion de l'amour.

J'emprunte à la *fille Élisa* de M. de Goncourt la
description si vivante et si exacte d'une de ces maisons à soldats qui entourent les casernes.

« A la nuit, la maison au gros numéro, morne et
sommeillante pendant le jour, s'allumait et flambait,
par toutes ses fenêtres comme une maison enfer-
mant un incendie. Dix lustres multipliés par vingt
glaces plaquées sur les murs rouges, projetaient
dans le café, dans le long boyau du rez-de-chaussée,
un éclairage brûlant traversé de lueurs, de reflets,
de miroitements électriques et aveuglants, un éclairage tombant comme une douche de feu sur les cer-
velets des buveurs. Au fond, tout au fond de la salle
resserrée et profonde, et ayant l'infini de ces corri-
dors de lumière d'un grossier palais de féerie, confondues, mêlées, épaulées les unes aux autres, les
femmes étaient ramassées autour d'une table dans
une espèce d'amoncellement pyramidal et croulant.
Du monceau de linge blanc et de chair nue, s'avançaient à toute minute des doigts fouillant à même
dans un paquet de maryland commun, et roulant
une cigarette. A une des extrémités, une femme
assise de côté, les jambes allongées sur la banquette,
et soutenant un peu de l'effort de son dos l'affaissement du groupe, épuçait une chatte raidie arc-bou-
tée sur un de ses seins, dans un défiant et coquet
mouvement animal. Un jupon blanc, sur une chemise aux manches courtes, était toute la toilette de
ces femmes, toilette montrant, dans le décolletage
d'un linge de nuit et de lit, leurs bras, la naissance
de leurs gorges, chez quelques-unes l'ombre duve-
teuse du sinus de leurs épaules. Toutes, au-dessus
de deux accroche-cœurs, avaient échafaudé une haute
coiffure extravagante, parmi laquelle couraient des

feuilles de vigne en papier doré. Plusieurs portaient
sur la peau du cou — une élégance du lieu —
d'étroites cravates de soie, dont les longs bouts
roses ou bleus flottaient dans l'entre-deux des seins.
Deux ou trois s'étaient fait des grains de beauté
avec des pépins de fruits.

« La porte-persienne du café commençait à battre.
Les pantalons garance portant leurs sabres-baïon-
nettes aux tabourets, les hommes à casque trébu-
chant dans leurs lattes, prenaient place aux tables.
A mesure que l'un d'eux s'asseyait, du tas de femmes, une fille se détachait et, chantonnante et la
taille serrée entre ses deux mains, venait se poser
tout contre le nouvel arrivé, laissant déborder sur
le drap de son uniforme ses nudités molles.

« Au comptoir, au milieu des fioles colorées, re-
flétées dans la grande glace, trônait la maîtresse de
la maison. Coiffée d'une magnifique chevelure grise,
relevée en diadème, et où demeurait encore une
jolie nuance blond cendré, la vieille femme qui avait
quelque chose d'une antique marquise de théâtre,
· était habillée d'une robe ressemblant à une tunique
de magicienne ; une robe de satin-feu avec des ap-
pliques de guipure. Debout, un coude posé sur le
comptoir, son mari, un tout jeune homme, aux fa-
voris corrects, une grosse chaîne d'or brinqueballant à son gilet, et frêle et charmant dans une veste
de chasse, dont le coutil laissait apercevoir aux bi-
ceps le *sac de pommes de terre* du savatier, faisait
au bout d'une longue baguette exécuter des sauts
à deux petits chiens savants.

« Les tables s'emplissaient ; des militaires de
toutes armes se tassaient les uns sur les autres.
C'était des lignards, des zouaves, des artilleurs,

des dragons, des carabiniers.... Même à un moment
la porte s'entr'ouvrait, un garçon appelait le maître
de la maison, et l'on voyait tirer d'une petite voiture
un invalide cul-de-jatte que les deux hommes dépo-
saient sur la banquette. Et aussitôt, entouré de
tasses, de verres, et imbibé de café et de liqueurs et
de bière, le glorieux tronc, tout guilleret, tout bran-
lant sur ses assises de poussah, racontait ses campagnes à la femme qui était venue s'asseoir à côté de lui.

« Les deux garçons aux longues moustaches
noires couraient de tous côtés. Les consommations
s'accumulaient sur le marbre des tables. La parole
devenait bruyante : sur les voix de l'infanterie s'éle-
vaient les voix impérieuses de la cavalerie. D'un
bout de la salle à l'autre se croisaient dans l'air,
par instants, des injures de femmes. Sous les crânes
tondus, des caresses batailleuses montaient aux
rouges faces. Il y avait de nerveux remuements
d'armes et le tumulte de la salle grondait comme un
bruit de colère.

« De l'escalier menant à l'étage supérieur descen-
dait quelquefois, avec le grincement de pleurs ra-
geuses, le glapissement d'une vieille s'écriant : « On
« croit avoir affaire à des hommes et pas à des
« lions ! » La chaleur devenait étouffante, dans l'atmosphère flamboyante de gaz et de punch, et les
gouttes de sueur, sur la peau des femmes, laissaient
des traces noires à travers le maquillage à bon
marché.

« Les partants étaient remplacés par de nouveaux
arrivants, auxquels se mêlaient des hommes en cha-
peaux gris et en casquettes. Plus tapageuse, plus
braillarde continuait l'orgie, en dépit de la somno-
lence des femmes.

« Des femmes se tenaient la tête renversée en
arrière, les mains nouées sous leur chignon à demi
défait, les paupières battantes, le fauve de leurs
aisselles au vent. Parmi les bras qu'on apercevait
ainsi volants, l'un d'eux portait tatoué en grosses
lettres : « *J'aime,* » avec au-dessous le nom d'un
homme biffé, raturé, effacé, un jour de colère, dans
la douleur et la fièvre d'une chair vive. D'autres
femmes, un genou remonté, enserré entre leurs
deux bras et penchées et retournées de l'autre côté,
cherchaient à s'empêcher de dormir en tenant une
joue posée sur la fraîcheur du mur.

« Un moment, la vue d'une pièce d'or emportée
sur une assiette par un garçon, secouait l'assoupis-
sement de toutes ces femmes. Chacune tour à tour
donnait superstitieusement au louis un petit coup
de dent.

« La nuit s'avançait cependant. Les tables peu à
peu se vidaient. De temps en temps un soldat un
peu moins ivre que son camarade l'empoignait à
bras-le-corps, l'arrachait de sa place avec une amitié
brutale et passait la porte en se battant avec lui.

« Minuit enfin. Les volets se fermaient. Le gaz de
la salle était éteint. Il ne restait d'ailleurs que le
lustre du fond, sous la lumière duquel, poussés e
soutenus par les femmes qui leur tenaient compagnie, se serraient deux ou trois ivrognes indéracina-
bles, bientôt rejoints par des noctambules de barrière, qu'introduisait à toute heure la sonnette de
nuit.

« Alors que les ténèbres emplissant la salle du
café, près la porte du jour, dans une obscurité
épaisse de la fumée du tabac et des molécules de la
suante humanité renfermée là toute la soirée, on

voyait les femmes avec des mouvements endormis,
ayant et l'affaissement et la couleur grisâtre d'un
battement d'ailes de chauve-souris blessée, s'enve-
lopper de tartans, de vieux châles, de la première
loque qui leur tombait sous la main, cherchant les
banquettes au pied desquelles il y avait le moins
de crachats. Là-dessus elles s'allongeaient inertes,
brisées, épandues, ainsi que des paquets de linge
fripé dans lesquels il y aurait la déformation d'un
corps qui ne serait plus vivant. Aussitôt elles s'en-
dormaient, et endormies, étaient de temps en temps
réveillées par leurs propres ronflements. Un moment
retirées de leurs troubles rêves, elles se soulevaient
sur le coude, regardaient stupides.

« Dans le cadre lumineux du fond, sous les trois
Grâces en zinc doré du calorifère, des pochards ges-
ticulaient entre deux ou trois de leurs compagnes,
assises sur des chaises à califourchon, sommeillant,
la tête posée sur le dossier, les jupes remontées
jusqu'à mi-cuisse.

« Se ressouvenant, les dormeuses retombaient sur
la banquette, et là, passaient la nuit jusqu'au jour,
jusqu'à quatre heures du matin, où elles allaient se
coucher dans leurs lits. »

IV

Si complète que soit cette description, il y manque
quelque chose : c'est la description du métier lui-
même, avec tous ses dégoûts, la soumission continue à l'homme, sale, dégoûtant, ivre, brutal. Dans
certaines de ces maisons, chaque femme subit quinze,

vingt, vingt-cinq contacts quotidiens. On donne des
numéros. L'homme succède à l'homme. La femme
est un égout, ne joue pas d'autre rôle. Elle ne sait
même plus le chiffre de ses hommes, ce qui permet à la maîtresse de la maison de la voler sur le
quantum de ses passes. Dans certaines maisons
relativement honnêtes, elle reçoit des tickets en
étain dont on fait le compte à la fin du mois. En
Allemagne, à Mayence, où les femmes ont un air
reposé et tranquille, en écoutant le piano qu'un
malheureux tapote toute la soirée et en buvant de
la bière, elles attirent, de temps en temps, de leur
poche, un petit livre de ménage qu'elles mettent
scrupuleusement à jour ou qu'elles récapitulent.

Les matrones sont implacables.

« Elles ne ménagent jamais leurs femmes, dit
Parent-Duchâtelet [1]; il faut que ces malheureuses
travaillent chez elles, suivant l'expression du métier,
ou qu'elles aillent à l'hôpital. J'ai raconté ailleurs les
moyens qu'elles employaient pendant leur menstrua-
tion; point de repos pour elles; jamais elles ne
peuvent refuser une pratique. On a vu des dames
de maison employer des manœuvres indignes pour
faire avorter des filles dont elles tiraient grand profit,
et leur donner pour cela des drogues tellement actives
qu'elles ont fait croire à des empoisonnements. On
ne compte dans Paris que trois ou quatre dames de
maison qui, dans les indispositions qu'ont leurs filles,
font venir un médecin et les gardent chez elles jusqu'à guérison.

« Ce n'est pas seulement dans leur propre établissement que les filles des dames de maison doivent

1. Parent-Duchâtelet, t. I. p. 438.

travailler de leur métier; elles se les prêtent réciproquement à titre de revanche ou pour un prix convenu,
comme un loueur de carrosses traite avec son con-
frère pour un certain nombre de chevaux.

« Elles les regardent comme des esclaves ou des
bêtes de somme, qui doivent leur rapporter tant par
jour; en parlant d'une fille qui, par une raison quelconque, est recherchée et attire chez elle des pratiques, elles disent que cette fille travaille bien. C'est
le seul motif qui fait qu'elles s'y attachent : elles les
renvoient sans pitié dès qu'elles ne peuvent plus en
tirer parti [1]. »

Dans le rapport officiel présenté au bourgmestre de Bruxelles par M. Lenaers, le 1er février 1876,
il disait :

« Les femmes isolées qui ont un domicile à elles
jouissent d'une liberté que n'ont pas les prostituées
en maison; elles vivent à leur guise, reçoivent qui
elles veulent, ne se livrent que selon leur goût, peuvent régler leurs dépenses et ne subissent aucune
contrainte.

« Les femmes en maison, au contraire, sont assujetties à des obligations sans nombre; elles sont forcées pour ainsi dire de se livrer au premier venu,
quelle que soit leur répugnance, de faire des dépenses plus fortes, de subir le joug des tenant-maison.
—Leur liberté d'action est extrêmement limitée : elles
ne peuvent se montrer aux portes ou fenêtres de leur
maison, ne sortent que rarement et toujours sous l'escorte d'une matrone; elles n'ont, en un mot, que la
somme d'indépendance que veut bien leur accorder
le tenant-maison qui étend et restreint cette indépen-

1. Parent-Duchâtelet, t. I, p. 421.

18.

dance d'après ses intérêts et sans consulter leur préférence ou leur volonté! » Et il concluait : — « Il faut enfermer autant que possible toutes les filles dans les maisons »

V

A Bruxelles, on entre dans les maisons de tolérance, dans « la maison du bourgmestre », comme dans un théâtre. A la porte se trouve un homme qui vous remet un coupon, moyennant 0 fr. 50 c. Ce coupon vous permet de pénétrer dans une salle plus ou moins luxueusement ornée où les femmes, en costume fort décolleté, prennent des consommations avec les visiteurs tout en les exhortant à faire une connaissance plus intime. Dans certaines maisons, le coupon donne droit à la consommation en même temps qu'à l'entrée. On voit que rien n'est négligé par la police pour achalander les maisons.

Le Riddeyck. Traduction : c'est la rue aux harengs. Anvers en est presque aussi fière que de son musée. Tout Belge a soin de vous recommander d'aller voir « la grotte de Calypso. » Elle est devenue une gloire nationale. A chaque bout de la rue, sont des agents de police qui ont pour mission d'empêcher les femmes d'en sortir. En dedans de ces limites, la prostitution peut faire tout ce qu'elle veut, et voici ce qu'elle fait. Il y a des établissements aménagés avec plus de luxe que de goût. On entre dans un grand salon. Un orchestre. Les femmes sont groupées d'après une consigne. Dans quelques-uns, plusieurs d'entre elles dansent ensemble avec l'air joyeux d'un malheureux condamné au *trade mill*. Quand un étranger entre, une femme plus ou moins déshabillée, par en bas et par en haut, vient s'asseoir à côté de lui. La politesse vous oblige à payer votre droit d'entrée. Elle vous dit naturellement qu'au-dessus il y a des salons où on la voit encore plus déshabillée. Tout cela se fait posément : la dame et la gouvernante surveillent, les garçons servent à boire, les musiciens font éclater leurs cuivres. Deux fois par an, lors des fêtes de l'indépendance et du carnaval, les bourgeois anversois vertueux y amènent leurs bourgeoises également vertueuses ; on y va en famille. Les habitantes du Ryddeyk se mettent dans tout leur attirail pour faire honneur à leurs visiteuses.

A Rotterdam, « bien qu'interdite en principe, l'existence des maisons publiques pourra être tolérée par le directeur de la police. »

Quand j'arrive à Rotterdam, le représentant de l'hôtel des Bains, en me conduisant à l'hôtel, me parle des « amusements » que je peux prendre dans la soirée. Je n'ai pas eu besoin de guide. Tout près du passage, je vois deux lanternes rouges et vertes, et j'entends une musique infernale qui m'indique suffisamment les musicos. Je me dirige de ce côté. Je me heurte à un attroupement occasionné par une femme ivre, couchée près du trottoir. Pendant ce temps un jeune homme m'offre ses services dans un anglais, matiné de Hollandais, mais suffisamment expressif ; *fine Women!* je me dégage de son obsession. Derrière un rideau, enlevé par le vent extérieur, j'entends un orchestre ; j'entre avec timidité. Je vois alors dans une salle ornée de peintures représentant des marines, sur un parquet de bois blanc bien lavé, cinq ou six femmes, les unes en robe courte avec des maillots couleur chair, les autres décolletées en robe longue. Les unes dansent; d'autres assises autour du poêle causent avec des individus qui leur offrent à boire.

L'orchestre fait rage. Un vieux, portant une clarinette, sort et, en passant devant le comptoir, tend la main. On lui règle son cachet. Il faut boire quelque chose. On me sert n'importe quoi, puis je m'en vais. Je soulève un autre rideau. Ici les femmes ne dansent pas. Elles chantent tour à tour, puis dans l'intervalle de leur rôle, elles viennent faire des propositions aux spectateurs. Je continue mon inspection. Presque partout, elles dansent. Quand il n'y a pas de danseurs en assez grand nombre, elles dansent entre elles. Dans beaucoup de ces musicos, il y a un homme au comptoir qui verse la bière, reçoit l'argent, rend la monnaie, fait marcher la musique si elle se ralentit, et surveille le zèle des danseuses. Dans certains établissements, la patronne donne l'exemple et mène la danse. Les hommes regardent avec gravité; quelques gestes grossièrement grivois et quelque plaisanterie obscène dessinent nettement la situation. Les femmes vous regardent d'un œil interrogatif. Une petite porte, ouvrant dans la salle, donne de temps en temps passage à un couple pour entrer et pour sortir. Il y a un marché conclu. Je vois des petits garçons de douze à treize ans circuler dans une de ces maisons. Ils y paraissent comme employés. Dans la rue, des petites filles sont mêlées aux femmes qui raccrochent ouvertement. Ailleurs, des jeunes filles écoutent derrière le rideau et guettent le moment où le vent le soulèvera, pour saisir un coin du tableau. Je m'arrête dans une de ces maisons quelques minutes : une jeune fille me parle hollandais, je ne comprends pas. Je lui offre de la bière, elle l'ac-

cepte; mais je vois qu'elle est en pourparlers avec
la patronne et deux ou trois autres femmes. Enfin
je me lève, et je suis sur le point de sortir. Alors entre
une des femmes avec deux petites filles, dont l'une
pouvait avoir douze ans et l'autre treize ans. On me
les montre d'un air fier qui signifiait évidemment:
« Nous vous avons deviné! Vous voyez que nous pouvons vous procurer ce qu'il vous faut! Voilà votre
affaire! » Ces petites filles me regardent avec aplomb,
en habituées. Tout cela se passe devant vingt ou
vingt-cinq personnes, hommes et femmes, sans mystère. Je suis étonné, mais je dois dire que la patronne et les femmes ont encore un air bien plus
étonné que le mien, quand elles me voient m'en
aller, sans écouter leurs propositions. Les petites
filles me regardent avec une expression de profonde
déception.

Et, je me répète l'article 8 du règlement, menaçant
les tenanciers de toutes les rigueurs de la loi, « en
cas d'attentat à la pudeur ou de détournement de
mineures! »

Un matin du mois d'août 1868, vers dix heures,
j'étais à Marseille. Après avoir longé le vieux
port et le port de la Joliette, je montai sur la col-
line qui fait face à Notre-Dame de la Garde, à travers de petites rues escarpées, au milieu desquelles
se précipitait en torrent un ruisseau d'eau sale.
Tout d'un coup, à un tournant, j'aperçus quelque
chose de blanc qui traversait la rue. Il me fallut
quelques instants de réflexion avant que je me ren-
disse un compte exact de la nature de l'objet que je
venais de voir.

A n'en pas douter, c'était une femme, en chemise,
très transparente et fort courte, par en haut et par

en bas. J'avançai, et alors, sous des portes, dans la rue, y causant, s'y groupant, dans de grandes salles sans devantures, des femmes en costume de bébé, la poitrine à l'air, les cuisses à peine cachées, n'ayant de sérieux dans leur costume que leurs bottines. Au milieu de ce sans-gêne, des boutiques d'épicerie, des boulangeries, des mères de famille faisant leur commerce, sans paraître se douter des choses qui se passent autour d'elles.

Le soir, dans tout ce quartier, une foule noire d'hommes au milieu desquels s'enlèvent, en notes vives, les épaules et les bras nus des femmes ; tout un tumulte de luxure, le rut de matelots en goguette ; les voix criardes, les appels, les provocations, les promesses irritantes, lancées à plein gosier, rappelant les sollicitations des dames de la poissonnerie ; les réponses des hommes, les plaisanteries violentes : et je vois toujours à un coin de rue, une brave épicière prenant le frais sur le pas de sa porte, assise sur un rouleau de cordages, tandis que sa petite fille, au comptoir, faisait tranquillement ses devoirs.

A Anvers, à Rotterdam, à Marseille, la prostitution officielle est concentrée dans des quartiers spéciaux, où elle règne en souveraine. Mais autour, à côté, il y a des familles, il y a des femmes, des petits commerçants qui viennent chercher là leur clientèle ; et je me demande ce que peuvent devenir leurs enfants, saturés de cette atmosphère putride !

VI

A propos de la fille H. S..., qui avait déclaré, sous la menace de Schröder, au détective Greenham qu'elle était heureuse, M. Snagge dit : « Comme la plupart de ces filles, elle était dans une disposition d'esprit indifférente et endurcie. Elle paraissait regarder sa destinée comme déjà accomplie... »

La plupart éprouvent ce profond découragement : elles ont pu résister, s'accrocher à toutes les saillies qui pouvaient retarder leur chute ; elles ont pu espérer « trouver quelqu'un de sérieux », avec qui elles auraient pu « se faire un sort » ; elles ont cédé, plié sous le poids de la destinée, et, emportées dans un dernier vertige, un matin, elles se sont réveillées dérrière la persienne du lupanar, broyées. Elles sentent, au-dessus d'elles toute l'organisation sociale, depuis la maîtresse de maison qui représente le capital, jusqu'à l'agent de police, qui représente toute la force sociale, jusqu'au médecin qu'elle n'entrevoit que comme une sorte de tourmenteur et de geôlier. Comment remonter de si bas ? L'agent de police lie à ses épaules le fardeau de la dette dont la maîtresse l'a chargée. Qui donc l'aidera ? Ce ne sera point le jeune homme, le mâle, le voyageur, le vieux, le mari échappé qui vient là, en passant, pour rencontrer une satisfaction physiologique ou pour des plaisirs qu'il est convenu qu'il ne demandera pas à sa vertueuse épouse, et qui, le nez dans son cache-

---

1. *Report*, p. 13.

nez, le chapeau rabattu sur les yeux, entre là comme pour y commettre un crime, s'en échappe comme d'une mauvaise action, avec la préoccupation maîtresse de garder l'anonyme. Ce ne sera point l'ivrogne qui vient baver sur elle son dernier verre de vin et prend son sein pour une borne plus douce que celle du coin.

Tous la traitent comme une sorte d'animal, dressé au plaisir, et qui doit leur en donner le plus possible, au meilleur marché possible : les uns avec une certaine politesse réservée, d'une froideur dédaigneuse, les autres avec une brutalité grossière. Quelques-uns s'abandonnent, mais de telle façon que la femme se dit :

— Ah ! ces hommes, ils sont pires que nous !

Des froissements continus qui la font rentrer toujours plus en elle-même et la dépriment chaque jour, nulle sympathie, ni amitié : elle est au dernier cycle, dans la caste fermée, subissant l'écrasement irrémédiable du paria.

Prête aux exigences les plus répugnantes du client, elle a une soumission servile. Quand, à ses débuts, une fille a des velléités d'indépendance, fait sa tête, la maîtresse de maison, bien tranquille, dit :

— Oh ! quelques mois de prison et d'hôpital, ça la fera. Dans deux ou trois ans d'ici, ce sera une bonne fille.

En attendant, elle la crible d'amendes, et, dans certaines villes, s'arrange avec la police pour la mettre en pénitence.

La malheureuse n'a pour toute ressource qu'une amitié de femme aussi broyée qu'elle, ou bien l'amour de quelque amant de cœur, toléré dans certaines maisons, avec qui elle sort toutes les semaines ou tous les quinze jours, sur lequel souvent elle déverse les sentiments que sa vie quotidienne a fait refluer en elle ; mais hélas ! de quel aide peut-il lui être ? S'il vaut quelque chose par lui-même, il est arrêté par cette tare : — X... est une bonne fille ; mais malheureusement c'est une femme de bordel !

Le plus souvent, ce n'est qu'un simple Alphonse qui, bien loin de pouvoir lui venir en aide, la maintient dans l'abîme.

La journée se passe au « poulailler », pièce à armoires en bois blanc ; quelques-unes lisent, d'autres font quelques ouvrages de broderie. La plupart, lasses, sans courage, énervées, se préoccupent de la visite, attendent « le merlan », le perruquier qui, chaque jour, les pare pour le marché du soir. Nulle vie intellectuelle, rien qui puisse leur donner du ressort, dans l'obscurité des persiennes verrouillées, le lendemain de veilles prolongées, des fatigues de la nuit ; point d'exercice, une excitation nerveuse fréquente en dépit de l'habitude ; des dégoûts et des satisfactions alternant souvent ; dans certaines maisons, une absorption continue de madère, de champagne ou de bière ; de là un détraquement qui fait sonner leurs crânes comme des cloches fêlées : la moitié de leur cerveau est en état de collapsus et l'autre en état d'éréthisme.

VII

Le résultat de l'inscription amène les gens à considérer les prostituées comme des sortes d'êtres à

part, ayant un autre organisme, d'autres nerfs,
d'autres cerveaux que les nôtres. Parent-Duchâtelet
consacre des chapitres « à la stature des prostituées, » « à la couleur des cheveux des prostituées. »
Il les traite comme une espèce animale.

Une fois qu'elles sont engagées dans le métier,
elles éprouvent les plus grandes difficultés pour obtenir leur radiation, restent toujours sous le coup de
la police. M. Delvau, dans *Paris-Guide*, cite comme
un exemple de la moralité de la police les procédés
suivants :

« Souvent à la veille d'un mariage, pris d'un
doute affreux, résultat d'une lettre anonyme, le futur
mari vient au bureau des mœurs pour demander au
nom de l'honneur la vérité sur sa fiancée : au nom
de l'honneur, on refuse de l'éclairer. Seulement,
comme il ne faut pas qu'un honnête homme soit
trompé, on fait venir la fiancée et on l'engage à trouver
au plus tôt un moyen de rompre le mariage projeté[1].

Et de quel droit? comment! voilà une femme qui
va se relever! la police la reprend et lui dit : — tu
resteras notre chose.

M. Lecour est bien obligé d'avouer lui-même que
rien n'est plus difficile pour une femme que d'obtenir
sa radiation[2]. La police ouvre la main pour prendre,
jamais pour lâcher. On continue, partout où ce régime
est appliqué, en Italie, en Belgique, à soumettre la
femme à des visites. L'art. 35 du règlement italien
fixe à cette obligation une période de trois mois.

L'article 13 du règlement de Bruxelles fait procéder à la radiation par le collège des bourgmestre et

1. *Paris-Guide*, t. II, p. 1882.
2. P. 123

échevins. En Angleterre, la femme doit s'adresser à un juge ou à un médecin visiteur qui statue sur un rapport du surintendant de police. Celui-ci est chargé d'apprécier ses intentions ; et son appréciation est décisive. Nous verrons que le médecin convaincu du danger et de la permanence des accidents secondaires de la syphilis ne doit jamais consentir à cette radiation, sans trahir son métier et aller contre le but qu'il assigne au système.

L'effet des *acts* a eu pour conséquence de retenir les femmes plus longtemps dans la prostitution. Avant les *Contagious diseases acts*, les femmes ne restaient guère engagées dans la prostitution plus de quatre années, et encore presque toutes fort jeunes : 86 pour 100 étaient agées de moins de vingt-six ans ; 3, 8 pour 100 seulement continuaient ce métier après trente et un ans. A présent, 46 pour 100 ont plus de vingt-six ans, et les femmes âgées de plus de trente et un ans ont plus que quintuplé, elles représentent maintenant 20,6 pour 100[1].

La police ne néglige rien pour obtenir ce résultat, car ce ne serait pas la peine d'assujettir des femmes un jour, si on devait les émanciper le lendemain.

M. Ryder, devant la Commission royale de 1871, citait le fait suivant. Q. 8269 : « Voici un cas arrivé il y a peu de temps à l'occasion d'une fille nommée Blewett. Une demande me fut faite de fixer un jour pour examiner sa requête d'être relevée de l'obligation des visites. Lorsqu'elle comparut, elle dit qu'elle avait pratiqué la prostitution, mais qu'elle y avait renoncé pour vivre avec une autre personne dans

1. *Rapport du capitaine Harris*, p. 1878.

une maison particulière. La police l'avait suivie là, et était venue tous les jours prendre des informations sur elle. Le but de cette conduite de la police devait être probablement de la faire congédier pour qu'elle reprît son ancien métier. »

On cite l'histoire d'une malheureuse domestique, obligée pendant deux ans d'aller en cachette, tous les quinze jours à la visite; et j'ai reçu la lettre d'une pauvre femme, poussée par ce besoin de confidence des malheureux qui ont un secret qui les étouffe et qui cherchent partout un secours. Elle était dans cette situation; et elle terminait, en disant :

— « Quelle honte ce sera pour moi, si je viens à être découverte, quand les gens chez qui je suis qui sont de très braves gens, qui me croient honnête, découvriront que je les ai trompés! ».

Tout le monde a vu, sur le boulevard des Capucines, une malheureuse femme qui marche à l'aide de deux jambes de bois. C'est une ancienne fille en carte. Elle avait trouvé un amant avec qui elle vivait et qui l'avait retirée de son métier. Les agents des mœurs ne lâchent pas ainsi leur proie. Un jour, elle les vit entrer chez elle. Dans sa terreur, elle se jeta par la fenêtre et se broya les jambes sur le pavé.

Les partisans, eux-mêmes, de la police des mœurs, sont obligés de reconnaître que « les prostituées restent peu de temps dans l'exercice de leur métier et ne font pour ainsi dire qu'y passer[1] », cinq ou six ans tout au plus, quatre ans, trois ans même, d'après des statistiques faites à Strasbourg et à Bordeaux[2]. Une fois qu'elles y ont été jetées, la plupart n'ont plus

---

1. Parent-Duchâtelet, t. I, p. 89, 121.
2. Jeannel, 263.

que le désir d'en sortir. Chacune rêve un homme. « à
soi toute seule », un mari, un commerce. L'inscription, en jetant sur elles le mépris qui s'attache à une
caste notée d'infamie, en opposant toutes sortes d'obstacles à leur affranchissement, a pour conséquence
de les maintenir dans un état que les partisans du
système considèrent comme un état d'abjection.

M. Nicole constate qu'en Egypte, les filles publiques européennes, tous les jours, se réhabilitent,
gagnent un amant, un mari, et jouissent de la considération ordinaire. Il dit qu'une des causes qui
permettent ce changement de situation, est « l'absence
de toute flétrissure administrative qui s'impose à
l'opinion[1]. »

De même au Japon, les prostituées n'étant pas
frappées d'opprobre, souvent filles de prêtres, de
yamabos, se mêlent à la vie générale et se marient
facilement après avoir exercé leur profession[2].

Dans notre civilisation occidentale, remarque fort
bien M. Sheldon Amos[3], par suite de ce fait que ce
sont les hommes qui ont formé jusqu'ici l'opinion
publique traditionnelle, on s'est habitué à regarder
le vice chez les hommes comme une bagatelle qui ne
mérite pas qu'on s'y arrête, si ce n'est pour le justifier comme tirant sa raison d'être des lois immua-
bles de la nature ; tandis que ce même vice chez les
femmes, occasionné presque toujours par le vice des
hommes, est devenu l'inépuisable sujet de nombreux
volumes de dissertations scientifiques « et morales, »

---

1. Nicole, *La prostitution en Égypte* (*Ann. de méd. lég. et
hyg. publ.*, p. 208, 2ᵉ série, 1878).
2. *Ann. d'hyg. et méd. lég.*, 2ᵉ série, 1878.
3. *Les lois pour la réglementation du vice.* Trad. fr., p. 26.

ajouterai-je, pleines de saintes indignations de la
part de gens qui sont châtrés comme Origène ou
hypocrites comme Tartufe. Parent-Duchâtelet parle,
avec une satisfaction béate, du mépris que les filles
ont pour elles-mêmes. Il est enchanté qu'elles sachent
se tenir à leur rang et s'abaissent encore. Un esprit
de corps, l'idée d'un intérêt commun, d'une situation identique vis-à-vis de la police, doit se produire
très rapidement, et se produit en effet ; et«l'abîme
s'élargit toujours davantage entre la prostituée et les
autres femmes[1].»

Je sais qu'en Angleterre, certains partisans des
Acts les ont présentés comme le châtiment du mépris
de la loi divine, et, en même temps, ils sont obligés
d'avouer qu'ils ont pour but de protéger les hommes
qui la violent. Nous ne sommes pas choqués par les
monstruosités au milieu desquelles nous vivons : la
plupart d'entre elles bénéficient de la prescription
qui résulte de la possession d'état. Cependant je
pose la question suivante aux défenseurs de la police
des mœurs :

Le progrès ne consiste-t-il pas dans le développement intellectuel et moral de l'humanité?

Il est difficile, je crois, de dire que le progrès
consiste dans le contraire ; mais alors, je me retourne vers vous, défenseurs du système, organisateurs d'une caste de parias, et je vous demande : —
Comment osez-vous donc défendre une institution
sociale qui a pour but la dégradation intellectuelle
et morale d'une partie de l'humanité? car vous l'a-
vouez : huit à douze malheureuses séquestrées du
monde, sans occupation, sans intérêt de rien, cloî-

1. Sheldon Amos. *Loc. citat.*

trées dans le demi-jour de chambres souvent sales et infectes, réduites à n'avoir entre elles que des querelles ou des conversations obscènes, à la première velléité de révolte, frappées comme des esclaves par la maîtresse ou son souteneur, doivent arriver à une putréfaction morale[1].

Le docteur Mireur, lui-même, dit, en parlant de la fille de maison, « qu'elle est l'esclave moderne qui, ayant fait le sacrifice de sa personnalité, est devenue la chose de la matrone et la propriété du public[2]. »

Il ajoute que « la mort frappe presque toutes ces femmes à la fleur de l'âge ; l'hôpital est presque toujours le terme fatal des filles de maison. La débauche les a fait vivre hier, elle les fait mourir aujourd'hui[3]. »

Les organisateurs de la prostitution officielle flétrissent la prostitution d'épithètes que je n'apprécie pas, en ce moment : ils déclarent que l'entremetteuse est une femme affreuse et que la femme qui pratique la polyandrie fait un commerce honteux.

Ces prémisses bien posées, ils concluent qu'il faut protéger les entremetteuses et organiser ce commerce.

Ils l'organisent : en aidant au recrutement des maisons de tolérance ; en y maintenant séquestrées les femmes qu'ils y ont envoyées.

Le système a pour conséquence de créer des foyers d'infection morale, où se corrompent les fem-

---

1. Sheldon Amos.
2. P. 279.
3. P. 280.

mes qui y sont jetées, les clients pour qui ils sont
ouverts, la population qui les entoure.

Il a, pour conséquence, de créer une caste de parias, et considère leur dégradation comme un résultat utile.

CHAPITRE VIII

LA PROSTITUTION OFFICIELLE ET LA LOI

I

Pour arrêter, séquestrer, condamner à la visite
corporelle, inscrire des femmes sur un registre, les
soumettre à des obligations multiples, leur interdisant le droit « d'aller et de venir » librement, vouer

des mineures, des enfants à la prostitution, quels sont les textes de lois draconiennes que peut invoquer en France et en Belgique la police des mœurs?

Pas un!

La police des mœurs le reconnaît elle-même.

M. Voisin, aujourd'hui conseiller à la Cour de Cassation, à qui M. Sigismond Laroix et moi avions l'indiscrétion de demander quelle légalité il pouvait invoquer en faveur du système, répondait, qu'il faisait visiter et incarcérer les prostituées, en vertu d'un droit propre et personnel, dont le lieutenant de police, à qui le préfet de police a succédé, avait été investi par les ordonnances du 20 avril 1684 et du 26 juillet 1713[1].

Dans le procès verbal on ne retrouve pas la première phrase de M. le préfet de police, car il s'était écrié : — « En vertu des capitulaires de Charlemagne! » Il avait affirmé ce droit par un vigoureux coup de poing d'exclamation qui n'avait provoqué qu'un éclat de rire.

Cependant le 17 nivôse an IV, ce droit ne paraissait pas très positif au Directoire, car il saisit le conseil des Cinq-Cents d'un message l'invitant à faire une loi répressive contre les filles publiques.

« Les lois répressives contre les filles publiques consistent dans quelques ordonnances tombées en désuétude, ou dans quelques règlements de police purement locaux et trop incohérents; la loi du 19 juillet 1791 a classé au nombre des délits soumis à la police correctionnelle la corruption des jeunes gens de l'un et l'autre sexe, et elle en a déterminé la peine; mais cette disposition s'applique proprement au métier infâme de ces êtres affreux qui débauchent et prostituent la jeunesse, et non à la vie licencieuse de ces femmes, l'opprobre d'un sexe et le fléau de l'autre.

1. Conseil municipal de Paris, 2 décembre 1876.

« Le Code pénal de la même année, et le nouveau Code des délits et des peines, sont également muets sur cet objet important. »

Une commission fut nommée; mais il paraît que ses travaux n'avançaient pas beaucoup, car le 7 germinal de la même année, un membre du conseil, le citoyen Bancal, proposa « de créer une commission chargée de présenter une loi sur les maisons de débauche qui attaquaient d'une manière si funeste la population, la santé, la pudeur, et propageaient les maladies les plus dangereuses pour l'espèce humaine. » Cette proposition fut accueillie par des murmures.

M. Voisin s'empara de ces murmures et en fit un argument légal :

« La légalité des ordonnances dont il s'agit a été implicitement reconnue par le Conseil des Cinq-Cents. Cette assemblée avait été, en effet, saisie, le 7 germinal an V, d'une proposition tendant à la rédaction d'une loi spéciale pour la réglementation des maisons de débauche. Le Conseil des Cinq-Cents, sur l'observation faite par un de ses membres qu'il existait sur ce point des règlements de police très précis et qu'il suffisait de les mettre à exécution, repoussa cette proposition par l'ordre du jour. M. le Rapporteur a omis d'indiquer, dans son rapport, cette considération importante qui atténue considérablement la portée des arguments tirés du mémoire présenté par le Directoire exécutif au Conseil des Cinq-Cents. En effet, en passant purement et simplement à l'ordre du jour, le Conseil des Cinq-Cents reconnaissait que les pouvoirs exercés par la police à Paris résultaient des ordonnances royales qui avaient déterminé les attributions des magistrats chargés de la police de cette ville. Le reproche d'illégalité et d'arbitraire que l'on fait à la préfecture de police n'est donc pas fondé[1]. »

J'avoue que je n'avais point vu tant de choses dans les murmures du conseil des Cinq-Cents, et que le

1. Séance du 2 décembre 1876.

texte de l'apostrophe du citoyen Dumolard qui provoqua le vote de l'ordre du jour ne me paraît pas donner une grande valeur aux ordonnances de 1684 et 1713 : on peut en juger par l'extrait suivant [1].

« Les intentions du préopinant sont louables, mais les vues qu'on nous propose sont petites, indignes, ce me semble du Corps législatif. Ce n'est pas aux législateurs d'un grand peuple qu'on doit présenter des *règlements de moines;* les abus dénoncés sont vrais... les désordres sont réels... mais peut-être sont-ils inséparables de l'existence d'une commune telle que celle que nous habitons. Au surplus, il existe des règlements de police très précis... qu'on les exécute... je demande l'ordre du jour... »

L'opinion du citoyen Dumolard qui ne se réfère pas même aux ordonnances de 1684 et de 1713 suffit pour leur donner force de loi aux yeux d'un préfet de police. L'étonnement qui a accueilli sa nomination à la Cour de cassation ne nous étonne pas.

Il est vrai que la police invoque aussi l'article 484 du Code pénal, combiné avec les lois des 14 décembre 1789, 16-24 août 1790, 19-22 juillet 1791.

Celle-ci contenait bien une disposition spéciale pour les bonnes mœurs, que mentionne le message du Directoire.

Les délits punissables par la voie de la police correctionnelle seront : 1° les délits contre les bonnes mœurs...

Art. 8. — Ceux qui seraient prévenus d'avoir attenté publiquement aux mœurs, par outrage à la pudeur des femmes, par exposition ou vente d'images obscènes, d'avoir favorisé la débauche ou corrompu des jeunes gens de l'un ou l'autre sexe, pourront être saisis sur-le-champ et conduits devant le juge de paix, lequel est autorisé à les faire retenir jusqu'à la prochaine audience de la police correctionnelle.

Art. 9. — Les personnes qui auront favorisé la débauche ou

---

1. Je le cite d'après M. Lecour, parce qu'il a eu le soin de le couper de manière à lui donner le plus de poids possible.

corrompu des jeunes gens de l'un ou de l'autre sexe seront condamnées à un an de prison.

Rien, dans ces dispositions transformées ou abrégées, ne donne des droits d'arrestation ou d'inscription au Préfet de police : l'article 10 (titre 1er) dit tout simplement que les officiers de police « pourront également entrer en tout temps dans les lieux livrés notoirement à la débauche. »

L'article 50 de la loi du 14 décembre 1789 sur les pouvoirs municipaux est ainsi conçu :

« Les fonctions propres au pouvoir municipal sont de faire jouir les habitants des avantages d'une bonne police, notamment de la propreté, de la salubrité, de la sécurité et de la tranquillité dans les rues, lieux et édifices publics. »

La loi de 1790 ajoute que « la bonne police comprend le soin de réprimer et de punir les délits contre la tranquillité publique et le maintien du bon ordre dans les lieux publics. »

Aucun de ces textes ne parle de prostitution et ne vise un régime analogue à celui de la police des mœurs.

Mais admettons que la prostitution, s'exerçant sur la voie publique, rentre dans les attributions de la police municipale; dans ce cas, le Préfet de police dans le département de la Seine, les maires dans les autres départements, pourront faire prendre des règlements ou des arrêtés dont la non-observation constitue une contravention de la compétence du tribunal de simple police et passible d'une amende de 1 à 5 fr. en vertu de l'article 471 du Code pénal : « Seront punis d'amende, depuis 1 fr. jusqu'à 5 fr. inclusivement ceux qui auront contrevenu aux règlements faits par l'autorité administrative et ceux qui ne s'y seront pas conformés. »

Mais la Préfecture de police invoque un autre texte : c'est l'article 484 du Code pénal. Or, voici le texte de cet article : « Dans toutes les matières qui n'ont pas été réglées par le présent Code et qui sont régies par les lois et règlements particuliers, les cours et les tribunaux continueront de les observer. » Cet article, loin d'être la justification de la police des mœurs, en est la condamnation formelle ; car, que dit-il ? Il dit que les lois et règlements particuliers, pour des matières non réglées par le Code, pourront être observés ; mais, par qui ? Par les cours et les tribunaux. Or, un chef de bureau de police constitue-t-il une cour ? constitue-t-il un tribunal ?

Quelque infatuation de son pouvoir que puisse avoir la police, elle ne peut soutenir cette prétention.

Telle fut l'argumentation soutenue par M. Sigismond Lacroix contre M. Voisin.

Nous devons dire que les successeurs de M. Voisin ont été moins affirmatifs ; M. Gigot paraissait n'avoir pas une grande confiance dans la légalité de la police des mœurs ; M. Andrieux s'en inquiétait peu, mais faisait annoncer qu'il réclamerait une loi; M. Camescasse disait « qu'il importerait de donner à la réglementation de la prostitution une base certaine et légale[1] ». Il avoue encore que « comme jurisconsulte on peut critiquer ce qui se fait en matière de prostitution ; mais en attendant mieux, il faut faire ce qu'on peut. »

La police en est à réclamer les circonstances atténuantes.

1. Séance du 10 décembre, 7ᵉ commission.

Du reste M. Vivien, ancien préfet de police, dans ses *Etudes administratives*, dit :

« Cette justice sommaire, exceptionnelle, unique dans notre régime légal, se fonde sur d'anciens règlements, sur de longs usages ; elle reçoit une exécution non contestée et dans un temps où toutes nos institutions ont été mises en question, pas une plainte ne s'est fait entendre contre l'exercice d'un pouvoir *qui ne repose sur aucun texte de loi.* »

M. Batbie, dit de son côté, dans son *Traité du Droit public et administratif:*

« Les infractions aux règlements sont punis de la peine de la prison et la condamnation est prononcée par le préfet de police, sur le vu des procès-verbaux dressés par les inspecteurs chargés de cette partie du service. C'est en cela que consiste surtout la restriction à la liberté individuelle que nous avons définie « le droit de n'être détenu qu'en vertu d'un ordre émané de la justice. » *Ces pouvoirs*, contre lesquels nul ne réclame, *sont tirés de textes qui ne les renferment pas.* »

M. Faustin Hélie, le grand criminaliste, président honoraire de la Cour de cassation, a dit formellement :

« A l'égard des filles, nous ne parlerons ici que du seul droit de les arrêter et de les détenir arbitrairement; aucune disposition quelconque ne donne un tel droit à l'Administration. Quelle que soit la position de ces femmes, elle doit les surveiller ; mais elle ne peut les arrêter lorsqu'elles ne commettent pas un délit punissable. On ne peut reconnaître de classe à part qui soit en dehors du droit commun et pour laquelle les lois n'aient ni force ni protection : on ne peut reconnaître à l'Administration d'autres droits que ceux que la loi lui confère. »

Mais bien plus : les ordonnances de 1684 et de 1713 ne donnent même pas le droit à la police des mœurs de commettre les actes auxquels elle se livre.

L'ordonnance de 1684 accorde « au lieutenant de police le droit d'envoyer à la Salpétrière les femmes d'une débauche et prostitution publiques, par des jugements sur les procès qui leur seront instruits. » Mais trop d'abus s'étant produits, la déclaration du 26 juillet 1713 leur octroie certaines garanties[1] « contre les dénonciations inspirées par la haine des particuliers plutôt que par l'amour du bien public. »

« Les voisins doivent signer leurs déclarations, prêter serment; les parties sont assignées les jours ordinaires des audiences de police, jugées contradictoirement; le lieutenant de police pourra ordonner un nouvelle information ; il peut y avoir appel en parlement. »

Aucune de ces ordonnances ne prévoit la visite. Nous sommes revenus en arrière de l'arbitraire de Louis XIV et de la Régence!

Il est vrai que dans la discussion de 1876 au Conseil municipal, M. Beudant, professeur à la faculté de Paris, a soutenu la légalité de ces mesures en se basant sur l'article 51 de la loi du 14 décembre 1789 que nous avons cité plus haut, et sur un arrêt de la Cour de cassation du 3 décembre 1847 qui sert de point d'appui précieux à la police des mœurs.

Attendu que sous chacun de ces rapports (la sécurité, l'ordre, la morale) cette matière rentre dans les objets confiés à la vigilance et à l'autorité des corps municipaux, qu'elle leur est exclusivement attribuée par les dispositions des lois de 1790 et 1791 ;

Attendu que la police sur les maisons de débauche, ainsi que

1. Voy. chap. II, p. 28.

sur les personnes qui s'abandonnent à la prostitution.... exige *non seulement des dispositions toutes spéciales* dans l'intérêt de la sécurité, de l'ordre et de la morale, mais encore *des mesures particulières au point de vue de l'hygiène publique.*

M. Beudant conclut : Il est possible que la police n'a pas le droit d'arrêter, de détenir, de condamner des femmes, mais en vertu de l'article 50, « on ne peut contester le droit de visite : qui veut la fin veut les moyens ; comment pourrait-on l'exercer sans ces mesures préventives et répressives ? A défaut d'un texte formel, ne voit-on pas là qu'il y a un intérêt d'ordre supérieur qui domine tout : l'impossibilité de laisser vaquer en liberté une fille atteinte de maladie. »

Tout cela, en vertu de l'article 50, et de ce petit mot : « la salubrité. » Cet argument impressionna, mais dans deux sens divers ; les uns dirent : « M. Beudant est très fort. Quelle profondeur ! » D'autres se dirent : Si cette thèse est juste, demain tous les maires peuvent ordonner à tous les citoyens français, à leurs femmes et à leurs enfants de se soumettre à la visite ; car dans leur scrupuleuse sollicitude pour la salubrité, ils doivent trouver qu' « il est impossible de laisser vaquer des habitants atteints de maladie ! » M. Beudant devra être le premier à s'y soumettre ainsi que sa famille.

Cette manière d'argumenter me rappelle ces criminalistes du bon vieux temps qui, pour savoir si un homme devait être pendu, commençaient par lui faire endurer la question tant ordinaire qu'extraordinaire.

C'est sur elle que se fonde aussi la police des mœurs en Belgique.

Elle invoque l'article 96 de la loi communale :

« Au Collège des Bourgmestre et Échevins appartient la surveillance des personnes et des lieux notoirement livrés à la débauche.

« Il prend a cet effet les mesures propres à assurer la sûreté,
la moralité et la tranquillité publiques.

« Le Conseil fait à ce sujet tels règlements qu'il juge nécessaires et utiles. »

De là, elle conclut qu'elle a le droit d'investigation,
d'inscription, de séquestration et d'excitation à la
débauche.

Elle a pour elle, il est vrai, un arrêt de la Cour
de cassation de Bruxelles.

Un jour, le tribunal de simple police de Bruxelles,
ayant rendu un jugement qui infirmait ce droit
indiscutable, la Cour de cassation ne manqua point
de le casser : « Attendu, dit-elle, que l'inscription
d'office ainsi que les mesures sanitaires ordonnées
sont des mesures de police prises dans l'intérêt général, ayant pour but de soumettre les filles déjà
perdues de mœurs et notoirement livrées à la prostitution, à la surveillance de l'autorité locale et à des
précautions sanitaires sans lesquelles la santé publique serait gravement compromise, *qu'il suit de là*
que ces mesures sont applicables aux filles mineures
comme aux filles majeures notoirement livrées à la
prostitution, etc.... » Ce « qu'il suit de là, » n'est-il
pas péremptoire, demande M. G. de Molinari ? En
élevant en cette matière l'autorité d'un règlement de
police au-dessus de celle du Code civil, la cour de
cassation n'a-t-elle pas mis les choses à leur place
véritable ? Supposons que l'administration commu-

1. *Journal des Économistes*, 1877. *Congrès de Genève pour
l'abolition de la prostitution*, p. 380.

nale vienne à se convaincre, après avoir pris l'avis des hygiénistes qu'il est indispensable *d'abattre* les prostituées gravement infectées comme la chose se pratique pour la peste bovine, et qu'elle prenne un arrêté dans ce sens, n'est-il pas évident que cet arrêté devra être obéi de préférence au code pénal ? Du moment où l'intérêt général de la santé publique l'exige, « il suit de là » que l'abatage peut être ordonné aussi bien que l'encartage d'office et la visite sanitaire obligatoire par mesure de police. N'est-ce pas rigoureusement logique et nécessaire ? Ajoutons que si l'inscription d'office au bureau des mœurs est moins efficace que l'abatage, ce qu'on ne saurait contester, elle est en revanche moins cruelle [1]. »

M. de Molinari croyait faire de l'ironie. Il se trompait.

Les dépenses du dispensaire de Paris sont imposées au conseil municipal, en vertu de l'article 23 de l'arrêté de messidor. Quand je vis cette mention, je fus étonné, et je m'empressai de me reporter au susdit article qui est ainsi conçu :

« Il assurera la salubrité de la ville en prenant des mesures pour la prévenir et arrêter les épidémies, les épizooties, les maladies contagieuses.... en faisant arrêter, visiter les animaux suspects de mal contagieux et mettre à mort ceux qui en sont atteints. »

Les femmes ne sont que « des animaux », dont l'abatage non seulement est admis, mais est rangé parmi les dépenses obligatoires !

---

1. *Journal des Économistes*, octobre 1877, p. 380.

II

M. le Dr Mireur a complété cette théorie .

« Nul ne saurait contester à la société le droit de sacrifier l'intérêt du petit nombre à l'intérêt des masses [1]. » Marat disait des choses analogues.

C'est la théorie du salut public. M. Camescasse constatait « que les règlements sur la prostitution, pour certains esprits, peuvent avoir quelque chose d'arbitraire et d'odieux ; » mais il ajoutait : — « ce n'est plus une question de droit, c'est une question de bon sens [2] ! » M. Camescasse, étant avocat, doit avoir la prétention d'être un homme de loi.

Un journal qui se prétend libéral, le *Temps*, disait :

« L'appréciation de la chose est entièrement remise à l'arbitraire des agents des mœurs. En peut-il être autrement? Nous ne savons, mais la réalité actuelle est que les agents de cette sorte concentrent en eux l'initiative des sergents de ville, les pouvoirs des commissaires de police, les privilèges des fonctionnaires du parquet, les lumières des juges d'instruction et l'autorité des tribunaux correctionnels ; ils recherchent, ils constatent, ils accusent, ils condamnent et même ils exécutent. Et cela est inévitable, le racolage n'étant pas un délit ni une contravention ; la prostitution sur la voie publique est mise par les règlements de police sur le même pied que l'amas de boue dont il faut débarrasser la circu-

1. *La prostitution à Marseille*, p. 130.
2. Séance du 10 décembre, 7e commission.

lation, l'encombrement de voitures auquel il faut mettre un terme, le stationnement des piétons qu'il faut refouler ; on ne verbalise pas contre la boue, on ne traduit pas les camions en police correctionnelle, on ne poursuit les piétons que s'ils résistent[1]. »

Ainsi des femmes sont des animaux, puis un amas de boue. Ces choses ne sont pas dites en style galant. M. Gambetta, du haut de son siège présidentiel s'écriait: « C'est une question de voirie. » Même idée : pour ces gens, il y a des femmes qui sont des choses.

Alors, au nom d'un « intérêt d'ordre supérieur, » du « bon sens » de la police, de sa prétention à défendre « la morale et l'hygiène publique, » en vertu des pouvoirs traditionnels du lieutenant de police, voici les illégalités dont elle se rend coupable.

III

Nous avons certains principes de droit public, connus en France sous le nom de Principes de 89, rappelés à plusieurs reprises dans nos Constitutions, principes formulés dans la *Déclaration des droits de l'homme.*

Art. 1er. — Tous les citoyens sont égaux devant la loi.
Art. 5. — Tout ce qui n'est pas défendu par la loi ne peut être empêché.
Art. 6. — La loi doit être la même pour tous, soit qu'elle protège, soit qu'elle punisse.
Art. 7. — Nul homme ne peut être accusé, arrêté, ni détenu que dans les cas déterminés par la loi, et selon les formes qu'elle a prescrites ; ceux qui sollicitent, expédient, exécutent ou font exécuter des ordres arbitraires doivent être punis.

1. 20 juillet 1881.

Ce dernier principe a été affirmé de nouveau par, la Constitution du 22 frimaire, an VIII, art. 77, maintenu par l'art. 615 du *Code d'instruction criminelle;* confirmé par la Constitution de 1848, article 4 ; par la Cour de cassation, arrêt du 7 septembre 1817.

Le Code pénal sanctionne ces dipositions :

Art 114. — Lorsqu'un fonctionnaire public, un agent ou un préposé du gouvernement aura ordonné ou fait quelque acte arbitraire, ou attentatoire soit à la liberté individuelle, soit aux droits civiques d'un ou de plusieurs citoyens, il sera condamné à la peine de la dégradation civique. S'il justifie qu'il a agi par ordre de ses supérieurs pour des objets du ressort de ceux-ci, sur lesquels il leur était dû obéissance hiérarchique, il sera exempt de la peine, laquelle sera, dans ce cas, appliquée seulement aux supérieurs qui auront donné ordre.

Art. 119. — Les fonctionnaires publics chargés de la police administrative ou judiciaire, qui auront refusé ou négligé de déférer à une réclamation légale tendant à constater les détentions illégales et arbitraires, soit dans les maisons destinées à la garde des détenus, soit partout ailleurs, et qui ne justifieront pas les avoir dénoncées à l'autorité supérieure, seront punis de la dégradation civique et tenus à des dommages-intérêts, lesquels seront réglés comme il est dit dans l'article 117.

Art. 341. — Seront punis de la peine des travaux forcés à temps ceux qui, sans ordre des autorités constituées et hors des cas que la loi ordonne de saisir des prévenus, auront arrêté, détenu ou séquestré des personnes quelconques.

Art. 342. — Si la détention ou la séquestration a duré plus d'un mois, la peine sera celle des travaux forcés à perpétuité.

Le Code d'instruction criminelle spécifie que nul ne peut être arrêté qu'en cas de flagrant délit ou en vertu d'un mandat d'amener délivré par le juge d'instruction (Inst. crim., art. 91 et suiv.).

Par conséquent, toute arrestation commise en dehors de ces cas, tombe sous le coup des articles 114, 119, 341, 342 du Code pénal ; le Préfet de police pas plus que les autres dépositaires de l'autorité publique n'en est excepté.

D'après l'article 93, le juge d'instruction doit interroger le détenu dans les 24 heures au plus tard.

'Nul ne peut être maintenu en état de détention qu'en vertu d'un mandat d'arrêt ou de dépôt

Nous avons vu qu'il n'y avait pas une seule de ces dispositions que la police ne violât d'une manière flagrante.

Il est encore de principe qu'aucun fonctionnaire ne peut réunir le ministère de la police avec l'office de juge ; que les débats doivent être publics : qu'on doit juger non pas sur pièces, mais sur débats contradictoires.

Un chef de bureau juge à huis-clos, sur un rapport de police, et condamne une femme à un emprisonnement qui n'a d'autre durée que son bon plaisir. Gisquet prononçait des peines allant jusqu'à un an, et nous avons vu que, sous M. Gabriel Delessert, un mois était le minimum des punitions et que cette mesure avait été prise dans l'intérêt des entrepreneurs des travaux des prisons, pour que les filles pussent achever les ouvrages qui leur étaient confiés[1]. Nous avons vu aussi que M. Lecour a inventé « des actes quasi-délictueux, qui tiennent du vol, de l'escroquerie et de l'abus de confiance, où le plaignant lutte d'infamie avec la femme qu'il accuse, actes qu'on peut s'imaginer, mais qu'il n'est pas possible d'exprimer, où les pratiques obscènes s'enchevêtrent avec des méfaits qui provoquent des réclamations répugnantes, mais fondées. Que faire ? l'impunité augmenterait le mal. »

Sous ce galimatias, on comprend que la *Diligence de Lyon* est un « acte quasi-délictueux, » et que le grand justicier de la police intervient pour

1. Parent-Duchâtelet, t. II, p. 190.

châtier cette escroquerie! Quand la femme promet,
il faut qu'elle tienne! Ceci au nom de la morale de la
police!

La police poursuit-elle, aussi, « le poseur de la-
pins? »

IV

Mais la police est très maligne, et pour se justifier, elle tâche de ruser avec la loi, à l'aide de principes dans le genre de ceux-ci :

« En faisant souscrire à ces filles, lorsqu'on les enregistre,
une déclaration et un engagement de remplir certaines obligations qu'on leur impose, on a eu principalement en vue de donner une *sorte de légalité* aux punitions qu'on est sans cesse
obligé de leur infliger; de là, l'importance de faire apposer au
bas de cette déclaration leur signature ou toute autre marque
pour celles qui ne savent pas signer[1]. »

La police commet un abus de confiance en usur-
pant de fausses qualités et en faisant croire à un
crédit imaginaire : pour échapper à la Cour d'assises, elle se réfugie sur les bancs de la police correctionnelle.

V

La police est chargée de maintenir l'ordre : elle
s'attribue même la mission de veiller à la morale. Je
ne lui en demande pas tant; mais je dis qu'il n'y a
pas de pire désordre qu'un état dans lequel il y a,
de la part de la police, une violation systématique
de la loi, avec la tolérance des magistrats !

La police commet impunément toutes ces illégali-

1. Parent-Duchâtelet, t. I, p. 356.
2. P. 141.

tés. Elle a su, peu à peu, faire des magistrats ses complices et ses serviteurs. Il est parvenu souvent à un garde des sceaux, à un procureur de la République, la preuve que, dans ce service, se passaient des choses aussi monstrueuses qu'illégales ; que la police commettait des crimes ; mais aucun n'a eu l'audace d'aborder franchement la question et de décerner un mandat d'arrêt contre ces auteurs de séquestrations, de détentions, d'attentats à la pudeur sur des enfants, d'excitations de mineures à la débauche.

Lorsque, le 2 novembre 1876, j'écrivis l'article des *Droits de l'homme*, qui souleva la question en France, j'avais assez l'habitude du journalisme pour savoir que les délits de presse ne sont jamais que des délits d'épithètes ou de métaphores. J'avais l'intention d'être violent afin d'essayer de faire partager mon indignation par le public, mais je savais parfaitement que la suppression de deux ou trois épithètes, sans affaiblir mon article, eût empêché toute poursuite ; je ne les effaçai pas, car je me disais : Ils n'oseront jamais traduire la police des mœurs devant les tribunaux.

Quoique connaissant depuis longtemps le monde de la basoche, j'étais naïf. Je fus poursuivi ; j'avais même préparé un plaidoyer à côté de celui de mon excellent avocat, M. Grouslé. Je m'imaginais qu'on me laisserait poser la question sur le terrain de la légalité de la police des mœurs, mais le ministère public s'en garda bien : dès les premiers mots, il déclara qu'il n'examinait pas cette question. Était-elle constestable ou non ? Ce n'était pas son affaire ; mais les **agents étaient régulièrement commissionnés**, je les avais insultés dans l'exercice de leurs fonctions, donc j'étais coupable et on me le prouva bien

21

en me condamnant à six mois de prison, pour avoir dit que des agents commettaient des illégalités sur le caractère desquelles le ministère public n'osait pas se prononcer !

J'avoue que je ne comprends pas encore ces subtilités légales. Il me semblait qu'il me suffisait de dire : « Messieurs, il y a des gens qui commettent des crimes, je l'ai dit. Ils me poursuivent ; je les remercie de m'avoir fourni l'occasion de vous les dénoncer, car si vous ne les avez pas poursuivis jusqu'à présent, c'est que vous les ignoriez ; maintenant que vous les connaissez, vous allez me renvoyer du banc où je suis assis pour en mettre les auteurs à ma place. »

Je vis bien mon erreur : la magistrature ne poursuit, paraît-il, que les crimes qui sont commis par de simples particuliers. Il y a une franc-maçonnerie entre tous les gens qui sont chargés d'appliquer la loi : ils la considèrent comme leur chose ; au lieu d'être les agents de la loi, c'est la loi qui devient leur très humble servante. Ils se jetteront avec férocité sur moi, sur vous, si nous touchons au Code du bout du doigt ; quant à eux, ils le déchirent à pleines mains, et emploient ses feuillets à couvrir leurs besognes. C'est toujours l'écrasement des faibles par les forts, des individus par les gouvernants, la vieille conception de l'état social : d'un côté, les maîtres, de l'autre, les sujets ; ceux-ci toujours responsables ; ceux-là, jamais !

On l'a bien vu en Belgique, lors des procès des tenanciers. La magistrature avait d'abord pris ouvertement parti pour la police. M. Willemaërs, procureur du roi, traitait M. Dyer plus mal qu'un proxénète. M. Janssen, avocat du roi, se faisait le défenseur acharné de MM. Lenaers et Schröder. Châtiment mérité ! ceux-ci se moquaient du parquet, car il n'y a pas de plus grande satisfaction pour la police que jouer des tours à ses protecteurs.

Dans la journée du 29 février 1880, le parquet de Bruxelles fit une descente officielle dans une maison de la rue Saint-Laurent.

Cette descente eut lieu vers onze heures du matin. M. le procureur du roi fit alors plusieurs questions au commissaire de police des mœurs, Schröder, au sujet de ces maisons ; il lui demanda : — N'avez-vous pas de mineures dans ces maisons? — Pas une, pas une seule, fut la réponse de M. Schröder, et, pour le reste, il n'y a pas un mot de vrai dans ce qu'ont dit MM. Dyer et Splingard. A quoi M. le procureur du roi répondit : — Très bien !

L'entrevue terminée, M. Schröder se hâta de raconter cet incident à son chef, M. Leenaers ; quand M. Leenaers entendit la question posée par M. Willemaers, de savoir s'il ne se trouvait pas de filles mineures dans ces maisons, il devint d'une pâleur livide et s'affaissa dans son fauteuil, vaincu par la frayeur. Lorsqu'il revint à lui, il s'écria : « Dépêchez-vous d'aller dans telle et telle maison, rassemblez les mineures qui y sont et ramenez-les moi. »

Ce même jour, 29 février 1880, une voiture roula à travers les rues de Bruxelles ; le commissaire des mœurs, M. Schröder, courait dans ce fiacre, afin de retirer précipitamment de la rue de Diest, maison nᵒ 2, de la rue du Persil, nᵒ 5, et de la rue des Commerçants, nᵒ 3, les jeunes filles mineures qui s'y trouvaient avec l'autorisation de la police.

Le même jour, la police de Bruxelles transmit au

parquet son rapport signé, certifiant qu'il n'y avait pas une seule jeune fille mineure dans les maisons de prostitution!

Je disais tout à l'heure que la magistrature protégeait la police ; je me trompe : elle obéit à la police.

VI

En Italie, à la vérité, il y a une loi ; mais, sans doute en vertu des vieilles habitudes tyranniques de ce pays, où, pendant si longtemps, la police a a été investie du suprême pouvoir, cette loi ne semble avoir d'autre but que de lui donner le droit de faire des règlements arbitraires.

En Angleterre, dans ce pays de liberté individuelle, on a la méfiance de la police[1]. C'est le commencement de la sagesse, mais il a été entamé par les *Contagious Diseases Acts*. Nous avons vu qu'ils entraient dans d'assez nombreux détails pour spécifier le droit de la police : ils n'en ont pas moins pour conséquence la violation de toutes les lois criminelles anglaises. Tandis qu'elles tiennent l'accusé pour innocent, jusqu'à ce que sa culpabilité soit établie, il suffit qu'un surintendant de police fasse connaître « qu'il a de bonnes raisons de croire » que telle femme qu'il nommera est une prostituée publique, pour qu'elle soit mise hors la loi, assujettie à des visites et à des détentions.

MM. Sheldon Amos, dans son grand ouvrage *Regulation of vice*, M. Shaen, dans son mémoire au Congrès de Gênes et dans sa déposition devant le

---

1. Voy. *Sheldon Amos*, Trad. fr., p. 73.

comité de la Chambre des communes, ont flétri, comme elles le méritaient, par des arguments juridiques, ces prétendues lois qui ne sont que des attentats aux lois organiques, qui forment la contexture de cet ensemble qu'on a appelé la Constitution anglaise.

VII

Deux exemples vont faire toucher du doigt les monstrueux abus de pouvoir de la police des mœurs, l'absence de responsabilité des fonctionnaires, la complicité de gens qui se prétendent libéraux, démocrates et éclairés, avec cette institution.

Le premier est celui de Mme Eyben.

Cette affaire donne un aperçu trop complet de la manière de procéder de la police des mœurs, de la manière dont nos hommes politiques envisagent cette question, pour que nous n'en reproduisions pas les détails.

Le mardi 29 mars, à quatre heures de l'après-midi, à la sortie du passage des Panoramas, rue Saint-Marc, une femme attendait ses enfants, deux petites filles, qu'on lui amenait de l'école. Elle avait la toilette modeste d'une mère de famille.

Tout d'un coup, elle entendit un individu qui s'écriait, — avec gaieté :

« Arrêtons cette belle enfant » ! comme il aurait dit : — Faisons une bonne farce. »

Aussitôt, elle est entourée par six individus, à figures plus ou moins patibulaires, qui la saisissent. Elle crie, elle proteste, elle se réfugie dans une allée. Elle dit :

« Je me plaindrai à M. le baron de Beyens ! »

21,

M. le baron de Beyens est l'ambassadeur de Belgique en France.

Les agents ricanent et l'entraînent au poste de la rue Villedo. Cette bonne farce était une opération de la police des mœurs. Celui qui la commandait était un sous-brigadier de la police de sûreté, nommé Féau.

Mme Eyben renouvelle ses protestations au poste. Le brigadier lui dit avec affabilité :

« En attendant que vous vous plaigniez à Messieurs les journalistes et à votre ambassadeur, allez au violon ! »

A huit heures du soir, on la mène, à pied, tenue étroitement par deux gardiens de la paix, à un poste de la rue Richelieu, puis chez le commissaire de police de la rue Richelieu. Il l'interroge avec cette aménité particulière aux gens de police que certains commissaires se croient obligés de conserver :

« Votre profession ?

— Artiste dramatique. »

Le commissaire, avec perspicacité, reprend

« Oui, par hasard, et puis vous faites de la prostitution. »

Mme Eyben proteste. Alors, avec une aimable ironie, le commissaire de police reprend :

« Je crois bien, — cela révolte votre pudeur ! »

Mme Eyben parle de ses enfants.

« Il ne manquerait plus que cela que vous vous prostituiez devant vos enfants ! »

On renferme Mme Eyben au violon. Quand on tient quelqu'un, on ne peut le lâcher aisément. Le commissaire envoie prendre des renseignements chez elle. Cette attention mérite un bon point.

Elle est rappelée chez lui, à dix heures et demie.

Il est plus poli. Il lui fait rendre son fichu, son parapluie, son mouchoir de poche, son argent. Les honnêtes agents des mœurs commencent par tout prendre. C'est autant de gagné.

Alors, naïvement, elle dit :

« Je puis rentrer chez moi? »

Pas du tout. On l'emmène dans un autre poste, où on la met encore au violon. A minuit et demi, on la fait monter dans une voiture cellulaire qui fait sa tournée. Elle arrive à trois heures du matin au Dépôt. On l'enferme dans une cellule.

La journée du mercredi se passe. Aucune nouvelle. La journée du jeudi s'écoule. Enfin, à sept heures du soir, quarante-huit heures après son arrestation, chose étrange et qui montre le trouble de la police des mœurs, au lieu de la conduire au dispensaire, on la fait monter au petit parquet. Là, elle trouve un substitut, M. Laffon, qui lui dit :

« Vous êtes prévenue de rébellion contre les agents! »

Naturellement. Des agents arrêtent une femme dans les conditions les plus illégales. Cette femme ne réprime pas un mouvement de surprise. Pour nous, elle aurait droit à un mouvement d'indignation.

Elle n'a commis aucun délit. On ne peut pas la poursuivre. Mais la police, qui a commis non seulement une illégalité, mais encore une lourde faute, ne doit pas avoir tort.

« Vous êtes prévenue de rébellion? »

Comme Mme Eyben avoue qu'elle a protesté, le substitut, gravement, répond :

« Vous avez eu tort! »

Autrement, laissez-vous empoigner, maltraiter

tuer par des agents de police; si vous soufflez mot
vous êtes coupable !

Je n'exagère pas.

Le substitut ajoute :

« Si vous vous étiez laissée emmener sans rien
dire, on vous aurait peut-être relâchée. »

Telle est la notion que nos magistrats sont obligés
d'avoir de la liberté individuelle.

Puis le substitut fouille dans la vie privée de
Mme Eyben.

Il dit :

« Il paraît que vous rentrez à toute heure ?

— Puisque je suis artiste dramatique. »

On fait entrer dans le cabinet la sœur de Mme Eyben, ses enfants.

« Allons ! voilà la police qui nous met encore une
mauvaise affaire sur les bras », murmure le substitut.

Le lendemain, vendredi, à deux heures, après des
pourparlers entre le parquet et la préfecture de police,
madame Eyben fut rendue à la liberté.

Le samedi, elle fut rappelée pour un second interrogatoire. Elle comparut devant le même substitut. Il faut naturellement sauver la police à tout
prix ! Il la reçut en lui disant :

« Avouez que vous étiez là dans un but insolite ! »

Qu'est-ce qu'un but insolite ? Y a-t-il un délit qui
s'appelle « le but insolite ? »

Le substitut ajoute :

« Une personne prétend qu'elle vous a dit, il y a
huit jours : — Circulez !

Or, madame Eyben n'était pas allée depuis plus de
trois semaines au passage des Panoramas, parce
qu'un de ses enfants était malade.

On voit tout le développement du système de la

subordination de la magistrature à la police : pour couvrir les infamies de celle-ci, elle est forcée de s'occuper très consciencieusement d'échafauder ses calomnies. C'est de cette manière qu'elle entend la protection des citoyens.

Le 10 avril, il y avait salle comble à la Chambre des députés. Tout le Paris politique s'y était donné rendez-vous. Beaucoup de dames, naturellement. On discutait ce jour-là une interpellation adressée à M. Andrieux, non point relativement à l'arrestation ou à la détention de madame Eyben, à la subordination de la magistrature à la police, à l'illégalité de la police des mœurs. Une femme qu'on arrête, cela ne compte guère en France, où nous sommes encore dépourvus du respect de la loi et de la liberté individuelle !

Pour que l'interpellation se produisît, il avait fallu que M. Andrieux, par un coup de tête, transformât en conflit violent le conflit latent qui existait entre lui et le conseil municipal.

M. le ministre de l'intérieur avait reproché à M. Pascal Duprat, auteur de l'interpellation, d'avoir fait des personnalités. M. Andrieux monta à la tribune pour en faire à tort et à travers. Telle a toujours été sa manière de discuter. Attaquer des gens qui ne peuvent pas se défendre, affirmer sans preuves, mentir sciemment, calomnier avec impudence et compter sur la complicité de ses auditeurs ! Cela lui avait réussi le 9 juillet 1879 ; cela lui avait réussi le 27 mai 1880 ; M. Andrieux continua.

Écoutez ce qu'il dit ce jour-là. Chaque phrase est prise dans l'*Officiel*. Nous avons seulement abrégé.

M. Andrieux commence :

« Vous avez tous lu des lettres signées par la

femme Eyben, sous la dictée de journalistes que je
pourrais nommer. Le public s'est apitoyé sur le sort
de cette femme, qu'on appelle une honnête mère de
famille... »

Ce ton dura trois ou quatre minutes, puis M. Andrieux conclut :

« Vous allez voir si la dame Eyben a été victime
d'une méprise. »

Et alors, citant un rapport de police qu'il falsifie
même pour l'aggraver, il en extrait les passages
suivants :

« Sur la plainte de divers commerçants, une surveillance a été exercée dans le passage, et, le jour
précité, les deux gardiens de ce même passage ont
signalé aux agents la nommée Mercier, veuve Eyben, qui allait et venait dans le passage. Après avoir
constaté trois racolages infructueux... »

Le rapport contenait le terme « discrets. » M. Andrieux sauta cette épithète atténuante. Quelques rumeurs se produisirent alors ; mais « des voix nombreuses au centre et à gauche », constate l'*Officiel*,
crient : « *Parlez ! parlez !* »

C'est un spectacle si amusant de voir dépecer
ainsi à la tribune une malheureuse femme par un
préfet de police !

M. Gambetta, avec son mépris de méridional
grossier pour la femme, l'assimilant à une chose,
vient prendre en main la question de la police des
mœurs et de M. Andrieux :

« Quand on attaque l'institution qui a pour but
de rendre la voirie publique salubre, il faut qu'elle
puisse se défendre ! »

Fort de cette approbation qu'il avait déjà rencontrée le 9 juillet. 1879, fort encore de l'approbation

bruyante d'un honnête député qui s'appelle Lelièvre et qui ne s'est fait connaître que ce jour-là, M. Andrieux raconte, en les arrangeant, les détails de l'arrestation :

« S'adressant ensuite aux agents, elle a repris :

— Je suis belge, je serai réclamée par un baron qui vous fera casser. »

Le *Journal officiel* constate : « hilarité et rumeurs prolongées », soulevées par cette insinuation délicate qui visait tout simplement le ministre belge, M. de Beyens ! M. Andrieux continue par une insinuation pleine de goût contre un journaliste, et il rend hommage, dans les termes suivants, à la douceur des procédés de ses agents :

« Comme elle refusait de marcher, ils ont dû presque la traîner jusqu'au poste. »

Et alors il parle « d'enquêtes » ayant donné « des renseignements déplorables. » Mais il passe « parce qu'il faudrait mêler des noms d'hommes à cette affaire. » On comprend que Mystère soit discret. Il ajoute « que les négociants du passage qui s'étaient attroupés se sont montrés très favorables aux agents, les engageant à maintenir l'arrestation de la nommée Mercier, veuve Eyben, qu'ils connaissaient comme se livrant au racolage ».

Il invoque encore l'autorité de l'honnête M. Lenaers, le commissaire central belge, dont nous avons déjà parlé.

Beaucoup de députés trouvèrent le préfet de police charmant de venir ainsi leur servir un petit scandale. Il y eut des mouvements d'éventail, comme à une pièce un peu leste.

M. Andrieux était triomphant.

M. Henri Brisson, dans une phrase trop discrète,

conclut de cet incident « qu'il y aurait des inconvénients pour la dignité du Parlement à y attirer la
discussion du budget de la préfecture de police. »

C'est tout... Personne ne pensait à cette femme, à
cette mère, dont le nom, le lendemain serait jeté par
tous les journaux, dans toutes les parties du monde,
comme celui d'une racoleuse de profession. Personne
ne protesta contre la lecture publique de ces rapports de police, faits par des gens intéressés à justifier leurs actes, en dehors de tout contrôle, sans
que l'attaquée pût se défendre.

Pendant ce temps, que se passait-il? La veille de
l'interpellation sur les instances réitérées du préfet
de police, le procureur de la République avait repris
l'affaire et un juge d'instruction faisait venir tous
les jours Mme Eyben dans son cabinet. Pourquoi?
Pour justifier M. Andrieux. Condamner Mme Eyben
pour faits de prostitution, ou outrages à la morale
publique, il n'y fallait pas songer. Il s'agissait de la
poursuivre et de la faire condamner pour rébellion.

Mais, le juge d'instruction, M. Martin-Sarzeau,
avait pris sa tâche à cœur : il confrontait madame
Eyben avec les gardiens du passage : ils ne la connaissaient pas. Il la confrontait avec les négociants
qui auraient requis son arrestation : ils ne la connaissaient pas. Il prenait, à Paris et en Belgique,
des informations sur les antécédents de madame
Eyben, sur son existence présente : ils n'avaient aucun rapport avec les calomnies de M. Andrieux.

Cependant le procureur de la République n'osait se
mettre en contradiction avec M. le préfet de police. Il
ne pouvait ébranler l'honnête et légale institution de
la police des mœurs. Le parquet attendait, perplexe.
Pendant ce temps, madame Eyben ne pouvait con-

tracter d'engagement pour la saison théâtrale. Ce
sont là de petits détails dont ne s'occupe point la magistrature. Cette situation dura deux mois. Le parquet
avait enlevé le dossier au juge d'instruction qu'il jugeait trop indépendant, il finit cependant par requérir
une ordonnance de non-lieu. Madame Eyben, sur les
conseils de personnes préoccupées des questions de
liberté individuelle, de M. Mayer, directeur de la
Lanterne, de M. Eugène Delàttre, aujourd'hui député,
adressa à la Chambre des députés une demande
d'autorisation de poursuites contre M. Andrieux. La
commission se prononça en faveur de l'autorisation
de poursuites et chargea du rapport un homme fort
modéré, M. Peulevey, avocat au Havre. La discussion eut lieu le 18 juillet 1881.

En arrivant dans la salle des Pas-Perdus, je trouvai un député de Paris, M. Hérisson qui, me parlant de l'affaire Eyben-Andrieux, me dit :

— Cela n'a plus d'intérêt, maintenant qu'Andrieux
est parti.

M. Andrieux savait qu'en donnant sa démission
l'avant-veille, il produirait cette impression sur bon
nombre de députés. Il connaissait bien, pour en
avoir abusé lui-même, cette détestable politique personnelle qui est l'attestation la plus formelle du peu
de développement de nos mœurs politiques. M. Andrieux n'est plus préfet de police ! Alors les questions de liberté individuelle, de garanties des citoyens,
qu'il a soulevées et provoquées, n'ont plus d'intérêt !
L'empire tombe : l'ordre moral tombe; les institutions restent; et on croit que tout est fini !

Nous faisons de la politique comme on lit un
roman. Nous nous passionnons pour le héros et
contre le traître; quelques-uns même, par une sin-

gulière dépravation de goût, se passionnent pour ce dernier. Quand arriverons-nous à faire de la science sociale ?

De là le défaut d'ampleur de la discussion : personne ne voulait voir, au moins en séance, les profondes questions qui s'agitaient autour de cette affaire Eyben-Andrieux.

M. Rameau et M. Cazot, garde des sceaux, essayaient de la réduire à une étroite discussion juridique. M. Peulevey, rapporteur, soutint les conclusions de son rapport aussi bien que la nature de son esprit et de son talent le lui permettait; mais la Chambre voulait s'amuser. C'était une cause grasse! Elle voulait rire par ce temps de chaleur. M. Peulevey déclare, qu' « avec le régime de la police des mœurs, si un homme donne un rendez-vous... »

Vous entendez d'ici la joie de la Chambre! Il y a des députés qui s'esclaffent. C'est si drôle, ce mot à double sens! M. Peulevey répète sa phrase, les éclats de rire continuent; il parvient cependant à dire :

« Donnaient un rendez-vous à leurs femmes ou à leurs filles. »

Ces députés voient sautiller devant leurs yeux un tas d'images égrillardes qui les réjouissent inconsciemment. Seraient-ils aussi gais si, à ce rendez-vous, ils trouvaient leurs femmes et leurs filles entre les mains des agents des mœurs?

Cela arrive, ces choses-là. M. Andrieux l'a déclaré très nettement : cela arrivera tant qu'il y aura une police des mœurs.

Les députés qui se distinguaient particulièrement étaient précisément ceux sur qui la chronique scandaleuse racontait le plus d'anecdotes.

M. Peulevey n'en arriva pas moins à démontrer que le fonctionnaire ne pouvait échapper à toute responsabilité, en sa qualité de député.

M. Cazot, garde des sceaux, chez qui les opinions du professeur de droit avaient fait place aux opinions du ministre, soutint deux thèses :

« Si vous autorisez les poursuites, que voulez-vous faire de la préfecture de police? » dit-il.

Alors, tous les préfets de police devraient être députés? Tout préfet de police devrait donc être irresponsable, quoi qu'il fît?

M. Cazot ne s'aperçut pas de la conséquence à laquelle le conduisait ce premier point; mais il ne recula pas devant la conséquence du second :

« Ce que je défends, ce sont non seulement les fonctionnaires de la République, mais de tous les gouvernements. »

Hélas ! c'est la théorie de la suprématie des fonctionnaires, de leur omnipotence sur les citoyens, de leur irresponsabilité; c'est la théorie soutenue par tous les despotismes, toutes les oligarchies, toutes les bureaucraties, et, en dépit de notre étiquette républicaine, le gouvernement de la France n'est encore qu'une bureaucratie autoritaire, à laquelle sont subordonnés les ministres qui la défendent. C'est leur châtiment !

Lourdement, M. Cazot déclara que Mme Eyben ne pourrait se servir de l'autorisation de poursuites si elle était accordée; mais la Chambre n'avait pas à juger cette question. Elle n'a pas qualité pour trancher des questions de procédure et d'interprétation juridique. M. Cazot parlait à côté de la question, et non sur la question.

Au moment où le garde des sceaux descendit de

la tribune, M. Andrieux prit la parole. Avec son apparence de crânerie gamine, il déclara qu'il demandait à la Chambre de voter l'autorisation des poursuites. Il est vrai qu'il ajoutait immédiatement :

« Je n'ai rien à craindre, d'après la thèse de M. le garde des sceaux, qui continuera à me couvrir et qui ne donnera jamais à son procureur général l'autorisation de poursuivre un fonctionnaire, présent ou passé, si grands que puissent être les abus de pouvoir qu'il aura pu commettre ! »

A droite, il y eut des applaudissements, applaudissements d'anciens fonctionnaires et ministres de l'empire et de l'ordre moral, dont la présence sur ces bancs attestait l'irresponsabilité permanente des gouvernants en France. La cause que soutenait tout à l'heure M. Cazot, que soutenait M. Andrieux, c'est la thèse invoquée pour couvrir les Émile Ollivier, les Rouher, les ministres du 16 mai, les de Fourtou, les de Broglie. Eux ou leurs amis applaudissaient, en MM. Cazot et Andrieux, leur propre impunité.

M. Andrieux, le 11 avril, avait lu à la Chambre un rapport de ses agents, fait après coup, n'appartenant pas au dossier judiciaire.

La fausseté de toutes ses allégations avait été démontrée. Cependant M. Andrieux recommença. Il fut cependant moins affirmatif. Il procéda par voie d'insinuations.

« Mme Eyben allait au passage des Panoramas chercher ses enfants. Est-ce qu'une femme va au passage des Panoramas, l'endroit le plus mal famé de Paris ? »

La Chambre avait trouvé des allusions dans les

paroles les plus simples de M. Peulevey. M. Andrieux recherchait les allusions polissonnes. Il les soulignait. Il les mimait!... C'était honteux!

Il y avait des députés qui riaient, trouvant charmants ces procédés parlementaires. Il est vrai qu'il y en avait, non seulement à l'extrême gauche et à l'union républicaine, mais encore au centre gauche, qui protestaient et criaient : — C'est indigne !

On entendait aussi murmurer :

— Et la rue Duphot? Et Mystère?

— Vous prouverez cela au tribunal, criaient des députés.

— Vous déshonorez la tribune !

M. Guillot (de l'Isère) protesta vivement. M. Gambetta approuva les procédés parlementaires de M. Andrieux. Ils le faisaient rire, d'un rire gras de Gascon rabelaisien. Ils l'amusaient, et il montra, une fois de plus, l'idée qu'il se fait du niveau que doivent avoir les débats dans la Chambre des députés qui représente la France, et de la protection dont doivent jouir les citoyens contre des calomnies auxquelles ils ne peuvent répondre.

M. Andrieux, après ses insinuations, exploita, de nouveau, la haine bien connue de la plupart de ses collègues contre les journaux. Il parla de spéculations, de syndicats et de barnums. Qu'entendait-il par là? Spéculation d'un journal, exploitant quoi? le sentiment de justice, la conception du droit, le respect des faibles et des opprimés! Ah! M. Andrieux doit mépriser profondément ce genre d'exploitation. Elle est complètement en dehors de ses moyens. Il croit, du reste, qu'il y en a d'autres plus profitables.

Syndicats? Il voulait parler des associations ayant

22.

pour but de défendre la liberté individuelle. Barnums,
cette épithète s'appliquait sans doute à des hommes
comme John Bright, Jacob Bright, Stansfeld, Shaw-
Lefevre, lord Derwent, le lord-maire, membres du
gouvernement anglais et de la Chambre des communes, qui trouvent, eux, que la question du respect
des femmes, les plus déshonorées et les plus abandonnées, n'est pas au-dessous de leur attention !

M. Andrieux, citant un passage d'un compte rendu
de la *Lanterne,* tout d'un coup s'arrêta court et
ne reprit qu'avec hésitation. C'est que précisément le passage qu'il était sur le point de lire contenait un parallèle entre la manière dont le parlement
anglais et la Chambre des députés français traitent
ces questions. A l'étranger, nos hommes politiques
ont la réputation de n'être pas sérieux. Il faut avouer
que si on jugeait la nation française par des séances
comme celle-là, on pourrait croire qu'elle n'est
qu'une réunion de gamins.

La *Lanterne* avait dit que la magistrature était
subordonnée à la police. M. Andrieux vint bien haut
affirmer cette subordination. Il déclara que le procureur de la République, avant de rendre son ordonnance de non-lieu, lui avait dit :

— Voulez-vous? Si vous ne voulez pas, eh bien !
nous poursuivrons Mme Eyben.

Si le garde des sceaux avait eu le sentiment de la
dignité de la magistrature, il eût dû immédiatement
intervenir pour infliger un démenti à M. Andrieux.

Enfin, M. Madier-Montjau monte à la tribune.
Avec son autorité, il montre quel rôle bizarre joue
l'immunité parlementaire de M. Andrieux.

Par deux fois, du haut de la tribune, celui-ci est
venu amonceler les accusations contre Mme Eyben,

sans que celle-ci ait pu avoir la parole pour se défendre. Si M. Andrieux n'avait pas été député, le débat judiciaire eût eu lieu et la réponse eût suivi l'attaque.

On vote. Par 324 voix contre 91, les poursuites sont repoussées !

Que représente ce vote?

L'indifférence des législateurs en matière de garanties de la liberté individuelle;

L'impuissance pour la Chambre de s'élever de la question personnelle à la question abstraite;

Le mépris de la femme qui s'affirme toujours dans les milieux corrompus et à mœurs relâchées;

La conviction profonde, absolue, chez tous les fonctionnaires passés ou futurs, chez tous les ministres passés ou présents, chez la grande majorité des députés que tous les gouvernants grands et petits, doivent jouir d'une irresponsabilité absolue!

VIII

La thèse juridique mérite toute notre attention. Invoquant l'article 10 de la loi du 28 avril 1810 sur l'organisation judiciaire et l'article 479 du Code d'instruction criminelle, M. Cazot montrait que le ministère public seul pouvait mettre en mouvement l'action publique pour les fonctionnaires tels que préfets, préfet de police, etc. Le procureur général peut seul diriger les poursuites; en cas de refus de sa part, il est vrai que le plaignant a le droit de s'adresser à la cour qui, toutes chambres réunies, peut les ordonner.

L'article 75 de la constitution de l'an VIII, qui

protégeait les fonctionnaires, a bien été abrogé par le
décret du 19 octobre 1870 ; mais, celui-ci n'a en rien
modifié les dispositions de la loi de 1810 et de l'article 479.

Si le fonctionnaire ne se rend coupable que d'un
délit et n'est pas protégé par les articles susdits,
l'individu lésé peut le poursuivre ; mais comme les
arrestations et détentions arbitraires, les violations
de domicile sont des crimes, le parquet seul peut
faire agir la justice. Nous devons donc conclure que
la protection du citoyen est en raison inverse de la
gravité de l'acte commis à son égard et de l'importance du fonctionnaire qui l'a commis.

Ce n'est pas tout : le préfet de police vous arrête,
viole votre domicile, c'est un abus administratif,
c'est un acte de haute police : poursuivez-le maintenant : il prend un arrêté de conflit : la cause est portée devant le tribunal des conflits dont l'impartialité
est assurée par la présidence du garde des sceaux, et
les gens qui se prétendent lésés, sont proprement
déboutés de toute demande. L'article 75 est abrogé
sur le papier ; en fait, les fonctionnaires sont toujours irresponsables.

M. Batbie, au sénat, a présenté en 1881 un projet
de loi tendant à changer cet état de choses. Malheureusement, comme ancien promoteur du « gouvernement de combat », il n'avait peut-être pas l'autorité
suffisante pour parler de liberté avec autorité. Toutefois le projet était utile : et nous avons assisté à ce
spectacle singulier qu'il a été défendu par la droite
et repoussé par la gauche (9 février 1882). Les congré-
gations religieuses ont eu à se plaindre d'abus de
pouvoir qui, précédemment, ne s'exerçaient guère
que sur les républicains et les radicaux. Elles deman-

dent la responsabilité des coupables : et les républicains et les radicaux, en grand nombre, hélas ! qui
ont vu ces actes avec satisfaction, trouvent tout simple,
de maintenir une législation qui, la veille, était
presque exclusivement dirigée contre eux et du jour
au lendemain, peut se retourner contre eux.

Pour la majorité des Français, la liberté ! — c'est
le droit d'arrêter les autres.

IX

Maintenant, voici le récit « d'une femme galante », se déclarant telle, intelligente, ayant de
l'argent, la volonté de s'affranchir. Elle avait été
arrêtée chez elle, dans son domicile, à dix heures du
soir, sans qu'on pût lui reprocher aucun scandale
sur la voie publique. Elle attribue son arrestation à
un locataire de la même maison dont elle avait
repoussé les avances, parce qu'elle trouvait que
son voisinage aurait pu provoquer du scandale.

« Je suis arrêtée, emmenée au poste, confinée
dans un violon infect. Le lendemain, au dépôt, puis
à la visite. Là, je passe au milieu d'un tas de gens,
agents et médecins, qui me regardent avec insolence,
comme une bête curieuse. Ils prennent ainsi mon
signalement. On me soumet à la visite. — « Ulcérations du col de la matrice. » On m'envoie à Saint-Lazare. Le médecin est bienveillant, j'ai de l'argent,
et par conséquent, des faveurs. Au bout de huit
jours, on me réexpédie au dispensaire, avec recom-
mandation de dire que je suis depuis quinze jours à
Saint-Lazare. Huit ou quinze jours, peu importe. Je

n'aurais pu être guérie dans ce laps de temps. On
me visite, de nouveau ; puis on me fait passer de
bureaux en bureaux ; on me fait signer des registres,
des papiers, sans rien me dire ; je crois que ce sont
de simples formalités pour me mettre en liberté ;
enfin, un employé me présente une carte :

— Signez !

« Je comprends alors : c'est ce que ces messieurs
appellent « l'inscription volontaire. » Je rejette la
carte.

— Jamais !

« On me relâche tout de même. Huit jours après,
on envoie un agent m'apporter un papier qui m'ordonne de passer à la Préfecture ; on me représente
l'odieuse carte. Je la refuse.

« On me dit : Elle est du 23. Ayez soin de venir
à la visite avant l'époque déterminée.

— Que faire ?

« Je vais consulter des personnes en qui je place
ma confiance. Elles me répondent :

— Mettez-vous d'abord à l'abri de la police des
mœurs ; car si vous restiez à Paris, elle pourrait,
pour vous intimider, vous arrêter de nouveau, vous
détenir indéfiniment.

— Vraiment ?

— Oui, c'est un droit qu'ont donné à M. le préfet
de police un long usage et une longue impunité.

— Mais, c'est horrible ! Je vais aller à Bruxelles.

— N'y allez pas. Bruxelles, qui fait tout à l'instar
de Paris, a aussi sa police des mœurs. Les polices se
soutiennent entre elles. Le policier de Paris peut
écrire à son collègue de Bruxelles :

— « Voyez donc si vous n'avez point à Bruxelles
une femme que je voulais mettre en carte, qui s'a-

vise de m'intenter un procès et de vouloir faire
du bruit. Ayez l'obligeance de lui prouver qu'elle
ne sera pas mieux à Bruxelles qu'à Paris. Vous se-
rez bien aimable de lui mener la vie un peu dure, à
charge de revanche. »

— Et il le fera?

— Entre collègues, ce sont là de petits services
qu'on ne se refuse pas.

— Mais c'est épouvantable!

— C'est ainsi.

« Je ne sais que devenir. Ainsi je ne suis pas libre,
chez moi, tranquillement de faire ce que je veux? Je ne
m'appartiens pas! Si je veux avoir un ou plusieurs
amants, il faut la permission, l'autorisation de la
police! elle m'inscrit! elle me met en carte! elle
me soumet à des obligations que je n'accepte pas ;
et rien à faire ! et si je vais d'une ville dans une autre, je retrouverai cette même police ; et comme les
collègues de Bruxelles sauront que je suis une ré-
voltée, ils rendront à leurs collègues de Paris le
service de me persécuter !

« Je roulais toutes ces réflexions dans ma tête. Je
ne comprends pas bien toutes ces combinaisons.
Pourquoi ne pas laisser les gens tranquilles ? Ce serait si simple! Et si on tracasse les femmes, pourquoi ne pas tracasser les hommes?

« On me conseille d'aller voir un avocat. Il me fait
entrer dans des détails qui me paraissent bien su-
perflus.

« Je les donne cependant. Il est décidé qu'il pré-
parera une assignation. Je prends rendez-vous avec
lui le lendemain au Palais de Justice. Il doit m'y
procurer un huissier. Il paraît que c'est très difficile
de trouver un huissier qui consente à assigner le

préfet de police ; je comprends cela. C'est bien hardi
d'attaquer un homme qui peut faire de vous tout ce
ce qu'il veut !

« Je vais au palais à l'heure dite. L'avocat était en
robe. Il vient à moi, très poli et très gracieux, du
reste, mais il me dit :

— On ne peut pas poursuivre le préfet de police,
qui est député et qui est protégé par l'article 10 de
la loi du 20 avril 1810 ; mais on peut poursuivre
M. P..., le commissaire de police, on peut poursuivre M. Caubet, etc. On peut poursuivre M. Macé,
le chef actuel du service des mœurs. Ils ont violé la
loi. Puis, quand il aura été démontré que la loi a été
violée par eux, on pourra retomber sur le préfet de
police.

« Mon avocat charge son secrétaire de préparer
une assignation. Celui-ci la rapporte le lendemain.
Dans cette assignation, il constatait que MM. Macé,
Caubet, avaient violé les principes généraux de
droit public qui existent en France, qu'ils avaient
violé l'article 76 de la Constitution de l'an VIII
et l'article 291 de la loi de 1854 sur la gendarmerie ; qu'ils avaient commis des attentats contre la
liberté individuelle tombant sous le coup des peines
édictées par les articles 114 et 341 du Code pénal.
Je voyais déjà MM. Macé, Caubet au bagne, et le
préfet de police les suivre. Je commençais à avoir
pitié d'eux et étais prête à demander leur grâce !

« Munie de ce projet d'assignation, on me conduit
chez un avoué. Il paraît que, sur les cent cinquante
avoués du département de la Seine, c'était le seul
qui eût assez d'audace pour oser se charger d'une
pareille affaire. Il jette un coup d'œil sur le projet
d'assignation, et aussitôt pousse un cri : — Mais

ce n'est pas possible ! il n'y a pas moyen de rien faire dans ce sens. Si MM. Caubet, Macé, Andrieux n'avaient commis qu'un délit, nous pourrions les poursuivre ; mais ils ont commis des crimes. Or, l'action en matière criminelle n'appartient qu'au ministère public. Vous ne pouvez poursuivre directement. Vous n'avez donc d'autres ressources que d'adresser une dénonciation au procureur de la République.

— Et alors il poursuivra ?

— Il la mettra au panier, au nom du principe d'autorité.

« Le principe d'autorité, voyez-vous, est, dans notre beau pays de France, de beaucoup supérieur à toutes les lois ! Avant tout, il ne faut pas l'ébranler. Un fonctionnaire viole la loi : cela est de peu d'importance. Les lois sont faites pour protéger les fonctionnaires, et molester les particuliers, sous l'autorité supérieure des magistrats. Jamais un magistrat ne pourra considérer comme un crime la violation d'un domicile par la police, une arrestation sans mandat, une détention arbitraire. Nous l'avons vu mille fois quand il s'agissait de politique. Maintenant il s'agit de la prétendue police des mœurs. La magistrature pensera que l'illégalité est couverte par la prescription, par l'habitude ; l'abus du crime justifie le crime.

— C'est bien étonnant, je croyais que la loi était faite pour tout le monde.

— Cela prouve votre candeur, me dit l'avoué avec un petit sourire insolent.

« Puis il ajouta : — Je vais étudier votre affaire. Nous allons voir si nous pouvons l'introduire d'une manière quelconque au correctionnel, ou recourir à la juridiction civile. Revenez demain.

23

« J'y retourne le lendemain. Avant toute explication, il me fait verser 200 francs, puis il me dit :

— Maintenant, écrivez la lettre suivante au préfet de police.

« Il me dicte une lettre, à l'adresse du préfet de police, dans laquelle je lui demande de rayer mon inscription, en lui disant que je ne veux point accepter sa carte.

« Ensuite, l'avoué, comme tout le monde, ajoute qu'en attendant la réponse, je n'ai qu'une chose à faire : — quitter Paris afin de me soustraire à l'action de M. le préfet de police, qui peut m'arrêter quand bon lui semble et me détenir tant qu'il voudra. Je ne vois d'autre solution que de partir pour Londres ! c'est une belle chose que la loi et la justice françaises !

« Mais, j'ai de l'argent, je ne suis pas embarrassée, j'ai l'expérience de la vie : mettez à ma place une pauvre jeune fille, sans argent, sans expérience, une petite ouvrière, vierge au besoin, elle devient la chose de la police quand il plaît à la police qu'elle soit sa chose ! »

Conclusion. — S'il est difficile à un citoyen français de se faire rendre justice contre un abus de pouvoir, cela est complètement impossible à une femme.

Ceux mêmes qui paraîtraient disposés à la défendre ne prennent pas sa revendication au sérieux.

CHAPITRE IX

EXCITATION OFFICIELLE DES MINEURES A LA DÉBAUCHE

I. Dispositions légales. — Filles nubiles. — Seize ans. —
MM. Lenaërs et Buls. — Les boucs émissaires.
II. Protection de la maîtresse de maison.
III. Enfants.
IV. Hypocrisie de la police. — Vente légale d'une mineure par
elle-même !
V. Nécessité de garantir les droits individuels.

I

Non seulement la police des mœurs viole toutes
les lois relatives à la liberté individuelle, mais elle
viole encore des lois d'un autre ordre.

Le Code pénal français contient les dispositions
suivantes :

Art. 331. — Tout attentat à la pudeur, consommé ou tenté sans violence sur la personne de l'un ou l'autre sexe, âgée de moins de
treize ans, sera puni de la reclusion.
Art. 332. — Quiconque aura commis un attentat à la pudeur, consommé ou tenté avec violence contre des individus de l'un ou l'autre
sexe, sera puni de la reclusion.
Si le crime a été commis sur la personne d'un enfant au-dessous de
quinze ans accomplis, le coupable subira la peine des travaux forcés
à temps.
Art. 333. — Si les coupables sont de la classe qui a autorité sur
elles, s'ils sont fonctionnaires, ou si le coupable quel qu'il soit, a été
aidé dans son crime par une ou plusieurs personnes, la peine sera des
travaux forcés à temps dans les cas prévus par l'article 431, et des travaux forcés à perpétuité dans les cas prévus par l'article précédent.

Art. 334. — Quiconque aura attenté aux mœurs en excitant, favorisant ou facilitant habituellement la débauche ou la corruption de la jeunesse de l'un ou l'autre sexe au-dessous de vingt et un ans, sera puni d'un emprisonnement de six mois à deux ans.

L'article 421 du Code pénal italien a des dispositions analogues.

L'article 379 du Code pénal belge de 1867 reproduit l'article 334 du Code civil français en y ajoutant la disposition suivante, qui date de 1846, « pour satisfaire les passions d'autrui ».

Le règlement du 20 vendémiaire an XIII (12 octobre 1804) portait : « Il ne sera enregistré aucune fille qui ne paraîtrait pas nubile. » Les profonds jurisconsultes de la préfecture de police en ont déduit qu'ils avaient le droit d'inscrire les filles vers l'âge de seize ans.

M. Delavau avait d'abord fixé l'inscription des filles à dix-huit ans; mais il reconnut que cet âge était trop avancé, et il inscrivit des filles plus jeunes. M. Debelleyme, par une décision du 20 mars 1828, fixa l'âge de l'inscription à dix-sept ans. M. Mangin le reporta à vingt et un ans, mais il revint sur sa décision et enregistra lui-même de toutes jeunes filles.

Parent-Duchatelet considère que l'âge de seize ans est l'âge légal[1]; c'est l'âge adopté par le règlement italien pour l'internement des jeunes filles dans les maisons de tolérance[2].

De 1816 à 1832, sur 12,550 filles inscrites, 2843 avaient été enregistrées avant l'âge de dix-huit ans : 6274 avant la fin de leur vingtième année.

1. T. Iᵉʳ, p. 368.
2. Art. 60.

Dans la période décennale de 1857 à 1866, sur 4097 filles nouvellement inscrites à Paris, on comptait :

Filles ou femmes âgées de plus de vingt et
    un ans........................... ...   2743
        Soit 67 0/0.
Mineures................................   1354
        Soit 33 0/0.
                                          _____
                                           4097

Sur ces 1354 mineures, on en comptait au-dessous de dix-huit ans, 302, et au-dessus de dix-huit ans, 1052.

Dans une période de six ans, à Bordeaux, de 1855 à 1860, sur un total de 1004 prostituées, 206 ont été inscrites avant l'âge de vingt et un ans [1].

Voici le relevé officiel du nombre d'inscription de mineures pour Paris :

Mineures de dix-huit ans accomplis (p. 346) :

1855   182
1860........................   80
1865........................   76
1869........................   65
1872........................   160
1873........................   188
1874........................   174
1875........................   149
1876.   115

Mais il y en a au-dessous de dix-huit ans.

Mineures au-dessous de dix-huit ans :

1855........................   75
1860........................   20
1865........................   13
1869........................   22

1 Jeannel, p. 331.

                                          23.

Après la guerre la police redoubla de zèle [1].

En Belgique, M. Lenaërs avait légitimé, dans son rapport du 1er février 1876, l'inscription des filles mineures :

« Elle doit non seulement être punie de ce fait, » mais encore être inscrite, dit-il ; de sorte que pour punir une fille de s'être prostituée, il faut la condamner à se prostituer davantage ; en vertu de cette logique, pour punir un voleur d'avoir volé, il faudrait le condamner à voler toujours ; un assassin d'avoir tué, le forcer de multiplier les assassinats !

Nous avons vu que la police belge avait poussé si loin son zèle dans ce sens qu'elle n'inscrivait pas seulement des mineures qui s'étaient prostituées, mais même des mineures vierges. Une décision du Collège échevinal lui donnait toute latitude, sous ce rapport, comme le constatait M. Schröder dans le procès des proxénètes [2].

Le parquet, paraît-il, qui ignorait que ce délit fût commis d'une façon permanente et ouverte dans la ville de Bruxelles, écrivit à M. Buls, faisant les fonctions de bourgmestre, pour lui demander des explications.

M. Buls répondit par une lettre du 13 décembre 1880, dans laquelle, invoquant l'article 96 de la loi communale, qui donne au Collège des Echevins le soin de prendre les mesures propres à assurer la santé, la moralité et la tranquillité publiques, et de faire à ce sujet tels règlements, qu'il juge nécessaires et utiles, il concluait que le règlement n'avait point distingué, à bon droit, entre les majeures et les

1　Voir plus loin : p. 332 et 333.
2. Voy. ci-dessus, chap. VII.

mineures. « Ces mesures sont-elles légales, il nous est permis de le croire, disait-il, puisque notre règlement n'a pas été annulé jusqu'ici. »

Il ajoutait :

« Nous avons tout lieu d'appréhender que si l'administration, se conformant aux vues du parquet, empêche les prostituées mineures d'exercer leur métier dans les maisons de débauche et les maisons de passe, la surveillance de la police ne devienne tout à fait inefficace, que par suite la prostitution clandestine ne se développe dans des proportions considérables et que le but louable que vous vous proposez ne soit tout à fait manqué. Nous vous prions, Monsieur le Procureur du Roi, de peser ces observations avant de vous opposer à l'exécution des mesures que nous avons cru devoir prendre dans un intérêt général qui mérite considération.

« Nous sommes convaincus, en tous cas, que vous n'hésiterez pas à reconnaître que la police de Bruxelles n'a encouru aucun blâme en admettant l'application aux filles mineures des articles 14 et 22 de notre ordonnance sur la prostitution, attendu qu'elle a agi en conformité des intentions qu'avaient dictées ces dispositions. »

En fait le parquet donna raison à sa thèse, puisqu'il ne poursuivit pas le bourgmestre, puisqu'il ne poursuivit pas les échevins, et se contenta des tenanciers. On les prit comme boucs émissaires, et cependant ils pouvaient arguer de leur bonne foi. Un des prévenus répondit au président, qui lui reprochait d'avoir reçu chez lui une fille mineure dont toute l'apparence dénotait la grande jeunesse : « Pour- « quoi lui aurais-je fait une observation, puisque « M. le commissaire ne lui en faisait pas ? »

En réalité, sous prétexte de justice, on profitait de ce que ces gens étaient de mauvais drôles, n'inspirant d'intérêt à personne, pour commettre une injustice à leur égard.

C'est également la jurisprudence française, sur laquelle les deux arrêts suivants « jettent la plus vive lumière : »

« Attendu que le prévenu d'attentat aux mœurs pour avoir habituellement facilité la débauche d'une jeune fille au-dessous de vingt et un ans, ne peut être acquitté de ce délit par le motif que cette jeune fille était inscrite à la police, et qu'ainsi le prévenu était fondé à croire qu'elle avait plus de vingt et un ans. » (Arrêt de la chambre criminelle de la Cour de cassation. Dalloz, *Recueil de Jurisprudence*, titre II, art. 345.)

« Jugé de même que les livrets remis par la police aux filles publiques ne sont que la suite d'une mesure sanitaire qui ne leur donne point le droit de se livrer à la débauche. Dès lors une femme prévenue d'avoir favorisé la débauche de deux filles mineures ne peut être renvoyée de la plainte sur le motif que ces filles étant munies de livrets lorsqu'elles se sont présentées chez elle, elle a pu ne pas se croire obligée de s'enquérir de leur âge. » (5 février 1830. Douai, *Ministère public contre Clément.*)

Toutefois, ces contradictions sont assez rares.

II

« La maîtresse de maison est soustraite en fait, sinon en droit, à l'application de l'article 334[1]. »

En effet, au mois de décembre 1877, à Paris, on constatait qu'une jeune fille de quinze ans, séduite par un individu, avait été conduite ensuite par lui

---

1. Lecour, p. 164.

dans une maison de tolérance et y était restée. La police l'avait donc inscrite, sans s'informer des circonstances qui l'avaient amenée là. Le séducteur fut poursuivi par le père pour détournement de mineure : il ne vint à personne l'idée de poursuivre la tenancière [1].

Dans un autre procès, une malheureuse petite négresse de quinze ans racontait son odyssée de misère et de coups; elle avait été envoyée dans une maison de prostitution à Fécamp. Le tenancier s'était borné à lui dire : — « Tu diras à la police que tu as dix-huit ans. » La police s'était contentée de cette déclaration.

Dans son réquisitoire écrit au sujet de l'affaire de la rue Duphot, le procureur de la République déclarait que « les habitudes professionnelles des proxénètes en maison échappent à la vindicte des lois [2].

III

Ce n'est pas assez. Dans sa déposition devant le conseil communal de Bruxelles, M. Henri Boland a avancé les faits suivants :

A Bruxelles, dans une maison de tolérance, située 42, rue Saint-Jean-Népomucène, il y avait, l'année dernière, une enfant de douze ans séquestrée, livrée de force à des clients!

Rue du Persil, n° 3, se trouvait une jeune fille âgée de treize ans.

Au mois d'octobre dernier, rue du Pilote, dans une maison de tolérance, il y avait des petites filles de douze à treize ans.

1. *Bien public*, 18 décembre 1877.
2. 13 mars 1881.

Une madame Constance avait l'habitude de fournir des enfants de douze à quatorze ans.

Une madame Hortense tenait dans la rue Gamberot une splendide maison, où elle mettait à la disposition de ses clients des enfants de dix, onze et douze ans.

M. X..., de Saint-Pierre-lès-Calais, déclarant qu'au besoin il se nommerait, raconte que dans la maison de madame Van Humbeck, on lui offrit un jour une enfant âgée de treize ans.

M. Dyer dit avoir vu, rue Pachéco, une petite fille qui n'avait pas plus de douze à treize ans.

Sur le registre commencé en 1796, on voit un grand nombre de jeunes filles de dix, douze, quatorze, quinze, seize ans. Un rapport fait au préfet de police en 1817 le constate [1].

D'après un tableau publié par Parent-Duchatelet, la police avait inscrit sur ses registres, comme prostituées, en 1832, vingt jeunes filles de quatorze ans, six de treize ans, trois de douze ans, trois de onze ans, deux de dix ans [2] !

Aujourd'hui, nous voulons bien croire qu'il n'y a plus d'enfants de dix ans inscrites à la police, mais il y a des mineures au-dessous de dix-huit ans [2]; la Préfecture de Police l'avoue; mais elle ne spécifie pas à quel minimum d'âge elle s'arrête. Est-ce seize ans? Est-ce quinze ans? Est-ce quatorze ans? Est-ce douze ans?

Certains faits, depuis plusieurs années, nous ont montré que des mineures de quatorze ans avaient été enfermées dans des maisons de tolérance.

A partir du jour de leur enregistrement, la police les force donc à vivre uniquement de la prostitution. En vertu de l'article 331, le préfet de police devrait être traduit demain en police correctionnelle en com-

---

1. *Parent-Duchatelet*, t. Ier, 366.
2. T. Ier, p. 92.

pagnie de tous les commissaires de police des villes
de France où le système est en vigueur. Bien plus,
si elles ne sont pas dans leurs meubles, elle les
contraint d'entrer dans une maison de tolérance.
Non seulement elle les excite à la débauche, mais
encore elle commet sur elles un attentat à la pudeur
permanent, en les remettant entre les mains d'une
matrone qui les oblige de se livrer à la prostitution.
En vertu des art. 331, 332 et 333 du Code pénal,
tous les préfets de police auraient dû aller au bagne.

M. Lecour disait que : « Rien n'est plus grave et
n'engage plus la responsabilité de l'administration
que l'inscription d'une fille mineure [1]. »

IV

La police avec ses habiletés hypocrites a trouvé
divers procédés pour échapper à cette responsabilité.

A Lyon, les filles mineures ne sont inscrites ni
sur leur demande ni d'office, elles sont seulement
tolérées, quand on ne peut pas mieux faire, et alors
soumises aux visites sanitaires, comme les filles
inscrites. Mais elles ne peuvent être admises dans
les maisons publiques.

M. de Haussonville, fort sympathique à la police
des mœurs, dont les agents lui avaient fourni des
renseignements, a indiqué clairement le moyen
unique dont se sert la police de Paris pour ne pas
se compromettre : « Quand il s'agit d'une mineure,

_____

1. Lecour, p. 164.

on lui fait signer sa demande d'inscription qui dégage la responsabilité du fonctionnaire vis-à-vis des tiers[1]. »

Voici, d'après M. Jeannel, la formule d'« inscription d'une fille mineure à Bordeaux sur sa demande[2] : »

> « Laquelle déclare se livrer à la prostitution clandestine et ne pas vouloir chercher ailleurs ses moyens d'existence ;
> « Vu douze rapports motivés par son inconduite ;
> « Vu le refus de ses parents de s'occuper d'elle ;
> « Vu un exéat de l'hôpital des vénériens ;
> « Vu l'acte de naissance de la susnommée ;
> « Vu l'autorisation préfectorale ;
> Vu l'inutilité de nos conseils. »

M. Delvau parle de la prudence de la police.

« L'inscription ne peut avoir lieu avant l'âge de seize ans révolus ; et encore si cet âge n'est pas assez visible, on fait attendre un an, deux ans, le temps nécessaire enfin pour que la jeune fille n'ait plus l'air d'une enfant[3]. »

J'admire toujours les précautions, les attentions et les malices de la police : elle ne se doute pas un seul moment qu'il y a des engagements qui n'engagent que la responsabilité de ceux envers qui ils sont contractés, sans engager celui qui les contracte. Si vous vous vendez comme esclave, c'est votre acheteur qui est compromis.

Or ici, elle demande la vente d'une femme, d'une mineure, d'une enfant, qui ne pourrait légalement prendre part au plus modeste contrat, signer

1. Garin, *Police sanitaire*, p. 133.
2. *Revue des Deux-Mondes*, 15 juin 1878, p. 903. *L'Enfance à Paris.*
3. *Paris-Guide*, t. II, p. 1881.

un billet à ordre ; mais, comme il ne s'agit que
de la livraison de sa propre personne, de sa soumission aux caprices de la police, de son accepta-
tion de ce viol périodique qui s'appelle la visite, les
profonds et scrupuleux légistes de la police prennent la signature, la déclarent valable et affirment avec aplomb qu'elle dégage leur responsabilité !

Une jeune fille mineure ne peut se marier jusqu'à
vingt et un ans sans le consentement de ses parents ;
elle ne peut se marier ensuite qu'en leur faisant
des sommations légales. Mais quand il s'agit de
contracter mariage avec le public, la police se contente de sa simple adhésion.

V

Il est difficile d'entasser plus de barbarie et d'hypocrisie, plus de mensonges et de contradictions.
La police, chargée d'assurer la sécurité publique,
commet des crimes ; elle viole tous les principes de
droit public, toutes les garanties primordiales qui
protègent le citoyen, sous prétexte d'intérêts secondaires ; elle substitue son action à celle de la loi ;
elle s'attribue des fonctions de juge qui lui sont
déniées par toute notre organisation judiciaire ; elle
biffe les garanties de notre Code d'instruction criminelle ; elle piétine sur les articles du Code pénal
les plus formels, sans même avoir une apparence
de loi à sa disposition ; elle en arrive à pratiquer
des attentats à la pudeur, à exciter les mineures à
la débauche, à se rendre complice de délits et de
crimes qu'elle poursuit ensuite et fait condamner.

24

Elle fait signer des engagements viciés dans leur origine, dans leur forme, par l'âge des signataires, et les tient pour valables. Voilà ce que font les polices française et belge.

En Italie, il est vrai, une loi couvre ces actes; mais comment une loi pourrait-elle permettre à la police de se rendre coupable de délits et de crimes que le code punit quand ils sont commis par des particuliers?

En Angleterre, il y a une loi; mais alors sous prétexte d'une question d'hygiène, est-il admissible que, du jour au lendemain, le législateur, dans une loi de hasard, viole les principes constitutionnels qui garantissent la sécurité de chaque individu? C'est là une profonde question qui prouve la nécessité d'inscrire dans la charte de chaque peuple un certain nombre de dispositions primordiales et d'en assurer le respect par une institution spéciale, analogue à la Cour suprême des États-Unis, en dehors des fluctuations et des retours d'opinions, pouvant former une barrière soit aux caprices de la dictature d'un homme, soit aux empiètements d'un corps comme la police, et empêche, chose grave entre toutes, l'annulation de la loi par des règlements administratifs.

Proclamer les droits de l'homme est bien; les assurer est encore mieux.

DEUXIÈME PARTIE

ORGANISATION MÉDICALE DE LA PROSTITUTION

CHAPITRE PREMIER

LES MALADIES VÉNÉRIENNES

La syphilis préhistorique. — Çiva. — N'a pas été importée
d'Amérique. — Conclusions de Lancereaux. — La blennorrhagie. — Règles pour la gagner. — Maladie locale. —
— Chancre simple. — Maladie locale. — La syphilis. — Le
chancre infectant. — Ne se découvre presque jamais chez la
femme. — Extra-génital. — Contagion des accidents secondaires. — Durée. — Fournier. — Conclusion.

Nous devons d'abord donner une idée précise de
l'état de la science actuelle, à l'égard des maladies vénériennes. La plupart des gens de police, qui se prétendent investis de la mission d'en arrêter la contagion, ne se sont jamais donné la peine de se demander
quel en était le caractère.

Une légende répandue faisait importer la syphilis
ou vérole de l'Amérique par Christophe Colomb et
ses compagnons. La filiation que donne Voltaire de
la vérole de Paquette est fausse.

Aujourd'hui on abandonne ces révolutions sou-
daines, ces coups de théâtre à l'aide desquels jadis

on s'imaginait l'histoire de l'univers et de l'humanité.

M. le professeur Parrot a constaté sur des os, trouvés par le docteur Prunières dans les dolmens de la Lozère, des ostéophytes syphilitiques. Ces os appartiennent à l'époque néolithique. Nous mentionnons, en passant, ce fait très important au point de vue historique. M. Dabry a traduit un livre chinois où l'on mentionne la syphilis deux mille ans avant notre ère.

M. Lancereaux la retrouve dans le mythe de Çiva. Çiva s'est laissé aller à la volupté : ses parties génitales sont dévorées par la gangrène qui se répand sur le monde, se communiquant des femmes aux hommes et des hommes aux femmes. Elle ne cessa que par suite des prières des pénitents : les parties guéries furent suspendues en *ex voto* dans le temple de la divinité.

Dans la préface de son *Traité de la syphilis*, le même auteur a suivi sa filiation jusqu'à nos jours et a prouvé qu'elle était connue des anciens. Elle n'avait eu garde de disparaître dans cette époque de misère, de saleté et de débauche qui s'appelle le moyen âge. M. Daremberg l'a retrouvée dans un manuscrit du neuvième siècle.

Il est probable que l'humanité, avec le défaut de méthode qui la caractérise encore aujourd'hui si souvent, établit une connexité entre deux faits qui n'avaient aucun rapport : la découverte de l'Amérique et une épidémie. La vérole du quinzième siècle n'apparaît d'abord ni à Lisbonne, ni à Bayonne, où reviennent les matelots de Colomb, mais au milieu des armées qui dévastaient l'Italie. La description qui en est faite ressemble beaucoup plus à celle

de la morve aiguë et du farcin qu'à celle de la vérole[1].

M. Lancereaux conclut :

1° Les affections syphilitiques paraissent avoir été
vues ou même décrites dans les temps les plus re-
culés. Toutefois, comme le lien qui unit ces diverses
manifestations et en constitue une unité pathologique avait échappé aux anciens observateurs, il
faut bien reconnaître que la conception nosologique
de la syphilis ne date en réalité que de la fin du
quinzième siècle.

2° En dehors de sa forme commune et habituelle,
la syphilis se montre parfois sous les formes épidé-
mique ou endémique. Rare et presque exceptionnelle, la première de ces formes n'apparaît que dans
des circonstances spéciales ; plus générale, la seconde
est pour ainsi dire la forme ordinaire de la syphilis,
dans certaines localités où il y a agglomération d'individus non encore acclimatés, et en particulier dans
les grands ports de mer.

Si la syphilis est la plus grave des maladies vénériennes, il ne faut pas croire que toutes soient syphilitiques. C'est là un fait reconnu depuis peu, mais extrêmement important au point de vue des questions
de prophylaxie, comme nous le constaterons plus loin.

Les lésions vénériennes sont la blennorrhagie,
toutes les ulcérations plus ou moins étendues, le
chancre non infectant, dit simple ou mou, qui peuvent survenir après un coït malsain ; elles ne donnent pas lieu aux accidents secondaires.

Les lésions syphilitiques sont caractérisées par les
diverses formes du chancre induré ou infectant.

1. Ricord, *Lettres sur la syphilis.*

24.

La blennorrhagie et la syphilis sont deux affections essentiellement distinctes : jamais la blennorrhagie ne détermine à sa suite les accidents
constitutionnels de la vérole; jamais la vérole ne reconnaît pour origine une blennorrhagie simple (Ricord, Fournier).

Fréquemment les femmes communiquent la blennorrhagie sans l'avoir; elles donnent vingt chaude-
pisses contre une qu'on leur rend[1]. Ricord a même
enseigné aux amateurs le moyen de se la procurer : prendre une femme blonde, un peu chloroti-
que, boire du vin blanc et de la bière, danser toute
la soirée et coïter avec le même entrain; l'affaire est
faite. Le monsieur qui l'aura obtenue croira que la
femme est coupable, et s'il est partisan de la police
des mœurs, il la dénoncera. Lisfranc compte que,
sur mille individus, huit cents ont eu ou auront la
chaudepisse. Ricord confirme[2]. Certains médecins
veulent en faire une maladie constitutionnelle, et
ont créé le rhumatisme blennorrhagique. Les cas
où il s'est présenté n'ont pas de rapport avec la fréquence de cette maladie, essentiellement locale[3].

Depuis un peu plus de trente ans, on admet qu'il
y a deux sortes de chancres : le chancre simple ou
mou, et le chancre infectant. C'est la doctrine connue sous le nom de dualisme.

Le chancre simple est une ulcération virulente,
contagieuse, inoculable au malade, qui reste toujours un accident local. L'incubation est très courte,
huit jours au plus.

1. Ricord, *Lettres sur la syphilis*, p. 47.
2. P. 72.
3. Rizal, *Manuel pratique des maladies vénériennes*, 1881.

La blennorrhagie et le chancre simple peuvent se reproduire indéfiniment. La syphilis ne peut se doubler[1]?

La syphilis débute toujours par un chancre qui est l'accident primitif.

Le chancre est la première période de la maladie, puis viennent les accidents secondaires et enfin les accidents tertiaires.

On a cru longtemps que le chancre infectant devait être ordinairement solitaire, au point que lorsqu'ou rencontrait sur un malade plusieurs chancres, en écartait, par ce fait seul, l'idée de syphilis. C'est une erreur. M. Rizat a vu un malade porteur de quatorze chancres infectants[2].

Le chancre infectant a une incubation longue, extraordinairement longue quelquefois : 35, 40, 60, 70 jours; M. Rizat a observé une incubation de 114 jours (près de quatre mois).

Que le principe virulent de la syphilis soit un végétal ou une cellule, il ne se transmet jamais autrement que par contagion, et il ne se manifeste jamais autrement que par un ou des chancres; la contagion est directe ou médiate.

Les conditions pour que la contagion puisse avoir lieu à la suite des rapports sexuels sont : 1° le dépôt du virus syphilitique sur un point de la peau ou des muqueuses ; le sperme n'est pas contagieux ; 2° L'existence d'une excoriation, une déchirure quelconque, au point où le virus a été déposé ; avec une peau intègre on peut sortir sain et sauf des rapports les plus compromettants[3] ; 3° le fait que

1. Ricord.
2. Rizat, *Op. cit.*, p.
3. Martin, Belhomme.

l'individu soumis à la contagion ne soit pas réfractaire, qu'il n'ait pas ou. n'ait pas eu la syphilis constitutionnelle soit acquise, soit héréditaire[1].

C'est un préjugé répandu que la contagion syphilitique ne peut se transmettre que par les organes génitaux. C'est une erreur. Le chancre peut se développer à la suite de rapports anormaux : coït buccal ou pédérastie. La région mammaire, pour le même motif, est souvent le siège du chancre infectant[2]. Si vous buvez dans le verre, fumez la pipe d'une personne ayant des accidents secondaires dans la bouche, et si vous avez des érosions, si minimes qu'elles soient, sur les lèvres, vous contractez autant de chancres que d'érosions[3]. Les coups de rasoir chez les barbiers sont une cause fréquente de contagion[4]. La syphilis peut se communiquer par les sécrétions sans qu'il y ait lésion apparente. Le docteur Lee attribue la contagion de plus de la moitié des cas à cette dernière forme[5].

M. Lancereaux admet quatre périodes dans la syphilis :

1° Incubation ;

2° Éruption locale ou accident primitif (chancre) ;

3° Éruptions générales ou accidents secondaires, comprenant toutes les syphilides cutanées, muqueuses et viscérales qui ne se manifestent que d'une façon superficielle, sans désorganiser les organes sur lesquels elles se sont développées;

1. Ricord, *Lettres sur la syphilis*, p. 183.
2. Rizat, p. 310.
3. *Id.*, p. 21.
4. P. 346.
5. Henri Lee, *Report Cont. Dis. Acts*, Q. 1036.

4° Périodes de gommes ou accidents tertiaires, comprenant les syphilides cutanées et viscérales, intéressant profondément les tissus, et amenant quelquefois la désorganisation, la mortification des organes glanduleux ou viscéraux où elles ont accompli leur évolution. Elles amènent quelquefois la mort.

Qu'est le chancre à sa période initiale ?

« Si peu de chose, dit M. Fournier [1], que je puis sans exagération le **qualifier** de la façon suivante : *la plus petite, la plus superficielle, la plus bénigne, la plus insignifiante de toutes les érosions possibles.* Ce n'est pas quelque chose, pour ainsi dire ; c'est *moins que rien.* A ce point que la première fois ou les premières fois qu'on est appelé à constater le chancre sous cette forme et à cet âge, *on y est toujours trompé.* — Et il est impossible qu'on ne s'y trompe pas.

« Qu'est-il plus tard ? Une petite érosion reposant sur une base épaissie.

« Plus tard encore, à son *summum* de développement ? Une plaie limitée, en général simplement érosive, indolente, sans tendance à s'étendre non plus qu'à se creuser ; quelque chose comme un herpès élargi, quelque chose comme le plus superficiel et le plus benin des traumatismes.

« Puis enfin cette érosion se répare, se cicatrise. Et tout est dit. C'est là tout. Le chancre est cela et rien de plus. »

Cet accident est si petit que jadis on croyait qu'il était exceptionnel chez la femme. On a même fait des thèses pour prouver qu'il n'existait pas : rien

---

1. *Leçons sur la syphilis*, 83.

de plus faux [1]. La syphilis procède chez la femme comme chez l'homme, et les conditions sexuelles n'en modifient en rien l'évolution. Seulement, chez la femme, bien plus souvent que chez l'homme, il est extragénital. Il doit donc être recherché en dehors des régions sexuelles. Il est très rare dans le vagin, fréquent au col de la matrice, se manifeste au sein [2], à l'anus sans qu'il y ait eu pédérastie.

Il en résulte que rarement on constate le chancre de la femme *de visu*. L'évolution se fait, dans la presque totalité des cas, d'une façon insidieuse, sans aucune espèce de douleur, et la femme est alors une source involontaire de contagion [3].

Au bout d'un temps plus ou moins long, qui peut varier de quinze jours à trois ans, apparaissent les accidents secondaires. Ceux qui sont absolument constants sont la roséole et les plaques muqueuses. Ils ne manquent jamais.

Les plaques muqueuses peuvent se rencontrer en même temps que des accidents tertiaires très tardifs, et elles ne perdent rien de leur caractère virulent et contagieux [4]. Ces accidents se manifestent sur tous les points du corps. Ce sont eux qui sont les véritables véhicules de la propagation de la syphilis.

Si les plaques sont isolées, peu confluentes, il arrive qu'elles passent inaperçues, et le malade transmet la syphilis sans le vouloir, et c'est ainsi que l'on voit des maris ou des femmes devenir syphilitiques après plusieurs années de ménage, que les femmes mettent au monde des enfants infectés,

1. Fournier. *la Syphilis chez la femme*, p. 49.
2. *Id.*, p. 62.
3. Rizat, p. 307.
4. Rizat, p. 94.

tanais que les premiers qu'elles ont eus étaient indemnes de toute syphilis[1].

Le docteur Fournier dit : « Ce sont les accidents les plus légers de la période secondaire qui sont les plus dangereux au point de vue de la contagion. Et ce sont les plus dangereux, en raison de leur bénignité apparente! Ils semblent si peu de chose, ils ont une apparence tellement inoffensive, qu'on n'y prend pas garde, qu'on n'en soupçonne pas la nature; et conséquemment, on s'expose à les communiquer. Ajoutons qu'ils peuvent fort bien passer complètement inaperçus.

« Les petites érosions secondaires des lèvres, de la langue, de la verge, voilà les intermédiaires les plus habituels de la contagion dans le mariage[1]. » Nous pouvons ajouter: « dans la prostitution. »

M. Fournier cite de nombreux cas, celui entre autres d'un médecin qui se marie au bout de trois ans et contamine sa femme « avec une misérable petite papule de la verge, écrit-il, papule érosive, il est vrai, mais minime, absolument minime, au point que je ne m'en étais pas aperçu tout d'abord, et que plus tard je n'y pris pas garde. »

Pendant combien de temps peuvent se produire des accidents de ce genre? Voici la réponse de M. Fournier :

« A ne tenir compte pour l'instant que de la donnée de l'âge, je ne crois pas qu'il soit permis à un sujet syphilitique de songer au mariage avant une période minima de trois à quatre années consacrées à un traitement des plus sérieux.

1. Rizat, p. 338.
2. La Syphilis dans le mariage, p. 169.

« Trois ou quatre années, tel est, d'après moi, le minimum (notez bien ce mot, je vous prie), le minimum nécessaire, indispensable pour que la diathèse puisse s'épurer suffisamment sous la double influence du temps et du traitement, et pour que le malade, rentré dans les conditions communes, ait le droit d'aspirer à devenir époux, père, soutien de famille.

« Oui, trois ou quatre années ; et ce n'est pas trop, et mes exigences ne vont pas trop loin. Car *mieux vaudrait davantage*, j'en suis bien certain ; car avec la syphilis, il y a toujours bénéfice à attendre, à différer quand il s'agit d'intérêts aussi sacrés à respecter que ceux d'une jeune femme et de toute une famille [1]. »

Nous n'avons plus qu'à ajouter quelques mots :

Des accidents tertiaires peuvent se produire cinquante ans après le chancre primitif (Rizat) ; mais ils ne sont pas contagieux. Les accidents secondaires peuvent se communiquer aux enfants.

Au point de vue spécial qui nous occupe, nous avons à retenir : que l'homme peut contracter la blennorrhagie sans que la femme en soit atteinte ;

Que le chancre mou n'est qu'une affection locale ;

Que le chancre infectant ne se découvre presque jamais chez la femme ;

Que les accidents secondaires les plus bénins, les plus insignifiants, sont contagieux, non pas seulement par le coït génital, mais par tout contact, d'une façon médiate ou immédiate, pendant trois ou quatre ans.

---

1. Fournier, *Syphilis et mariage*, p. 108.

Ces constatations faites, nous allons pouvoir nous rendre un compte exacte du rôle que peut jouer, au point de vue de l'hygiène, le système de la police des mœurs.

CHAPITRE II

LA VISITE

I

Nécessité de la visite : tel est le grand argument des médecins, partisans de la police des mœurs. Nous avons même constaté[1] qu'elle avait été le prétexte de la résurrection des ordonnances de l'ancien régime.

Si nous demandons à un médecin, le but de visite, il nous répondra : d'empêcher la contagion de la syphilis ! Il vous abandonnera la blennorrhagie que les hommes contractent de femmes qui ne l'ont pas et les chancres mous ; mais la syphilis ! la syphilis ! la syphilis !

Or, il n'y a pas plus de trente ans qu'on confon-

---

1. 1re partie, ch. III.

dait toutes ces maladies. Fournier cite un médecin
de Saint-Louis, que son beau-père, syphiliographe
lui-même, avait forcé de prendre du mercure pour
se guérir d'une blennorrhagie qu'il conserva.

A cette époque, un médecin apercevait un chancre
mou; il envoyait la femme à l'hôpital et croyait
avoir sauvé la société de la contagion syphilitique;
mais maintenant on sait que le chancre mou, si facile à découvrir, est peu de chose à côté du chancre
infectant, qu'on ne découvre presque jamais, dont
les médecins ont même nié l'existence. Il en résul-
tait que la visite avait pour conséquence de laisser
les syphilitiques dans la circulation et de ne soigner
que les chancres mous.

Jusqu'en 1859, des hommes comme Ricord,
croyaient à l'innocuité des accidents secondaires,
dont la recherche est quelquefois aussi difficile que
celle des chancres infectants. Les médecins remettaient dans la circulation, avec patente nette, les
femmes qui en étaient atteintes.

Pendant soixante ans au moins, le dispensaire n'a
servi qu'à découvrir les chancres mous et à garantir
aux consommateurs la bonne qualité des femmes
qui étaient réellement syphilitiques.

Nous avons vu que le chancre primitif se trouve
rarement dans le vagin de la femme, mais souvent
au col de la matrice. Or, à l'hôpital Saint-Louis,
avant l'entrée de Ricord, on ne se servait pas du
spéculum[1]; et, en 1841, M. Pélacy, dans un rapport officiel, constate comme un grand progrès son
emploi au dispensaire[2].

---

1. *Lettres sur la syphilis*, p. 37.
2. *Ann. d'hyg. et de méd. légale*, 1841, t. XXV, p. 307.

II

Pendant quarante ans les médecins ne s'en étaient donc pas servi. Qu'avaient-ils pu voir?

Aujourd'hui encore, de deux visites, une seule est effectuée à l'aide du spéculum.

Comment et par qui est faite la visite?... Les médecins du dispensaire ne sont point nommés au concours, pas plus que ne le sont les médecins et les internes de Saint-Lazare. Ces places de police, répugnantes et mal payées, ne sont données qu'à la faveur. Elles ne doivent être remplies que par des hommes acceptant la tâche de lui donner une collaboration effective, ainsi que le constate le passage suivant de M. Lecour :

« L'administration de la police doit compter *sur le concours du service médical, associé à sa mission par une étroite solidarité,* pour prévenir, déjouer et punir les manœuvres de substitution de personnes, et pour être informée des cas de retardataires et des circonstances diverses susceptibles de mériter l'attention des services administratifs[1]. »

A Genève, le médecin fait des rapports ainsi conçus : « Chez Mme L..., il y a une nouvelle fille. Ses papiers paraissent en règle. Je crois qu'elle peut être inscrite[2]. »

En Angleterre, les instructions confidentielles pour la visite des chirurgiens, sont ainsi conçues :

Art. 2. — Le chirurgien devra avoir une liste soigneusement préparée par la police des femmes soumises aux *acts.*

1. Lecour, p. 354.
2. *Congrès de Genève,* t. I, p. 173.

Art. 6. — Il devra s'enquérir auprès d'elle et des autres de son histoire, s'assurer si les *acts* lui sont applicables, même si elle a signé le certificat de soumission volontaire requis par l'article 17 de l'*act* de 1866.

M. Carlier[1] cite un vieux médecin du dispensaire qui ne pouvait se conduire seul dans la rue. Il se faisait amener au dispensaire et passait des visites! La belle garantie! Mais l'important, en matière administrative, et tout particulièrement en matière de police, ce n'est pas de faire, c'est de faire semblant de faire. « Il faut du nombre », pour les médecins du dispensaire comme pour les agents de la voie publique. Pélacy dit, dans son rapport de 1841[2], que les médecins doivent visiter de quatre-vingts à quatre-vingt-dix femmes en une heure ou une heure et demie. M. Carlier donne les chiffres suivants, pour la période de 1855 à 1870[3].

Les visites subies au dispensaire s'élèvent au bas mot à cinq mille cinquante par mois. Elles doivent être faites par un seul médecin, dans l'espace de vingt-six jours, à raison de six heures d'occupation par jour; cela donne en moyenne cinquante-deux visites par heure, « un peu moins de deux minutes par visite », dit M. Carlier, qui, paraît-il, croit que les heures ont plus de soixante minutes. Cette large manière de calculer est tout à fait conforme aux statistiques que ces messieurs du dispensaire nous donnent.

M. Routier de Bullemont disait, un jour, devant moi, pour vanter l'habileté de M. Clerc, le médecin en chef du dispensaire, qu'il visitait cent vingt fem-

1. Carlier, *Prost. de 1855 à 1870.*
2. *Ann. d'hyg. et méd. légale*, t. XXV, p. 306.
3. Carlier, *Prost. de 1855 à 1870.*

mes par heure, deux par minute ! Aujourd'hui les
opérations se font toujours à la course : les médecins ont hâte d'avoir fini, et ils font assaut de vitesse.
C'est de la carte qu'ils donnent qu'on peut dire : —
Le bon billet qu'a la Châtre !

« M. le professeur Sigmund, de Vienne, qui assistait un jour, avec l'un de nous, disent MM. Belhomme et Martin[1], à la visite du dispensaire de
Paris, fut frappé de l'insuffisance de cette investigation, et il nous disait qu'en Autriche une fille ne
quitte le cabinet du médecin de salubrité qu'après
avoir été examinée complètement de pied en cap,
si nous pouvons nous servir de cette expression. »

La visite se fait de cette manière dans les maisons
de tolérance, mais avec la plus grande rapidité.

M. Lancereaux observe que les femmes arrivent
au dispensaire et sont visitées à tour de rôle, aussitôt après leur arrivée, ou dans la maison de tolérance quand elles viennent de sortir de leur chambre; mais la femme a eu soin de se laver, si elle est
atteinte d'écoulements. Si elle a une petite érosion,
elle a pu la masquer à l'aide d'un peu de poudre de
riz, de fard, de coldcream, etc. Le médecin qui ga-
lope n'y voit rien.

III

En revanche, ces messieurs donnent, à la femme
soumise à leur visite, quelque chose de fort sérieux:
la syphilis qu'ils étaient chargés de découvrir et dont
ils prétendent empêcher la propagation.

1. *Op. cit.*

On comprend que des médecins qui vont aussi rapidement, n'ont qu'un soin relatif de la propreté de leur spéculum. Les plus consciencieux le passent dans un baquet d'eau, un coup de torchon, et puis c'est tout. M. Beton, devant le comité de la Chambre des lords, constatait que les chirurgiens anglais visitaient cent cinquante femmes dans l'espace de deux heures, et demandait comment ils auraient trouvé le temps de nettoyer leurs instruments.

A Naples, d'après la brochure, *la Polizia dei Costumi*, deux cents visites devaient être exécutées en deux heures et avec le même instrument.

« Or, dit Fournier, nous transmettrions fréquemment la syphilis d'une femme à une autre, si nous n'avions un soin extrême de nos instruments, si nous n'exigions spécialement que nos spéculums soient nettoyés sous nos yeux, lavés à plusieurs eaux et convenablement essuyés à la suite de chaque examen. Et je soupçonne fort qu'en dépit de toute notre surveillance, de telles contagions doivent parfois se produire. Déjà l'on avait signalé ici même, il y a quelques années, un cas de contamination par une de ces canules de caoutchouc qui servent d'ajutage aux appareils d'injections vaginales. Deux cas semblables se sont encore produits l'année dernière dans cet hôpital[1]. Ricord a démontré qu'une seule goutte de matière, provenant d'une plaie syphilitique et dissoute dans un verre d'eau, forme une solution dont une seule goutte suffirait pour inoculer la maladie à une personne saine. »

Tardieu, dans une étude sur les maladies provoquées et communiquées, dit : « On n'a pas oublié le

---

1. Dr Fournier, *Leçons sur la syphilis*, p. 55.

fait très regrettable qui a fait grand bruit, il y a quelques années, d'une syphilis transmise par l'usage d'un spéculum contaminé [1]. »

Mais ce fait ne s'était pas produit au dispensaire : autrement il n'eût point fait de bruit, par la bonne raison qu'en donne Lancereaux : « Si le nombre des cas que nous pouvons citer, est si restreint, la raison en est simplement dans le siège du mal. En effet, la femme qui a été empoisonnée par le spéculum, est toujours supposée avoir contracté le mal au moyen de la cohabitation, et est condamnée comme telle. »

Le docteur Giersing constate que depuis qu'on a soumis les prostituées de Copenhague à deux visites par semaine, le nombre des malades a augmenté. Il attribue pour cause à cette augmentation « l'infection transmise de prostituée à prostituée par le moyen du spéculum [2]. »

Le dispensaire est un lieu d'infection ; l'instrument du médecin un agent de propagande syphilitique. Toute femme qui y vient y court plus de risques qu'avec n'importe quel contact humain. C'est la syphilis obligatoire.

De là, en grande partie, depuis l'application des lois sur les maladies contagieuses, en Angleterre, dans certaines villes de garnison, l'augmentation des cas de syphilis parmi les troupes anglaises [3].

---

1. *Ann. d'hyg. et méd. légale*, 1864, t. XXI, p. 371.
2. *Congrès de Gênes*, p. 39.
3. *Mémoire, au Congrès de Genève, du docteur Charles Bell Taylor*, t. II, p. 131.

IV

Certains médecins, — je pourrais dire beaucoup, — sont, malgré leurs prétentions, en matière sociale, les plus chimériques des hommes.

Ils constatent tous que le spéculum est un terrible agent d'infection ; — Alors, direz-vous, ils concluent à la suppression de la visite? — Pas du tout. A sa multiplication.

Tous s'accordent à dire aujourd'hui que son moindre défaut est d'être inefficace.

« Quelle garantie peut offrir un contrôle si rarement exercé, disent MM. Belhomme et Martin[1]? Cette garantie est bien insignifiante, si insignifiante même que la syphilis dérive surtout des femmes surveillées. »

Les médecins anglais, partisans des *acts* trouvent tous que la visite qui n'a lieu, en Angleterre, que tous les quinze jours devrait être rendue plus fréquente.

Alors M. Ricord demande qu'elle ait lieu tous les trois jours. MM. Ratier et Sandouville tous les quatre jours; M. Langlebert au moins deux fois par semaine, M. Lancereaux la veut tous les deux jours; de plus, au lieu qu'elle soit pratiquée immédiatement après l'arrivée des femmes, celles-ci devraient être enfermées dans un local spécial pendant quelques heures, privées de toute eau, et devraient se mettre entièrement nues. D'après M. Mireur, toute femme qui a eu la syphilis devrait être sou-

---

1. *Traité de pathologie syphilitique et vénérienne*, 1864.

mise à une visite quotidienne pendant dix-huit mois.

Mais alors intervient le policier, qui a l'expérience pratique de la chose. Certes il ne demande pas mieux que de multiplier et d'appliquer les règlements. Cela lui donnera de l'importance. Cependant, instinctivement, il sent qu'il ne faut pas tomber dans l'absurde. « Le mieux est l'ennemi du bien », comme dit M. Lecour. Et le policier répond au médecin :

— Ces femmes ne sont pas absolument des choses, malgré tous nos efforts pour les rendre telles. Plus nous apportons de sévérité dans nos règlements, et plus elles s'y dérobent. Nous avons beau faire, ces malheureuses gardent un reste de volonté, et au delà d'un certain degré de tracasserie, on n'obtient plus rien d'elles. M. Lenaers trouve que la visite qui, à Bruxelles, a lieu deux fois par semaine est trop fréquente[1], parce que les filles s'y dérobent. « Au lieu d'augmenter la sujétion des prostituées, il faut leur rendre leurs obligations sanitaires faciles à remplir, » dit-il. Si vous voulez les enfermer, les déshabiller, comme le réclame M. Lancereaux, ce sera une disparition générale. Elles se sauvent déjà bien assez ! Il est vrai qu'on pourra mettre en prison celles qu'on retrouvera ; mais alors elles y seront toutes : et une fois toutes ces prostituées inscrites enfermées, la prostitution clandestine s'en donnera tout à l'aise. Il est vrai que la police frapperait bien volontiers celle-ci, mais elle aurait déjà bien assez à faire avec les autres...

1. *Rapport sur le règl. de* 1876, p. 27.

Et cette contestation entre l'homme de police et le médecin conclut :

— Visite inefficace et réglements absurdes.

V

Pour arriver à ce résultat, voici les procédés employés :

A Naples, on amène une demi-douzaine de femmes à la fois, visitées en public devant les agents de police, les employés et les médecins[1].

Dans certaines villes de province, la visite ne se fait pas avec plus de discrétion.

En Angleterre, la femme amenée est installée sur le fauteuil par une infirmière. Quand elle est en position, le médecin entre, reste en tête à tête avec elle et la visite.

A Paris, les médecins visitent les femmes des maisons de tolérance à domicile. Les filles insoumises et les filles isolées sont amenées ou viennent au dispensaire.

La salle de visite se compose de deux boxes, séparées l'une de l'autre et du couloir par des cloisons, ayant deux mètres de hauteur. Les agents des mœurs restent dans le couloir : le médecin met un S sur la carte si la femme est saine ; un M si celle-ci est malade. Elle est alors retenue et envoyée à Saint-Lazare. Un médecin du dispensaire m'a affirmé ceci :

— Si la femme refuse de se laisser visiter, le médecin n'insiste jamais. Elles peuvent sortir.

1. Mme Jessie-White Mario, *A. C. Genève*, t. II, p. 552.

— Seulement, elle est arrêtée dans le couloir par les agents qui ont entendu la discussion.

— Ce n'est plus l'affaire du médecin !

Tel est le dernier terme de l'apologie du médecin par lui-même. En regard, je pourrais mettre des récits qui ne concordent pas exactement, d'après lesquels les femmes sont traînées à la visite, comme les victimes de l'inquisition étaient traînées à la torture. Entourées d'agents, dans une prison, la plupart ne résistent pas de vive force.

Elles se contentent de protester, de pleurer, d'avoir des attaques de nerfs.

— Les femmes ne sont pas raisonnables ! comme me disait le directeur du Dépôt.

La grande difficulté, dans les enquêtes de police que j'ai faites, c'est que mes renseignements me venaient, ou d'agents, d'employés, de médecins, dont je ne pouvais pas invoquer publiquement l'autorité, ou de victimes dont le témoignage était contesté ou qui, paralysées par la terreur, tout en me faisant leurs confidences, me suppliaient de ne pas en parler. Quant aux protestations de la police et des médecins du dispensaire, les procès des *Droits de l'Homme* et de la *Lanterne*, les procès des proxénètes belges et du *National* de Bruxelles, ont prouvé le cas qu'il en faut faire.

Est-ce que Mlle Ligeron n'avait pas été visitée quoique vierge ? et sa virginité fut constatée par une visite postérieure à laquelle elle voulut bien se soumettre. Des faits analogues ont été signalés officiellement en Italie [1].

_____

1. *Rapport officiel du D*ʳ *Tullio Spagiani, cité Act. Congr. Genève*, t. II, p. 552.

A Bruxelles, la jeune Allen fut présentée par
Mme Paradis à deux médecins. Ils constatent sa virginité. Que font ces honnêtes gens ? Ils voient une
jeune fille qui pleure, dont ils ne connaissent pas
la langue, qui ne connaît pas la leur. Il ne leur
vient pas un seul moment à l'idée qu'il se passe là,
en face d'eux, quelque chose de monstrueux ; qu'il
y a un bourgmestre à Bruxelles qu'ils devraient avi-
ser ; qu'il y a un consul anglais qu'il faudrait prévenir !

Non. Ils se contentent de donner à Mme Paradis
le conseil de ne pas la garder chez elle. Celle-ci la
remmène, l'expédie à Anvers pour la faire violer, de
là, on la retourne à Mme Paradis, qui la fait visiter
de nouveau, sans que les médecins aient le moindre
scrupule et la moindre hésitation. Ils la voient rester
pendant quinze mois dans la même maison, où elle
était détenue comme dans une prison : et jamais il
ne leur est survenu une inquiétude, un scrupule,
à la vue de cette femme qui tout d'abord leur avait
été présentée vierge !

Voilà des faits affirmés devant la Commission d'enquête de la chambre des lords par M. Thomas, *As-
sistant to the treasury solicitor*, chargé officiellement
par le ministre de l'intérieur de seconder M. Snagge
dans son enquête[1]. Des 34 jeunes anglaises sur lesquelles a porté l'enquête, trois au moins étaient
dans le même cas.

Mais parce qu'une femme n'est pas vierge, s'en-
suit-il qu'elle ne doive pas être respectée ? Comment !
il y a dans notre code des articles terribles sur l'attentat à la pudeur (art. 331, 332). L'article 333 spé-

---

1. Question 946.

cifie que si les coupables sont fonctionnaires, si le coupable a été aidé par une ou plusieurs personnes, la peine sera celle des travaux forcés à perpétuité.

J'ai vu, au nom de ces articles, condamner des gens qui ne s'étaient livrés qu'à de mauvaises plaisanteries, tolérées par les usages du pays, sans violence, et qu'on pouvait considérer comme des victimes de chantage. Le parquet requérait contre eux avec indignation; et des jurés, qui en avaient fait peut être tout autant, les condamnaient vertueusement, en expiation de leurs propres péchés et pour se décerner à eux-mêmes un certificat de bonne vie et mœurs.

Mais quand il s'agit de la police, oh! alors elle a la liberté du viol. Elle peut prendre une femme, l'amener au dispensaire, user contre elle de toutes les violences et de tous les mauvais traitements. Le médecin peut la palper, comme il l'entend, et, la violer avec son spéculum. Il n'y a plus d'attentat à la pudeur! Cela n'est pas légal; mais c'est policier.

En toute sûreté de conscience, les médecins du dispensaire portent la main sur les femmes, ne tenant aucun compte des révoltes de leur être !

Les situations ont leur logique. Ces médecins ne sont plus que des machines à introduire des spéculums dans des paquets de chair que la police leur remet. Douaniers de la syphilis, ils oublient que ces femmes ont des nerfs, un cerveau, souffrent et sentent, et ils les visitent comme de la viande trychinée.

A leur tour, ils sont traités par la police comme des instruments : c'est leur châtiment. Sous cette brutale main, il y a dépression réciproque, de l'agent et du sujet. Tous les deux deviennent passifs.

Madame Joséphine Butler avait bien raison quand elle disait : « Je vous demande quelle doit être sur les médecins inspecteurs l'influence directe et indirecte de cette habitude de la pratique de cet outrage jour après jour, l'influence aussi sur tous les hommes et les jeunes garçons qui ne savent que trop bien que cet outrage est continuellement accompli dans le but de protéger les hommes immoraux.

« Quelques médecins anglais m'ont dit qu'ils s'étonnaient qu'un médecin, digne d'être appelé homme, puisse imposer de force sur une femme, résistante ou non résistante, un tel outrage. C'est le berceau de l'humanité qui est souillé par ces pratiques profanatrices...

« La ligne de descendance humaine se continue par la descendance corporelle du côté de la mère. L'infériorité de la force physique des femmes provient de ce que toutes leurs fonctions sont dirigées dans toutes les générations par les fonctions sacrées de la maternité. Cette même faiblesse, messieurs, doit leur donner un titre personnel à un respect infiniment supérieur à celui qu'on doit aux hommes, doués d'une force physique qui leur permet de se protéger!

« Lorsqu'une femme, honnête ou non, réclame l'aide d'un médecin pour se guérir et sauver sa vie, elle peut volontairement et sans manquer à sa dignité se soumettre à un traitement qui est nécessaire. La différence entre ce cas et la visite forcée est aussi grande que celle qui existe entre l'acte sacré du mariage et le viol[1] ! »

Les partisans de la visite ne contestent pas son

---

1. *Discours de Mme Joseph Butler*, Congrès de Genève, t. II, p. 144.

côté odieux : « En donnant les détails d'une mesure
si prodigieusement attentatoire à la dignité humaine,
dit M. Mireur, je n'ai pu me défendre, je ne crains
pas de le dire, d'un profond mouvement de tristesse...
Il faut vraiment placer cette formalité au plus haut
rang des garanties sociales et des mesures protec-
trices de l'intérêt public, pour ne pas se révolter
contre une pareille flétrissure [1]. »

Puis, M. Mireur sèche ses larmes de crocodile,
et demande qu'on l'aggrave !

VI

Quelles peuvent être les conséquences morales
d'un pareil acte, je ne dis pas, non pas pour celles
qui y sont amenés de vive force, la première fois,
mais pour celles qui y sont constamment assujetties !

« La visite du médecin est la grande affaire, le
sujet continuel des conversations », dit le docteur
Jeannel [2]. On le comprend : le sort de toutes ces
malheureuses dépend de lui. A chaque inspection,
elles sont sous le coup de l'hôpital ; car s'il est prudent, il les y enverra en constatant les plus légères
érosions, non pas seulement sur les parties sexuelles,
mais à la bouche. Toute femme qui, ayant eu la
syphilis a les lèvres gercées, le plus petit « bobo »
doit être déclarée suspecte. On comprend les appréhensions de ces femmes, menacées perpétuellement
de cet hôpital qui, dans certaines villes, est pire

1. P. 299.
2. P. 233.

qu'une prison et où elles peuvent rester un temps indéterminé.

Puis on les réunit au dispensaire, toutes ensemble : il faut bien causer, en attendant son tour ; je n'ai pas besoin de dire l'influence dépravante qui résulte d'une pareille promiscuité, des camaraderies qui s'y contractent, des haines qui s'y réveillent. A Paris, il y a peu de temps, les maîtresses de maison y venaient ouvertement, sous l'œil protecteur des agents des mœurs, y opérer leur recrutement. Dans d'autres villes, elles y règnent encore, s'y considérant comme chez elles, faisant commerce d'amitié, non seulement avec la police, mais avec les médecins !

Un des souvenirs les plus vifs de mon enfance est le va-et-vient des prostituées, le jour de la visite, à Rennes, sur le quai Saint-Yves. C'était un affreux quai, coupé par une voûte basse et noire sous laquelle coulait dans la rivière l'égoût fétide d'un vieil hôpital, tombant en ruines, et qui semblait avoir accumulé sur sa façade toutes les lèpres de ses malades.

Deux jours par semaine, on voyait des bandes de femmes, à toilettes particulières, avec des jupons trop courts, des rubans de couleurs éclatantes, pour la plupart ayant un tour de reins pénible, analogue au déhanchement produit chez le cavalier par la fatigue du cheval. C'étaient les filles qui allaient à la visite. Qu'était cette visite ? en quoi consistait-elle ? qu'étaient ces filles ? Je savais seulement que ces femmes à part étaient regardées avec horreur par tout le monde, et qu'elles allaient se soumettre à quelque mystère cruel et dégradant. Insultées par les laveuses, certaines répondaient ; et alors par-

dessus la rivière, du haut en bas des quais, étaient
jetées des bordées de paroles ordurières. Les polissons de la ville, les écoliers à la sortie du lycée, venaient se mêler à ce désordre, criblaient ces malheureuses d'injures dont ils n'entendaient même
pas le sens, de plaisanteries barbares sur leur
laideur ou la misère de leur toilette, leur jouaient de
ces méchantes farces, nées de la cruauté inconsciente
des enfants et que le plus souvent elles subissaient
passivement, sachant bien que, si elles s'avisaient
de riposter, toute la bande se mettrait contre elles et
aurait à son aide les agents de police qui, en riant,
regardaient faire ces aimables polissonneries. Je
comprenais que c'étaient là de pauvres écrasées, et,
dès lors, je sentis pour elles l'immense pitié
qu'aujourd'hui je voudrais faire partager à tous.

Conclusion. — La visite, même bien faite, ne
pourrait protéger les hommes de la blennorrhagie.

Elle ne peut découvrir que le chancre mou. La
visite se fait dans des conditions telles qu'elle est
complétement inefficace, surtout pour la découverte
de la syphilis.

L'usage rapide d'instruments communs en fait
des agents d'infection.

La visite forcée est un attentat à la pudeur. Elle a
pour conséquence la dépression morale du médecin
qui la commet et de la femme qui la subit.

CHAPITRE III

LE COURONNEMENT DE L'ÉDIFICE

Saint-Lazare. — Durée du séjour. — Malpropreté. — Les médecins de la police. — Le travail. — Le règlement. — Les
cellules de punition. — Les cages des mineures. — Hôpitaux
de province. — Ne pas soigner les malades. — Le Dʳ Thiry.
— Angleterre. — Berlin. — Hambourg.

La femme a commis des infractions aux réglements de police : c'est une insoumise qui refuse
l'inscription et que la police veut soumettre : — A
Saint-Lazare !

La femme est déclarée malade par le médecin.
L'agent des mœurs la prend à la sortie de la boxe.
— A Saint-Lazare ! également.

Le même panier à salade y conduit la victime de
la police des mœurs, la malade et la voleuse.

Saint-Lazare ! le nom est lugubre. Lugubre est la
prison, ce tas de constructions noires situées au haut
du faubourg Saint-Denis.

Peu de personnes parmi les gens, qui ne sont point
admirateurs du système de la police des mœurs, ont
pu visiter cette prison.

Il m'a été permis de la voir, en 1877, mais non point
telle qu'elle est tous les jours. Je l'ai vue dans une
visite officielle. Directeur, gardiens, religieuses
étaient sur leurs gardes ; impossible de dire un mot
aux détenues, toutes courbées sous le sentiment de

la crainte et surveillées de près. Cependant, si je suis
bien informé, on avait enfermé quelques récalcitrantes, dont on redoutait l'audace, dans une salle à
part, qu'on n'eut garde de nous ouvrir.

C'est si facile de dissimuler une ou plusieurs
pièces dans un grand bâtiment à escaliers enche-
vêtrés.

Le public croit volontiers que toutes les femmes
détenues à Saint-Lazare sont confondues.

Ce n'est pas rigoureusement exact.

Saint-Lazare compte cinq catégories de détenues :

1° Les femmes « détenues administrativement »
soumises ou insoumises;

2° Les femmes détenues préventivement et qui
doivent passer en jugement;

3° Les femmes condamnées à moins d'un an et un
jour;

4° Celles qui attendent leur transfèrement dans
des maisons centrales;

5° Les jeunes filles condamnées correctionnelle-
ment pour avoir agi avec ou sans discernement; les
jeunes filles détenues par correction paternelle.

Total : 12 ou 1500 détenues.

Chacune de ces catégories de femmes habite des
quartiers séparés, je le reconnais; mais les religieuses prennent sur elles de les changer de quartier.

Une jeune fille, une femme, est arrêtée sous une
accusation plus ou moins justifiée : tout accusé doit
être réputé innocent jusqu'à sa condamnation.
Qu'importe ? Le préjugé est plus fort.

— Elle a été à Saint-Lazare! Cela suffit. C'est
une femme jugée.

Et une jeune fille, mise en correction paternelle,
peut-être par suite d'une haine de marâtre, que de-
viendra-t-elle en sortant de là?

— Échappée de Saint-Lazare !

Vous entendez cela d'ici ! Elle est perdue à
jamais.

Sombre prison, sombre entrée, un petit directeur
affairé, saluant fort bas. Le jour de cette visite, M. Lecour qui avait la haute main sur les prisons de la
Seine nous accompagnait. Il était le maître. On le
sentait. Il y a des hommes qui aiment l'autorité ! et
pour eux l'autorité se traduit par des prisons, des
gardiens, des réglements et surtout la possibilité constante de l'arbitraire.

— Madame la supérieure !

Grosse femme, véritable femme d'administration
et de commerce, fort compétente sur toutes les
questions. Les autres religieuses, figures plus ou
moins insignifiantes. Nous y reviendrons.

Nous visitons d'abord les quartiers qui ne sont
pas affectés aux femmes plus ou moins convaincues
de prostitution. Nous circulons dans les préaux im-
prégnés d'une odeur de renfermé, mêlée à des sen-
teurs d'eau grasse.

C'est cette eau grasse qu'on appelle la soupe : quelques légumes secs cuits dans de l'eau où on met à
fondre un petit morceau de mauvais beurre. On a
de la viande une fois par semaine.

M. Lecour nous montre une salle où, sous
la direction d'une religieuse, sont entassées des
femmes faisant marcher des machines à coudre,
la tête courbée, n'osant nous regarder qu'en dessous.

—Un bel atelier! dit M. Lecour

Il me passe un frisson. Un propriétaire d'esclaves devait avoir cet accent.

Quelques malheureuses, chargées de corvées, se glissent le long des murs des couloirs, en faisant aux religieuses un salut dans lequel on sent percer la crainte.

Nous entrons dans le quartier des « détenues ad· ministrativement. »

La nuit, on les entasse, sur quatre rangées de lits, dans un dortoir qui n'a pas la moitié d'air nécessaire exigé par les règlements de la préfecture de police elle-même [1].

Ce quartier contient 400 femmes majeures. Il faut y ajouter une section séparée contenant cent jeunes filles mineures. L'infirmerie, qui en est le principal rouage, est faite pour recevoir 300 malades; on en compte habituellement 250; quelquefois le chiffre va jusqu'à 360 [2].

Nous parcourons des préaux et des galeries donnant sur une cour pavée, sombre et triste. Sur ces préaux et ces galeries ouvrent de grandes salles.

Les femmes sont vêtues d'une robe gris sale, mal ajustée à la taille de chacune, d'un petit châle d'un gris triste, croisé sur la poitrine, et coiffées d'un misérable petit bonnet.

Les parquets sont cirés. On voit que notre visite est officielle. Chaque femme est placée à la tête de son lit. Pas un mot entre toutes ces femmes. Elles se lèvent sur l'ordre brutal et impératif de la religieuse, elles se rasseyent par des mouvements automatiques. On a l'impression de la contrainte qui pèse sur elles.

1. Rapport Bourneville. Le Conseil général a apporté quelques améliorations.
2. Lecour, p. 65.

Je me sens étouffer dans cet air imprégné de servitude.

Cette bonne tenue est le triomphe des administrateurs qui ne comprennent pas toutes les colères sourdes, toutes les révoltes, toutes les flammes qui couvent sous cette hypocrisie forcée.

Nous visitons les infirmeries, « l'hôpital obligatoire, » la joie et le triomphe de M. Lecour et des médecins de la police. Ils s'étonnent que les femmes ne s'y plaisent pas. Je crois bien.

Ces infirmeries sont placées des deux côtés des autres salles de la prison. Elles n'en diffèrent en rien, sinon peut-être qu'elles sont plus longues et moins larges.

Même attitude de soumission forcée qui prouve que le régime est le même. Presque toutes sont levées, ont la figure pâle, les lèvres blêmes des anémiques. On entend des toux qui font craquer les poitrines. Tout hôpital est triste; mais un hôpital-prison, c'est lugubre!

Voici l'ordre de la journée des détenues et des malades qui peuvent se lever : A 4 heures 3/4 se fait le réveil au cri de : Vive Jésus! le lit et la toilette doivent être faits avant 5 heures; on se rend alors aux ateliers où tout le monde est astreint à la prière. On travaille jusqu'à 9 heures moins 1/4. On mange alors de la soupe à l'eau avec une carotte mal cuite ou un poireau. Promenade jusqu'à 10 heures moins 1/4. On se remet au travail qu'on interrompt par une prière, puis à midi on mange un morceau de «boule de son »; on se remet au travail jusqu'à 3 heures, on mange des haricots. Promenade jusqu'à 4 heures. Rentrée à l'atelier. A 7 heures, on va se coucher, après une nouvelle prière.

L'infirmerie est cirée par les malades; celles qui

veulent s'exempter de cette corvée donnent 1 franc aux sœurs.

D'après une note de la préfecture de police, pour les *maladies syphilitiques*, en particulier, la durée du séjour se décompose ainsi :

123 filles ont séjourné de	10 à	19 jours.
77 —	—	20 à	29	—
53 —	—	30 à	39	—
43 —	—	40 à	49	—
31 —	—	50 à	59	—
25 —	—	60 à	69	—
8 —	—	70 à	79	—
5 —	—	80 à	89	—
7 —	—	90 à	99	—
8 —	—	100 à	125	—
2 —	—	126 à	150	—
7 —	—	151 à	199	—
3 —	—	200 à	250	—

Pendant que des malheureuses restent ainsi gardées pendant sept ou huit mois, l'homme qui les a infectées continue à se promener en liberté et à multiplier ses victimes, si bon lui semble. Elles n'ont même pas la liberté de se soigner ailleurs que dans une prison. Une femme, Rose Brossard, est à moitié tuée par un voleur, le 2 janvier 1877. On la porte à l'Hôtel-Dieu. La police vient l'y chercher, la traîne mourante à Saint-Lazare et, à sa guérison, la punit de 12 jours de prison !

Les soins de propreté les plus indispensables leur manquent. Ni bains, ni lavabos. Un injecteur commun, excellent véhicule pour les maladies contagieuses; pas de serviettes, pas de mouchoirs, et pour gardiennes, des religieuses qui considèrent tout soin de propreté comme un outrage à la pudeur.

Les religieuses, par punition, suppriment le

vin aux malades, pour le leur revendre ensuite[1].

La nourriture est insuffisante; l'air est insuffisant : il faut cependant des reconstituants pour la plupart des maladies vénériennes.

Les internes de cette infirmerie, ne sont point nommés au concours; c'est parmi eux que se recrutent presque exclusivement les médecins de l'établissement; médecins de la police, médecins nommés à la faveur, des ratés et des retoqués, traités avec dédain par leurs collègues des hôpitaux. Il faut entendre ceux-ci parler de l'école de Saint-Lazare!

S'ils contestent, je demanderai qu'ils montrent leurs œuvres, leurs travaux. Ils sont à même d'étudier les maladies vénériennes. De quel progrès la science leur est-elle redevable?

Ils sentent si bien leur infériorité, qu'ils s'enferment à huis clos, ne voulant pas avoir de contrôle gênant. Le docteur Fournier n'a pu entrer à Saint-Lazare qu'avec les plus hautes protections, et au bout de trois jours, on lui ferma la porte au nez.

Les femmes sortent de là, « blanchies non guéries, » selon l'expression courante :

— Je suis toute neuve! disent-elles; et la plupart, retrouvant leurs meubles vendus, leurs effets au pillage, font tout leur possible pour regagner le temps perdu.

Quelques-unes, cependant, ont si bien conscience de leur état qu'elles retournent se faire guérir librement à Lourcine.

Les préjugés sont si forts qu'un médecin qui était avec nous, homme de science, qui devrait, par con-

---

1. Rapport Bourneville.

séquent, se défier des préjugés et les reléguer derrière la méthode scientifique, dit :

— Avez-vous remarqué ces types ignobles?

Il s'adressait à un collègue, un aliéniste des plus distingués, homme, par conséquent, habitué à observer les physionomies, qui lui répondit de suite :

— Pure prévention! Nulle part, au contraire, des types plus divers : ici des figures fines, des yeux brillants et spirituels; des traits délicats. Ah! mon cher collègue, si elles étaient en liberté! Ailleurs, des femmes vieilles, laides, ridées, couperosées, épuisées par la misère ; toutes les races de la France, aucun caractère commun, malgré le costume uniforme : chacune représente une individualité distincte.

C'est la preuve que la femme est entraînée à la prostitution par des fatalités multiples : éducation malheureuse, tromperies de l'homme, misère.

Je me sens le cœur serré en pensant à toutes les douleurs cachées derrière ces visages.

On les fait travailler à coudre de grosses toiles qui écorchent les doigts. Le gain se répartit comme dans les autres prisons : il est divisé par dix centièmes. Il y en a cinq pour la prison; les cinq autres pour la femme.

La préfecture de police a toujours pris au mieux l'intérêt de l'entrepreneur des travaux de la prison.

Quelqu'un rappelle à M. Lecour la mesure prise par M. Delessert de donner à l'emprisonnement une durée minimum d'un mois dans l'intérêt des entrepreneurs.

M. Lecour allonge sa grande lèvre et se dérobe. Une autre personne insiste.

M. Lecour éprouve alors le besoin de se récrier et dit :

— Oh ! jamais nous ne les gardons, sauf les cas de maladie, plus de quinze jours ou trois semaines.

— J'admets cela : alors à quoi servent vos arrestations ?

— Oh ! mais on les reprend.

— Bien ! j'enregistre cet aveu. C'est la détention perpétuelle avec entr'actes plus ou moins courts.

M. Lecour allonge sa lèvre et ne dit rien.

Quelqu'un demande le réglement.

Le directeur répond :

— Il y en a un.

— Est-il imprimé ?

— Non.

— Pourrait-on le voir ?

M. Lecour intervient et dit :

— J'en refuse la communication.

Fort bien ! il doit être joli.

Les filles qui ne sont pas inscrites disent qu'elles sont plus maltraitées que les autres. On leur interdit toute communication avec le dehors. On les empêche de recevoir aucun secours pécuniaire ou en nature. C'est une manière délicate de les engager à se laisser inscrire de bon gré.

J'insiste pour voir les cellules où « on met les récalcitrantes en pénitence. »

On nous promène à droite, à gauche. On ne tient pas à nous les montrer. Enfin on finit par céder. Nous ne descendons pas. Ces cachots ne sont pas souterrains. Ce sont des cellules placées directement sous le toit. Elles rappellent les plombs de Venise.

Ce sont d'étroites pièces, mansardées, mal éclai-

rées par une lucarne, absolument nues, n'ayant
pour tout meuble qu'une petite sellette de bois fixée
à la muraille.

La nuit, on y jette une simple paillasse sans couverture. C'est là que la malheureuse doit se coucher.
On l'enlève le matin afin de ne lui laisser d'aut e
siège que la sellette. La nourriture, déjà si insuffisante, est réduite au pain et à l'eau.

J'oubliais, comme meuble de l'appartement, un
infect baquet pour les besoins naturels.

Nul moyen de ventilation ni de chauffage. En
été, on étouffe; en hiver, on gèle. M. Lecour par-
lera encore au nom de la santé publique!

Des femmes sont enfermées là, les bras serrés, la
poitrine écrasée par une camisole de force.

— Pendant combien de temps? Un jour, deux
jours, trois jours, huit jours?

La supérieure répond d'un air satisfait :

— Habituellement elles demandent grâce avant.

Si on leur donnait la torture avec les brodequins
ou le tourniquet, elles demanderaient encore grâce
plus tôt, et ce serait encore avec une plus légitime
satisfaction que la religieuse pourrait dire :

— Oh! cela ne dure guère que cinq minutes. Habituellement, au second tour, elles demandent grâce.

On sent dans l'attitude de ces religieuses qu'elles
se considèrent comme des êtres d'espèce supérieure.
Les détenues sont un troupeau qui leur appartient
et qu'elles dirigent comme elles veulent. Elles n'en
parlent qu'avec l'adjectif possessif :

— *Nos* femmes.

Certaines, dans la familiarité, se servent, paraît-
il, d'expressions plus caractéristiques.

Ces religieuses appartiennent à l'ordre de Marie-

Joseph. Ce sont de simples surveillantes, payées 600 francs par an. Si elles ne se distinguaient pas par leur costume, le médecin ci-dessus cité n'aurait pas manqué de dire :

— Quelles physionomies ingrates ! Quelles têtes dures !

Sur elles, il y a des légendes qui justifieraient cette appréciation. Les femmes les accusent de brutalité et de voies de fait.

Pour qui connaît les vieilles filles dévotes, ces légendes n'étonnent pas. Elles doivent être assez inaccessibles à la pitié et toutes disposées à se venger par de petites tortures de ces joies du monde auxquelles elles ne peuvent goûter, et dont ces malheureuses filles leur apportent comme un reflet. La condition de celles-ci est une ironie perpétuelle pour elles. Il est vrai qu'elles s'en consolent en se disant qu'elles sont leurs gardiennes, leurs dominatrices, qu'elles peuvent les opprimer à l'aise. Il y a là une question psychologique à laquelle je ne pense pas sans effroi.

Elles sont soixante religieuses. Quelle est leur valeur intellectuelle? Demandez à un homme bien modéré, le docteur Lunier, inspecteur des établissements d'aliénés, quelle est la valeur des frères de St-Jean-de-Dieu? Où se fait le recrutement de ces religieuses? Si on en juge d'après le recrutement du clergé actuel, il laisse singulièrement à désirer : où se ramassent donc ces sœurs?

Dans chaque pièce, une Vierge avec une sorte d'autel. Toutes les détenues sont forcées d'aller à la messe. On nous montre la chapelle avec complaisance.

Les religieuses mettent des vierges en loto-

rie, et la gagnante, pour être bien venue, donne sa
statue à la sœur qui, quelques semaines après, s'en
sert pour ce même objet[1].

Quelle morale représentent ces religieuses? Leur
aumônier et leur supérieure les menacent de la damnation; elles damnent les autres. Ni femmes, ni
mères, ces vierges, plus ou moins authentiques, sont
données pour gardiennes à des malheureuses qui
ne voient en elles que des instruments de compression. Elles ne représentent point la chasteté à leurs
yeux; elles représentent l'ascétisme avec ses duretés
implacables, doublées d'hypocrisie.

Cette dureté et cette hypocrisie se sentent dans
leur regard fixe et réservé, dans leur voix basse et
rigide. J'éprouve un frisson quand la supérieure
nous dit :

— Voici les filles mineures!

2° quartier, 3° section. — C'est là qu'elles sont
parquées.

On nous fait entrer dans une salle, ayant pour
tout ornement, l'éternelle Vierge au-dessous de laquelle se tient, dans une espèce de chaire, une religieuse à l'air rébarbatif.

Des jeunes filles, — quelques-unes, des enfants —
il y en a une de douze ans — travaillent à des ouvrages de grosse toile. Elles n'apprendront pas là
un métier.

Mais c'est leur dortoir qu'il faut aller voir !

Figurez-vous de petites cages, en treillis de fil de
de fer, avec des montants en bois, comme des cages
de singes, accouplées deux par deux. Les deux lits se
touchent, séparés seulement par le treillis de fil de fer.

1. Rapport Bourneville.

Ces cages, ainsi jumelées, ont leurs côtés mitoyens :
seulement elles sont placées dans une longue salle,
de sorte que devant et derrière elles, se trouve un
couloir. L'air ne saurait se renouveler dans ces
boîtes : la promiscuité est complète, sauf le treillis
de fer. Jamais de lumière ! Vous vous figurez ces
jeunes filles, ces enfants..... dévorées par l'ennui,
toutes pleines de révolte !

N'oublions pas que, administrativement parlant, la
prison doit les moraliser : certes, à la vue de ces
cages, nous ne nous en douterions pas.

Ces jeunes filles, comme les autres, sont arrêtées
par les agents des mœurs. Je ne veux pas dire les
bruits qui circulent à ce sujet ; mais quand tout est
livré à l'arbitraire, tout est admissible. L'histoire a
prouvé, en définitive, que le Parc-aux-Cerfs n'est
pas une légende.

Mais soit. Admettons que tout soit pour le mieux,
que tout s'accomplisse régulièrement, d'après le
système administratif. Voici ce qui se passe.

Ces jeunes filles sont gardées pendant que la préfecture de police écrit au maire de la commune où
elles sont nées. Mais vous savez ce que c'est que
l'administration. En théorie, cela doit se faire, en
pratique cela se fait plus ou moins régulièrement.

— Et quand ces démarches n'ont pas abouti ? de-
mandai-je au directeur.

— Nous les casons, me dit-il.

— Où ?

Ici le directeur s'embarrassa.

— Allons ! dites-le donc ! dans des maisons de
tolérance !

L'hôpital Saint-Lazare n'est pas cependant le pire
de tous.

A Saint-Jean, à Bordeaux, pas d'air : 0,75 c. c. par femme. On les entasse à terre. Les fenêtres sont presque bouchées.

Traitées comme des bêtes sauvages, elles redeviennent bêtes sauvages. Dévorées par l'ennui, elles tâchent de le tromper en faisant des brimades aux nouvelles arrivées et en se disputant entre elles.

Une visite officielle dans nos arsenaux maritimes, fit reconnaître que, dans un hôpital subventionné par la marine, les femmes étaient sequestrées dans un local tenant plus du grenier que d'une salle de malades, et n'y étaient soumises à aucun traitement[1] !

A l'Antiquaille de Lyon, même traitement. Les soins de propreté indispensables font défaut.

Partout des duretés de discipline, poussées jusqu'à la férocité. Dans certains hôpitaux, c'est un jeu pour les religieuses de les mettre nues dans une cour et de les faire doucher avec un jet d'arrosage[2].

Je n'ai pu visiter les Sifilicomios, en Italie. Les médecins des mœurs n'aiment point à montrer leurs hôpitaux.

Je me rappelle l'accueil que me fit le docteur Thiry, à Bruxelles. M. Alexis Splingard m'offre de me présenter à lui et me dit : — Il vous fera visiter son service.

En entendant mon nom, il me regarde et s'écrie :

— Croyez-vous m'effrayer?

— Mais, monsieur, lui répondis-je, je ne crois pas le moins du monde avoir l'air terrible !

— Ah! c'est que voyez-vous, monsieur! je ne me

---

1. Berchou, médecin principal de la marine, *Conq.*, 1867, p. 435.

2. Rapport Bourneville.

laisse pas, moi, arrêter par des considérations de ce genre! Non, vous ne m'effrayez pas. Je continue à soutenir qu'il faut protéger la prostitution. Quant aux femmes, je les traiterai comme je l'entends. Elles sont enfermées! Personne ne les verra que moi! Malheur à celles qui feraient les mauvaises têtes!

J'appris d'un des collègues du docteur qu'il avait transformé son service en bagne, si bien que quelquefois, par peur des colères qu'il avait accumulées chez ces malheureuses, il osait à peine y entrer.

Dans le même hôpital, au-dessus de cet enfer, il y a un service de syphilitiques libres, où tout se passe fort tranquillement et fort convenablement. Je reçus du docteur Guillery un accueil qui compensa celui du docteur Thiry. Je plaignis les malheureuses qui se trouvaient sous la domination d'un homme de ce tempérament.

En Angleterre, les *Contagious diseases acts* autorisent le médecin à garder la femme neuf mois.

D'après le règlement du général de Wrangel, à Berlin, toute femme, qui, étant malade, a eu un contact avec un homme et n'a pas prévenu la police, est punie d'un emprisonnement de trois mois à un an. Ces faiseurs de réglements ne doutent de rien! On voit bien que ce ne sont pas eux qui souffrent de leur application

Le règlement de Hambourg stipulait que toute fille non inscrite, trouvée infectée d'une maladie vénérienne qu'elle n'aurait pu contracter que par des rapports avec des hommes, serait punie comme ayant exercé la prostitution clandestine (c'est-à-dire non point inscrite d'office comme prostituée; mais emprisonnée avec le régime du pain et de l'eau un

jour sur deux). « La déclaration de la fille que la maladie aurait été prise avec son fiancé, ne sera pas
prise en considération ! »

Tous ces faits prouvent qu'on ne veut pas encore
considérer les vénériens comme les autres malades.
A tout instant, dans les rapports, on trouve ce
terme : « maladies honteuses. » Les vieilles idées
d'expiation du plaisir de la chair, du châtiment du
ciel, n'ont pas disparu. La police paraît se figurer que
toutes les personnes qui en sont atteintes, les ont
contractées pour leur plaisir et qu'il faut, par conséquent, les punir. Elle se figure également qu'elles
n'ont qu'une seule préoccupation : ne pas se soigner !

Et on provoque cette préoccupation en maltraitant
ces malades au lieu de les soigner. Comment une
malheureuse se sentant atteinte n'aurait-elle pas la
la préoccuption de se dérober à un hôpital qui est
une prison ?

Autrefois les vénériens, reçus à l'hôpital de
Vaugirard, à Bicêtre, à l'Hôtel-Dieu, à la Salpétrière étaient entassés les uns sur les autres : 200
pour 25 lits[1]. Ils étaient cruellement fouettés à leur
entrée et à leur sortie. Aujourd'hui, la police et les
médecins employent toujours le même système prophylactique.

1. Sabatier, *op. citat.*, p. 191.

CHAPITRE IV

LES RÉSULTATS STATISTIQUES EN FRANCE

I

Tous ces abus de pouvoir, toutes ces vexations, toutes ces violences aboutissent, — à quoi?

Nous allons le voir.

L'idéal de la police est de transformer toutes les filles, se livrant plus ou moins à la prostitution en filles inscrites. Le nombre de celles-ci devrait constamment augmenter. Or, d'après les statistiques officielles, comprenant toute l'enceinte fortifiée de Paris, aux diverses époques, voici le résultat :

ANNÉES	FILLES inscrites [1].	DATES des recensements	POPULATION	POUR 10000
1812	1293	1808	600 480	21
1815	1854	1817	712 966	27
1820	2746	»	»	38
1825	2623	»	»	37
1830	3028	1831	785 862	38
1835	3813	1836	868 438	43
1840	3927	1841	935 261	41
1845	3966	1846	1 053 897	37
1850	4357	1851	1 053 262	41
1855	4259	1856	1 174 346	36
1860	4199	1861 [2]	1 696 141	24
1865	4225	1866	1 825 274	23
1869	3731	»	»	20
1872	4242	1872	1 851 792	22
1876	4386	1876	1 988 806	21
1880	3582	»	2 225 000	16

1. Parent Duchâtelet, t. Iᵉʳ, p. 32.
2. Annexion des communes comprises dans l'enceinte fortifiée.

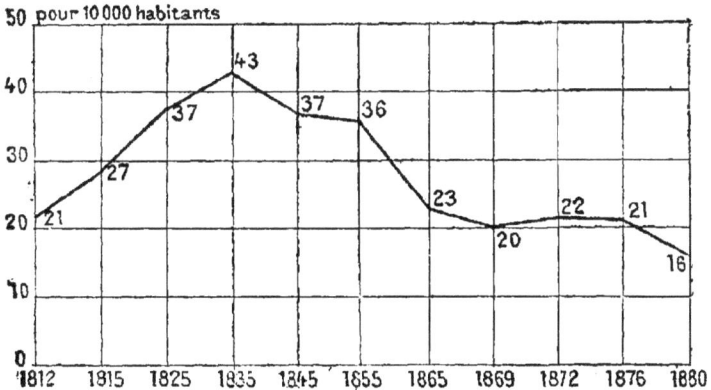

Gr .1. — Rapport des filles inscrites à la population de Paris.

16 sur 10,000 habitants!

Nous avons vu que M. Lecour évalue tantôt à

30 000, tantôt à 50 000, le nombre des femmes vivant de la prostitution.

Je prends le chiffre le plus bas de M. Lecour pour donner tous les avantages aux partisans de la police des mœurs.

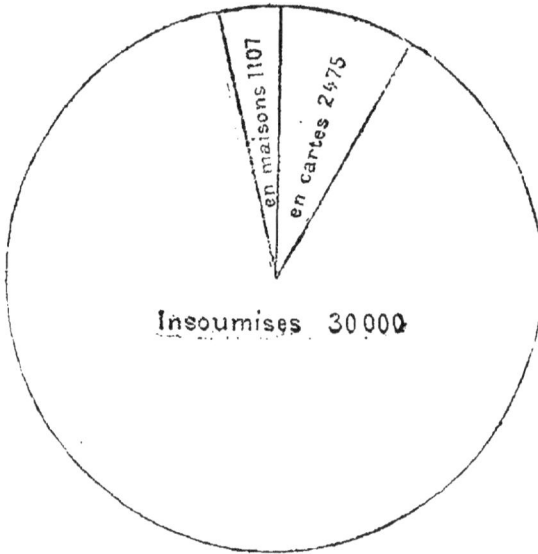

en maisons 1107

en cartes 2475

Insoumises 30 000

Gr. 2. — Rapport des filles soumises aux filles dites insoumises.

Tout commentaire est inutile : Si des filles insoumises sont plus dangereuses, au point de vue de la salubrité, à quoi sert votre police des mœurs?

On voit un chiffre de 3,500 femmes inscrites : on le trouve minime : mais sur le papier, il paraît un chiffre fixe. Les naïfs qui s'imaginent que la pâte humaine se pétrit sans révolte croient qu'une fois les femmes inscrites, elles vont tranquillement se résigner à leur inscription et s'astreindre à toutes les obligations que la police leur impose.

Voici la réponse :

Statistique des arrestations et des inscriptions de femmes mineures, majeures (1869-1880). Arrestations, radiations, disparitions, réinscriptions.

| ANNÉES | ARRESTATIONS | | INSCRIPTIONS | RADIATIONS Disparues. | RÉTABLISSEMENTS Réinscriptions. | EFFECTIF des filles inscrites au 1er janvier de chaque année. |
	Filles soumises.	Filles insoumises.				
1872	7 584	3769	1017	813	366	3675
1873	9 076	3319	969	1129	521	4242
1874	10 454	3338	1013	1704	652	4603
1875	11 363	3152	913	1644	747	4504
1876	10 408	2349	614	1602	794	4580
1877	9 651	2582	553	1557	868	4386
1878	8 495	2599	624	1855	972	4250
1879	7 735	2105	272	1751	1070	3991
1880	7 312	3544	354	1935	1159	3582

Ce graphique prouve que de 1872 à 1880, le nombre des inscriptions nouvelles n'a pas cessé de diminuer. Le chiffre avait même diminué avant ma campagne contre la police des mœurs qui n'a commencé qu'en 1876. N'est-ce pas la preuve évidente que l'organisation de la police des mœurs est tellement incompatible avec nos mœurs, l'inscription si révoltante pour les femmes, que cette honorable institution ne peut agir ?

En même temps, le nombre des radiations ne cesse d'augmenter. Quel est le motif de la plupart de ces radiations ? La disparition des femmes.

Les partisans de la réglementation s'imaginent et veulent faire croire qu'à l'aide de leurs mesures ils établissent une population stable, ils créent une

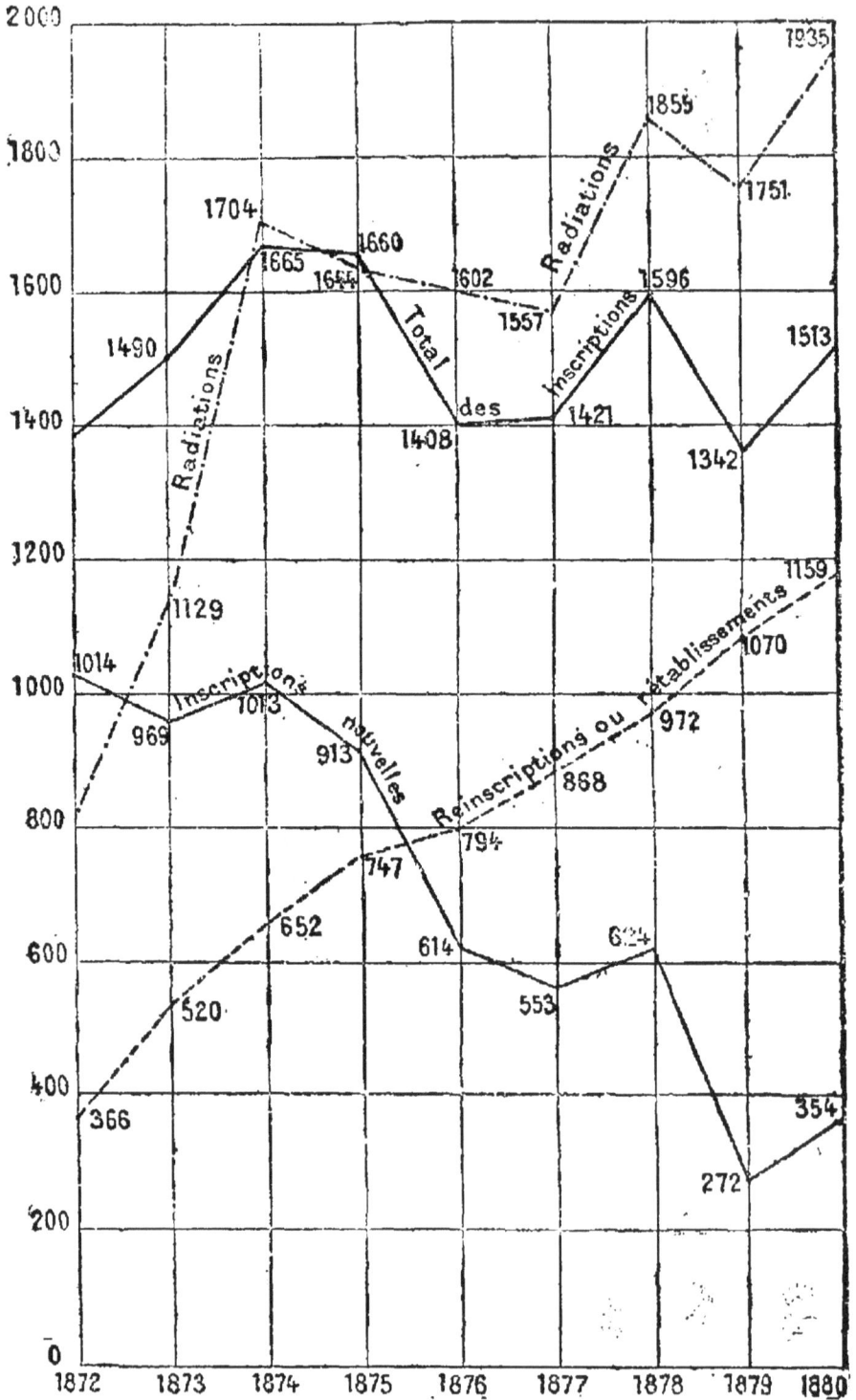

Gr. 3. — Inscriptions, réinscriptions, radiations.

classe de femmes dociles qui, régulièrement, observeront leurs dispositions arbitraires, viendront à la
visite selon leur consigne et se résigneront à se
laisser enfermer à l'hôpital et à y séjourner selon leur
bon plaisir. Ces gens qui s'imaginent diriger la nature humaine oublient le fond de révolte qui se
trouve chez chaque personnalité, si déprimée et
broyée qu'elle soit. Les femmes, dès qu'elles se sentent susceptibles d'être envoyées à l'hôpital, s'em-
pressent de disparaître. Les plus aisées, avant la
visite obligatoire, vont consulter un médecin du dispensaire. S'il leur dit qu'elles ne présentent aucun
symptôme, elles vont au dispensaire. S'il leur dit,
au contraire: — « Vous avez un écoulement suspect,
un bouton de mauvaise apparence, une ulcération au
col de la matrice », la femme s'empresse de se dérober. Elle déménage, change de quartier, quitte Paris.
pour échapper à l'hôpital prison qui s'appelle Saint-
Lazare. Elle se trouve placée alors, dans une situation
bien plus dangereuse qu'auparavant. Réduite à vivre
d'expédients, à se cacher, condamnée à courir des
aventures, elle est obligée d'accepter tous les clients
et de multiplier les contacts. Puis mettez-vous un
moment à la place de cette femme malade, elle est
victime de l'homme; et l'homme qui lui a donné la
maladie garde son irresponsabilité, tandis qu'elle
est traquée, comme une bête fauve, menacée d'emprisonnement et de sévices de toutes sortes. Cette
femme en arrivera à donner sa maladie avec une
sorte de volupté sauvage. Ce sera sa vengeance! Ce
sera sa revanche contre ces hommes qui, après avoir
recherché ses faveurs, se montrent implacables envers
elle, font les prudes et, dans l'intérêt de leur santé,
veulent la traiter, malade, comme une coupable !

Supposons qu'elle n'aille pas jusqu'à ce raffinement, qu'elle soit tout simplement passive, acceptant la situation qui lui est faite, se considérant comme un être en dehors de la société, espèce de rebut, de détritus, n'ayant qu'un droit, celui de tâcher de se soustraire aux agents des mœurs, au dispensaire, à Saint Lazare, elle n'en sera pas moins dangereuse. Elle se dit qu'elle n'a nulle responsabilité, que toute la responsabilité appartient à cette police dont elle est la chose. La police ne la découvre pas, ne l'enferme pas : tant pis pour la police, tant mieux pour elle ! Quant aux clients, ils sont protégés par l'autorité. Si l'autorité ne les protège pas, c'est fâcheux pour eux ; cela ne la regarde pas, et en toute sécurité de conscience, elle les contamine.

II

La prostitution se recrute parmi les filles mineures. D'octobre 1878 au 1er janvier 1880, 3445 insoumises ont été arrêtées : 2305 mineures, 1138 majeures.

Le nombre des inscriptions, comme filles publiques, s'élève pour le même laps de temps à 524, se décomposant ainsi : 510 majeures ; 7 âgées de 18 ans et au-dessus : 7 âgées de moins de 18 ans [1].

M. Camescasse a déclaré à la 7e commission qu'il n'inscrivait plus de mineures [1].

Or, si ce sont des mineures qu'on arrête en plus grand nombre et si ce sont elles qu'on n'inscrit pas, à quoi bon ces arrestations ?

[1]. 10 décembre 1881.

Si ce sont les mineures, comme le disent les médecins de la police, qui, au point de vue de la salubrité, présentent le plus de danger [1], que devient le système, puisque ce sont elles qu'on laisse « vaquer librement » ?

Voici la proportion des diverses catégories de filles inscrites.

| ANNÉES | INSCRIPTIONS | | | MAISONS de tolérance au 1er janvier de chaque année | OBSERVATIONS |
	MINEURES de 18 ans et plus	MINEURES de 16 ans et plus	MAJEURES		
1872	160	122	732	142	
1873	188	138	643	138	
1874	174	152	687	136	
1875	149	123	641	134	
1876	115	75	424	133	
1877	92	63	398	136	
1878	114	59	451	138	
1879	7	6	257	137	
1880	9	0	345	133	

NOTA. — La préfecture de police dit qu'il est impossible de donner séparément le nombre des filles inscrites, majeures et mineures, figurant actuellement sur les contrôles.

1. Parent-Duchâtelet, t. Ier, p. 371.

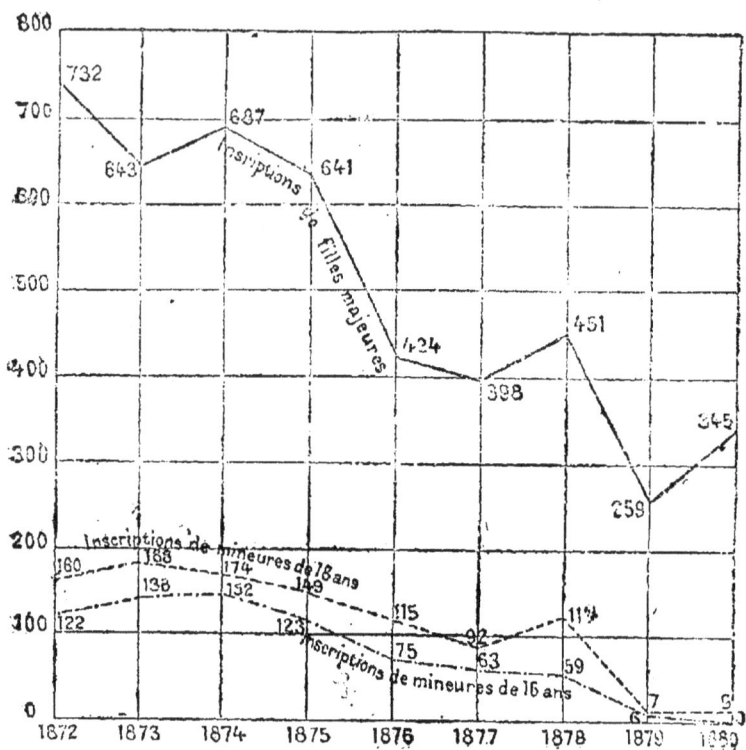

Gr. 4. — Répartition des inscriptions entre mineures et majeures.

III

L'idéal est de concentrer toute la débauche dans les maisons de tolérance.

La police arrive aux résultats suivants :

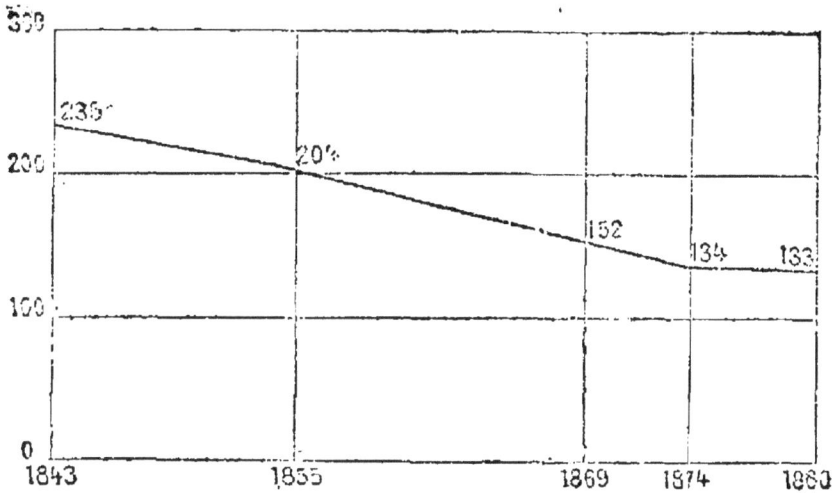

Gr. 5. — Nombre de maisons de tolérance à Paris.

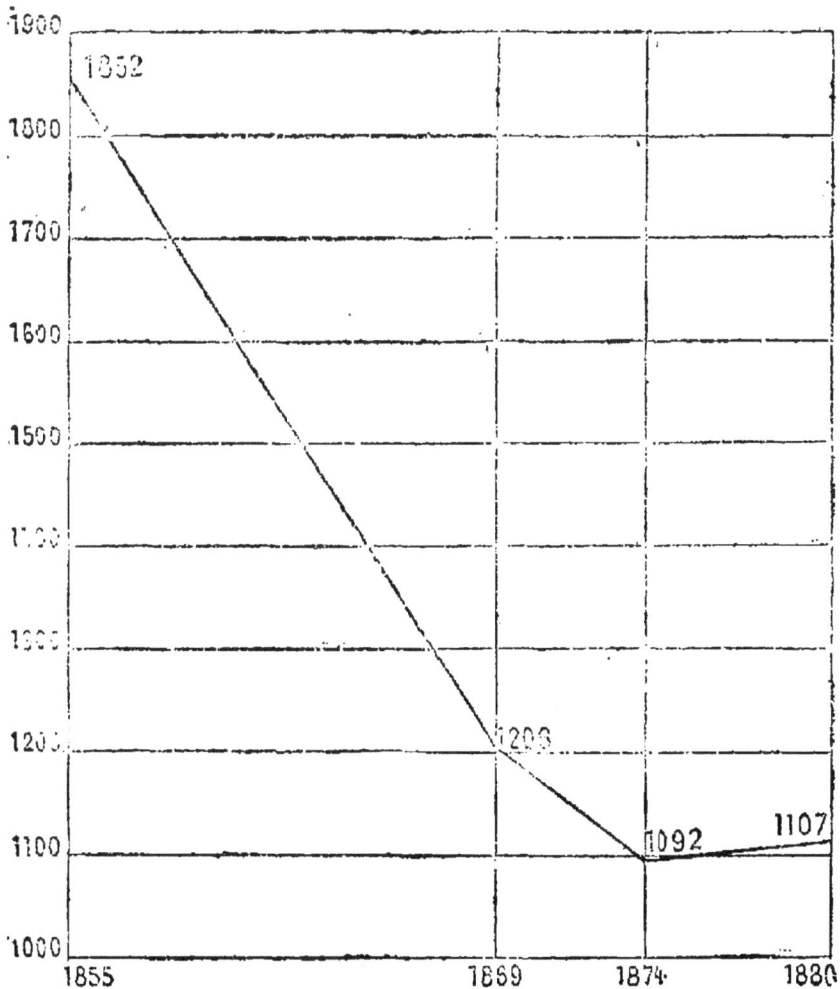

Gr. 6. — Nombre des filles en maison.

Même résultat à Lyon. Chiffre des maisons :
1864, 42 ; 1879, 25.

Sur ces 133 maisons de tolérance, 18 sont dans le
département de la Seine. Restent donc 116 pour
Paris.

M. Lecour dit avec mélancolie : « Le nombre de
ces maisons diminue ; il ira toujours en diminuant.
Au point de vue de la spéculation, ces maisons
n'offrent plus guère d'avantages [1]. » Elles ne sont
plus fréquentées que « par des militaires ou des
étrangers. » L'homme préfère « une rencontre qui
ressemble à une aventure. » D'un autre côté, comme
ces maisons « sont la base de toute réglementation
de la prostitution, » d'après le même M. Lecour, il
n'y a que deux partis à prendre :

Ou renoncer à la réglementation ;
Ou les subventionner largement.

M. Lecour n'a pas osé aller jusque-là. C'est une
faiblesse, indigne d'un administrateur qui se pique
de logique et de dédain pour les préjugés vulgaires.

Les subventionnerait-on, qu'il resterait encore
quelque chose à faire : ce serait d'y amener le client
contraint et forcé.

Contrairement à l'opinion du marguillier de
l'église de Belleville, je dis, pour mon compte, qu'au
point de vue moral, c'est l'indice d'un progrès considérable : l'homme cherche la femme libre ; et, dans
le marché qui peut intervenir entre eux, entrent
certains éléments qui l'affinent.

C'est que, voyez-vous bien, vous aurez beau faire ;
multiplier vos règlements, protéger les dames de

1. Lecour, p. 256.

maison, aider à leur recrutement, les aider à maintenir leurs femmes dans leurs établissements, vous
ne remonterez pas le courant de la civilisation. Plus
nous irons, et plus un homme hésitera à entrer
dans ces sortes de bagnes, si luxueux qu'ils puissent
être, en intimité avec ces esclaves.

IV

Au point de vue sanitaire, nous devons également
nous en féliciter.

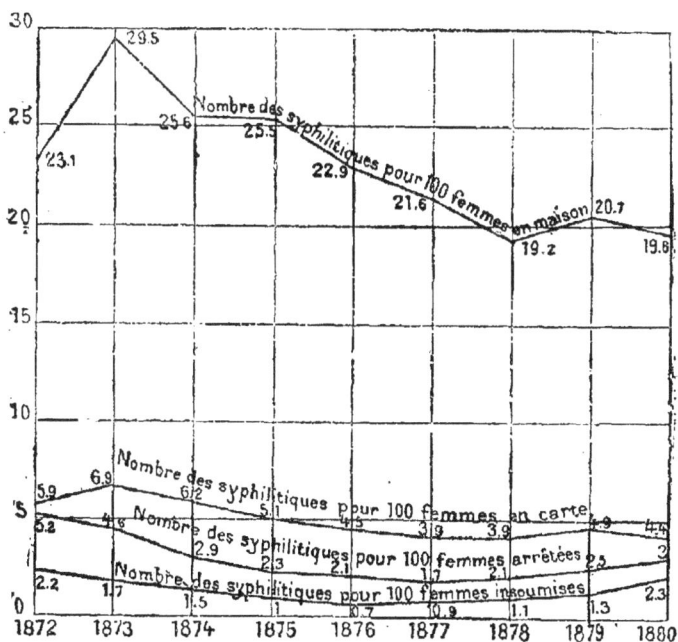

Gr. 7. — Nombre des syphilitiques selon les catégories de femmes.

ANNÉES	FILLES SOUMISES									FILLES INSOUMISES		
	ISOLÉES	SYPHILITIQUES	POUR 100	EN MAISON	SYPHILITIQUES	POUR 100	ARRÊTÉES	SYPHILITIQUES	POUR 100	INSOUMISES	SYPHILITIQUES	POUR 100
1872	3116	186	5,9	1126	261	23,1	6569	343	5,2	30 000	665	2,2
1873	3460	241	6,9	1143	338	29,5	7899	364	4,6		521	1,7
1874	3458	216	6,2	1109	285	25,6	9270	272	2,9		479	1,5
1875	3496	181	5,1	1149	293	25,5	10203	234	2,3		327	1,0
1876	3348	152	4,5	1145	263	22,9	9405	199	2,1		231	0,7
1877	3129	125	3,9	1168	253	21,6	8819	149	1,7		293	0,9
1878	2879	110	3,9	1278	246	19,2	7766	167	2,1		334	1,1
1879	2597	130	4,9	1188	246	20,7	7070	178	2,5		399	1,3
1880	2313	102	4,6	1041	205	19,6	6748	207	3,0		698	2,3

Vénériennes non syphilitiques.

ANNÉES	ISOLÉES			EN MAISON			ARRÊTÉES			INSOUMISES		
	NOMBRE	NON SYPHILITIQUES	POUR 100	NOMBRE	NON SYPHILITIQUES	POUR 100	NOMBRE DE VISITES	NON SYPHILITIQUES	POUR 100	NOMBRE	NON SYPHILITIQUES	POUR 100
1872	3116	142	4,5	1126	229	20,3	6569	220	3,3	30 000	637	2,1
1873	3460	219	6,3	1143	309	27,0	7899	211	2,6		626	2,0
1874	3458	217	6,3	1109	374	33,7	9270	255	2,7		582	1,9
1875	3496	203	5,7	1149	394	34,3	10293	270	2,6		574	1,9
1876	3348	176	5,2	1145	294	25,6	9465	184	1,9		333	1,3
1877	3129	169	5,0	1168	264	22,6	8819	162	1,8		418	1,3
1878	2879	114	3,9	1278	253	19,8	7766	178	2,2		450	1,5
1879	2597	80	3,0	1188	155	13,0	7071	118	1,6		265	0,8
1880	2313	65	2,8	1041	146	14,0	6748	179	2,6		385	1,2

Nous ferons remarquer qu'au fur et à mesure que la police des mœurs perd de son autorité les maladies syphilitiques et vénériennes diminuent.

35 pour 100
34
33
32
31
30
29
28
27
26
25
24
23
22
21
20
19
18
17
16
15
14
13
12
11
10
9
8
7
6
5
4
3
2
1
0

1872 1873 1874 1875 1876 1877 1878 1879 1881

Filles en maison
Filles isolées
Filles arrêtées
++++++ Filles insoumises

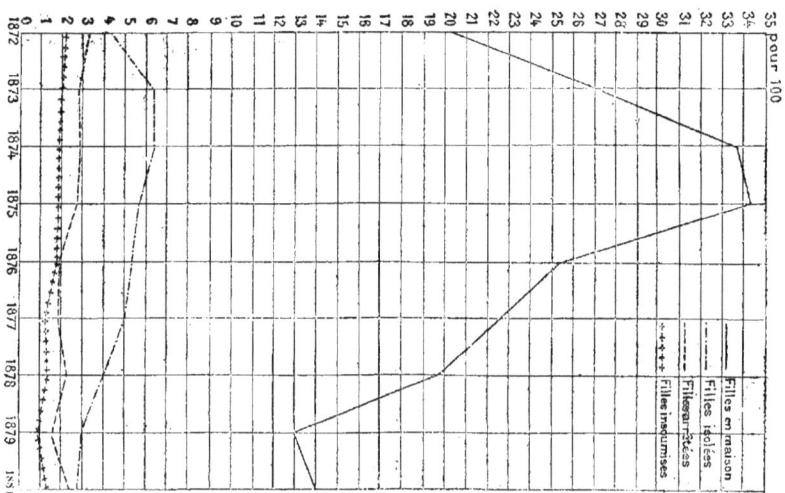

Gr. 8. — Nombre des vénériennes selon les catégories de femmes

M. Buls, bourgmestre de Bruxelles, a fait suivre
son projet de règlement du 5 décembre 1881, du
tableau suivant :

| ANNÉES | FILLES INSCRITES | | ENTRÉES A L'HOPITAL | | | |
| | | | NOMBRE DE FILLES | | ENTRÉES POUR 100 | |
	de maison	éparses	de maison	éparses	filles de maison	filles éparses
1871	73	225	35	50	47.9	22.2
1872	72	234	32	58	44.4	24.8
1873	74	234	35	45	47 3	19.2
1874	69	222	20	75	29.0	33.8
1875	71	230	30	72	42 2	31.3
1876	96	217	48	146	50.0	67.3
1877	97	322	49	119	50.5	36.9
1878	122	319	80	97	65.5	30.4
1879	143	249	87	117	60.8	47.0
1880	160	277	85	86	53 1	31.0

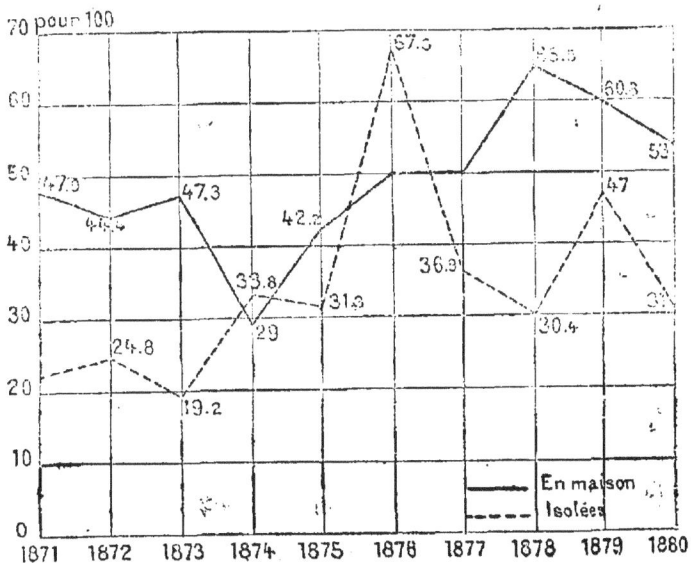

Gr. 9. — Nombre des vénériennes à Bruxelles selon les catégories
de femmes.

Il est bien obligé de constater que le nombre des malades dans les maisons de tolérance est plus nombreux que celui des éparses. C'est sans doute pour cela qu'il faut « protéger les maisons de tolérance ! »

Autres résultats constatés par M. Henri Minod, d'après une statistique du docteur Charles Mauriac[1].

M. le Dr Ch. Mauriac, médecin de l'hôpital du Midi, s'est livré pendant dix-huit mois à une étude statistique, en notant chaque fois les principales circonstances relatives aux femmes qui avaient causé l'infection des vénériens. Pendant l'année 1869 et le premier semestre de 1870, le nombre des malades consultants a été de 5008 ; la source de l'infection a pu être déterminée dans 4745 cas, se répartissant comme suit :

4012 malades contaminés par des insoumises.
430 — — par des filles en carte.
302 — —· par des filles en maison.

Le nombre des insoumises étant de 30 000, celui des filles en carte de 2525 et celui des filles en maison de 1206, il en résulte que

1000 insoumises ont occasionné 134 maladies.
1000 filles en carte — 170 —
1000 filles en maison — 251 —

Pendant le même laps de temps, M. le Dr Mauriac a eu 579 cas de l'infection dite chancre simple à sa consultation ; 432 cas étaient dus à des insou-

1. *La Police des mœurs*, Neufchâtel.

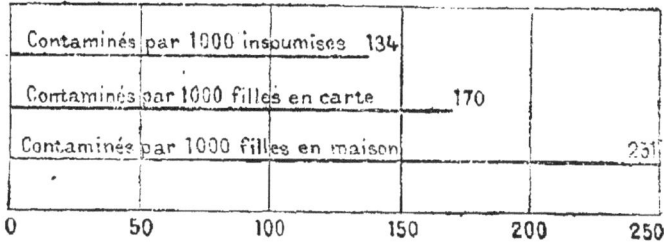

Contaminés par 1000 insoumises	134				
Contaminés par 1000 filles en carte		170			
Contaminés par 1000 filles en maison					231

| 0 | 50 | 100 | 150 | 200 | 250 |

Gr. 10.

mises, 59 à des filles en carte et 58 à des filles en maison, d'où résulte cette proportion :

```
1000 insoumises en ont occasionné  14 2/5
1000 filles en carte        —    23 1/3
1000 filles en maison       —    48
```

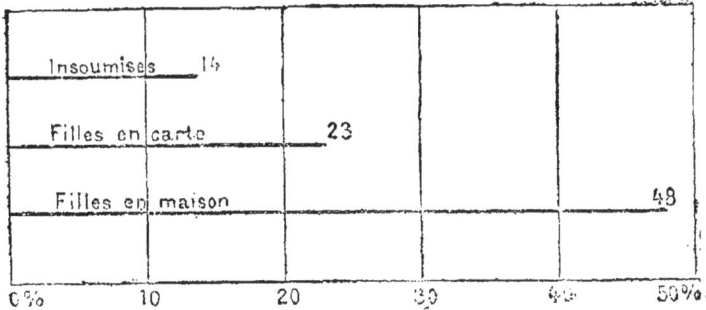

Insoumises	14				
Filles en carte		23			
Filles en maison					48

| 0% | 10 | 20 | 30 | 40 | 50% |

Gr. 11.

Une troisième statistique concerne la syphilis : sur les 1741 syphilitiques soignés à l'hôpital du Midi en 1869 et pendant le premier semestre de 1870, M. le Dr Mauriac a pu obtenir 1633 fois des détails assez précis sur les femmes avec lesquelles ils avaient contracté leur maladie : 1414 affections étaient dues à des insoumises, 139 à des filles en carte, et 80 à des filles en maison, ce qui donne le tableau suivant :

1000 filles insoumises ont occasionné 47 affections.
1000 filles en carte   —   55   —
1000 filles en maison   —   66 1/3   —

Gr. 12.

Il ressort tout simplement de ces chiffres que, tandis que mille prostituées clandestines fournissent une moyenne de 134 maladies vénériennes, mille filles en maison en fournissent 251, c'est-à-dire *près du double;* tandis que l'on constate que mille clandestines ont occasionné $14\,{}^{2}/_{5}$ chancres simples, mille femmes en maison en ont produit 48, soit plus du triple; enfin, tandis que mille clandestines ont causé 47 affections syphilitiques, mille femmes en maison en ont occasionné $63\,{}^{1}/_{3}$!

Sur 873 vénériens interrogés par MM. Puche et Fournier,

> 625 avaient été contaminés par des filles publiques.
> 52 par des filles entretenues ou autres.
> 24 par des femmes mariées.
> 20 par des domestiques.
> 100 par des ouvrières.
> 46 par des prostituées clandestines.

Donc les filles enregistrées sont 300 pour 100 fois plus dangereuses que les femmes qui, bien que polyandres, ne sont pas surveillées.

V

J'entends d'ici plus d'un lecteur, en voyant ces graphiques, se dire avec étonnement :

— Tiens, moi qui croyais que dans les maisons l'on courait moins de risques.... je me trompais donc ?

— Parfaitement ; et c'est là un des préjugés les plus dangereux qu'ait entretenus la police des mœurs.

Si on rapporte le chiffre des insoumises à l'évaluation la plus basse donnée par M. Lecour (30 000), jamais le chiffre des malades parmi celles-ci ne dépasse 2 pour 100.

Ce dernier calcul n'est basé que sur une hypothèse, mais les deux premiers chiffres sont fournis par le dispensaire.

Or, si les filles en carte isolées sont moins souvent malades que les filles en maison, à plus forte raison a-t-on le droit de dire que les filles libres le sont encore moins souvent que ces dernières, condamnées par la police à ne vivre qu'en se prostituant.

Les théoriciens de la police des mœurs ont un côté inconscient : c'est leur excuse.

Ils disent, ils affirment, ils répètent que la maison de tolérance est la base de la réglementation de la prostitution et que leur idéal est d'y renfermer toutes les femmes ; ils déclarent également qu'une des missions qu'ils s'attribuent est de protéger la santé publique : alors, ils produisent leurs statistiques, et leurs statistiques prouvent qu'ils n'ont fait que des foyers d'infection !

Vous croyez qu'alors ils vont courber la tête devant l'évidence fournie par eux-mêmes? Pas du tout ! Ils vous répondent :

— C'est parfaitement exact ! nous le savions et même nous avons expliqué pourquoi.

Parent Duchâtelet :

« Au premier aperçu, tout semblerait faire croire que les filles qui appartiennent aux dames de maison, étant en général mieux choisies, plus surveillées, plus souvent et plus attentivement visitées, devraient présenter plus de garanties que le reste de cette population ; cependant nous observons tout le contraire, ce qui s'explique aisément par les connaissances des mœurs et des habitudes particulières à ces femmes dans les différentes positions où elles se trouvent.

« Quant au commun des filles isolées, comme elles sont chez elles et maîtresses dans leurs chambres, elles n'y admettent que ceux qui leur conviennent ; elles sont libres de soumettre à un examen ceux qui prétendent à leurs faveurs ; elles exigent souvent que l'on mette en usage certains moyens préservateurs, et comme tout ce qu'elles gagnent leur appartient, elles voient moins de monde et diminuent d'autant les chances d'infection.

« Par opposition, les filles des maisons publiques sont obligées de s'abandonner au premier venu qui les réclame, fût-il couvert des plus dégoûtants ulcères; il n'y a pas à reculer, si elles veulent éviter les coups et les plus affreux traitements ; les dames de maison ne leur donnent pas de repos ; car, pour me servir d'une comparaison qu'ont souvent employée devant moi les inspecteurs de l'administration, le charretier le plus grossier et l'entrepreneur de roulage le plus rapace ménagent plus les chevaux qui ne leur appartiennent pas que les dames de maison ne ménagent les femmes dont elles se servent pour arriver à la fortune[1]. »

M. Lecour fait le même aveu :

« La pratique a démontré que les habitudes des filles isolées et *l'indépendance relative* dont elles jouissent, par comparaison avec la situation des filles de maison de tolérance, *les préservent des rapports dangereux* au point de vue sanitaire[2]. »

M. Carlier, ancien chef du dispensaire :

« Les filles en maison, n'ayant qu'une clientèle passagère, sont moins soigneuses de leur corps et moins scrupuleuses de la santé de leurs visiteurs (*sic*)[3]. »

La note administrative de 1864 constate, officiellement, le plus grand danger qui résulte « de leurs rapports plus fréquents avec les hommes, de l'insouciance apathique qui leur est propre, de leurs habitudes généralement plus déréglées que celles des filles isolées[4] ».

M. le docteur Mireur, médecin directeur du dispensaire de Marseille, bien que partisan des maisons de tolérance, dit :

« Sur cent cas de syphilis confirmés que j'ai observés, moitié chez les malades de mon cabinet et moitié chez les malades de mon dispensaire, j'ai constaté, grâce aux indications intimes et désinté-

1. T. Iᵉʳ, p. 680.
2. Lecour, p. 131.
3. *La Prostitution à Paris*, de 1855 à 1875 (*Ann. hyg. p.*, t. XXXVI, p. 305.
4. *Supr*, p. 63.

ressées de mes clients, que 62 contagions devaient être attribuées aux filles de maison, tandis que 38 autres étaient dues aux prostituées de la ville, filles inscrites isolées ou clandestines [1].

M. le docteur P. Diday, de Lyon, confirme cette observation, etc., etc.

Non seulement les femmes sont plus souvent atteintes de la syphilis dans les maisons de tolérance que les filles libres, mais elles en sont des propagatrices bien autrement dangereuses ; en moyenne, elles ne voient pas moins de six hommes par jour ; dans les maisons qui servent aux soldats, les chiffres deviennent fantastiques. Songez donc aux ravages que peut, dans ces conditions, causer une seule femme malade, si le médecin ne s'est pas aperçu de la petite érosion aux lèvres ou aux organes génitaux grâce à laquelle elle peut contaminer tous ceux qui la voient. Ajoutez à la contagion directe la contagion médiate. Il suffit qu'elle garde dans les plis du vagin un peu de virus [2] déposé par un client, pour qu'elle le communique à un autre, sans être atteinte elle-même.

Dans le ménage, la contagion s'opère par le verre commun, par une cuillère qu'on échange. Dans les maisons publiques, ces pratiques journalières sont d'autant plus dangereuses que toute femme, qui s'y trouve, a, a eu ou aura la syphilis. Elle y échappera pendant plus ou moins longtemps ; elle la subira un jour ou l'autre. C'est une victime que la police jette au minotaure ; et plus elle lui jette de victimes, plus augmente la « satisfaction » des hommes

1. P. 363.
2. *Syphilis et mariage*, p. 23

pieux comme MM. Pasquier, Delavau et Lecour,
de médecins, comme M. Clerc, médecin en chef du
dispensaire ! Il faut que de singuliers préjugés nous
empêchent d'apercevoir nettement le caractère de
cette question pour que ce barbare résultat semble
si naturel, que les gens de l'administration l'expo-
sent avec placidité, sans crainte de soulever une indignation unanime !

Les deux graphiques suivants, empruntés à un
travail du docteur Schperk, médecin de la police des
mœurs de Saint-Pétersbourg[1], donnent la preuve du
fait que nous venons d'avancer.

Ces deux graphiques montrent que le recrutement des maisons de tolérance se fait parmi les mineures.

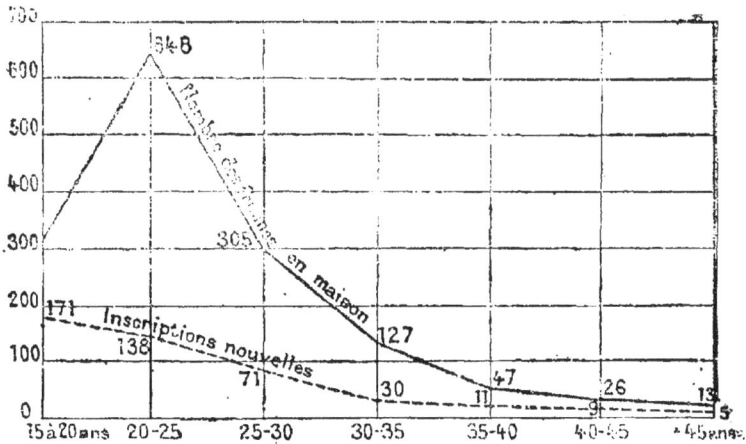

Gr. 13. — Nombre et âge des femmes en maison de Saint-Pétersbourg

Dans les premières années de leur internement,
toutes fatalement sont vouées à la syphilis.

---

1. *Ann. d'hyg. pub. et méd. légale*, 1875, p. 44.

Elles restent dangereuses pendant la période des accidents secondaires, trois ou quatre ans.

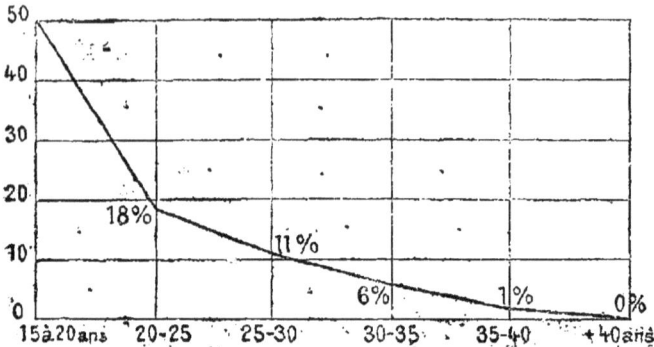

Gr. 14.

Au delà, comme elles ne sont plus susceptibles que des accidents tertiaires, elles ne présentent plus d'autre danger que l'infection médiate.

Morale : dans les maisons de tolérance, ne jamais voir que les femmes qui approchent ou dépassent la trentaine.

Est-ce cette prophylaxie que se propose la police des mœurs? Soit : alors, il y a un moyen bien plus simple : l'inoculation de la syphilis à toutes les femmes arrêtées pour fait de prostitution ; leur emprisonnement pendant quatre ans ; au bout de ce temps, leur retour à la circulation, avec un tatouage sur la figure qui annoncerait à tous les consommateurs qu'elles sont garanties !

CHAPITRE V

RESULTATS STATISTIQUES DES « CONTAGIOUS DISEASES ACTS »

Désignation des maladies vénériennes.— Antiscientifique comme
en France. — Causes d'erreurs dans les statistiques. — Statistique de la gonorrhée. — Statistique des *primary venereal
sores*. — Rapport des *secondary syphilis* aux *primary sores*.
— Sur l'armée entière. — Rapport des *secondary syphilis* au
nombre des hommes. — Diminution avant les *acts*. — Enquête des cinq ports. — La diminution réelle et la diminution
calculée. — *Primary sores*. — Armée totale. — Proportion
des *secondary syphilis* plus grande en 1875, 1876, 1878 qu'en
1866. — Comparaison entre diverses villes. — Augmentation
des femmes malades. — Nombre de morts par millions de personnes. — Diminution à Londres.

Maintenant nous allons comparer aux documents
si incomplets de l'Administration à Paris, les documents plus sérieux qui sont résultés en Angleterre
de l'application des *contagious diseases acts*[1]. Nous
rappelons que depuis 1866, partiellement, et depuis
1870, complètement, on a appliqué sous ce nom, à
diverses stations maritimes ou navales, une réglementation, ayant pour but de protéger la santé des soldats
et des matelots. De toutes parts, ils ont soulevé de
telles protestations que la Chambre des communes a
nommé, le 17 mars 1879, une commission d'enquête
pour examiner si les *contagious diseases acts* ont
produit quelque effet utile au point de vue sanitaire.
Nous empruntons la plupart des faits suivants aux

1. Voy. chap. III.

dépositions du docteur Nevins, président de la *National Medical Association for the repeal of the acts*, de M. Henri Lee, professeur de chirurgie et de pathologie au *Royal college of surgeons*, auteur de l'ouvrage le plus célèbre en Angleterre sur la syphilis ; du docteur Drysdale, médecin du *Lock hospital of Rescue society;* du docteur Routh, médecin des hôpitaux de Londres ; de M. Shaen, sénateur de l'université de Londres ; etc., devant la commission d'enquête, en 1880 et 1881. Les chiffres sont pris dans les tableaux officiels de Sir W. Muir, publiés en 1879 et en 1880[1], et de M. Lawson, inspecteur général des hôpitaux.

Le docteur Nevins raconte d'abord qu'il était resté plusieurs années sans examiner les *contagious diseases acts :* le sujet lui paraissait désagréable et les attaques contre eux lui paraissaient exagérées ; mais, étant professeur de médecine, il crut devoir enfin se livrer à cette étude.

Les documents anglais ont adopté la classification suivante des maladies vénériennes.

Secondary syphilis, — qui affecte la constitution et est transmissible aux descendants.

---

1 Sir W. Muir's, *Tables; Report select committee,* mars 1880. 2. *Id.,* 1881.

On peut trouver des renseignements plus développés dans l'importante discussion qui eut lieu en 1876 à la *Statistical Society* à la suite d'un considérable travail de M. James Stansfeld, membre du parlement; dans un article très complet du Dr Chapmann, paru dans la *Westminster Review* en 1876; dans son discours à la réunion de la salle Lévis, avril 1880. broch. in-18, Paris; dans le *Medical enquirer.* Le *Shield* publie les comptes rendus des séances de la commission d'enquête. Les procès-verbaux de l'enquête, qui continue toujours, forment quatre grosses livraisons à deux colonnes in-4 dont l'une a 492 pages.

Primary syphilis, — qui est d'abord une maladie locale, qui peut éventuellement affecter la constitution.

Pseudo-syphilis, — qui est aussi une maladie, quelquefois d'une grande gravité, mais qui n'affecte pas la constitution.

La *gonorrhée,* avec ses conséquences.

La *primary syphilis* et la *pseudo-syohilis* sont désignées sous le nom de *primary sores.* C'est la même confusion qu'en France entre les chancres mous et les chancres infectants.

D'après les tableaux de sir William Muir, la proportion des maladies vénériennes, non syphilitiques, est d'environ 3 à 1 comparées aux véritables accidents primaires syphilitiques.

Les tableaux comprennent la période 1866 à 1878, soit douze ans. Ils comprennent trois années d'application partielle et neuf années d'application complète. En 1873, un ordre de lord Cardwell, supprimant la paye des soldats et marins atteints de maladies vénériennes, les a poussés à la dissimulation, et, par conséquent, a altéré la justesse des rapports. Le chiffre des admissions dans les hôpitaux tomba aussitôt de 50 à 42.

Les statistiques humaines sont difficiles à faire, précisément parce qu'à tout instant des variations, semblables à celles que nous venons d'indiquer, changent les termes de comparaison. On a fait le parallèle de quatorze stations soumises aux *acts* et de quatorze stations libres : mais il y en a cent qui ne sont pas assujetties aux *acts.*

Les villes comme Dublin, Manchester, Édimbourg, Londres, ne sont point comparables aux stations soumises aux *acts.* Les soldats ne restent pas toujours dans les mêmes stations. Ils peuvent venir d'une station soumise et infester tout à l'aise la station insoumise; car s'ils doivent subir la visite en arrivant à la première, ils n'y sont pas astreints en arrivant à la seconde. Dans les villes assujetties aux *acts*, on a pris de grandes précautions hygiéniques, complètement négligées dans les autres. De plus, les femmes malades, qui ne veulent pas être astreintes à une guérison forcée, abandonnent les stations soumises, quand elles sont malades, et vont répandre l'infection dans les autres. Malgré toutes ces causes d'erreurs défavorables aux stations libres, relativement aux stations soumises aux *acts*, voici les résultats que donnent les vingt-huit villes choisies comme termes de comparaison dans le rapport officiel de M. Muir (Voir pages 354, 355).

Les stations s'entremêlent. Canterbury, la ville archiépiscopale, se classe l'avant-dernière. Il est impossible d'après ces chiffres de constater une influence quelconque des *acts*.

Bien plus, *the Army medical report* pour 1872 dit: «Le fait reste que le taux moyen des admissions pour la gonorrhée pendant les 8 années de 1865 à 1872, est plus haut dans les stations protégées que dans celles qui ne le sont pas. »

Jusqu'en 1873, les acts ne produisent aucune diminution dans le taux de la gonorrhée. En 1873, une diminution prononcée se manifeste aussi bien dans les stations libres que dans les stations soumises aux *acts*. Quelle en est la cause, admise par M. Muir lui-même? l'*act* de lord Cardwell, supprimant la paye des soldats atteints d'affections vénériennes.

Tableau montrant la moyenne de la gonorrhée dans les 28 stations choisies. — 14 stations sous les acts. — 14 stations libres. — Moyenne 0/00 (pour mille) des gonorrhées de 1867 à 1877. — (Application partielle des acts et dissimulation de la maladie après 1873.

MOYENNE pour 1000	STATIONS soumises aux acts	STATIONS LIBRES
57	. . . .	Fermoy.
60	Windsor.	
65	. . . .	Athlone.
66	Curragh.	
67	Cork.	
68	. . . .	Pembroke Dock.
70	. . . .	Hounslow.
70	Shorncliffe.	
75	. . . .	Limerick.
84	. . . .	Edinburgh.
87	Dover.	»
89	Aldershot.	
89	. . . .	London.
95	Woolwich.	
97	Chatham. / Winchester.	
111	. . . .	Ile de Wight.
115	Portsmouth.	
116	. . . .	Dublin.
117	. . . .	Warley.
119	Plymouth.	
121	Colchester.	
122	. . . .	Belfast.
131	Maidstone.	
133	Canterbury.	
137	. . . .	Manchester.
144	. . . .	Preston.
151	. . . .	Sheffield.

Tableau montrant la raison pour 1000 de la gonorrhée de 1870 à 1873. — Application complète des acts. — Cause d'erreur de la dissimulation écartée.

MOYENNE pour 1000	STATIONS soumises aux acts	STATIONS LIBRES
49.4	. . . .	Fermoy.
53.5	Windsor.	
58.3	. . . .	Athlone.
63.6	Curragh.	
67.8	Shorncliffe.	
70.0	. . . .	Hounslow.
73.9	. . . .	Pembrocke Dock.
74.9	Winchester.	
78.8	. . . .	London.
79.0	Dover.	
80.0	Cork.	
88.9	. . . .	Limerick.
93.9	. . . .	Edinburgh.
97.9	. . . .	Ile de Wight.
100.8	Aldershot.	
104.0	Chatham.	
105.8	. . . .	Warley.
116.1	Woolwich.	
116.2	Colchester.	
120.3	Portsmouth.	
120.4	Maidstone.	
125.1	. . . .	Dublin.
128.2	. . . .	Manchester.
130.3	. . . .	Belfast.
141.7	Plymouth.	
159.6	. . . .	Preston.
167.5	Canterbury.	
169.7	. . . .	Sheffield.

Tableau montrant la moyenne des maladies vénériennes primaires de 1867 à 1877 (primary venerenl sores). — Dans les 28 stations choisies. — 14 soumises aux contagious diseases acts; 14 libres.

Tableau montrant la moyenne des primary sores par 1000 hommes, de 1870 à 1873. — Complète application des acts et erreur écartée de la dissimulation de la maladie.

MOYENNE pour 1000	STATIONS soumises aux acts	STATIONS LIBRES	MOYENNE pour 1000	STATIONS soumises aux acts	STATIONS LIBRES
30.4	. . . .	Athlone.	27.0	. . . .	Athlone.
30.9	. . . .	Pembroke Dock.	30.3	Shorncliffe.	—
34.1	Shorncliffe.	—	31.9	. . . .	Pembroke Dock.
45.7	Chatham.	—	34.8	Dover.	—
46.1	Cork.	—	41.2	Curragh.	—
46.4	Plymouth.	—	42.5	Colchestes. Winchester.	—
46.9	. . . .	Fermoy.	43.5	Portsmouth.	—
47.3	Winchester.		46.4	Plymouth.	—
49.8	Dover.		48.5	. . . .	Warley.
50.3	Portsmouth.		50.8	Chatham.	—
51.0	Curragh.		50.9	. . . .	Fermoy.
52.5	Woolwich.		55.5	Woolwich.	
52 5	Canterbury.		55.7	. . . .	Ile de Wight.
54.9	. . . .	Edinburgh.	55.8	Maidstone.	—
55.1	. . . .	Warley.	59.9	Canterbury.	—
60.3	Aldershot.		61.2	Cork.	—
62.1	. . . .	Belfast.	63.4	. . . .	Edinburgh.
63.4	Colchester.		66.4	Aldershot.	—
66.7	. . . .	Hounslow.	70.7	. . . .	Hounslow.
72.1	. . . .	Ile of Wight.	73.2	. . . .	Belfast.
76.6	Windsor.		81.4	Windsor.	
77.8	. . . .	Limerick.	87.4	. . . .	Manchester.
90.6	Maidstone.		91.8	. . . .	Limerick.
99.3	. . . .	Preston.	93.4	. . . .	Sheffield.
99.8	. . . .	Sheffield.	109.1	. . . .	Preston.
112.3	. . . .	Manchester.	137.2	. . . .	Dublin.
123 5	. . . .	Dublin.	183.0	 0	London.
170.2	. . . .	London.			

30.

Diminution des maladies vénériennes (primary venereal sores).
— *Stations où la diminution a été plus grande avant les*
acts qu'après 1860.

Diminution moyenne.

	Avant l'act.	Pour 100	Après l'act.	P. 100
Woolwich . .	6 ans. . . .	15.82	7 ans. .	. 7.12
Aldershot . . .	7 — . . .	6.29	6 — . .	. 2.21

Stations où la diminution a été plus grande après.

Diminution moyenne.

	Avant l'act.	Pour 100	Après l'act.	P. 100
Plymouth . . .	6 ans	9.67	7 ans. . . .	10.71
Portsmouth . .	6 —	11.09	7 — . . .	12.17
Chatham, SS and Sheernen.	6 —	4.23	7 — . . .	11.14
Schorncliff . .	8 —	9.09	5 — . . .	22.09

Stations où il y a augmentation de maladies après l'act.
pour 1000.

	1866	1867		1868	1869	1870	1871	1872	1873
Cork . .	49	72	*Act.*	61	73	68	55	62	61
Windsor.		58	—	136	93	67	78	96	84

Les rapports du service de santé dans l'armée anglaise contiennent deux colonnes ; gonorrhée et *pri-*
mary sores. Cependant les *contagious diseases Acts*
ont été établis contre la syphilis ; et c'est précisément sur elle qu'on n'a pas de renseignements [1].
M. Muir répond :

Q. 191. Quant aux accidents secondaires, nous
n'avons aucun tableau distinguant entre les stations
soumises et les stations libres. Nous ne pouvons les
distinguer ! — Q. 210. Nous ne savons pas où ils
ont été contractés.

1. *Enquête*, 1879.

Q. 186. Pouvez-vous me donner les chiffres des admissions pour les *primary sores* et pour les accidents secondaires !

— Nous n'avons pas fait ce travail.

Ce dernier travail a été fait depuis ; mais n'est-il pas tout à fait particulier que les constatations qu'on oublie de faire sont précisément celles qui importent?

Rapport pour 100 *entre le nombre constant des* secondary syphilis *et des* primary sores.

STATIONS LIBRES	ACCIDENTS secondaires p. 100 *primary*	SOUS LES ACTS	ACCIDENTS secondaires p. 100 *primary*
1. London	24.49		
2. Limerick	24.97		
3. Dublin	29.16		
4. Manchester	30.01		
5.		Dover	32 63
6. Sheffield	33.23		
7. Belfast	33.51		
8.		Cork	33.74
9.		Colchester	34.50
10. Warley	35.68		
11.		Aldershot	36.38
12. Edinburgh	37.05		
13.		Curragh	37.13
14.		Maidstone	38.47
15.		Winchester	39.35
16.		Plymouth	39.71
17.		Portsmouth	39.75
18. Hounslow	40.49		
19.		Chatham	40.02
20.		Woolwick	43.06
21.		Shorncliffe	45.70
22. Fermoy	47.45		
23.		Canterbury	48.58
24. Pembroke	49.62		
25. Athlone	49.80		
26. Preston	52.36		
27. Ile de Wight	53.43		
28.		Windsor	61.52

On voit que la proportion des accidents secondaires par rapport aux accidents primaires, est plus élevée dans presque toutes les stations soumises aux *Acts*.

Sur l'armée entière (de l'intérieur).

	PRIMARY SORES pour 1000 hommes	SECONDARY SYPHILIS pour 1000 hommes	RAPPORT entre primary sores et secondary p. 100
1864-1866 inclus.	86.2	29.9	35
1867-1869 —	82.8	28.7	35
1870-1872 —	65.4	23.1	35
1873-1875 —	54.4	25.5	47
1876-1878 —	52.4	25.8	49

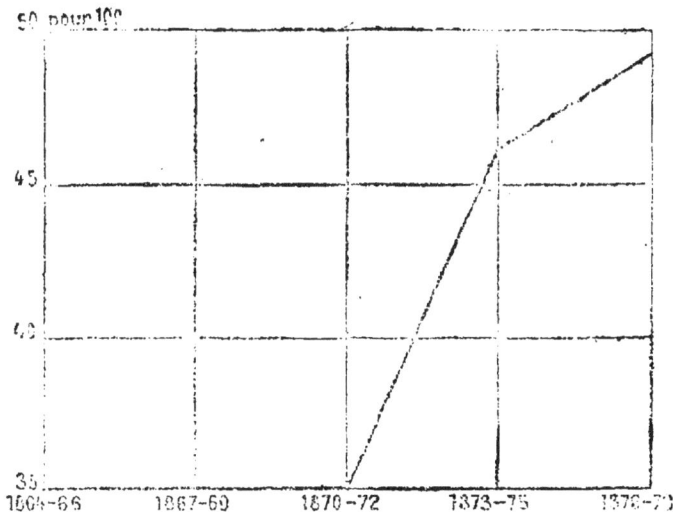

Gr. 15. — Rapport entre les *primary sores* et les *accidents secondaires*.

Ces chiffres donnent la preuve qu'à partir de l'ordre de Lord Cardwell, les *primary sores* dimi-

Tableau montrant la proportion pour 1000 hommes du nombre constant (constantly sick) *des secondary* syphilis, *dans les 28 stations choisies, pendant les 19 années réunies, de 1860 à 1878.*

	NOM DE LA STATION	POUR 1000	STATIONS SOUS LES ACTS	STATIONS LIBRES	MOYENNE annuelle p. 1000
1.	Cork	29.48	Sous les acts.	»	1.55
2.	Fermoy	29.49	»	Libres.	1.55
3.	Pembroke Dk.	31.08	»	Libres.	1.64
4.	Belfast.	31.42	»	Libres.	1.65
5.	Dover	32.53	Sous les acts.	»	1.71
6.	Edinburgh	32.70	»	Libres.	1.72
7.	Limerick.	33.39	»	Libres.	1.76
8.	Warley.	36.36	»	Libres.	1.91
9.	Shorncliffe.	36.86	Sous les acts.	»	1.94
10.	Winchester.	37.09	Sous les acts.	»	1.95
11.	Athlone.	37.37	»	Libres.	1.97
12.	Chatham.	37.93	Sous les acts.	»	2.00
13.	Curragh	38.61	Sous les acts.	»	2.03
14.	Colchester	40.00	Sous les acts.	»	2.11
15.	Maidstone	41.29	Sous les acts.	»	2.17
16.	Aldershot.	41.41	Sous les acts.	»	2.18
17.	Plymouth	44.92	Sous les acts.	»	2.36
18.	Hounslow	45.65	»	Libres.	2.40
19.	Sheffield.	49.33	»	Libres.	2.47
20.	Portsmouth.	47.26	Sous les acts.	»	2.49
21.	Woolwich.	47.26	Sous les acts.	»	2.49
22.	Canterbury.	49.94	Sous les acts.	»	2.63
23.	Ile de Wight.	49.97	»	Libres.	2.63
24.	Manchester.	51.93	»	Libres.	2.73
25.	Dublin	57.23	»	Libres.	3.01
26.	London.	62.49	»	Libres.	3.29
27.	Windsor.	63.21	Sous les acts.	»	3.38
28.	Preston.	75.01	»	Libres.	3.9.

nuent d'une manière considérable : la proportion des accidents secondaires augmente. Donc, dissimulation de la maladie qui ne présente pas de danger; maintien du même chiffre de véritables syphilitiques.

Enfin, les statistiques sont encore atténuées par la dissimulation du véritable caractère de la maladie que font les médecins afin de faire restituer leur paye aux soldats. (Q. 138.)

Il suffit de jeter un coup d'œil sur ces tableaux pour voir de quelle manière les stations soumises aux *Acts* et les stations libres s'entremêlent. Par conséquent, on a le droit de conclure qu'il n'y a pas d'apparence de connexité entre le total des maladies vénériennes, de quelque genre qu'elles soient, et la présence ou l'absence des *Acts*. -

Les *Acts* ont-ils eu une influence sérieuse sur la santé de l'armée, au point de vue des maladies vénériennes?

D'après le tableau A, de sir Wm Muir, embrassant une période de 19 années, le nombre des hommes constamment à l'hôpital, sur une armée de 80,000 hommes, se décompose ainsi :

Pour maladies vénériennes (accidents primaires) .... 492 hommes.
Syphilis (accidents secondaires).......... 179   —
Gonorrhée et ses conséquences........... 539   —

Total....... 1210 hommes.

Si l'on décompose les années, on arrive aux résultats suivants, le chiffre total de l'armée étant toujours de 80 000 hommes.

Dans la première année mentionnée dans ce tableau, 1860, le nombre constant des hommes à l'hôpital était de.. 1868

En 1866, avant les *acts*, il était tombé à............ 1293
En 1869, avant que les visites périodiques fussent gé-
néralement adoptées, il était tombé à............ 1189
En 1873, avant la dissimulation de la maladie, il était
tombé à.................................. 902
En 1874, la première année de la dissimulation, il
tomba à.................................. 712
En 1878, il s'est relevé à............ 842

Avant les visites périodiques, la moyenne des malades permanents avait été abaissée de 680 en neuf ans, tandis qu'elle n'a été réduite que de 347 dans les neuf années suivantes, soumises aux visites périodiques.

Une enquête fut faite sur la demande de sir Harcourt Johnstone, en 1877, sur cinq ports soumis aux *Acts* : Plymouth, Portsmouth, Queenstown, Southampton, Darmouth [1]. C'est en 1870 que les *Acts* ont été mis en vigueur dans la totalité des cinq ports ; le rapport divise la période 1866-1875 en deux. Voici les résultats :

5 premières années. { Primaire... 34.72 p. 1000
                      Secondaire. 12.72   —
                      Gonorrhée . 28.23   —
                      _____
                                  75.67 p. 1000

5 années suivantes. { Primaire... 30.51
                       Secondaire. 13.06
                       Gonorrhée . 63.08
                       _____
                                   106.65

(Voy. Gr. 16.)

Sur la *Royale Adélaïde*, le chiffre des malades s'était élevé de 25 à 383 pour 1000, sur le *Duc de Wellington*, à Portsmouth, de 199 à

---

1. *Actes du Congrès de Genève*, t. II, p. 69.

422 ; sur l'*Excellent*, à Portsmouth, de 73 à 186 [1].

Le docteur Nevins a fait deux calculs sur lesquels nous appelons l'attention,

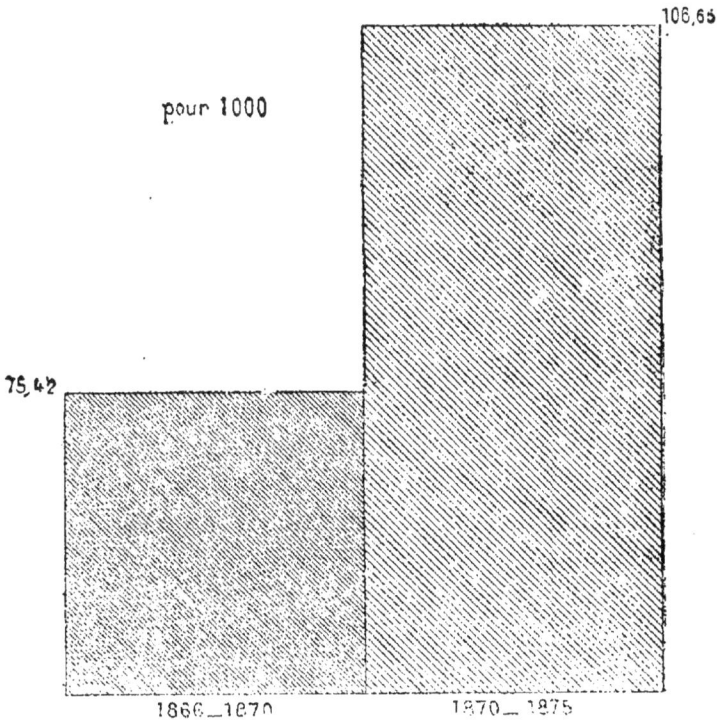

Gr. 16. — Maladies vénériennes dans les cinq ports.

De 1860 à 1866, à la suite des réformes de lord Herbert, sur lesquelles nous reviendrons, pour indiquer les moyens réels de prophylaxie, il y avait eu dans l'armée anglaise une diminution constante des *primary venereal sores*.

M. Nevins a calculé les résultats de cette diminution, si elle eût continué dans les mêmes proportions. La ligne pointillée du graphique ci-dessous indique

1. *Actes Cong. de Genève*, t. II, p. 73.

la mesure dans laquelle elle se serait produite, tandis que la ligne pleine indique la mesure réelle.

On serait donc en droit de dire que dans ces quatorze stations, les *Acts* ont retardé la diminution au lieu de l'accélérer.

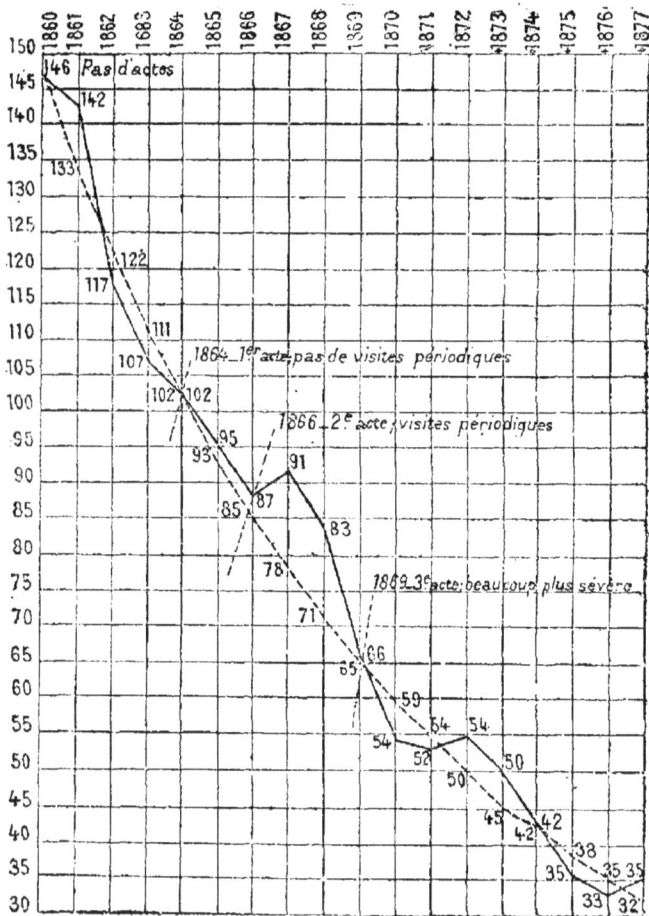

Gr. 17.

Ces *Acts* ont-ils eu pour but d'augmenter le nombre des valides dans l'armée entière ?

De 1860 à 1866, pour les causes que nous venons d'indiquer, la diminution du chiffre des vénériens fut constante, d'après un taux moyen de 5,956 pour 100.

Voici un tableau montrant la perte réelle quotidienne de service pour 1000 hommes d'effectif, et la perte, calculée d'après le taux de la diminution de 1860-1866.

ANNÉES	PERTE réelle de service pour 1000 hommes		PERTE calculée de service pour 1000 hommes
1860	23.35	Point de départ. — Correspond	23.35
1861	23.13	. . . .	21.96
1862	21.98	. . . .	20.66
1863	19.94	. . . .	19.42
1864	19.82	. . . .	18.26
1865	17.81	. . . .	17.18
1866	16.16	Correspond	16.16
1867	17.42	Act de 1866 partiellement appliqué.	15.20
1868	17.53	. . . .	14.30
1869	14.86	. . . .	13.45
1870	12.64	Correspond. — Acts de 1866 et 1869 : application complète	12.65
1871	12.40	. . . .	11.90
1872	13.22	. . . .	11.19
1873	11.28	. . . .	10.52
1874	8.90	Dissimulation de la maladie.	9.90
1875	8.54	. . . .	9.31
1876	8.78	Correspond	8.76
1877	9.08	. . . .	8.24
1878	10.53	. . . .	7.75

Mais le but des *Acts* était de combattre la syphilis et non pas ces accidents locaux qui s'appellent la blennorrhagie ou les chancres mous.

Or, la proportion de syphilis secondaires pour

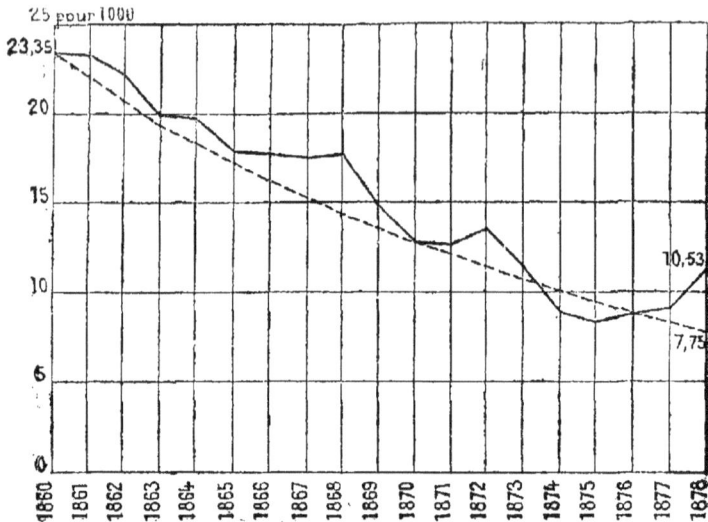

Gr. 18. — Pertes quotidiennes dans l'armé anglaise provenant des ma
ladies vénériennes. (Comparaison entre la perte effective et la perte
hypothétique calculée d'après la diminution de 1860 à 1866.)

l'armée (*Home Army*) est plus considérable en 1875,
1876, 1878 qu'en 1866. (Voy. Gr. 19.)

Avant les *Acts*, sur les simples mesures d'hygiène prises par lord Herbert, le chiffre était tombé
de 35,66, pour 1000 hommes, qu'il était en 1859, à
24,77 en 1866.

De ces faits nous avons le droit de dire que les
Contagious diseases Acts ont complétement manqué
le but auquel ils étaient destinés : la protection des
soldats.

La commission royale, dans son rapport de 1871,
cinq ans après l'*Act* de 1866, concluait déjà :

« Il n'est nullement prouvé qu'une diminution
quelconque du chiffre des malades, dans le personnel de l'armée et de la flotte, soit attribuable à
une diminution correspondante des cas de maladie

résultant de l'application des visites périodiques des femmes avec lesquelles ce personnel a des rapports.»

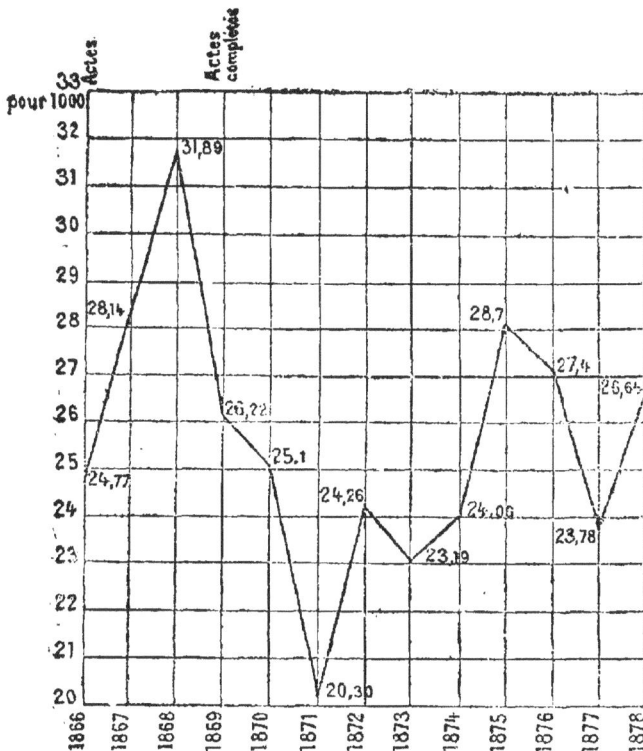

Gr. 19. — Syphilis secondaire dans l'armée anglaise de 1866 à 1878, proportion pour 1000 hommes. (D'après le major Lawson. R. 599-600.)

Dans l'enquête de 1881, M. Fowler dit au chirurgien général Lawson : — « Un homme court plus de dangers d'attraper la vraie syphilis dans les stations soumises que dans les autres. » Le chirurgien général Lawson est obligé de répondre : — « Oui » (q., 1801-1809).

Si on compare les chiffres des maladies vénériennes dans diverses villes d'Europe, on s'aperçoit également que l'intensité des maladies vénériennes est indépendante de l'existence ou de la non-existence de la réglementation de la prostitution [1].

17 grands ports de la Grande-Bretagne, réunis, non soumis aux *acts*............	3.7 p. 100 malades dans les hôpitaux.	
Liverpool, non soumis aux *acts*.	4.3	—
Hull — .	5.3	—
Dublin —	10.4	—
Cork, sous les *acts*............	10.4	—
Plymouth —	8.0	—
Genève —	9.1	—
Hambourg, soumis depuis plus d'un siècle à la réglementation.	11.15	—
Copenhague, depuis très long-temps.....................	13.97	—
Christiana, depuis très long-temps	24.9	—

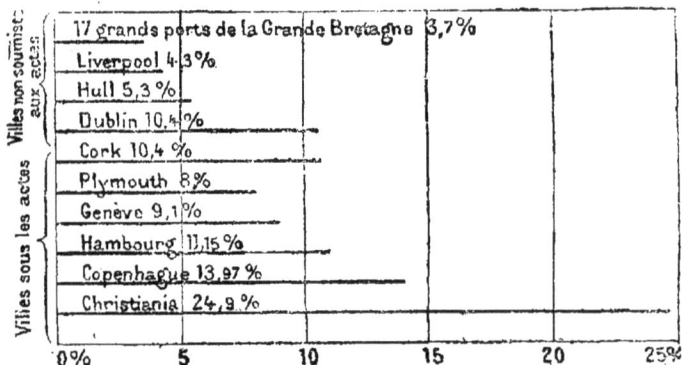

Gr. 20. — Proportion pour 100 malades dans différentes villes.

Les villes dans lesquelles les maladies vénériennes atteignent la plus grande proportion sont donc les villes soumises à une réglementation [2].

1. Voy., pour plus de détails, discours du Dr Chapman, réunion de la salle Lévis, avril 1880. Broch. in-18.

2. Ce tableau fut présenté par le docteur Nevins à la commission d'enquête de la Chambre des Communes. Le colonel Alexander demanda à l'aide de quels matériaux ce tableau avait

L'influence des *Acts* sur les prostituées n'est pas meilleure que sur les soldats :

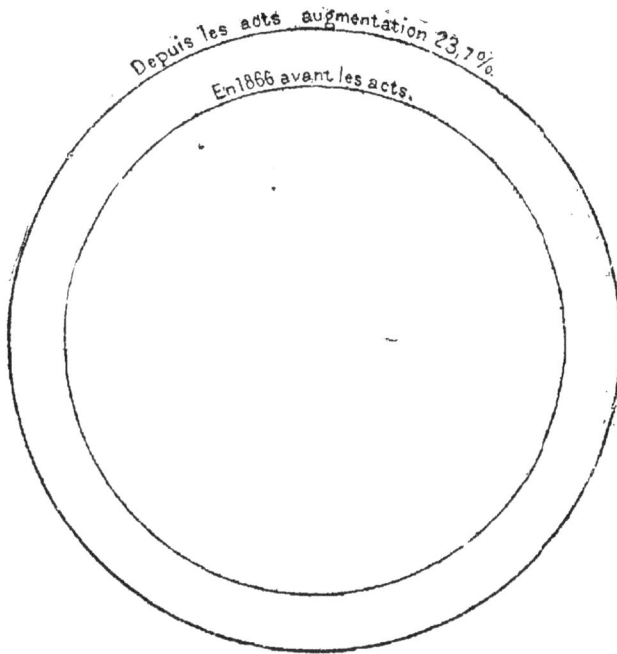

Gr. 21. — Augmentation des nombres des maladies vénériennes chez les prostituées soumises aux *acts* depuis 1866.

Pour les prostituées enregistrées conformément aux *Acts*, dans toutes les stations réunies, les maladies vénériennes ont été de 23,7 pour 100 plus nombreuses en moyenne dans toute la période qui date de la mise en vigueur des *Acts*, que dans l'année 1866 où ils ont été promulgués.

été dressé. Le docteur Nevins répondit : « Le travail nécessité pour dresser ce tableau a été énorme, je l'ai placé sous les yeux de la Commission, sous ma propre responsabilité. Tous les rapports d'après lesquels il a été établi sont en ma possession ; et je serais heureux si la Commission voulait bien nommer un délégué pour les vérifier. »

Le rapport officiel du capitaine Harris[1] donne le
proportions suivantes des cas de maladie comparés
au nombre moyen des femmes inscrites :

1866	1867	1868	1869	1870	1871	1872
121.6	140.7	202.7	194.7	148.2	135.4	14C.9

1873	1874	1875	1876	1877	1878	1879
141.7	137.3	127.0	129.5	148.5	152.9	162.55

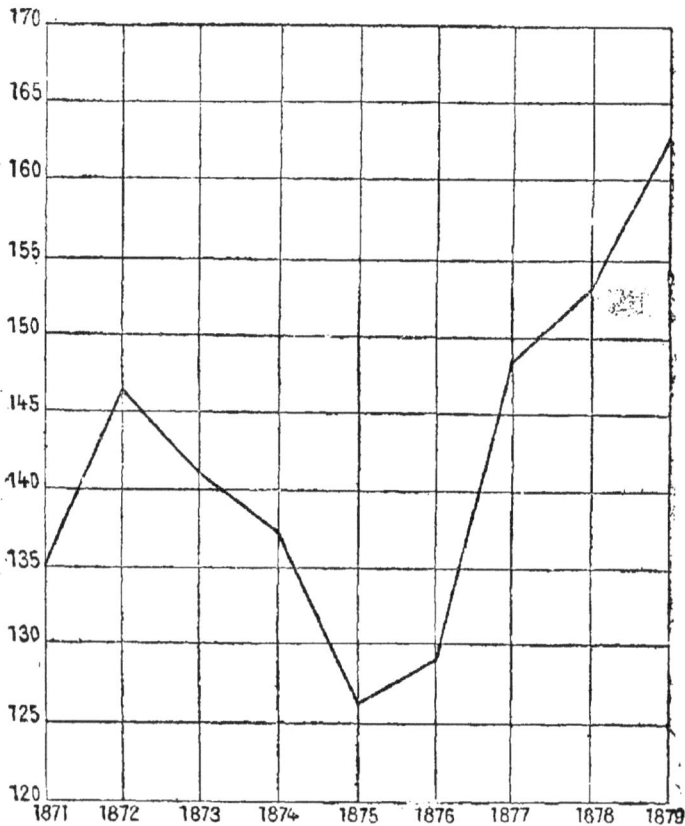

Gr. 22. — Proportion pour 100 des femmes malades aux femmes
inscrites.

1. 1878, p. 5, col. 31.

Il ne distingue pas entre la syphilis et les autres maladies vénériennes.

Maladies vénériennes chez les femmes enregistrées dans chaque station.

Dans six des principales stations, les *maladies vénériennes ont augmenté* depuis l'introduction des visites périodiques.

A Portsmouth dans les 5 dernières années.
A Plymouth   —   3   —
A Chatham   —   8   —
A Aldershot   —   8   —
A Colchester   —   8   —
A Greenwich   —   7   —

Dans trois stations les maladies sont aussi nombreuses aujourd'hui qu'auparavant :

A Woolwich en.............. 1871
A Shorncliffe en.............. 1869
A Winchester en·............ 1872

Dans deux stations, elles se sont uniformément accrues dans les six ou huit dernières années, savoir :

A Southampton, depuis....... 1872
A Maidstone, depuis.......... 1870

Dans deux stations elles ne se sont pas modifiées depuis que les *Acts* sont en vigueur, savoir :

A Canterbury, depuis......... 1869
A Sheerness, depuis.......... 1871

Dans une très petite station, à Deal, les fluctuations ont été trop considérables pour en rien conclure.

Dans trois stations seulement sur dix-sept, ces maladies ont diminué :

A Windsor, largement,
A Douvres et à Gravesend, modérément.

Relativement à l'ensemble de la population civile :
Les enfants comptent pour 74 pour 100 dans le chiffre des morts attribuées à la syphilis. D'après le *Registral general*, voici le nombre des décès par la syphilis pour 1 000 000 personnes :

1866	79
1868	83
1869	85
1871	77
1872	83
1873	80
1874	85
1875	90
1876	89
1877	86
1878	88
1879	81

Voy. Gr. 23.

Le nombre n'a pas diminué depuis l'application des *Acts*.
A Londres, toutefois, il y a eu diminution :

1865-1869	144	morts p. million d'hab.
1870-1874	129	— —
1875-1879	131	— —

La diminution est de 9 pour 100.
Londres n'est pas soumis au régime des *Acts*, et leur action ne peut s'y faire sentir.

1. *Registral general's report.*

Ces chiffres prouvent que la réglementation de la prostitution, loin de diminuer les maladies véné-

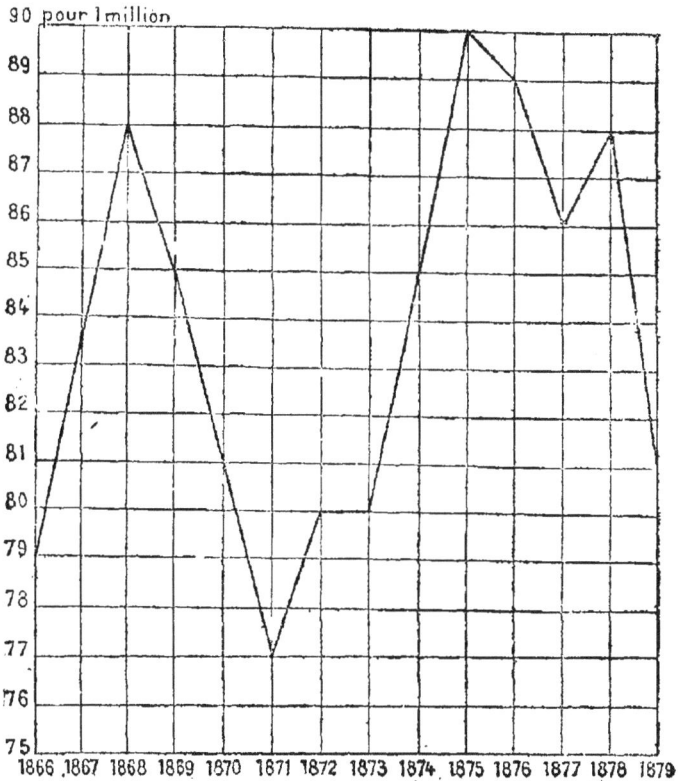

90 pour 1 million

| | 1866 | 1867 | 1868 | 1869 | 1870 | 1871 | 1872 | 1873 | 1874 | 1875 | 1876 | 1877 | 1878 | 1879 |

Gr. 23.

riennes, a une tendance à les conserver, même à en augmenter et le nombre et l'intensité.

CHAPITRE VI

ERREURS DES STATISTIQUES MÉDICALES

Ce sont des chiffres! — Ricord. — Les chiffres du docteur Després. — Les chiffres de sir Holland. — Toute l'Angleterre syphilisée. — La population de Bruxelles et la population de l'agglomération bruxelloise. — Les chiffres du docteur Thiry et les chiffres de la police. — Statistique des hôpitaux. — Dissimulation. — Lord Cardwell. — La méthode d'évaluation du dispensaire de Paris. — Les récidivistes. — Ignorance des médecins. — Mesures propres à fausser les statistiques. — Recrues et maladies vénériennes. — Équipages de vaisseaux stationnaires. — Régiments côte à côte. — Bombay. — France : différence entre les villes. — La diminution des maladies est en raison des résistances à l'inscription.

Nous verrons de nouveau, par les statistiques, l'insuccès du système de la police des mœurs en Angleterre comme en France. Nous avons même prouvé qu'il allait directement contre son but, puisque son idéal étant de multiplier les maisons de tolérance, les faits prouvent que son idéal consiste tout simplement à multiplier les foyers d'infection. Heureusement qu'il ne peut le réaliser.

Cependant nous ne dirons pas avec les ignorants qui n'ont pas l'habitude de manier les statistiques :

— Ce sont des chiffres, cela ! je ne connais que les chiffres, moi !

Celui qui en parle avec cette assurance prouve qu'il ne les connaît pas. Grâce à l'art de grouper les chiffres, ils ne disent souvent que ce qu'on leur fait dire. Par qui ont été établis ces chiffres? Ceux qui les ont établis ont-ils intérêt à prouver quelque chose? Enfin, qu'y a-t-il dessous? les éléments auxquels ils s'appliquent sont-ils des éléments stables, faciles à apprécier[1]? Ce sont là autant de questions qui se posent.

Ricord disait que rien n'était plus difficile à manier que la statistique médicale. C'est qu'en effet, elle s'applique à des êtres humains, mobiles; et quand on la fait, il faut tenir compte non seulement des dissimulations, des renseignements erronés du malade, mais encore d'une foule d'éléments complexes.

On peut être un brillant médecin et n'avoir pas la moindre idée des rapports des valeurs et des chiffres.

M. le docteur Armand Després, dans une lettre[2] au docteur Bourneville, écrivait : « Les jésuites possèdent le cinquième de la fortune de la France! » Et le docteur Després prétend résoudre toute la question de la prostitution par des statistiques. Comme preuve, il m'a déclaré, un jour, que, d'après ses recherches, il n'y avait à Rennes que sept prostituées inscrites. Il avait pris pour le chiffre des femmes, le chiffre des maisons d'une seule rue.

Oh! je sais ce qu'on me dira :

— Vous citez le docteur Després! vous avez beau jeu; personne ne le prend au sérieux : ni ses malades, ni ses collègues.

Dans une discussion, sur la syphilis, il s'écriait : —

---

1. V. Yves Guyot, *la Science économique*, liv. I, chap. 1er.
2. Mars 1881.

« Je n'ai jamais de récidives. — Ce n'est pas étonnant, lui répondit le docteur P*** ; quand une malade a été dans votre service, elle ne veut jamais y retourner. » Je cite ce fait tout simplement pour montrer quelles considérations peuvent altérer les statistiques.

Mais voici des chiffres d'origine anglaise : et les Anglais, plus que nous, ont l'habitude des statistiques : ces chiffres ont été produits devant le congrès médical de 1867 sans soulever une contestation ; ils continuent de se prélasser, dans tous les congrès médicaux, comme indiscutables ; ils sont cités, non ·seulement dans des compilations, mais dans des ouvrages de premier ordre, comme celui de Lancereaux, sans être suivis d'une restriction critique. Je les cite à mon tour.

« Sir Holland qui évalue approximativement à 50 000 le nombre des femmes se livrant à la prostitution pense que, dans le cours d'une année, la syphilis est contractée par plus de 1 652 500 individus des deux sexes. Le docteur Holland s'empresse d'ajouter que ce nombre de plus d'un million et demi ne représente pas probablement la moitié de la réalité[1]. »

Or, en 1854, la population de la Grande-Bretagne était de 27 675 000 habitants. En admettant que le chiffre de 1 652 500 individus, dont je me contente, fût resté constant, en 10 ans, 16 250 000 habitants auraient été contaminés : en 20 ans toute la population de la Grande-Bretagne serait devenue syphilitique. La question est résolue. Comme la vérole ne peut pas se doubler, tous les Anglais à l'heure ac-

---

1. *The british and foreign Review* 1854, v. XIII, p. 457.

tuelle, soit par leur père et mère, soit directement, sont syphilitiques et à l'abri de tout accident pour l'avenir. Ils se trouvent dans le cas des vieilles prostituées des maisons de tolérance ! C'est le triomphe de M. Auzias Turenne !

Aucun des syphiliographes des divers congrès qui ont cité ces chiffres n'ont pensé à cette conséquence : au contraire, la plupart les ont invoqués en faveur d'une réglementation qu'ils rendraient complétement inutile, s'ils étaient exacts.

Dans divers congrès médicaux, les médecins belges et les médecins d'autres pays qui veulent multiplier les fonctions à leur profit, citaient avec enthousiasme la Belgique, et disaient : — Il y a moins de malades dans l'armée belge que dans les armées des autres pays — ce qui n'est pas prouvé — grâce à la merveilleuse police des mœurs de Bruxelles.

La population de la ville de Bruxelles compte 170 000 habitants, mais la population agglomérée compte 400 000 habitants : la commune de Bruxelles n'est séparée de sa banlieue que par des boulevards dans le genre des boulevards extérieurs de Paris. La police des mœurs ne s'exerce que dans l'enceinte de ces boulevards : au dehors, elle n'existe pas, elle n'a pas d'action et aucune institution analogue n'est établie dans les communes suburbaines. Il suffit donc qu'une femme traverse le boulevard pour être à l'abri de la police. Il suffit qu'un soldat traverse le boulevard pour courir les risques dont la grandeur justifie, aux yeux des médecins, la fonction de ces honorables magistrats. Les soldats ne s'en font pas faute : et cependant, ils ne trouvent là pas une maison de tolérance, pas une femme en carte assujettie à une visite quelconque. Ils y trouvent probablement des prostituées clandestines qui se cachent si bien que personne ne les voit. Que devient donc alors le fameux argument du prétendu petit nombre des maladies vénériennes parmi les soldats belges? On ne dira pas que ce sont les règlements de M. Lenaers qui les en préservent, puisqu'ils ne les protègent pas. Il faudrait dire plutôt que c'est l'absence de règlement qui les sauvegarde.

Le docteur Thiry, de Bruxelles, terrible manieur de spéculum, s'avise de faire une statistique : il publie le chiffre des femmes inscrites de Bruxelles, tandis que la police publie les siens.

Voici les deux chiffres comparés.

	D'après M. le Dr Thiry.	Statistique officielle.	
1876......	420	313	Filles inscrites, éparses ou en maison.
1877......	500	419	
1878......	535	441	
1879......	677	392	

Il n'est pas étonnant que les médecins manient aussi mal les chiffres : jusqu'à ces dernières années, les documents leur ont manqué ; ils leur manquent encore.

Il est vrai que le chapitre VI du règlement du 4 ventôse an X prescrit une statistique des hôpitaux, mais on a attendu soixante ans pour l'appliquer, et on ne l'a appliqué que pendant deux ans : 1861 et 1862. Le docteur Bourneville, a demandé à l'administration de tenir compte de cette disposition. Il n'y a pas encore de réponse [1].

Lancereaux dit qu'en 1864, il y avait 3034 syphiliti-

1. Rapport au Conseil municipal sur la transformation en hôpital du poste-caserne de la porte Saint-Ouen. 1881.

ques sur 77510 malades dans les hôpitaux de Paris. Il fait cependant ses réserves en disant que cette statistique est trop élevée : vu la longue durée de la maladie, il arrive que le même malade peut être compté deux fois.

Dans ces chiffres, il faut tenir compte de l'élément dissimulation. Réglementairement à Paris, les vénériens hommes ne doivent être reçus qu'au Midi, les femmes à Lourcine ; seulement tous les jours, les autres hôpitaux en acceptent, en leur attribuant une autre maladie. Cette précaution est d'autant plus utile que l'assistance publique leur refuse encore des secours à la sortie.

De même, en Angleterre, depuis l'ordre de lord Cardwell qui supprime la paye aux vénériens, non seulement ceux-ci dissimulent leur maladie autant que possible, mais encore les médecins en changent le nom pour leur faire restituer la paye[1]. Le sentiment est bon ; mais la statistique est mauvaise.

Puisque les maladies vénériennes sont considérées comme épouvantables par les partisans des règlements, ils devraient au moins fournir les documents qui justifient leur épouvante. Or, j'ai cherché dans les archives de médecine navale, j'ai trouvé des travaux intéressants : je n'ai point trouvé de documents statistiques pouvant fournir des termes de comparaison. Il paraît qu'en Autriche, la statistique navale donne des rapports médicaux complets sur les campagnes des navires ; mais je n'ai pu me les procurer.

Les rapports hebdomadaires et annuels de l'armée

---

1. Muir, *Eng.* 1879.

anglaise ne datent que de 1860, après l'instruction de Lord Herbert.

En France, on publie des statistiques médicales de l'armée ; mais elles n'ont pas toujours été faites sur le même plan. Il en résulte l'impossibilité de faire des comparaisons utiles.

La méthode de statistique du dispensaire de Paris, inventée par Parent-Duchatelet est un pur chef-d'œuvre, dans l'art de grouper des chiffres. Je prends le rapport du médecin en chef M. Clerc, pour 1879, et je cite textuellement :

« La proportion des cas de maladies vénériennes, pour les filles inscrites est de 0,94. Pour les filles insoumises, 2105 visites ont fourni 664 cas, soit 31,5 pour 100. Ces nombres d'une rigoureuse exactitude mettent dans tout leur jour l'énorme différence qui existe entre l'état sanitaire des filles inscrites et celui des prostituées clandestines... »

Voici comment ces chiffres sont obtenus :

VISITES.	CAS DE MALADIE.	PROPORTION.
95 826	907	0.94
2 600	784	31.5

Il y aurait un moyen bien plus simple de réduire la proportion des malades parmi les filles inscrites : ce serait de doubler le nombre des visites : alors, nous n'avons plus que 191 752 : 907 = 0,47 : on double encore ce chiffre, on n'a plus que 0,23, et on peut continuer ainsi de sorte qu'on arrivera à un chiffre homéopathique, contre lequel protesteront cependant les salles pleines de Saint-Lazare et les syphilisés dans les maisons de tolérance.

Ce procédé de calcul a été obtenu d'une façon fort simple : on compte les visites au lieu de compter les femmes. Quand on compte celles-ci, alors la proportion se renverse, et nous avons les proportions constatées dans les graphiques 7 et 8 du chapitre 3.

D'un autre côté, il s'agit de savoir combien de fois une même femme a été atteinte la même année : la proportion change alors. Sur ma demande, on a tenu compte pour 1879 de cette indication.

	FILLES SOUMISES		
ANNÉE	ENTRÉES à l'infirmerie de Saint-Lazare.	NOMBRE DE FEMMES.	RÉCIDIVISTES.
1879	976	889	76

Voici pour les chancres et papules quelle a été la fréquences des récidives :

43 .... 2 fois.
3 .... 3 —
1 .... 6 —

Il serait intéressant de savoir si les récidives appartiennent surtout aux filles de maison.

Quand je compulse les documents administratifs, je suis toujours stupéfait de leur insuffisance. Les gens qui les font ne paraissent voir aucune des questions qu'ils soulèvent et la nécessité de les étudier ou du moins de donner des éléments d'étude à ceux

qui veulent en faire usage. Ainsi M. Muir en Angleterre, déclare qu'il ne s'est jamais occupé de la
proportion des maladies parmi les femmes. Cependant, comme ce sont elles qui contaminent les soldats, comme c'est contre elles que les *acts* sont faits,
le principal défenseur des *acts* oublie de s'occuper
du résultat produit sur elles[1].

Je me rencontre dernièrement avec un médecin
du dispensaire qui m'aborde d'un air provoquant:
deux minutes après, il est obligé de m'avouer qu'il
n'a jamais eu la curiosité de voir les statistiques
fournies par M. Clerc ; et il bat en retraite en me
disant :

— Oh ! les statistiques !

— Mais ce sont les vôtres !

Toute administration qui plaide pour elle, pour
son système, pour ses fonctions, arrange les choses
à son avantage. Ce serait peut-être exagérer que de
prononcer à ce propos le mot de mauvaise foi, tant
elle apporte de naïveté dans ces opérations.

En Angleterre, quand un régiment est envoyé
dans une station soumise aux *acts*, on examine les
hommes auparavant. Cet examen a pour résultat
d'y diminuer le nombre de malades. On ne prend
pas la même précaution pour les stations libres.
M. W. Muir n'a pu donner les motifs de cette différence de traitement[2].

En Angleterre, dans les enquêtes, quand les
chiffres sont contre les partisans des *acts*, ils
disent : « C'est que la surveillance est plus active
et que nous devons compter des cas que nous négli-

---

1. *Enquête.* R. 270.
2. *Enquête* 1879. Rép. 290.

gions autrefois. » Si les chiffres sont pour eux, ils
s'écrient aussitôt : « C'est aux *acts* que ce résultat
est dû. »

M. le docteur Myers, rééditant une lettre du
docteur Parker, déclarait que le nombre des maladies vénériennes, y compris la gonorrhée, dépen-
dait du nombre des recrues. Il en tirait l'argument
suivant : Si le nombre des maladies vénériennes a
diminué de 1860 à 1866, c'est que le nombre des
recrues a diminué, et ensuite, s'il y a eu diminution
de maladies vénériennes, ce n'est que grâce à l'influence des *contagious diseases acts*. L'argument
présenté ainsi, était déjà passablement défectueux ;
mais si on compare le chiffre des recrues et le
chiffre des maladies, au lieu de se borner à de
simples affirmations en l'air, on s'aperçoit qu'il est
complètement faux.

ANNÉES.	MALADIES VÉNÉRIENNES.	RECRUES.
1860........ ..	22.100	20.725
1861........ ..	19.610	7.591
1862	16.155	4.603
1863....	14.289	6.417
1864..	13.413	15.309

Si on suit jusqu'en 1877, cette étude, on s'aperçoit qu'il n'y a aucune relation entre le nombre des
recrues et le nombre des maladies.

Nous avons publié des statistiques de gonorrhée :
mais M John Cockin, médecin d'état-major, dit : « Il
n'y a que les cas graves de gonorrhée qui reçoivent
une exemption de service ; le plus grand nombre

sont placés sur la liste du service facile et ne figurent pas dans les rapports[1]. »

Si on compare Plymouth et Porstmouth avec une autre station, il faut tenir compte des vaisseaux stationnaires comme le *Victoria and Albert* et l'*Osborne*, montés par des hommes soigneusement choisis, mariés pour la plupart; des grands vaisseaux destinés à l'éducation de jeunes marins soumis à une discipline plus sévère que les anciens.

Deux vaisseaux sont côte à côte dans un port, ont un nombre d'hommes à peu près semblable. L'un sera criblé de maladies vénériennes, l'autre sera indemne. A Plymouth, la proportion varie de 0 à 382 pour 1000 hommes; à Porstmouth, de 0 à 370. A Plymouth, l'*Indispensable* (845 hommes) et la *Royale Adélaïde* (631 hommes) ont stationné pendant seize ans l'un près de l'autre; le chiffre des vénériens sur le premier n'a jamais dépassé 32 pour 1000 depuis l'introduction des *Acts* : celui du second a atteint jusqu'à 383. Dans les ports non soumis aux *Acts*, des vaisseaux, sans un seul vénérien, ont pu stationner plusieurs années[1].

Dans une partie de la présidence de Bombay, l'augmentation des maladies vénériennes, fut en un an, de 23,7 pour 1000, et dans une autre, il y eut une diminution de 43,6. Dans une partie du Bengale, en un an, l'augmentation moyenne fut de 8,4, et la diminution moyenne dans une autre partie de 11,4. Ces moyennes varient d'une augmentation de 7 à une diminution de 22. Dans les Indes occidentales, les maladies chez les blancs doublèrent

---

1. *Congrès de Genève*, t. II, p. 72.
2. *Enquête de* 1877. A. C. Genève, t. I, p. 56 et suiv.

dans une année, tandis que chez les indigènes elles diminuèrent de 9,9 [1].

D'après M. Robert Lawson [2], en 1868, sur six régiments en garnison à Aldershot, un régiment comptait, comme admissions à l'hôpital pour maladies vénériennes, 124 pour 1000, un autre 114, ur autre 42, un autre 23 ! Ces régiments étaient placés dans les mêmes conditions; les plus grandes différences existaient dans des régiments placés sous la direction de chirurgiens fort soigneux. Les hommes d'un de ces régiments avaient l'habitude de faire des ablutions nocturnes; c'était celui qui comptait 124 malades par 1000 hommes. Le régiment voisin qui ne suivait pas cette pratique n'en avait que 42. On trouve ces différences aussi prononcées entre deux régiments de cavalerie qu'entre deux régiments d'infanterie.

De même pour les variations d'années à années. M. Robert Lawson [3] est obligé de reconnaître qu'elles sont aussi inexplicables que les variations de la petite vérole ou de la rougeole. M. Stansfeld dit [4] à M. Robinson, chirurgien-major des gardes fusiliers écossais : « Le nombre des admissions pour les *primary sores* à Windsor de 1867 à1878 est de 73 pour 1000. Dans l'île de Wight, qui est une station libre, la moyenne pendant la même période est de 71 pour 1000. A Warley, la moyenne est de 62; à Hounslow, de 67 ; à Pembroke Dock de 30 ; à Édimbourg de 57 ; à Fermoy de 45 ; à Athlone de 31 ; à Belfast de 71. Par conséquent, toutes ces moyennes

1. S. H. Johnstone, q. 533-536.
2. *Enquête*, q. 407-415.
3. *Enquête*, q. 445-446.
4. *Enquête* 1879, q. 2180-2181.

sont inférieures à celles de Windsor. Mais à Londres la moyenne est de 176, à Sheffield de 100, à Manchester de 120, à Preston de 98, à Limerick de 79, à Dublin de 125. Ici la moyenne est supérieure. »

Et alors M. Stansfeld reprend : « En supposant ces chiffres exacts, n'est-il pas évident que le total des maladies dépend beaucoup plus du caractère de la station dans laquelle se trouve les soldats que de l'existence ou de la non-existence des *contagious diseases acts?* » M. Robinson : — En effet. — M. Stansfeld : — N'est-il pas clair, d'après ces chiffres, qu'à l'exception des très grandes villes, chacune des stations insoumises présente un moindre chiffre d'admissions pour les *primary sores?* M. Robinson : — D'après ces chiffres, je reconnais que c'est vrai. »

En France, d'après le rapport de 1869, la moyenne générale des maladies vénériennes est de 156 pour 1000 malades; les plus fortes proportions sont celles de Brest, 374; Verdun, 368; Joigny, 298; Strasbourg, 264; Besançon, 250; Nancy, 247; Caen, 244; Lille, 238; Rennes, 237.

Avant 1875, la statistique médicale ne distinguait pas entre la syphilis, les chancres mous et les blennorrhagies. Or, les syphilitiques ne composent que la plus petite partie des malades vénériens : presque tous sont atteints de blennorrhagie, et nous avons montré que la visite était complétement impuissante à les en préserver. (Gr. 24.)

Nous donnons, d'après la statistique pour 1877, la proportion des syphilitiques relativement aux autres malades dans les diverses villes de garnison.

Paris est une des villes qui compte le moins de syphilitiques; la proportion a complètement changé à Brest. Pourquoi? D'où viennent ces variations, dans les villes où il y a partout une police des mœurs, organisée à peu près sur le même mode?

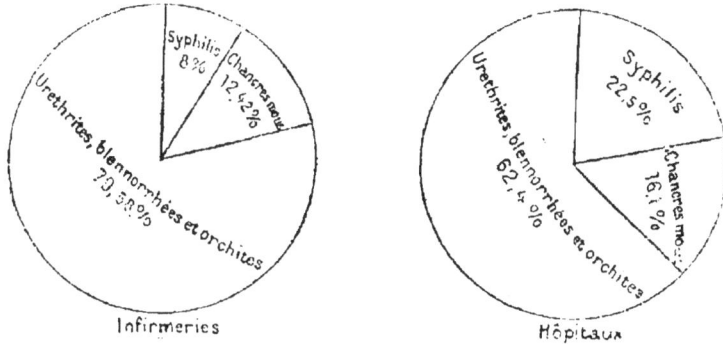

Gr. 24. — Année 1877.

Pour la garnison de Paris, Versailles et environs, la moyenne n'est que de 162. Ces grandes villes n'ont donc pas d'influence pernicieuse. (Gr. 25.)

Mais le nombre des malades n'est pas une mesure complètement exacte : des épidémies peuvent altérer ces rapports. Comparons donc le nombre des vénériens avec le chiffre des effectifs.

D'après le rapport général pour les huit années 1862-1869, la proportion des vénériens était dans l'armée intérieure de 95 pour 1000 hommes d'effectif et de 55 pour 1000 malades; dans les États pontificaux de 71 pour 1000 hommes d'effectif et de 31 pour 1000 malades; or, dans les États pontificaux, il n'y avait pas de police des mœurs!

Enfin tous les défenseurs du système constatent que la police des mœurs, dans ces dernières années, a perdu de son action; que les femmes présentent beaucoup plus de résistance à l'inscription. Avec l'aplomb qui les caractérise, j'ai entendu les préfets de police, y compris M. Camescasse, accuser les adversaires de la police des mœurs d'augmenter le nombre des vénériens dans l'année.

Amiens 7,5	
Blidah 9,2	
Paris 2,3	Cherbourg 1
Arras 1,7	Rennes 3,1
Lille 2,5	Brest 0,4
Douai 0,5	Nantes 2,4
Alençon 6,5	Vannes 5,5
Compiègne 2,2	Angoulême 1,6
S.t Quentin 3	Limoges 3
Caen 1	Périgueux 5,7
Le Havre 4,5	Clermont-Ferrand 2,8
Blois 0,8	S.t Étienne 0,7
Fontainebleau 6	Moulins 0,7
Orléans 0,3	Chambéry 0,7
Chalons 2,3	Lyon et les Camps 3
Camp de Chalons 3	Grenoble 1,1
Lunéville 0,3	Avignon 1,1
Nancy 2,1	Marseille 1,3
Verdun 5,4	Nîmes 5,3
Belfort 4,9	Toulon 0,1
Besançon 4,2	Castres 4,6
Langres 1	Montpellier 0,3
Camp d'Avor 4,2	Perpignan 2,9
Bourges 0,3	Auch 3
Dijon 5,7	Montauban 1,3
Angers 2,1	Toulouse 2,4
Poitiers 3,5	Bayonne 5,5
Tours 2,1	Bordeaux 3,8
S.t Brieuc 1,3	Tarbes 5,3
Alger 1	Tlemcen 2,4
Aumale 1,6	Constantine 2,2
Mascara 2,3	Setif 2,2
Oran 1,2	Bône 1,2

Gr. 25.

Or, la statistique médicale de l'année, à partir de 1875 constate une diminution constante. Les rédacteurs de la statistique n'ont pas calculé la propor-

tion des vénériens par 1000 hommes d'effectif ; mais
ce travail a été fait par M. le Dr Mathieu, professeur au Val-de-Grâce, en comparant le chiffre des
vénériens entrés aux hôpitaux (tableau III, *A*) et à
l'infirmerie (tableau IV, *A*) avec l'effectif moyen :

Années.	Pour 1000 hommes.
1875	75
1876	57
1877	58
1878	60

Les statistiques publiées s'arrêtent à cette dernière année.

« La différence est tout à l'avantage de notre
jeune armée », conclut M. le Dr Mathieu. On trouvera à l'appendice les réflexions d'un commissaire
de police de Valenciennes sur l'influence du service
obligatoire et de la suppression du remplacement,
relativement aux maladies vénériennes.

Nous aboutissons en France à cette constatation
que faisait M. Stansfeld pour l'Angleterre : la diminution du nombre des malades dépend du caractère
des soldats, et non pas de la police des mœurs.

CHAPITRE VII

AVEUX D'IMPUISSANCE

« Sollicitude. » — « Rocher de Sisyphe. » — Résistance des filles.
— Excitation des mineures à la débauche. — Provocation à
la débauche. — Conséquences sanitaires. — Aveux : Mireur.
— Dispute entre les médecins et la police. — Impuissance.

D'après M. Lecour la police a pour la prostitution « une sollicitude éclairée, attentive et pleine
de nuances qui s'étend à tous les détails [1]. » Malgré
cette attention délicate, elle se trouve en présence
« des embarras sans cesse renaissants que la prostitution suscite à la police [2]. »

« C'est le rocher de Sisyphe [3]. »

Malgré toutes les chasses, les rafles, les arrestations,
« les filles non inscrites forment à Paris la majeure
partie du personnel de la prostitution [4], » et cependant « l'ordre (!), la morale (!), la santé publique (!),
exigent absolument qu'on soumette aux obligations
administratives et sanitaires les prostituées [5]. »

Seulement elles ne se laissent pas faire. On ne
peut toutes les inscrire; et quand elles sont inscrites, la plupart n'ont qu'une préoccupation : se dérober à la police [6].

1. P. 101.
2. P. 91.
3. P. 104.
4. P. 145.
5. P. 147.
6. Lecour, Ét. act. de la prost. 1874, p. 20.

Parent-Duchatelet était obligé de constater que l'inscription même était un obstacle.

« Il faut observer, disait-il, qu'on ne force pas toutes les femmes qui restent en dehors de Paris à se faire insrcre sur le livre destiné à celles qui demeurent dans la ville : car on a remarqué qu'il était bien plus facile d'en venir à bout par ce ménagement et par suite de les retrouver [1]. »

Il n'est pas venu, un seul moment, à l'idée de Parent-Duchatelet que si ce résultat se produisait pour les filles de la banlieue, il aurait tout aussi bien pu se produire pour les filles résidant à Paris.

M. Lenaers, dans son rapport de 1876, constatait de son côté que les persécutions de la police avaient pour conséquences d'augmenter « l'effronterie des filles ».

Delamarre, dans son *Traité de police*, sous l'ancien régime, après les ordonnances de 1864 et de 1713, déclarait, qu'on « voulait que les filles publiques ne fussent nulle part, et qu'elles furent partout. »

« C'est une idée erronée, reprend M. Lecour, que la répression de la prostitution peut avoir pour effet de la supprimer[2]. On la traque, on la refoule, et réduite à se séquestrer, elle semble avoir disparu. Il n'en est rien, car elle se développe dans la clandestinité autant sinon plus qu'au grand jour[3]. »

La police des mœurs emprisonne 500 femmes : c'est tout ce que peut contenir le quartier de Saint-Lazare ; s'il y en a 30000, il y en a donc toujours 29500 en liberté.

---

1. Parent-Duchatelet, t. I, p. 569.
2. P. 48.
3. P. 101.

Elle fait des rafles dans des garnis, parce qu'elle n'admet pas que les femmes se prosti tuent ailleurs que dans des meubles, leur appartenant en propre : quand elle les met en liberté, leur donne-t-elle des meubles?

Elle les envoie dans des maisons de tolérance : et cependant, malgré tous ses efforts pour en protéger les propriétaires, le nombre de ces maisons et le nombre de leurs pensionnaires diminue [1].

De plus, elle ne peut enfermer les mineures dans celles-ci sans faire courir au tenancier le risque d'être frappé par l'article 334 du code pénal français, l'article 376 du code pénal belge.

Elle déclare que les prostituées se recrutent surtout parmi les mineures ; que ce sont celles-ci qui sont les plus dangereuses ; elle arrête 2305 mineures dans un an ; elle n'en inscrit que 14, et elle renonce ensuite à les inscrire!

Nous avons vu que M. Buls, dans sa lettre du 13 décembre 1880 déclarait que le conseil échevinal de Bruxelles avait raison d'ordonner l'inscription des mineures, et, dans son rapport de décembre 1881, il avoue qu'il est obligé de renoncer à leur inscription.

La police des mœurs restreint son embauchage de mineures pour la débauche depuis qu'elle a perdu de sa vitalité et de sa force. Conclusion : sa tendance à favoriser et à exciter la débauche des jeunes filles est en raison directe de sa puissance et de son irresponsabilité.

La police des mœurs prétend qu'elle a pour but de sauvegarder la morale publique; et elle autorise des

1. Lecour, *État act. prostit.*, p. 53, v. *supra*, ch. III.

femmes à provoquer à la débauche sur la rue et elle protège des établissements dont le simple aspect est une provocation à la débauche.

« Les prostituées insoumises sont partout, » dit M. Lecour[1]. Alors à quoi bon des soumises?

Voilà les résultats envisagés simplement au point de vue de la police.

Au point de vue sanitaire, sont-ils meilleurs? les statistiques ont répondu.

Si les statistiques étaient restées muettes, il suffirait de jeter un coup d'œil sur la nature de la syphilis et l'organisation des maisons de tolérance pour acquérir la conviction que la police crée des foyers d'infection.

Il suffit de voir enfin de quelle manière sont installés les hôpitaux destinés aux vénériens pour s'apercevoir qu'au lieu de les soigner, la police, avec un acharnement digne d'une meilleure cause, fait tout son possible pour les empêcher de se soigner.

Les médecins, partisans de la police des mœurs, constatent toutes ces conséquences.

M. Mireur reconnaît que le mal inhérent à la prostitution a de tout temps opposé une force irrésistible à ceux qui ont voulu employer la violence pour le comprimer[2].

Il ajoute que la visite a pour conséquence de permettre à « une femme mise en possession de son permis de la libre pratique d'infecter officiellement et sous le couvert de l'autorité tous les hommes qui auront des rapports avec elle[3]. »

1. P. 145.
2. Mireur, p. 218.
3. P. 362.

Les médecins qui ont tâté, de plus ou moins près du système et qui en constatent l'insuccès, s'en prennent à la police.

M. le docteur Jeannel reproche à l'administration française et « surtout à l'administration parisienne l'absolue confiance en soi-même et la certitude de réaliser l'idéal de la perfection qui les caractérise, » et il reproche à la police de Paris « de protéger la prostitution clandestine!. »

M. Lecour s'est fâché et a répondu vertement : « Je voudrais bien vous y voir[1] ! »

« Toute exigence sanitaire nouvelle augmente le nombre des retardataires de la visite et donne lieu à des disparitions[2]. »

Et il invoque en sa faveur, l'opinion du docteur Seitz qui, au congrès de 1867, disait :

« Les sévérités excessives contre la prostitution l'obligent à se cacher et la rendent plus nuisible pour la santé publique, » et à l'appui de son dire, il évoquait l'exemple de la Bavière en 1861.

M. le docteur Diday accuse l'administration de tracasser les filles et de les enfermer dans des hôpitaux où elles sont visitées comme des criminelles. Il voudrait « tenter d'obtenir des prostituées, par les voies de douceur, les garanties que la société est en droit de leur demander. »

Alors M. Lecour ne tarit pas de plaisanteries sur l'hôpital attrayant et renvoie le médecin à la médecine, gardant pour lui seul sa haute compétence de policier.

Policiers et médecins ne s'accordent que sur un point : l'impuissance du système.

1. *État actuel de la prostitution*, 1874 p. 23-27.
2. *État act. de la prostit.*, p. 33.

Nous sommes aussi d'accord avec eux sur ce point : mais tandis qu'ils se rejettent réciproquement la responsabilité de ce résultat en l'imputant à des défauts d'application, tout en gardant une foi absolue dans l'excellence des règlements, des visites, des maisons de tolérance, des inscriptions, nous disons nous, que, vicié dans son origine, soumis à toutes les influences infectieuses, un pareil organisme ne peut aboutir qu'à l'avortement.

TROISIÈME PARTIE

LES ABOLITIONNISTES

———

CHAPITRE PREMIER

UN PROCÈS DE PRESSE

Les fonctionnaires de la police et les médecins de la police se disputaient entre eux : mais tous étaient d'accord pour maintenir le système qui leur offrait argent et autorité. Ils n'avaient qu'un regret, c'était de ne pas pouvoir lui donner une extension proportionnée à leurs désirs.

Ils étaient fort tranquilles et ne doutaient pas même qu'on pût en contester l'excellence : aussi M. Lecour publiait-il naïvement son livre sur *la Prostitution*, où il rééditait avec une inconscience aggravante les aveux de Parent-Duchatelet; M. le docteur Jeannel, médecin du dispensaire de Bordeaux, les corroborait; M. Maxime du Camp complétait les révélations : tous parlaient des femmes soumises à la police avec la même cruauté naïve et froide. Ils considéraient ces malheureuses comme des êtres à part, n'ayant ni muscles, ni sang, ni nerfs, incapables de vouloir, d'agir, de souffrir. Ils semblaient inspirés de la vieille théorie de Descartes à l'égard des animaux qu'il envisageait comme de simples machines.

La presse se taisait. Au lendemain de l'arrestation des demoiselles Parent, le 30 novembre 1867, le *Temps* avait fait un article contre les procédés de la police des mœurs qu'il considérait, comme n'étant plus de notre époque. Puis tout était retombé dans le silence.

Quelquefois il est vrai, quelque journal, parmi ceux qui sont spécialement consacrés aux réclames de « la galanterie vénale » et qui se posent comme les moniteurs officiels des mœurs légères et de la police, poussait tout d'un coup les hauts cris contre les scandales de la prostitution — pauvre, tout en publiant en première page les hauts faits de la prostitution riche. Alors il demandait qu'on balayât les trottoirs; que la police fît cesser le scandale. La police organisait une belle battue : — A charge de revanche! Le lendemain ce journal en narrait les détails en les agrémentant de mots plaisants, d'éloges pour la vigilance de la police, « l'habile officier de paix » qui avait dirigé la battue; et il se pavanait devant ses lecteurs : — Hein! vous voyez que j'ai de l'influence! et que la police m'écoute quand je parle!

Je dois dire qu'il y avait même un certain nombre

de ses lecteurs, tout à fait dignes de lui, qui se disaient, en secouant la tête d'un air approbatif : « C'est pourtant vrai ! » et qui se sentaient unis par un nouveau lien à leur journal.

Quand je voyais un semblable récit, quand je constatais un pareil accord de vileté féroce, je me sentais bouillonner d'indignation.

Mes anciens souvenirs des malheureux troupeaux de femmes se rendant à la visite à Rennes [1] me remontaient à la mémoire. Je me rappelais un récit que, tout enfant, j'avais entendu faire devant moi par un monsieur respectable, adjoint depuis longues années — il l'est encore — d'une ville de Bretagne. Il racontait dans un salon, pour amuser de braves bourgeoises, qu'il avait vu, la nuit précédente, une femme arrêtée par deux agents de police et traînée en prison. Il l'avait suivie jusque-là avec un de ses amis, pour s'amuser de ses cris de désespoir et de ses supplications. J'entends encore les braves bourgeoises répondre en chœur : « Oh ! c'est qu'alors elle le méritait. »

Je demandai indiscrètement ce que cette malheureuse avait fait. L'adjoint me répondit avec un sourire, plein de mansuétude pour mon innocence : « Elle avait appelé quelqu'un. » J'eus beau creuser cette réponse, elle ne me parut pas une raison suffisante pour justifier cette arrestation : aujourd'hui, elle ne me satisfait pas davantage.

Dès lors, j'eus la vague perception qu'il y avait des femmes que la police pouvait arrêter selon son bon plaisir, et que leurs larmes, leurs sanglots, leur désespoir pouvaient être des choses drôles pour les

1. Voy. 2ᵉ partie, chap. II.

messieurs et pour les dames. Bientôt l'expérience de la vie me confirma la réalité de ces faits et ne fit qu'augmenter mon indignation.

Quelques actes dont je fus témoin, quelques récits que j'entendis faire à Rennes par de malheureuses femmes, puis à Paris, deux razzias au milieu desquelles je me trouvai, une troupe de quatre ou cinq femmes que je vis un soir fuir à perdre haleine ; les rafles de garnis, avec les femmes sur la rue, grelottant de froid, sanglotant entre des agents, grossiers ou indifférents ; quelques arrestations commises avec des brutalités odieuses, des histoires et des légendes, encore plus vraies que les histoires, car elles déterminaient exactement le caractère de l'action de la police des mœurs, martelaient et forgeaient ma colère.

Cependant, sauf dans des conversations entre amis, je ne disais rien. Je me bornai, dans *la Municipalité*, en 1872, à faire une critique d'une forme modérée du livre de M. Lecour, et à poser la question dans mes *Lieux communs* (1873). J'espérais toujours que quelqu'un, ayant une grande situation sociale et politique, une voix autorisée, la ferait sienne. Connaissant bien le caractère de mes compatriotes, je voulais éviter, avant tout, qu'elle ne tombât sous le ridicule ; et je me disais : « Il ne faut pas que je la compromette ; j'attendrai à être assez fort pour pouvoir l'engager victorieusement. »

Quand je fus élu conseiller municipal en 1874, la police redoublait de violence et multipliait ses arrestations : elle se sentait protégée par un gouvernement qui, du jour au lendemain, pouvait l'appeler à participer à un coup d'État. Je me demandai alors : — Laisserai-je passer sans protestation le vote du budget de la préfecture de police ?

Je ne me sentis pas assez d'influence au conseil municipal ni au dehors ; je n'avais pas de journal, à ce moment : je me tus.

Au mois de septembre 1876, célèbre par ses tempêtes, j'étais à Brest. Un jour, où un fort coup de vent balayait la rade, j'allais m'embarquer sur le petit bateau modèle du capitaine Béléguic, le constructeur du *Renard*, que les circonstances, la routine administrative, les difficultés qui se dressent devant tout homme indépendant et d'initiative, ont empêché de produire tout ce qu'il aurait pu donner. Le vent s'engouffrait dans la rue de Siam ; la pluie ruisselait de mon chapeau, glissait sur mon macferlane. J'achetai un journal à une marchande, étonnée de mon audace, et j'entrai chez un pâtissier prendre un verre de sherry.

Là, je déployai le journal tout humide, et je lus les faits divers suivants :

Lyon. — Une fille de vingt ans environ, nommée Mélanie M..., fut accostée à la gare de Perrache par un agent de police vêtu en bourgeois, au moment où elle venait d'accompagner un voyageur. Sur un signe de l'agent, deux gardiens de la paix survinrent, saisirent la fille M..., et, malgré sa vive résistance, voulurent l'entraîner au poste.

Une scène terrible s'ensuivit. La malheureuse, luttant désespérément, se roulait à terre et, voulant se tuer, se frappait le front contre le trottoir ; les agents la tiraient en tous sens avec une violence extraordinaire. Un omnibus d'hôtel s'avançait : le cocher ne put arrêter à temps ses chevaux, et les roues passèrent sur les pieds de la fille M..., qui furent broyés. Un rassemblement s'était formé ; plusieurs personnes honorablement connues dans le quartier, mues par un sentiment de charité et de pitié, voulurent s'interposer ; elles demandèrent aux agents de laisser la blessée à l'hôtel de l'Univers, où ils viendraient la reprendre le lendemain ; quant aux dépenses, elles offraient de les payer. Les agents refusèrent et parvinrent à entraîner la malheureuse au poste de la manufacture des tabacs; celle-ci, malgré ses cruelles souffrances, se débattait plus que jamais. Un médecin exigea son transport à l'Hôtel-Dieu. Un fiacre passait, elle y fut jetée; un des agents se plaça près d'elle, l'autre monta sur le siège. En arrivant sur le quai de la Charité, la fille ouvrit brusquement la portière et se précipita dans le Rhône, où elle se noya. Deux jours après son cadavre n'était pas retrouvé.

Cette scène se passait le vendredi 1er septembre.

Le lundi suivant, vers sept heures du matin, un agent du service des mœurs se présentait à l'hôtel Duguesclin et procédait à l'arrestation d'une autre fille, la nommée Marie Dans. Saisie d'épouvante, la fille Dans ouvrit sa fenêtre, située au deuxième étage, et se précipita dans la cour. Elle fut relevée dans un état déplorable.

A la fin de la même semaine, le samedi 9 septembre, une nommée R..., fille soumise, tenta de se suicider à l'hôtel de police de la rue Luizerne. N'ayant pas réussi à s'étrangler avec l'attache de son tablier, elle se donna plusieurs coups de couteau; heureusement l'arme dont elle s'était emparée avait une lame ronde, et les blessures furent peu profondes. Elle fut conduite dans cet état à la prison de Saint-Joseph.

Les traitements que fait subir la police aux filles qu'elle incarcère et qu'elle enrégimente ensuite dans le troupeau des prostituées inscrites, sont donc tels, que ces malheureuses préfèrent la mort à l'existence que la police leur prépare.

Un flot de sang me monta au cerveau...

Le formidable tangage du bateau, au milieu de tous les déchaînements du vent et de la mer, rhytmait mon indignation. Je la tournais et la retournais en tous sens, et l'exaltant en diatribes monologuées qui, sans doute, seraient fort ridicules prononcées à Paris, devant une assemblée! — nous l'avons bien vu! — je me répétais :

« Il faut enfin que quelqu'un élève la voix! et si personne ne le fait, tant pis! Au risque de me couvrir de ridicule et d'accumuler sur moi toutes les colères traîtresses et sourdes de la police, tant pis! J'aurais voulu attendre, afin d'avoir une autorité plus grande que celle que j'ai; mais puisque personne ne parle, je parlerai. Il ne faut pas que l'attention publique n'attache à des atrocités de ce genre que l'intérêt distrait qu'elle porte à un chien écrasé par accident! »

. Je regrettais de n'être pas à Paris pour faire immédiatement l'article que je voyais si bien : quand je rentrai à Brest, j'envoyai une dépêche aux *Droits de l'homme* pour leur recommander un vigoureux commentaire de ces faits. Pendant tout le reste de mon voyage, sur les caps de Bretagne, à la pointe de la Chèvre, au Raz de Plogoff, en face de la Mer sauvage de Belle-Isle, cette colère me suivait, et se retrempait à chaque tempête.

A la fin d'octobre, les journaux racontent que Mlle Rousseil, la grande actrice, a été arrêtée par un agent des mœurs, sur le boulevard, à 8 heures du soir. Je crus l'occasion favorable pour poser la question.

C'était le 1er novembre. Ce jour-là, nous avions accompagné au cimetière le convoi de Mlle Delescluze, digne sœur de ce puritain dont le martyrologe de prison et de bagne ne s'était terminé que par son héroïque suicide sur la barricade du Château-d'Eau. Je rapportais avec moi toutes les excitations et tous les ferments que laisse l'évocation de pareils souvenirs. J'écrivis mon article d'un coup de plume, sous cette impression, n'essayant nullement d'atténuer la violence des termes. Je ne les trouvais pas assez forts pour exprimer mes pensées.

L'article fit du bruit. Le 4 novembre, venait au Conseil municipal la discussion du budget de la police municipale. Jusqu'alors on avait voté la douzaine de millions qui y était affectée, en bloc, sans discussion. Je demandai que la partie relative au service des mœurs fût réservée. En dépit des efforts de M. Voisin, le préfet de police, j'obtins le renvoi à la commission. Le soir, je reçus un mandat de comparution devant M. Férey, juge d'instruction. C'était un mandat d'intimidation.

Le préfet de police, avec cette perspicacité qui distingue les gens de cette espèce, avait cru couper court à une campagne devant le Conseil municipal en me faisant poursuivre. Il se trompait étrangement. Sigismond Lacroix posa la question légale dans un magistral article : je montrai au public en quoi consistait exactement l'organisation de la prostitution officielle. En réponse, je reçus une assignation à comparaître le 7 décembre devant la 11ᵉ Chambre du tribunal de police correctionnelle. J'étais prévenu : « 1° d'avoir inséré de mauvaise foi une nouvelle fausse, de nature à troubler la paix publique ; 2° d'avoir commis le délit d'injures envers les dépositaires ou agents de l'autorité publique pour des faits relatifs à leurs fonctions, en qualifiant, dans le même article, d'*ignoble métier*, le service des agents de police des mœurs, en déclarant ces mêmes agents les êtres les plus abjects et en ajoutant que ce sont de très bons instruments de proxénétisme ; 3° d'avoir commis le délit de diffamation envers lesdits agents, dépositaires de l'autorité publique, pour faits relatifs à leurs fonctions, en leur imputant des faits de nature à porter atteinte à leur honneur et à leur considération, en alléguant notamment qu'ils ont à Paris tout pouvoir sur 30 000 femmes, sans compter les ouvrières, les jeunes filles, qu'ils peuvent menacer, emmener,

emprisonner sans craindre aucune responsabilité :
que des gens qui veulent des femmes et ne veulent
pas se déranger les prennent à leurs gages, que si
la persuasion ne suffit pas, ils emploient la menace :
« Livre-toi, ou Saint-Lazare ! » — qu'il y a des
marchés entre les femmes qui tiennent des maisons
de tolérance et ces agents ; que, quand les maisons
manquent de *sujets propres à attirer la clientèle*, la
police se charge de les leur fournir ; qu'elle pourvoit
les harems publics et qu'elle garantit au consommateur la bonne qualité de la marchandise qu'elle
livre à ses appétits. »

Tels étaient les termes de l'assignation. Dans la
séance du 30 novembre du Conseil municipal, je
démontrai devant M. le préfet de police et M. Lecour, qui ne trouvèrent rien à répondre, la vérité de
toutes ces affirmations. M. Lecour ne pouvait les
nier, puisqu'il en avait constaté lui-même la vérité
dans son livre sur *la Prostitution*. M. Voisin se
retrancha derrière l'arrêté de messidor et derrière
l'arrêté d'avril 1872, qui règlent la situation de la
préfecture de police, en déclarant le Conseil municipal incompétent. Celui-ci, malgré l'opposition de
MM. Beudant et Delpech, tous les deux membres
de la droite, et de M. Levraud, ancien blanquiste,
devenu fanatique gambettiste, par instinct logique
de recherche de l'autorité et par impuissance de
comprendre une autre politique que l'obéissance à
un homme, adopta le 2 décembre, à une grande majorité, par assis et levé la proposition suivante
présentée par M. le Dr Thulié :

Considérant que le Conseil municipal ne peut s'abstraire de la
question de la police des mœurs, si grave pour la sécurité de la
population parisienne;

34.

Considérant qu'il a le devoir de contrôler les services qu'il subventionne et d'étudier les améliorations que comporte leur organisation;

Considérant que les actes de la police des mœurs ne sont autorisés par aucune loi et qu'ils conduisent à la perpétration journalière de délits visés et punis par le Code pénal;

Considérant que, si dès aujourd'hui il est difficile de proposer au Conseil municipal la suppression des crédits affectés à la police des mœurs, il est indispensable, d'autre part, d'apporter des réformes dans ledit service;

Le Conseil délibère:

Une commission de douze membres sera nommée par le Conseil, à sa prochaine séance, pour étudier le service des mœurs et pour proposer soit sa suppression, soit les réformes qu'il comporte.

Signé: Thulié, Delattre, Marsoulan, Bourneville, Jacques, Mathé, Lamouroux, Asseline, Deberle, Bonnet-Duverdier, de Heredia, Level, Lauth, Martin, Songeon, Engelhard.

Le préfet de police se défendait pied à pied. Il ne voulait pas que le Conseil municipal s'occupât de cette question: le 6 décembre, un décret du maréchal de Mac-Mahon, contre-signé de Marcère, l'annulait: « Vu qu'une telle délibération ne peut échapper à la censure administrative. » On la reprit, sans considérants, et le 11 décembre, fu nommée une commission d'enquête dont M. Hérisson fut choisi comme président, et moi comme secrétaire.

Pendant ce temps, le 7 décembre, M. Blin des Cormiers, président de la 11e Chambre, sur le réquisitoire de M. Simonet, substitut, vengeait M. le préfet de police et les agents des mœurs des ennuis qu'ils avaient pu avoir au Conseil municipal. Avec cette insolence si chère à certains magistrats, M. Blin des Cormiers ne laissait pas M. Grouslé, l'avocat ordinaire et désintéressé des *Droits de l'homme* qui lui donnaient fort à faire, poser la question de la légalité de la police des mœurs et ne me laissait pas dire un mot tendant à prouver la vérité de mes imputations. Au pas de course, il rendait un jugement me condamnant à six mois de prison et 3000 francs d'amende, et le gérant à trois mois de prison et 1000 francs d'amende : total, avec les décimes, 5500 francs à peu près. Dans leur acharnement, ils m'avaient même condamné sur le délit de fausse nouvelle, à propos de l'arrestation de Mlle Rousseil; or, la nouvelle n'était pas fausse : ce n'était pas moi qui l'avais racontée; je m'étais borné à la commenter! Devant la Cour, présidée par M. Descoutures, assisté de M. Chevrier, comme avocat général, j'eus affaire à des gens polis : c'est bien quelque chose. Ils refusèrent, du reste, avec la même énergie de laisser discuter la situation légale des agents des mœurs : ils voulurent bien supprimer le délit de fausse nouvelle de ma condamnation, mais ils n'en retranchèrent ni un jour de prison, ni un franc d'amende. M. Voisin, cependant, n'eut pas complète satisfaction. Ce conseiller à la Cour de cassation annonçait partout que je serais privé de mes droits politiques. Son but était de me faire condamner en vertu des articles 222 et suiv. du *Code pénal*. On ne put me condamner qu'en vertu des articles 15 du décret de février 1852, 16 et 17 de la loi de 1819.

Je dois dire que, quelques jours après, James Stuart entrait un matin chez moi, m'apportant de la part du conseil de la *Fédération britannique, continentale et générale* un chèque de 3000 francs, montant nominal de mon amende.

Je profite de cette transition pour présenter à mes lecteurs cette importante Association.

CHAPITRE II

LE MOUVEMENT EN ANGLETERRE ET A L'ÉTRANGER

I. Le manifeste des dames anglaises. — 1870. — Les quakers.—
Les associations anglaises. — Le *Shield*, le *Medical Enquirer*.
— La Fédération. — Les protestants français. — James
Stuart. — M. James Stansfeld. — Mme Venturi. — Mme José-
phine Butler. — Mme de Morsier. — M. Aimé Humbert. —
Spécialisation des associations.
II. Congrès de Genève. — Ses résolutions. — Le congrès de
Gènes. — Résolutions. — La prudence des défenseurs du sys-
tème. — Le grand problème du dix-neuvième siècle : la com-
pétence de l'État et les droits de l'individu.

I

Vers le 20 novembre 1876, j'avais reçu une lettre
de Mme Joséphine Butler; le 22 novembre, je lui
répondis pour lui donner les renseignements qu'elle
demandait. Bientôt j'obtins la promesse qu'elle
viendrait au mois de janvier à Paris avec les principaux membres de la fédération.

J'ai raconté la manière subreptice dont les *Acts*
avaient été établis en Angleterre. Jusqu'en 1869, ils
restèrent inconnus du public. Alors deux médecins
de Nottingham, le docteur C. Bell Taylor et le docteur Worth, bientôt secondés par le docteur Hoop-
pell et un quaker, M. R. Charlton, de Bristol,
essayèrent de soulever une agitation en s'adressant
au congrès des sciences sociales de Bristol : l'appel

resta sans écho : ils s'adressèrent à Mme Joséphine
Butler, qui, malade, brisée par la douleur de la mort
accidentelle de sa fille, revenait d'un voyage en Italie. Depuis de longues années déjà, Mme Joséphine
Butler avait fondé à Liverpool des asiles pour les
eunes filles jetées par la misère dans la prostitution. Elle était secondée dans cette œuvre d'humanité par son mari, le R. George Butler, principal
du collège de Liverpool. Certes, je ne dis pas que
l'Angleterre n'ait pas sa bonne part de préjugés;
mais, à coup sûr, elle a su s'affranchir de beaucoup
de conventions que nous, Français, nous subissons
servilement. Que dirait l'Université, si, un beau jour,
la femme d'un proviseur faisait une œuvre analogue
à celle de Mme Butler ?

Le cri de revendication partit du salon de
Mme Butler. Un manifeste signé par deux cent cinquante dames anglaises fut publié dans le *Daily
News* du 1er janvier 1870. Le manifeste, écrit en
dehors de toute idée religieuse, est empreint d'une
remarquable vigueur. « Nous protestons contre les
Acts... parce que ces lois suppriment pour l'un des
sexes les garanties de sécurité sanctionnées par nos
institutions et livrent la réputation, la liberté et la
personne des femmes au pouvoir arbitraire de la
police..; parce que toute loi doit définir le délit
qu'elle poursuit..; parce qu'il est injuste que la
punition s'applique au seul sexe qui est la victime du
vice... »

Parmi les signataires de ce manifeste se trouvaient Miss Harriett Martineau, ce ferme esprit qui
a eu tant d'influence sur le mouvement intellectuel
de l'Angleterre, Mme Lucas, la sœur de Stuart Mill,
Mme Jacob Bright, femme du représentant de Man-

chester, belle-sœur du grand orateur John Bright, Miss Florence Nightingale, dont le nom est lié à l'histoire de la guerre de Crimée, Mme Mac-Laren, Mme John Thomasson, dont l'immense fortune est mise à la disposition de toutes les œuvres sociales, Mme Émilie Ashurt Venturi, dont nous reparlerons plus tard, Mmes Edward Backhouse, Thomas Pease, Christine Alsop, toutes les trois appartenant à la société des amis (quakers).

La première fois qu'il voit des quakers, ayant encore le vieil habit à la française, celui que portaient les membres du tiers état aux états généraux de 1789, un grand chapeau à larges bords, les quakeresses, vêtues de noir, la figure cachée sous une capote de crin noir, un Français, qui juge toutes les choses sur l'apparence, sourit. Un de mes compatriotes, pour plaisanter notre œuvre, trouvait fort drôle de répondre à tous mes arguments : — « Ah! oui, les quakers! » Cependant, c'est un esprit sérieux !

On sait que les quakers doivent leur fondation à un cordonnier, George Fox, né à Drayton, dans le Lancashire, en 1624, et fils d'un tisserand. Lui et ses disciples rejetèrent toutes les cérémonies inventées par l'orgueil et l'ostentation; ils recherchèrent la simplicité la plus complète, ne saluant personne, tutoyant tout le monde, et affirmant leur solidarité humaine en s'appelant « friends », les amis.

Parmi les personnes que groupa Fox autour de lui se trouvaient des enthousiastes, des esprits détraqués, dont les nerfs étaient mal équilibrés. De là leur surnom de *quakers* (trembleurs, agités). A côté, il y eut des hommes d'une valeur réelle, comme Robert Barclay, William Penn. Très militants, sous leur apparence paisible, doués d'une énergie indomptable, ils furent persécutés, jetés dans des maisons de fous, jetés en prison, parce qu'ils repoussaient dédaigneusement le baptême, la communion, n'appelaient les églises que des boutiques, méprisaient les prêtres, troublaient l'armée en prêchant la paix ; cependant ils triomphèrent de toutes ces persécutions et, sous Guillaume III, ils étaient assez forts pour obtenir que le Parlement les dispensât du serment. Depuis ils sont restés fortement unis ; la plupart, par leur persévérance, leur économie, l'aide de leurs amis, sont devenus possesseurs de fortunes considérables. Les Bright sont d'origine quakeresse. Tous les ans, dans une assemblée, ils examinent, en dehors de toute question religieuse ou nationale, à quelles causes sociales ils doivent apporter leur concours. La suppression de la prostitution officielle est une de celles à laquelle ils ont participé dès le premier jour.

Et maintenant qu'on rie de leurs costumes surannés et de leurs innocentes manies de simplicité, pour mon compte, je me sens profondément touché par ces hommes et ces femmes qui pensent qu'ils ne sont pas seuls sur la terre et qui ont pris part, depuis deux siècles, à toutes les grandes œuvres qui ont eu pour but l'émancipation humaine. Ce ne sera point la présence d'un « quaker » qui me fera repousser une œuvre. Au contraire, ce sera une première garantie, pour moi, qu'elle est généreuse et humaine.

Plus de trente associations en Angleterre appuyèrent le rappel des *Acts* : l'*Association nationale des dames*, l'*Association nationale des hommes*, la *Ligue électorale des comtés du Nord* ; l'*Union élec-*

torale des comtés du centre, l'*Association du Nord-Est;* l'*Association des districts assujettis aux Acts;* l'*Association nationale des médecins;* l'*Association méthodiste Wesleyenne;* la *Ligue nationale des ouvriers,* etc.

Dès 1870, la question se posa devant les électeurs. Sir Henry Storks, l'un des auteurs des *Contagious diseases acts,* fut battu, malgré l'intervention du ministère, à Colchester; depuis, partout, les comités de dames aussi bien que les comités d'hommes sont intervenus dans les luttes électorales. Un journal, le *Shield,* destiné à concentrer tous les efforts épars, fut fondé au mois de mars; le *Medical enquirer,* sous la direction du docteur Birbeck Nevins, fut destiné à étudier la question au point de vue médical. Une agitation commença dans toutes les parties de l'Angleterre. Nous y reviendrons.

Mais les Anglais comprirent qu'il ne fallait pas seulement combattre en Angleterre l'organisation de la prostitution officielle, mais encore dans les pays où elle était instituée depuis longtemps. Le 25 juin 1874, Mme Butler s'écria : « Nous savons que ces lois ont été empruntées à la législation de Paris, de Berlin, de Bruxelles, d'Italie. Si nous parvenons à tourner l'opinion publique, dans ces divers pays, contre de telles lois, nous priverons les *Acts* de l'autorité qu'ils tirent de l'exemple du continent. » La fondation de la *Fédération Britannique, continentale et générale* fut résolue.

Madame Butler partit pour sa croisade européenne en novembre 1874. Elle s'arrêta cinq ou six jours à Paris. Elle vit Acollas, trop profondément plongé dans ses études spéculatives pour prendre une part active à ce mouvement : par ses relations elle se trouva enfermée dans un cercle de pasteurs et de protestants, MM. de Coppet, Appia, Monod, de Pressensé.

Certes, c'est bien quelque chose que des hommes de ce caractère aient assuré Madame Butler de leurs sympathies et aient déclaré qu'ils adhéraient à sa mission. Seulement cette adhésion resta platonique, et ne tenta point d'action extérieure. Il en a été de même pour le comité protestant, constitué le 26 janvier 1877, à la chapelle wesleyenne. Je cite ces actes à l'actif du protestantisme français : où est le prêtre catholique qui eût voulu s'occuper de cette question?

M. Stansfeld, alors président de la Fédération, M. Butler, Madame Joséphine Butler, M. James Stuart, M. Aimé Humbert avaient été appelés à Paris par ma campagne des *Droits de l'homme*.

La première personne que je vis, ce fut James Stuart. Il parlait fort mal le français à cette époque: il l'a appris depuis. Écossais, ayant la ténacité de sa race, il est professeur de mécanique à l'Université de Cambridge, s'occupe tout particulièrement en ce moment d'électricité, dans l'intervalle de ses recherches fonde des cours à droite et à gauche, et comme loisir, emploie ce qui lui reste d'activité à administrer la Fédération, dont il est le trésorier. Ce n'est point la seule société dont il fasse partie. L'année dernière, il a présidé le congrès des sociétés coopératives. En sa qualité de savant, il n'a pas assez d'anathèmes humouristiques contre les médecins de la police, qu'il appelle « la canaille scientifique ».

M. James Stansfeld est membre du Parlement pour Halifax depuis 1859. Il a toujours appartenu au parti libéral. En 1863, après une campagne dans laquelle il dénonça la mauvaise administration de l'Amirauté, il devint lord de l'Amirauté. Lié d'une étroite amitié avec Mazzini, il recevait ses lettres : le gouvernement de Napoléon III s'en émut, et pour ne pas créer de complications diplomatiques, M. James Stansfeld donna sa démission. Il redevint lord de la Trésorerie en 1868, et est resté un des chefs du parti libéral. Tout le monde le désignait comme devant faire partie du dernier cabinet Gladstone : il a préféré se vouer à l'œuvre de l'abolition des *Contagious diseases acts*.

Madame Émilie Venturi, belle-sœur de M. Stansfeld, fille de M. Ashurt, qui a accompli la réforme postale en Angleterre, sœur de M. Ashurt, qui, solicitor general du *Post Office*, était le trésorier des souscriptions anglaises pour l'expédition des Mille de Garibaldi, a été très mêlée à l'histoire de l'affranchissement de l'Italie. Parlant toutes les langues, liée avec tous les esprits éminents de l'Angleterre, curieuse de tout art et de toute science, éloquente, spirituelle, aussi grande que bonne, c'est elle que semble avoir prévu le vers de Térence. Elle a, surtout, développé à un point, qui étonnerait bien la plupart de mes compatriotes, le profond sentiment du respect des faibles, des abandonnés, de tous ces pauvres êtres que broie la société.

Les Parisiens qui ont assisté aux réunions de la rue d'Arras et de la salle Lévis se rappellent Madame Butler. Elégante, belle, arrivant aux plus grands effets du pathétique à force de simplicité, en faisant parler les faits, de telle sorte que, passant par sa bouche, ils émeuvent ceux-là mêmes qui essayent de se raidir contre son influence; toujours

malade et quand même infatigable ; prête à tout moment à traverser l'Europe d'un bout à l'autre ; travaillant sans cesse, âpre à son œuvre ; ne se rebu-
tant devant nul ennui, nulle difficulté, nul danger ;
allant jusque dans les maisons de tolérance chercher
les victimes qui y sont enfermées, les recueillant
même chez elle, ayant établi des maisons de secours, mais surtout poursuivant, au nom de la solidarité de la femme intelligente et instruite pour la
femme déprimée et ignorante, de l'épouse et de la
mère pour la malheureuse devenue un simple instrument de plaisir, l'abolition de la traite officielle
des blanches, elle a sa légende populaire qu'un matelot anglais lui raconta naïvement, un jour, à elle-
même, sur le port de Marseille. Au moyen âge,
Madame Butler eût été une sainte Catherine de
Sienne ; mais, au dix-neuvième siècle, elle n'a pas
trouvé que l'idéal du ciel fût suffisant, et elle a re-
porté son énergie intellectuelle, son besoin d'effu-
sion, son activité morale, sur une œuvre humaine.

Elle s'était mise, en France, en rapport avec
Madame de Morsier, nièce de M. Ernest Naville, le
Bossuet du protestantisme, le pape genevois, naturellement éloquente comme son compatriote Jean-
Jacques, toujours préoccupée des problèmes les
plus ardus de la métaphysique, à la recherche perpétuelle de la raison des choses, des causes premières et finales, mais humaine, vibrant aux souffrances de tous, ayant l'horreur de l'oppression des
petits sous prétexte de salut public, d'hygiène publique ou de raison d'État.

M. Aimé Humbert, ancien secrétaire du comité
insurrectionnel de Neufchâtel, lorsque cette ville
secoua le joug de la Prusse, ancien conseiller

d'État de Neufchâtel, ancien président du conseil
des États suisses, ancien ministre plénipotentiaire
de la Suisse au Japon, homme à la fois énergique
et prudent, par sa position, les services rendus à
son pays, entouré de respect et de considération,
était le secrétaire général de la Fédération sur le
continent. C'est ainsi qu'à un moment donné, des
personnes, parties de points de vue politiques et
philosophiques si différents, se sont trouvées réunies
autour d'une même tâche, dans un but commun.

Cette union, sur un point donné, constitue une
grande force. Je vais dire un truisme; mais tout le
progrès de l'humanité consiste à découvrir de nouveaux truismes. Il faut s'associer pour les choses
qui nous unissent et non pour les choses qui nous
divisent. Cette vérité qui paraît incontestable est généralement méconnue dans la pratique Quand dix
personnes sont réunies, au lieu de s'occuper de
l'œuvre à faire, elles s'occupent des motifs qui peuvent les diviser.

Le système de la spécialisation des associations
est l'application aux réformes sociales du principe
de la division du travail. C'est l'application à la
science sociale de ce proverbe trop souvent mé-
connu : Il ne faut faire qu'une chose à la fois.
Nous devons donner un ordre à nos travaux, ne les
aborder que les uns après les autres. Enfin, quand
nous étudions une question spéciale, nous devons
grouper autour d'elle tous ceux qu'elle préoccupe,
sans nous inquiéter de leurs opinions sur les autres
questions. Dans une ligue économique, on ne demande pas l'opinion des gens sur la police des
mœurs; et dans une association sur la police des
mœurs, on ne demande pas à ses membres leur opi-

nion sur l'impôt sur le capital et la suppression des octrois.

Je puis le dire hautement : tous ceux qui jouent un rôle actif dans la Fédération, si opposées que puissent être leurs opinions sur d'autres sujets, parlent entre eux avec la plus grande liberté et la plus entière franchise des questions si délicates cependant qui se rapportent à son œuvre; jamais je n'ai vu nulle part une semblable unité de vues, un accord aussi parfait dans les idées, aboutissant à une sympathie aussi profonde entre les personnes.

II

Cette sympathie s'est fortifiée dans les congrès et conférences qui ont eu lieu depuis cette époque. J'étais malheureusement en prison au moment du congrès de Genève (17-22 septembre 1877). Toutes les nations civilisées y furent représentées par des hommes ou des femmes éminents. Le commissariat général publia d'abord une étude complète de la situation de la prostitution dans les divers pays [1]; puis les travaux du congrès ont été réunis en deux forts volumes. Il y eut bien quelques tâtonnements dans cette première réunion de tant de représentants de nationalités différentes; certaines personnes n'avaient vu, dans ce mouvement, qu'une œuvre religieuse; mais MM. Stansfeld et Humbert, Madame Venturi et Madame Butler

1. *Matériaux recueillis, etc.*, pour les travaux des sections Un vol. in-8°.

maintinrent son caractère social. Ce congrès vota les résolutions suivantes :

Résolutions votées au Congrès de Genève.

(17-22 septembre 1877).

La *Section d'Hygiène* affirme :

I. Que l'empire sur soi-même dans les relations sexuelles est une des bases indispensables de la santé des individus et des peuples.

II. Que la prostitution est une violation fondamentale des lois de l'hygiène.

III. Considérant que le rôle de l'hygiène publique ne doit pas se borner à la surveillance et à la prophylaxie des maladies qui peuvent affecter les populations, nous déclarons que sa vraie fonction est de développer toutes les conditions favorables à la santé, qui a sa plus haute expression dans la moralité publique.

IV. La Section d'Hygiène constate le complet insuccès de tous les systèmes de police des mœurs ayant pour but de réglementer la prostitution.

Elle les repousse en s'appuyant entre autres motifs sur les suivants : — que la visite chirurgicale obligatoire des femmes est révoltante pour la nature humaine, — qu'elle ne peut d'ailleurs atteindre qu'un certain nombre de prostituées, — qu'on ne peut pas se fier à cette visite pour découvrir la forme constitutionnelle la plus grave des maladies vénériennes et en empêcher les progrès, et que, par conséquent, elle donne une fausse sécurité sur la santé des femmes visitées.

V. La Section d'Hygiène désire instamment que l'on écarte tous les obstacles qui empêchent aujourd'hui que les maladies vénériennes soient soignées aussi largement que toute autre dans les hôpitaux qui relèvent du contrôle municipal ou d'autres corps publics, ainsi que dans ceux qui sont soutenus par des dons particuliers.

VI. La Section d'Hygiène exprime aussi le vœu que la police ordinaire fasse strictement respecter la décence dans les rues et les places publiques, et qu'elle réprime tout scandale public, qu'il soit causé par les hommes ou par les femmes.

La *Section de Morale* affirme :

I. Que la pratique de l'impureté est aussi répréhensible chez les hommes que chez les femmes.

II. Que la réglementation tend à détruire l'idée de l'unité de la loi morale pour les deux sexes, et à rabaisser le ton de l'opinion publique sur ce sujet.

III. Que tout système d'organisation de la prostitution excite à la débauche, augmente le nombre des naissances illégitimes, développe la prostitution clandestine, et abaisse le niveau de la moralité publique et privée.

IV. Que la visite médicale obligatoire des femmes, base de toute réglementation, est un outrage à la femme, d'autant plus odieux qu'il tend à consommer la perte des malheureuses forcées de le subir et même à détruire, chez les plus dégradées, ce qui peut leur rester de pudeur.

V. Que l'inscription d'office est une atteinte à la liberté et au droit commun.

VI. Que par la réglementation, l'État, oubliant qu'il doit une égale protection aux deux sexes, les corrompt en réalité et avilit la femme.

VII. Que l'Etat, dont la mission est de protéger le mineur et de le soutenir dans sa lutte pour le bien, l'excite au contraire à la débauche en la lui facilitant par la réglementation.

VIII. Qu'en autorisant les lieux de débauche et en faisant du désordre l'exercice d'une profession régulière, l'Etat sanctionne le préjugé immoral que la débauche est une nécessité pour l'homme.

IX. Qu'un appel sera adressé à la conscience de tous les auteurs, éditeurs, libraires et colporteurs des deux continents, pour les engager à ne favoriser en aucune manière la vente ou la diffusion de la littérature corruptrice, des ouvrages licencieux et des gravures obscènes.

La *Section d'Economie sociale* a fait les réponses suivantes aux questions posées dans son programme :

I. Les intérêts, les droits et l'indépendance économique du sexe féminin sont-ils suffisamment respectés et sauvegardés de notre temps par les lois, l'opinion, les costumes et les mœurs ?

Réponse : Non.

II. L'exercice continu d'une profession de main-d'œuvre est-il conciliable pour la femme avec son rôle dans la famille et au foyer domestique ?

Réponse : Cela dépend de la profession et de la position individuelle de chaque femme.

III. Le salaire de main-d'œuvre d'une femme est-il suffisant pour satisfaire à ses besoins légitimes ?

Réponse (*avec une minorité*) : Non.

IV. 1° Quelles sont les causes principales de l'insuffisance du salaire des femmes dans l'industrie ?

Réponse (*avec une minorité*) : L'inégalité que les lois, les mœurs, l'ignorance et la réglementation de la prostitution introduisent entre les hommes et les femmes.

2° Serait-il possible de remédier à cette infériorité ?

Réponse : Oui, par des lois égales, par l'amélioration des mœurs, par l'abolition de la prostitution réglementée, par l'enseignement général et professionnel.

V. Quelles sont ou seront les conséquences, pour le sort économique et moral des femmes, de leur emploi dans la grande industrie (manufactures, fabriques, etc.) ?

Réponse : Ces conséquences varieront selon les circonstances. La Section estime que, en principe, il ne faut fermer à la femme aucun des emplois industriels qui peuvent la soustraire par le travail à la misère et à la prostitution.

VI. L'intervention gouvernementale ou légale en faveur des femmes, dans le régime de la grande industrie (durée du travail, taux du salaire, etc.), est-elle désirable?

Réponse (avec une minorité de deux voix) : Non.

VII. Quel parti les femmes pourraient-elles tirer du principe d'association pour améliorer leur sort au point de vue économique?

Réponse : Le même que les hommes.

VIII. Comment doit-on concevoir et organiser l'instruction et l'éducation pour contribuer au relèvement moral, social et économique de la femme?

Réponse : En ne fermant aux femmes aucune branche d'instruction et d'éducation, et en assurant une parité de sacrifices de l'Etat et de la société en faveur des deux sexes.

La *Section de Bienfaisance* affirme :

I. Que les idées que comporte le système de la réglementation du vice sont incompatibles avec toute œuvre de sauvetage.

II. Qu'il est prouvé que la réglementation de la prostitution est un grand empêchement à la réussite des œuvres de secours, parce que l'inscription et la visite médicale sont opposées à tous les sentiments de pudeur féminine, qui ne sont jamais absolument éteints en aucune femme, et qu'elles rendent plus difficile la réhabilitation qu'on peut et qu'on doit espérer de toute femme, quelque perdue qu'elle soit.

III. Il est à désirer qu'on établisse partout des *Homes*, dont le système doit être aussi peu que possible pénitentiaire, parce que la sympathie et l'amour chrétien sont les seuls moyens efficaces de sauvetage pour les jeunes filles.

IV. Il est à désirer qu'un système de communications internationales soit établi pour empêcher la traite des blanches et pour veiller sur le bien-être des femmes qui cherchent de l'emploi dans les divers pays.

La *Section de Législation* affirme que :

I. L'Etat n'a pas le droit de réglementer la prostitution, car il ne doit jamais pactiser avec le mal ni sacrifier les garanties constitutionnelles à des intérêts contestables.

II. Tout système de réglementation officielle de la prostitution entraîne l'arbitraire de la police et la violation des garanties judiciaires assurées à tout individu, et même aux plus grands criminels, contre les arrestations et les détentions arbitraires.

La visite sanitaire forcée des prostituées est également contraire au droit commun.

Comme cette violation du droit est commise uniquement au préjudice de la femme, il en résulte entre elle et l'homme une monstrueuse inégalité; la femme est rabaissée au rang d'un pur moyen, et n'est plus traitée comme une personne. Elle est hors la loi.

En outre, par la réglementation du vice, l'Etat viole directement sa propre loi pénale, puisque celle-ci défend l'excitation à la débauche, et que l'Etat se fait au moins le complice de cette excitation, en tant qu'elle est pratiquée par les établissements ou par les femmes qu'il autorise.

L'Etat méconnaît en outre ainsi son devoir de tutelle envers les mineurs.

III. Le but n'est pas atteint : car la réglementation produit et développe la prostitution au lieu de la diminuer.

Le développement croissant de la prostitution clandestine dans les villes où ce vice est réglementé, suffit pour montrer que les règlements sont toujours plus éludés. Le développement des maladies vénériennes et le nombre des attentats aux mœurs dans les mêmes villes prouvent encore que la réglementation n'atteint pas les buts qu'elle s. propose.

IV. Il résulte de tout cela que l'Etat doit renoncer à poursuivre le but hygiénique, d'autant plus qu'il s'agit ici, non d'un danger extérieur pour la santé publique en général, comme les épidémies, mais d'un danger auquel on s'expose, le sachant et le voulant.

L'Etat doit donc abandonner le procédé administratif et arbitraire, pour rentrer dans la voie judiciaire et dans le droit commun. Il doit se borner à réprimer judiciairement tout ce qui lui paraît contraire à l'ordre public et à la tutelle des mineurs.

V. L'Etat doit continuer à punir l'excitation à la débauche commise sur des mineurs de l'un ou de l'autre sexe, et particulièrement le proxénétisme.

Il devra punir l'embauchage des mineures en vue de la débauche.

Il devra interdire toute organisation collective de la prostitution, c'est-à-dire punir le fait de tenir une maison de débauche ouverte au public, et celui de louer un immeuble pour un pareil usage. On peut alléguer ici l'analogie des maisons de jeu, qui sont interdites par presque toutes les législations pénales.

Nous réservons, sans y rien changer, les dispositions pénales touchant les outrages à la morale publique, et en particulier la provocation *publique* à la débauche, les attentats aux mœurs contre les individus, les détournements de mineures et les séquestrations illégales.

VI. Quant aux causes de la prostitution au point de vue juridique, l'Etat pourrait punir la séduction d'une mineure, lorsqu'elle a été opérée au moyen de promesses mensongères.

On pourrait examiner aussi la question de savoir si l'Etat ne devrait pas rétablir la recherche de la paternité, afin d'égaliser la position entre l'homme et la femme.

Ces résolutions ont été de nouveau confirmées par les conférences de Liège (septembre 1879) et de Londres (juin 1881). Tels sont les principes généraux de la Fédération abolitionniste. Quelques dissidences sur certains détails, dans lesquels l'intervention gouvernementale et religieuse apparaît, ne sauraient en infirmer l'ensemble.

Ces principes furent développés par madame Butler et M. Humbert dans la réunion du 25 janvier 1877, salle de la rue d'Arras, et dans la réunion du 10 avril 1880, salle Lévis.

En 1880, le congrès de Gênes montra tout le chemin qu'avait fait l'œuvre. L'enquête s'était continuée et étendue dans tous les pays. Réuni sous l'inspiration de Joseph Nathan, hélas! mort quelques mois après, et de madame Sarinah Nathan, qui vient de mourir aussi, il obéissait à l'inspiration mazzinienne, si puissante encore en Italie.

Madame Sarinah Nathan rappelait l'ancienne matrone romaine dans l'acception héroïque du mot. Portant avec une simplicité superbe ses soixante ans, entourée de ses fils, continuant la tâche qu'elle n'avait cessé de poursuivre avec Mazzini, s'intéressant à toutes les œuvres politiques et sociales, la mémoire pleine des grands drames des révolutions italiennes dans lesquelles elle avait joué un rôle si actif, je la vis apparaître au peuple de Gênes, lors de l'inauguration du monument de Quadrio, comme une incarnation de la patrie reconquise et de la République espérée!

Le congrès était présidé par Aurelio Saffi, un des triumvirs de la République romaine, puritain sous une forme douce et aimable, érudit et écrivain de premier ordre. Il adopta les résolutions suivantes :

Première résolution

(HYGIÈNE)

La réunion speciale du Congrès de Gênes, convoquée pour s'occuper de la question d'hygiène,

Ayant constaté que la réglementation sanitaire de la prostitution et la visite médicale des femmes qui en est inséparable, sont inefficaces pour protéger la santé publique contre les affections vénériennes ou pour limiter la diffusion de ces maladies,

Se déclare convaincue sur ce point, pour ce qui la concerne, et appelle de ses vœux l'abolition de toutes ces mesures gouvernementales relatives à la prostitution, qui n'aboutissent à la fois qu'à manquer leur effet et à violer le droit commun dans la personne de la femme.

Deuxième résolution

(JURIDICTION)

Le second Congrès de la Fédération britannique, continentale et générale pour l'abolition de la prostitution, spécialement envisagée comme institution legale ou tolérée,

Réuni en session réglementaire à Gênes, du 27 septembre au 4 octobre 1880 ;

Vu les vœux exprimés par les diverses nations représentées dans son sein ;

Considérant :

Que la liberté n'est pas compatible avec les lois d'exception ;

Que nul ne saurait s'attribuer le pouvoir ni de se placer soi-même, ni de placer autrui en dehors de la loi ;

Qu'aujourd'hui l'être le plus faible, c'est-à-dire la femme, est placé en dehors de la loi,

Se déclare résolu à provoquer par la propagande et par des réformes libérales l'abolition des lois et des règlements qui, sanctionnant la prostitution, en font une institution publique.

A cet effet, la Fédération prend pour règles de son action les résolutions suivantes :

1° Les faits relatifs à la prostitution doivent être régis par le droit commun de chaque pays ;

2° Les garanties légales concernant la liberté personnelle doivent être les mêmes pour les deux sexes ;

3° La loi ne doit prévoir ni tolérer aucun enregistrement, aucune inscription officielle de prostituées, aucune reconnaissance de la prostitution, comme formant l'état d'une certaine classe sociale ;

4° La loi ne doit sanctionner ni tolérer aucune violation du droit que possède toute femme sur sa propre personne ;

5° La loi ne doit permettre la détention que sur une sentence judiciaire prononcée après débat public sur des faits qui constituent un délit positif et prévu par la loi, et après avoir fourni à l'accusé une occasion suffisante pour se défendre ;

6° Tout agent de police, dans l'exercice de ses fonctions exécutives, doit porter un uniforme ;

7° Tout fonctionnaire de la loi doit être pleinement responsable de ses actes devant les tribunaux ordinaires de sa juridiction.

Au surplus, le Congrès proteste contre toute espèce de loi et toute sorte de règlements ou d'ordonnances s'appliquant spécialement à la prostitution, les déclarant également condamnables, soit qu'ils émanent de l'État, soit qu'ils proviennent des communes ou de quelque autorité que ce puisse être.

Troisième résolution

(CONTRE LA TRAITE DES BLANCHES)

Le second Congrès de la Fédération britannique, continentale et générale,

Ayant acquis la preuve qu'il existe un trafic étendu et permanent pour le ravitaillement de la prostitution légale, en Belgique et ailleurs;

Convaincu par les faits venus à sa connaissance, que la police des mœurs contribue dans certains cas pour une forte part à ce trafic,

Approuve tout ce qui s'est fait jusqu'à ce jour de la part de l'administration de la Fédération pour travailler à la suppression de la traite internationale dont il s'agit, et invite le Comité exécutif à poursuivre énergiquement ses efforts dans ce but.

Ces résolutions longuement étudiées, dégageant nettement les points essentiels de l'œuvre du congrès de Genève, furent proclamées du haut du balcon du théâtre Carlo Felice, par le député Bovio, devant les associations ouvrières de Gênes, précédées de leurs musiques et de leurs bannières, au milieu d'acclamations enthousiastes.

On me dira que les Italiens ont l'enthousiasme facile et qu'ils auraient tout aussi bien applaudi des conclusions contraires; à mon tour, je répondrai :
— Essayez donc! Pourquoi donc, partisans de la police des mœurs, montrez-vous tant de réserve? Pourquoi donc n'osez-vous la défendre qu'à huis clos, entre vous? Pourquoi, depuis que la question est agitée, n'avez-vous pas osé publier un seul travail sérieux, signé d'un nom désintéressé, pour la soutenir?

Ce congrès a un caractère remarquable : il pose d'une manière formelle, sur le point le plus délicat, le problème dont la solution est la grande tâche de la fin du dix-neuvième siècle : — Quelle est la situation respective de l'individu et de l'État? Quels sont les droits de l'individu? l'État a-t-il le droit, la mission d'imposer aux individus une religion, une morale, une hygiène? Où commence, où s'arrête le domaine de la loi?

Eh bien, voici un fait très frappant : le congrès de Gênes avait été organisé, en Italie, par le parti mazzinien.

Or, Mazzini croyait que l'État avait une mission éducatrice et civilisatrice. Comment se fait-il que ses disciples viennent protester contre toute ingérence de l'État dans la prostitution et concluent au droit commun ?

D'un autre côté, voici des protestants, des sujets de monarchies, des Anglais, des Allemands, des Danois, des Hollandais, qui se trouvent d'accord ensemble sur ce point : — L'État n'a pas mission de moraliser la société, n'a pas mission de protéger la santé des individus, en réglementant la prostitution.

La prostitution n'est pas un délit. Si des faits relatifs à la prostitution sont des délits, ils sont alors passibles du droit commun, et le droit commun doit s'appliquer aussi bien aux hommes qu'aux femmes.

Eh bien, si des Français, des Anglais, des Italiens, des Suisses, des Danois, des Suédois, des Hollandais, des Belges, des Allemands, hommes et femmes, peuvent être unanimes sur cette conclusion, c'est que, d'une manière plus ou moins consciente, tous sont arrivés à reconnaître qu'à la base de la société, comme molécule essentielle de cette masse qu'on appelle l'humanité, il y avait une réalité: l'individu. Ce n'est pas là une abstraction; ce n'est pas un mot plus ou moins vague comme l'État, la société, la santé publique : c'est un être concret, un être tangible, un être palpitant qui a des droits, parce qu'il a des besoins ; qui souffre, qui jouit, qui aime, qui hait, qui rit, qui pleure, qui vit !

Et devant cet individu, cet être qui est vous, qui est moi, qui est nous tous, que devient l'État ? L'État finit toujours par s'incorporer dans un homme : un empereur, comme Napoléon III, un ministre, comme Rouher, de Fourtou, de Broglie ou Gambetta ; « un ivrogne », me disait une dame anglaise en parlant d'un certain membre d'un certain ministère anglais.

Tous les efforts de l'humanité, toutes ses luttes, les révolutions de l'Angleterre comme les révolutions françaises, ont eu pour but d'opposer aux prétendus droits de cette entité qui s'appelle l'État, les Droits de l'Homme ! Mais, jusqu'à présent, en vertu de l'esprit de privilège qui domine encore nos habitudes, on ne comprenait guère, en pratique, les droits de la femme dans les droits de l'homme. Ce n'est pas étonnant. Ceux-ci étaient et sont encore si souvent méconnus ! Maintenant, la tâche de tous les hommes d'État, de tous les publicistes, de tous les légistes est de limiter exactement les fonctions de l'État et de dégager nettement les droits de la personnalité humaine, femmes et hommes compris.

CHAPITRE III

RÉSULTATS DE LA CAMPAGNE

I

J'avais six mois de prison; nous étions, en même temps, dans une période de réaction politique; ma condamnation contribua à la suppression des *Droits de l'homme*, nés sous l'état de siège, dans les plus difficiles conditions, criblés d'amendes; j'en assumai la liquidation, que je dus opérer, pendant cette période du 16 mai, entre quatre murs, privé de tout moyen d'action. Heureusement que, dans ces difficiles conjonctures, je ne fus pas abandonné par deux amis et que je trouvai des hommes qui eurent confiance dans mon honneur. D'abord je tenais à donner ces explications, pour remercier ceux qui, à ce moment, m'ont tendu la main, ensuite pour apporter ce document à l'histoire de l'évolution sociale au dix-neuvième siècle. Ce n'est point sans efforts et sans sacrifices personnels qu'on engage de pareilles luttes. Pour les entamer, il faut des imprudents qui s'y jettent, comme les anciens corsaires de mon pays lançaient leurs petites goëlettes à l'abordage des vaisseaux de haut bord.

Je demande pardon à ces derniers de les comparer à des institutions de police.

Pendant toute cette période de l'année 1877, une question écrasait toutes les autres, parce que toutes en dépendaient : le salut de la République. Ensuite vint l'Exposition, pendant laquelle je m'occupai spécialement de l'organisation du *Centenaire de Voltaire;* je fus gravement atteint d'une pneumonie, tourmenté par des ennuis de toutes sortes. Mais ces deux années n'avaient pas été perdues pour moi; j'avais recueilli des matériaux.

Pendant les loisirs forcés que me faisait un séjour à Cauterets, je réfléchissais à la manière dont je reprendrais la campagne; j'avais examiné les journaux dans lesquels je pourrais la faire. Je n'en vis qu'un qui me parût assez hardi, d'allure assez indépendante pour la pousser jusqu'au bout, c'était la *Lanterne.* Je ne connaissais pas M. Eugène Mayer. Après une entrevue d'une demi-heure, nous tombâmes d'accord. J'avais la bride sur le cou. Alors je publiai les *Révélations d'un ex-agent des mœurs,* les *Lettres d'un médecin,* les *Lettres du vieux petit employé* (octobre 1878 — janvier 1879). M. Lecour s'est donné la peine, dans un gros volume intitulé *la Campagne contre la préfecture de police, envi-*

sagée surtout au point de vue des mœurs, d'accuser les coups. On n'est pas plus aimable. Je cite :

« La préfecture de police prononçait d'office d'assez nombreuses mises à la retraite... On espérait peut-être à ce prix obtenir le désarmement de la *Lanterne*, dont on proclamait ainsi implicitement le triomphe sur tous les points... Il fallait prévoir que dans cet assaut manifestement dirigé contre l'institution de la police tout entière, la déroute du service des mœurs, déroute accomplie sans discussion ni résistance, ne pouvait être qu'un incident et une étape [1] ».

Et plus loin, M. Lecour, parlant de la dislocation de la préfecture de police, ajoute : « Le mal est accompli et il est irréparable [2] ».

Je ne rappellerai point la démission de M. Lecour, la chute de tout le haut personnel de la préfecture de police, entraînant M. Gigot et enfin M. de Marcère, ministre de l'intérieur. Les hommes sont peu de chose. Ils m'importaient et m'importent peu. Ce n'est que l'institution que je vise.

Je ne m'étais pas représenté au Conseil municipal aux élections de 1878. A la fin de 1879, le siège du quartier de la Préfecture de police se trouva libre. Des électeurs pensèrent naturellement à moi : et en dépit de tous les efforts de la préfecture de police, qui fit revenir d'Algérie un ancien mouchard de lettres, brûlé par moi au cours de ma campagne, malgré les efforts de la police politique, l'emploi d'agents provocateurs, les distributions de journaux de police, je fus élu dans ce quartier fort modéré. Chargé du rap-

----

1. P. 231.
2. P. 449.

port sur les services de sûreté pour 1881, j'y posai les principes adoptés par le congrès de Gènes.

Après une courte discussion, le Conseil municipal adopta la proposition suivante de M. de Lanessan par 33 voix contre 12 (28 décembre 1880) :

Le Conseil,

Considérant que l'institution actuelle de la police des mœurs est attentatoire à la liberté individuelle, sans produire les résultats qu'elle devrait fournir au point de vue de la diminution des maladies syphilitiques et de la surveillance des délits de droit commun, contre l'ordre public et les attentats aux mœurs,

Délibère,

1° L'administration municipale est invitée à présenter, dans le plus bref délai, un projet d'installation de services médicaux et pharmaceutiques gratuits destinés à combattre les maladies syphilitiques ;

2° A étudier un système d'organisation qui substitue les gardiens de la paix aux agents actuels de la police des mœurs, pour ce qui concerne la police d'ordre public à l'égard des femmes qui se livrent à la prostitution ;

3° Les délits et contraventions de droit commun contre l'ordre public et les attentats aux mœurs ne seront plus soumis à l'arbitraire administratif, mais déférés à la justice régulière ;

4° La conséquence de cette réorganisation devra être la suppression de la brigade spéciale de la police des mœurs, à partir du 1er janvier 1882.

L'adoption de cet amendement eut lieu le 28 décembre 1880.

Il est inutile d'ajouter que M. Andrieux ne s'est pas le moins du monde préoccupé de ce vote. Son successeur M. Camescasse ne s'en est pas préoccupé davantage. Au mois de décembre 1881, nommé encore rapporteur des services de la sûreté, je lui adressai un questionnaire. On a vu ses réponses. Il niait au Conseil municipal le droit de toute ingérence dans l'organisation de ses services : il réclamait le vote en bloc. Je répondis par une proposition du refus d'une partie du budget de la préfecture de police. La proposition était trop radicale pour être adoptée : cependant elle réunit 17 voix contre 46; et le préfet de police n'obtint ce vote qu'en prenant des engagements de toutes sortes ; nous verrons s'ils seront tenus quand la question du budget de 1883 va se représenter. M. Andrieux a pu lutter contre le conseil municipal : il est tombé cependant sur l'affaire Eyben. Le ministère Jules Ferry, pour essayer de le sauver, avait déposé un projet de loi centralisateur, supprimant tout rapport entre le préfet de police et le Conseil municipal. On dit que le ministère de Freycinet oserait le reprendre. Nous verrons.

En ce moment-ci, la question est un peu engourdie. La police des mœurs n'agit plus qu'avec une certaine prudence qui rend de plus rares en plus rares les gros scandales. Or, en France, nous faisons surtout de la politique de faits divers et de protestation. Nous ne savons pas suivre lentement, posément, obstinément une question. Il faut que quelque événement nous secoue les nerfs et nous éveille de notre torpeur ; il faut, de plus, que nous ayions devant nous une personnalité un peu saillante à combattre. M. Camescasse est insuffisant.

Nous n'avons point encore les mœurs de l'association. Cependant, au mois de novembre 1878, M. et Mme Chapman, M. et Mme de Morsier, Mlle Maria Deraismes, dont tout le monde connaît le vigoureux talent littéraire et oratoire, M. Desmoulins, aujourd'hui conseiller municipal, poursuivant avec la douce et patiente ténacité de l'homme habitué à se heurter contre les préjugés établis, le triomphe des causes humanitaires, et quelques amis fondèrent une *Association française pour l'abolition de la prostitution officielle*[1].

Elle élut présidente Mme Chapman, femme du docteur Chapman, disciple de Bentham, directeur de la *Westminster review*, venu à Paris sur l'invitation de Claude Bernard, dont il applique à la pratique de la médecine quelques-unes des grandes découvertes physiologiques. Mme Chapman est habituée à manier toutes les questions philosophiques et scientifiques avec cet esprit positif et audacieux qu'apportent les Anglais quand ils abordent un problème. Cependant, malgré son énergie, malgré l'activité de Mme de Morsier, l'association ne s'est pas développée. La majorité des Françaises ne comprennent pas encore que cette question puisse les toucher : quant aux Français, beaucoup n'ont pas encore d'opinion bien faite sur ce sujet, et ils se disent : — « Du moment qu'il y a des gens qui s'en occupent, ce n'est pas la peine que nous nous en occupions. » Ah ! en dépit de tous nos efforts et de nos expériences, nous avons gardé un vieux fonds plébiscitaire !

Ce serait nier le pouvoir de l'imprimerie, de la presse, de la poste à bon marché, de la vapeur, de l'électricité, que de croire que les vieilles formules resteront figées dans leur immobilité et que l'humanité peut garder la stabilité du mal, avec la résignation qu'elle apportait autrefois à subir toutes les tyrannies intellectuelles, morales et matérielles. Des hommes à courte vue peuvent seuls s'imaginer que le mouvement social ne s'accélèrera pas, sous l'impulsion que lui donnent toutes les ressources nou-

1. Siège social, Mme Chapman, 212, rue de Rivoli.

velles de la matière mises à la disposition de
l'homme. Chaque conquête qu'il fait sur les forces
de la nature lui donne un nouveau pouvoir, un
sentiment plus net de sa personnalité, un désir
plus conscient d'indépendance, et le moyen de
l'assurer.

Aussi, je crois que je serai plus heureux que
Wilberforce, qui ne vit le triomphe de son œuvre que
l'année de sa mort. Les événements se précipitent.
En 1859, John Brown fut pendu : cinq ans ne
s'étaient pas écoulés, et les noirs des États-Unis
étaient affranchis.

Si je place la cause que je soutiens sous le patro-
nage de ces libérateurs de l'humanité, c'est qu'elle
n'est que la continuation de leur œuvre : et il nous
suffit de jeter un coup d'œil sur la situation des
divers pays, pour être certain de son triomphe prochain.

En Italie, M. Ernest Nathan continue, avec le
concours de MM. Brusco Onnis, Bovio, député de Naples, le docteur Bertani, Aurelio Saffi, Mlle Mozzoni,
le célèbre auteur de *la Donna*, le mouvement
commencé ; 1600 associations ouvrières y ont adhéré.

En Suède, à Stockholm, il y a une association à la
tête de laquelle se trouve le pasteur Testuz, qui
agit, fonctionne, a même un journal. En Danemark,
le docteur Giersing, la baronne Stamps sont à
la tête d'une ligue semblable. En Hollande, le pasteur Pierson, directeur des asiles d'Heldring, qui,
sous certaines formes, cache bien de la finesse, ne
craint pas de dire, en pleine cathédrale d'Utrecht,
devant un auditoire de 5000 personnes : « Je connais
une petite fille de pasteur prostituée. La mienne
pourrait l'être ! » Le commissaire de police en chef

de la Haye, M. Van Schermbeck, est un membre actif de la Fédération et assistait à la conférence de Londres.

En Allemagne, Mme Guillaume Schack, petite dame timide, a remué son pays, et elle raconte ses luttes, ses efforts, ses déboires et ses succès avec une simplicité naïve qui, à Gênes et à Londres, émut tout le monde. Ses relations avec le préfet de police de Berlin sont épiques. On le lui avait représenté comme un homme bienveillant, plein de bonnes intentions. Dans son innocence, elle y avait cru. Elle va le voir. Elle trouve un monsieur très poli, très affable. Elle pense : — « C'est bien l'homme qu'on m'avait dépeint. C'est un allié! » Il déplore avec elle le régime de la police des mœurs. Mme Guillaume Schack part enchantée. Mais elle y retourne : elle veut avoir des renseignements précis ; le préfet de police reste hermétiquement fermé. Elle a fait une agitation telle que la police s'est émue et que le 23 mars dernier, elle a interrompu à Darmstadt une conférence de Mme Guillaume Schack, et l'a poursuivie pour outrage à la morale publique! un comble! Il est vrai qu'elle a été acquittée le 27 avril.

En Belgique, nous avons raconté les faits connus sous le nom de *traite des blanches*, et nous en avons montré le résultat. Le dernier rapport de M. Buls, bourgmestre de Bruxelles, prouve les perplexités de l'administration. M. Emile de Laveleye, le célèbre professeur de Liège, est président de l'association.

En Suisse, sous la direction de M. Humbert, le mouvement continue. A Zurich, on avait voulu établir une police des mœurs. Il y avait même eu un vote. Le commandant Kaiser écrivit une série de

Lettres aux Athéniens des bords de la Limatte qui
firent revenir le conseil sur sa décision.

II

Enfin, en Angleterre, le mouvement continue toujours avec cette méthode, cette puissance, cette
énergie calme qui distinguent les œuvres de cette
grande nation.

Depuis 1869, on n'a pas essayé d'étendre les *acts*
à de nouvelles stations. Depuis 1870, chaque année,
MM. W. Fowler, Jacob Bright, Harcourt Johnstone
ont déposé tour à tour un bill de rappel. Le 17 mars
1879, M. Hopwood proposa de rejeter le crédit
inscrit pour les *Contagious diseases acts*.

Le colonel Stanley, parlant au nom du gouvernement demanda le vote du crédit, parce que ces
dépenses étaient motivées par un acte du Parlement,
mais, d'accord avec le chancelier de l'Échiquier,
accepta la nomination d'une commission d'enquête.
Ce jour-là, sir Henry Holland, autrefois partisan des
acts, alla à sir Harcourt Johnstone, pour lui dire : —
« Ces *acts* me rendent très malheureux. Je suis convaincu que les résultats moraux sont mauvais et
qu'ils ne protègent pas la santé publique. J'appuie
l'enquête. »

M. Woolcombe, de Devonport, surnommé le Père
des *acts*, disait à une commission de la Chambre
des lords : « C'est une sorte de chose dont il ne
faut pas parler. » Il paraît qu'il n'est pas fier de
ses enfants.

L'enquête commença, mais fut interrompue par
la dissolution de la Chambre des communes. De

1870 à 1879, 9667 pétitions couvertes de 2 150 941 signatures avaient réclamé le rappel des *acts*. Les trente associations destinées à l'obtenir agirent vigoureusement aux élections générales de 1881. La *National association* compta plus de 4000 personnes qui se mêlèrent activement de la lutte ; 22 000 correspondants, qui, par écrits, discours, par la voix des journaux, demandaient aux candidats de tous les partis de s'engager sur cette question.

Aussitôt le Parlement réuni, la commission d'enquête a été reconstituée et continue son œuvre, sous la direction de M. Stansfeld. Il n'y a pas de lecture plus intéressante que celle de ces trois énormes volumes. Il faut voir l'embarras, les contradictions, les équivoques des partisans des *acts*. Certains médecins ont été obligés de renier toute la science actuelle, de maintenir l'unité du chancre mou et du chancre infectant pour justifier leurs théories. M. Muir a prétendu que les chancres simples et infectants n'étaient pas distincts et que la cautérisation suffisait pour empêcher les accidents secondaires [1]. M Lawson et lui ne se sont pas entendus : et M Lawson, inspecteur général de l'armée, a été obligé de faire les aveux les plus pénibles pour la thèse qu'il défendait. M. Myers, M. Robinson ont été réduits à faire des actes de foi aux *acts*. *Credo quia absurdum*. M. Stansfeld est impitoyable. Avec un sérieux humouristique, il force les gens à dire le contraire de ce qu'ils voudraient dire. C'est à ce point que M. W. Muir envoya après sa déposition, une note essayant d'expliquer qu'il avait dit ce qu'il ne voulait pas dire !

_____

1. Enquête de 1879, p. 8.

L'enquête est tellement concluante que, sans en attendre la fin, le 13 février dernier, M. Stansfeld a déposé un bill de rappel; la 2ᵉ lecture et la dicussion en sont fixées au 5 juillet. Il sera soutenu à la Chambre des lords par sir Harcourt Johnstone, aujourd'hui lord Derwent.

La *National association* est convaincue que le triomphe est proche. Elle donne aux *acts* une durée maximum de cinq ans : pour continuer la lutte pendant cet espace de temps, elle vient de faire une souscription de vingt mille livres sterling (500 000 francs).

En France, on peut trouver cette somme pour toutes les folies : on ne la trouvera jamais pour une œuvre sociale. On peut mesurer le développement des mœurs politiques d'un pays aux sacrifices pécuniaires dont sont capables les individus pour le triomphe de leur doctrines.

La conférence de Londres qui a eu lieu au mois de juin 1881 a prouvé combien le mouvement était profond et passionné en Angleterre.

Parmi les personnes qui y prirent part nous citerons les noms suivants des membres du Parlement :

Georges Anderson, Esq., M.P. for *Glasgow.*
Arthur Arnold, Esq., M.P. for *Salford.*
John Barran, Esq., M.P. for *Leeds.*
Jacob Bright, Esq., M.P. for *Manchester.*
Henri Broadhurst, Esq., M.P. for *Stoke-on-Trent.*
Alexander Brown, Esq., M.P. for *Much Wenlock.*
W. S. Caine, Esq., M.P. for *Scarborough.*
John C. Clarke, Esq., M.P. for *Abingdon.*
John Corbett, Esq., M.P. for *Droitwich.*
Joseph Cowen, Esq., M.P. for *Newcastle-on-Tyne.*
W. Ewart, Esq., M.P. for *Belfast.*
The baron de Ferrières, M.P. for *Cheltenham.*
W. Fowler, Esq., M.P. for *Cambridge.*

Théodore Fry, Esq., M.P. for *Darlington*.
Edward Gourley, Esq., M.P. for *Sunderland*.
Albert Grey, Esq., M.P. for S. *Northumberland*.
C. H. Hopwood, Esq. Q.C., M.P. for *Stockport*.
Alfred Illingworth, Esq., M.P. for *Bradford*.
Alexander McArthur, Esq., M.P. for *Leicester*.
Charles B. Bright McLaren, Esq., M.P. for *Stafford*
Arthur Pease, Esq., M.P. for *Whitby*.
Fred. Pennington, Esq., M.P. for *Stockport*.
John Dick Peddie, Esq., M.P. for *Kilmarnock*.
T. B. Potter, Esq., M.P. for *Rochdale*.
Henry Richard, Esq., M.P. for *Merthyr Tydvil*.
Patrick J. Smyth, Esq., M.P. for *Tipperary*.
Samuel Storey, Esq. M.P. for *Sunderland*.
Peter A. Taylord, Esq., M.P. for *Leicester*.
John P. Thomasson, Esq., M.P. for *Bolton*.

Dans un de ses discours, sir Harcourt Jonhstone, citait encore comme ayant pris part à l'action contre les *acts*, MM. Fawcett, Mundella, Childers, John Bright, membres du cabinet actuel, Burt, Lord Frederick Cavendish, sir Wilfrid Lawson, Shaw Lefèvre. Enfin, le grand philosophe Herbert Spencer, est vice-précident de la *National association*. « Si ces gentlemen sont des fous et des fanatiques, ils vivent en bonne compagnie, » concluait sir Harcourt Johnstone[1].

En face de ces hommes qui êtes-vous?

Quelques gens de police, dont l'honorabilité de beaucoup est plus que suspecte;

Des médecins de police qui veulent le maintien de leur place;

Des gens qui, par atavisme, infectés de la maladie administrative, croient qu'un homme et une femme ne peuvent avoir de rapports, sans l'autorisation de l'autorité;

1. 28 janvier 1881. *Shield*, 8 février.

Des moutons de Panurge qui, voyant une filière, y passent tous, et bêlent avec un touchant accord les formules que la police leur a données; ceux-là qui forment les majorités plébiscitaires, proie destinée à tous les Robert Macaire, éternels gogos qui n'ont confiance que dans l'homme au gourdin qui leur fait peur et que dans le charlatan qui leur ment.

Thomas Diafoirus, Joseph Prudhomme et Ratapoil: voilà les défenseurs de la police des mœurs.

Voyons leurs arguments.

CHAPITRE IV

LES ARGUMENTS DE THOMAS DIAFOIRUS

La compétence. — Vingt ans de spéculum. — L'argument de Brid'oison. — Sincérité médicale. — Médecine légale. — « La science dit ». — Erreurs. — Les maladies vénériennes. — Négations et affirmations. — Contagion par lactation. — Reproches injustes. — L'honneur du corps médical. — Singulière manière de comprendre l'honneur. — Expériences *in animâ vili*. — Protestation de Ricord. — Le prix d'une syphilis. — La vivisection humaine. — Apathie. — Abstention. — Plaidoyer à huis clos. — Nouvelles douanes. — Les ratés scientifiques. — Le droit au spéculum. — Les maisons en régie. — Les besoins de l'homme. — La logique de « la science ». — Moyen simple et radical. — La logique de M. Bourchardat. — La destruction de l'humanité. — Les empiètements de l'hygiène publique. — Les choses, non les personnes. — La seringue paternelle.

Thomas Diafoirus. — C'est égal, je ne suis pas convaincu. J'ai la pratique. Je te parle au nom de mon expérience.

L'abolitionniste. — Mais c'est toi qui m'as fourni les chiffres qui te condamnent.

Thomas Diafoirus. — Ça ne fait rien. Tu n'es pas compétent. Il y a vingt ans que je passe des femmes au spéculum.

L'abolitionniste. — Des milliers et des milliers d'épiciers avaient pesé, acheté, vendu, s'étaient ruinés ou s'étaient enrichis sans savoir ce qu'ils faisaient, et c'est un vétérinaire comme Quesnay, un professeur comme Adam Smith, un journaliste

comme Jean-Baptiste Say, un juge de paix comme
Bastiat, qui ont commencé à tracer les lois de la
science économique : cependant ils n'avaient jamais vendu une livre de chandelles. Je prétends, au
contraire, que tu n'es pas compétent dans la question.

Thomas Diafoirus. — Pourquoi ?

L'abolitionniste. — Parce que tu y es intéressé.

Thomas Diafoirus. — Oh !...

L'abolitionniste. — Calme-toi ; je ne te reproche
pas tes maigres appointements, car si ton service
était réellement utile, tu ne devrais pas t'en con-
tenter. Il n'est pas en rapport avec la rémunération
habituelle du temps d'un médecin ayant quelque
clientèle.

Thomas Diafoirus. — Cela prouve mon désinté-
ressement.

L'abolitionniste. — Non, cela prouve que tu recherches le titre, je ne te dirai pas pourquoi, tu pré-
tendrais que je t'offense.

Thomas Diafoirus. — Oh !

L'abolitionniste. — Mais, en ce moment, je ne
me place pas à ce point de vue, et je te déclare incompétent, parce que tu ne peux pas avouer que
depuis dix ans tu fais ce métier et que ce métier est
inutile, même nuisible. On peut se dire à soi-même
ces sortes de choses-là, mais.... tu es trop près parent de Brid'oison pour ne pas penser avec lui qu'on
n'aime pas se les entendre dire.

Thomas Diafoirus. — Dam !

L'abolitionniste. — Et alors tu veux employer les
faits à justifier ta fonction. Le docteur Mauriac a
constaté que les chancres mous n'avaient pas cessé
de diminuer à Paris, depuis une quinzaine d'années,

37.

sauf une recrudescence pendant la guerre; de même après les soins prescrits par lord Herbert, en 1859, les installations pour les ablutions, faites dans les casernes, nous avons vu qu'ils avaient diminué plus vite de 1860 à 1866 qu'après. Question d'hygiène, de propreté. Cependant, jamais tu n'admettras un seul moment que cette décroissance puisse avoir pour motifs une plus grande réserve dans les rapports sexuels, correspondant à un développement de civilisation, de culture intellectuelle, une hygiène préventive mieux comprise. Tu élimineras, d'un geste de dédain, tous ces éléments de la question, et ne retiendras qu'une chose : — le règlement! Tu le présenteras à notre adoration comme le prêtre présente le saint-sacrement à la vénération de ses ouailles!

Autre chose : il est constaté en Angleterre que les gonorrhées n'ont pas diminué depuis les *acts*, que les accidents secondaires ont plutôt augmenté que diminué, que les *primary sores* (les chancres primitifs mous ou infectants) ont seuls diminué : ces faits gênent les médecins. Alors que dit M. Barr[1], médecin de l'hôpital d'Aldershot? que la gonorrhée, les chancres mous, les chancres infectants présentent un égal danger. Si les accidents secondaires avaient diminué dans la même proportion que les chancres mous, aurait-il soutenu cette thèse qui est en contradiction avec tous les ouvrages récents de théorie et de pratique médicales? S'il admet que la gonorrhée est aussi dangereuse que la syphilis, n'est-ce point pour justifier sa thèse du péril du chancre mou, en paraissant conserver une apparence d'impartialité?

1. Q. 1743.

Thomas Diafoirus. — C'est une exception.

L'abolitionniste. — Qui se renouvelle tous les jours en cour d'assises. La médecine légale a commis des crimes. Des Homais de village ont trouvé de l'arsenic qui n'existait que dans leur cervelle. Tardieu voyait des pédérastes que nie Brouardel[1]. Fournier rappelle que certains médecins s'avancent beaucoup trop dans certains cas. On se rappelle le scandale causé par les révélations de Cornil en pleine cour d'assises, et les discussions des quatre médecins légistes à la cour d'assises de Saint-Brieuc à propos de l'affaire Quérangal des Essarts, sont bien faites pour prouver l'infaillibilité de ces messieurs[2]. Tous répétaient : « La science dit. »

Diafoirus. — C'est vrai.

L'abolitionniste. — Eh non! la science n'a rien dit. C'est toi, c'est A, c'est Z qui avez parlé, chacun avec vos prétentions, selon vos intérêts, la mesure de votre intelligence, et cette expression : « la science a dit », ne sert qu'à trahir votre défaut de méthode. Comment oses-tu te prétendre infaillible, quand l'histoire de la médecine n'est que l'histoire de tes erreurs, spécialement sur le sujet dont nous nous occupons en ce moment! Depuis des siècles que tes aïeux traitent la vérole, ils ne s'étaient pas aperçus que la blennorrhagie n'avait pas de rapports avec elle. Il n'y a pas trente ans que des médecins ordonnaient du mercure pour la guérir. Ricord, après Dupuytren et Chomel, soutenait que chancres mous et chancres infectants étaient la même chose, et pour guérir ceux qui étaient affectés des premiers,

1. *Ann. d'hyg. et méd. légale,* août 1880, p. 180.
2. Février 1882.

d'une maladie imaginaire, il les empoisonnait de mercure. Ce n'est qu'en 1859 que le dualisme chancreux, a été établi par Bassereau, Rollet, Diday, Fournier, adopté par Ricord [1]. Ce n'est qu'à cette époque qu'il a été constaté que les accidents secondaires étaient contagieux. Jusqu'alors Ricord avait donné patente nette à ceux qui les avaient. Ils pouvaient, de par l'autorité de la science, contaminer en toute sûreté de conscience.

Ricord disait :

« M. Diday est un de ceux qui ont le mieux combattu les faits de contagion d'accidents secondaires en dehors de la lactation [2]; » maintenant le docteur Diday est terrible, et prétend que « tout syphilitique est indéfiniment dangereux [3]. »

Ricord a nié longtemps la contagion par la lactation, et certes, s'il y a une observation qui paraisse facile, c'est la constatation ou non de cette transmission de la syphilis. Eh bien! cette question a parcouru trois phases.

Cataneus, Ferri, Astruc déclarent tous que le lait d'une femme syphilitique donne la maladie. Affirmation sans preuve, du reste.

A partir de 1760, on discute. Après expériences, Padova et Profeta déclarent que le lait de la femme ne renferme pas de virus inoculable; le professeur Voss, en Russie, injecte à trois femmes du lait pris chez une syphilitique : deux restent indemnes, une troisième subit la contagion, mais il n'est pas prouvé qu'elle n'eût pas contracté la maladie d'une autre

---

1. Rollet, *Recherches sur la syphilis.*
2. Ricord, *Bull. de l'Acad. de méd.*, t. XXIV, p. 935.
3. Diday, *le Péril vénérien.*

manière. Puis il y a une nouvelle phase : la contagion par l'allaitement est proclamée partout, et en
1877, voici le Dr Gallois qui la nie [1]. Je ne conclus
rien, quant à moi. Je ne vous demande qu'une
chose : mettez-vous d'accord entre vous et avec vous-
mêmes, avant de vouloir nous imposer votre infaillibilité.

Thomas Diafoirus. — Ces divisions sont très re-
grettables quand elles sont connues par d'autres
que par des médecins.

L'abolitionniste. — Je n'ai pas fini. Une malheureuse fille revenait autrefois, il n'y a pas longtemps —
il y a vingt ans à peu près — à l'hôpital. Tu faisais
alors les gros yeux, et lui disais : « Tu n'as pas
suivi mon traitement : tu t'es infectée de nouveau ! »
et tu la traitais en conséquence [2].

Thomas Diafoirus. — C'est vrai.

L'abolitionniste. Et tu étais dans ton tort !

Pour prouver la nécessité d'établir la police des
mœurs dans la Grande-Bretagne, le docteur Brunet,
de Bordeaux, faisant une étude sur la syphilis à
Edimbourg [3], disait : « Dans le cours de sa pratique
notre auteur, M. Fait, a vu une fille contracter dix
fois la syphilis dans l'espace de deux ans; il en a vu
plusieurs être cinq ou six fois infectées durant une
égale période. »

Avant 1864, les praticiens regardaient les poussées
successives comme d'exceptionnels accidents, tenant
à l'imprudence du malade ; on assignait à la vérole
une durée de quelques mois, puis on lui a donné

1. Gallois, *Recherches sur la question de l'innocuité du lait
provenant de syphilitiques*, 1877.
2. Diday, *Le péril vénérien*, p. 227.
3. *Annales d'hygiène*, t. XXXIII, p. 235, 1845.

une durée de deux ans ; aujourd'hui, M. Fournier
déclare que trois ou quatre ans d'une médication
énergique sont le minimum nécessaire.

Thomas Diafoirus. — M. Diday s'est moqué de
M. Fournier à ce propos [1].

L'abolitionniste. — Vous n'êtes même pas des
augures qui riez entre vous, vous riez les uns des
autres.

Thomas Diafoirus. — C'est bien fâcheux. Nous
eussions dû laisser cela à d'autres.

L'abolitionniste. — Ce n'est pas tout, non seulement vous êtes ridicules, quelquefois vous êtes
odieux.

Thomas Diafoirus. — Oh ! ne portez pas atteinte
à l'honneur du corps médical.

L'abolitionniste. — Certes, je suis d'autant plus à
l'aise pour en parler que j'ai rendu pleine justice à
la mission sociale du médecin [2].

Mais si je reproche à un congréganiste de trop
aimer les petits garçons, on me dit que j'ai porté
atteinte à l'honneur de la congrégation. Paul-Louis
Courier, en racontant l'histoire de Mingrat, portait
atteinte à l'honneur du clergé !

Il y a eu des médecins qui étaient les auxiliaires
des tortionnaires. Ils tâtaient le pouls du patient, et
décidaient s'il était encore apte à souffrir ou si un
repos lui était nécessaire afin qu'on pût recommencer
la torture plus tard avec une nouvelle énergie. En racontant ce fait et en n'approuvant pas absolument
la collaboration de ces médecins avec le bourreau,

---

1. Diday, *le Péril vénérien*, p. 235.
2. Voy. *Études sur les doctrines sociales du christianisme,*
p. 340.

est-ce que je porte atteinte à l'honneur du corps médical ? Il me semble que ce sont ces médecins qui, en remplissant une pareille besogne, portent atteinte à l'honneur du corps dont ils font partie. Il serait temps de se débarrasser de ce préjugé qui consiste à rendre responsable de la faute, du crime, de la honte, celui qui le dénonce pour en faire peser la responsabilité sur celui qui le commet.

Thomas Diafoirus. — Oh! maintenant, je sais me servir d'autres armes que de la seringue.

L'abolitionniste. — Eh bien! oui, c'est entendu; tu m'as déjà demandé une rétractation, je te l'ai refusée et j'ai répété encore ici[1] ce que tu niais. Nous sommes allés sur le terrain. A la première passe tu es tombé; à la seconde, j'ai reçu un coup d'épée dans le bras. Ce sont des raisons de nature à éclairer complètement la question.

Eh bien! aujourd'hui, Thomas Diafoirus, que tu dois être de sang-froid, permets-moi de te dire que tu places ton honneur d'une drôle de manière.

Tu es médecin. Quand tu reçois une femme dans ton cabinet, tu n'as pas à t'inquiéter de sa position sociale; c'est une malade, tu lui donnes une consultation, tu touches des honoraires, tu remplis ton rôle de médecin. J'ai constaté ce fait, et tu t'es trouvé atteint dans ton honneur.

Au contraire, M. Lecour et ses semblables font de toi un auxiliaire des agents des mœurs; tu acceptes cette situation sans protester. Avoue qu'en matière d'honneur, tu manques autant de méthode qu'en matière prophylactique.

Mais j'en reviens à ce que je te disais tout à

1. 2ᵉ partie, ch. II, p. 330.

l'heure : certains de tes collègues se sont permis de véritables crimes.

Il faut lire le rapport [1] officiel, au nom d'une commission composée de MM. Velpeau, Ricord, Devergie, Depmel, constatant tranquillement cinq inoculations pratiquées à l'hôpital Saint-Louis, sur des malheureux affectés du lupus de la face, vierges, d'ailleurs, de toute syphilis avant les expériences.

Wallace, en 1835; Vidal, en 1850; Bœck, de Christiania, en 1854; Waller, de Prague, Henri Lee, chirurgien du Lock hospital de Londres, des Italiens, etc., ont fait des inoculations répétées sur l'adulte. M. Zelaschi, en quatre mois, a fait 150 inoculations. Le docteur Bœck avait inoculé 5 ou 600 chancres mous à un seul lépreux. Pourquoi cette abondance ?

Un jeune enfant est inoculé le 7 janvier 1859 à l'Antiquaille de Lyon par M. Guyenot. Les parents poursuivent. Les docteurs Desgranges, Rollet, Bonnaire et Lacour, dans un mémoire adressé au tribunal, concluent qu'un véritable service a été rendu à cet enfant par les médecins qui l'ont traité ! En dépit de cette affirmation, le tribunal correctionnel de Lyon condamna, le médecin qui avait pratiqué l'inoculation, à 100 fr. d'amende, et celui qui l'avait autorisée, à 50 fr. C'était pour rien !

La magistrature s'émut aussi des inoculations pratiquées par le docteur Gibert : Tardieu [2] fut renvoyé comme expert. Les malheureux avaient une maladie incurable. Une de plus, une de moins, qu'importait ? « Par ces motifs, l'affaire n'eut pas de suite. »

1. *Bull. de l'Acad. de méd.*, t. XXIV, p. 940, 1858-1859.
2. *Maladies provoquées, Ann. d'hyg.*, t. XXIV, 1864.

Et hier encore, M. Bouley, en pleine Académie de médecine [1], remerciait ces médecins d'avoir pratiqué ainsi la méthode expérimentale.

Cependant Ricord leur a jeté cette sanglante injure :

« Jamais, messieurs, je n'ai voulu porter sur un sujet vierge de vérole une lancette chargée de pus syphilitique, c'est de là qu'est venue mon erreur touchant la question des accidents secondaires. Il fallait inoculer des sujets sains avec du pus syphilitique : je n'ai jamais voulu le faire. D'autres ont eu plus d'audace, et il ont réussi. Pour moi, messieurs, je ne croyais pas avoir ce droit : j'ai expérimenté sur moi-même, je me suis inoculé, et je demande qu'on en fasse autant. »

M. Fournier, suivant la tradition de son maître, dit à son tour.

« Ils ont inoculé la vérole à des sujets sains, choisis comme sujets d'expérience. Si j'avais à juger la moralité de tels actes, je vous dirais énergiquement ce que j'en pense [2]. »

M. Gibert, lui-même, fut obligé de dire : « Je suis le premier à blâmer les inoculations sur des sujets sains et pour rien au monde je ne voudrais les recommencer. C'est une mauvaise action ; mais elles nous ont été imposées en quelque sorte par l'obstination de nos adversaires qui nous accusaient de manquer de rigueur dans nos observations cliniques [3]. »

Ainsi des malheureux sont bons pour devenir des sujets d'expérience. « L'inoculation est une mauvaise

1. Novembre 1881.
2. Fournier, *Leçons sur la syphilis*, p. 7.
3. *Bull. de l'Acad. de méd.*, t. XXIV, p. 940, 1858-1859.

action. » Mais pour soutenir une thèse scientifique,
on la pratique ! On continue !

Le docteur Mireur, médecin du dispensaire de
Marseille a inoculé du sperme de syphilitique à des
sujets sains. Il a prouvé qu'il n'était pas contagieux[1].
Qui me garantit qu'un autre jour, il ne fera pas une
expérience ayant des résultats tout contraires, sur les
malheureuses à sa disposition et qu'il ne regarde pas
comme des malades ordinaires ?

Dans ces prisons, dans ces hôpitaux, où tu règnes
en maître à huis clos, Thomas Diafoirus, contre des
malheureuses qui ne peuvent réclamer, sans secours,
sans appui, tu peux pratiquer, en paix, cette vivisection humaine !

Thomas Diafoirus. — Ces femmes-là? est-ce que
ce sont des femmes? ce sont des « établissements
insalubres[2]. »

L'abolitionniste. — Tu confirmes ce que je viens
de dire.

Thomas Diafoirus. — Vous être un blagueur et
un sentimental. Je ne suis pas un blagueur, moi,
ni un sentimental, je suis un homme sérieux, respec-
tueux envers ce qui s'est fait, et voulant faire mon
chemin, en suivant les sentiers battus.

L'abolitionniste. — Oui, battus, et voici ce qui te
condamne. Depuis 1876, le Conseil municipal s'occupe de cette question. L'enquête faite par lui a signalé certaines améliorations importantes à apporter
dans ce service, en admettant qu'il fût maintenu.
M. Fournier, dans sa déposition, en a indiqué plusieurs; M. Bourneville en a demandé. Eh bien ! quel

---

1. *Annales de dermatologie*, t. VIII, p. 423, 1876-1877.
2. Dr Thiry, *Lettre à M. de Laveleye*, mars 1881.

compte en as-tu tenu? tu as toujours trouvé assez
d'eau à Saint-Lazare, des conditions hygiéniques
excellentes, ce qui prouve bien que le dernier de tes
soucis est de soigner les femmes qui te sont livrées.

Thomas Diafoirus. — Oh !

L'abolitionniste. — Autre fait. Des congrès ont
eu lieu à Genève et à Gênes. Pourquoi n'y es-tu jamais venu soutenir tes théories? Il y avait des médecins cependant à ces congrès, et non les premiers
venus, le docteur Nevins, le docteur Chapman, le
docteur Bertani, etc. Tu sièges au Conseil municipal de Paris. Pourquoi n'as-tu jamais discuté?
Pourquoi t'es-tu contenté d'affirmer que le système
était excellent quand les faits te prouvaient le contraire? Tu excommunies tes adversaires, en brandis-
sant ton spéculum comme une crosse; mais les
excommunications n'ont jamais rien prouvé.

Thomas Diafoirus. — Mais je me rattrape dans
nos Congrès médicaux. Le Congrès de Vienne de
1873, a demandé que la police ne dépendît en rien
des municipalités, mais seulement des gouvernements ; que tous, soldats, marins, agents de police,
employés civils du Gouvernement, les hommes et
les femmes travaillant dans les manufactures, tous
les gens se rendant aux foires, aux marchés, aux
pèlerinages, fussent soumis à un minutieux examen
médical. Le Congrès de Turin de 1880 l'a réclamé
aussi pour tous les équipages de navires au départ
et à l'arrivée. Les dépenses seraient inscrites au
budget de l'État. Un nombre suffisant de médecins,
appointés, serait investi de cette fonction. Le docteur Gibon a demandé aux États-Unis d'organiser
un service sanitaire s'étendant comme un réseau
sur tout hameau, bourgade, village, ville de l'Union

américaine. « Il y a, disait M. Sims, une nuée de médecins qui couvrent le pays, recrutés par milliers et la plupart souffrant du chômage et de la faim. Pourquoi ne pas en faire des chefs de comités de police sanitaire ? »

Le même a demandé qu'on examinât les marins et les passagers de l'entrepont et qu'on envoyât les syphilitiques à l'hôpital [1].

L'abolitionniste. — Et les passagers des premières ? Tu prétends, avec le docteur Holland, un Anglais, et le docteur Bouchardat, que tous les Anglais civils sont syphilitiques. Pourquoi les laisser librement importer leurs maladies en France ? pourquoi pas des bureaux d'inspection à Douvres et à Calais, où seraient visités les gentlemen et les ladies ; car si les gentlemen sont syphilitiques, les ladies le sont aussi ! Ce serait là du protectionnisme sanitaire qui compléterait avantageusement le protectionnisme de M. Pouyer-Quertier. Si nous ne devons par nous laisser inonder par les produits anglais, à plus forte raison ne devons-nous pas nous laisser inonder par les maladies anglaises.

Thomas Diafoirus (Poussant un soupir) : — Malheureusement, il y a des préjugés qui s'y opposent.

L'abolitionniste. — Tu appelles cela des préjugés ! Quant à moi, je proteste contre cette tendance des ratés scientifiques à vouloir obtenir une clientèle forcée. En 1848, les socialistes autoritaires réclamaient le droit au travail ; toi, tu réclames le droit au spéculum.

Tu te mets à en faire un terrible usage. On t'a

1. A. Powell, *State regulation of vice.*

vu instrumenter à Provins contre une jeune fille qui allait se marier. Un agent de police dans un chef-lieu de canton entend dire qu'une jeune fille est malade. Il va la chercher à son atelier. Il te l'amène, tu exécutes[1] sans plus d'objections que n'en mettaient les médecins belges à visiter les vierges que leur conduisaient madame Paradis ou la fille Parent.

Thomas Diafoirus. — Oh! nous ne parlons pas seulement du spéculum. Le docteur Diday dit qu'il faudrait exiger un certificat des hommes avant le mariage.

L'abolitionniste. — Et, par conséquent, des femmes?

Thomas Diafoirus. — Ce serait logique, mais nous avons encore beaucoup d'autres fonctions à remplir.

Le docteur Bœns, de Charleroy[2], disait au Congrès de 1867: « Il faut autoriser des maisons publiques pour toutes les classes de la société; il faut que chaque tenancier, ait un tarif particulier, indiquant la somme par heure ou par nuit, pour chaque femme qu'il livre au public. »

L'abolitionniste. — C'est pratiqué en Italie[3].

Thomas Diafoirus. — Excellent système. Du reste, pour éviter des procès désagréables comme ceux de Bruxelles, je serais partisan que la ville exploitât en régie les maisons de tolérance, comme le demande le commandant Richard, au lieu de les

---

1. *Petit Parisien,* 20 octobre 1881.
2. *Congrès de* 1867, p. 372.
3. Voy. *supra,* p. 74.

exploiter à l'entreprise[1]. Ce serait une source considérable de revenus.

L'abolitionniste. — Et on pourrait les donner à tenir à des médecins.

Thomas Diafoirus. — Je n'y avais pas pensé, mais tu as là une excellente idée qui répond parfaitement au système de M. Crocq et de M. Gibon. Ils pourraient inspecter à la fois les hommes et les femmes. Je soumettrai cette proposition au prochain Congrès d'hygiène; et elle sera adoptée. Car, comme dit, le docteur Gross : « Je ne fais pas la guerre à la prostitution[2]. » Au contraire, le docteur Thiry, M. Jeannel, nous tous, nous la considérons comme indispensable. Car, l'homme a des instincts sexuels : il faut qu'il les satisfasse[3].

L'abolitionniste. — Par conséquent, il faut fabriquer pour l'homme des instruments de plaisir, des outils de satisfaction?

Thomas Diafoirus. — Oui !

L'abolitionniste. — En chair, en os, en nerfs, sinon en caoutchouc?

Thomas Diafoirus. — Oh ! oh ! c'est de la masturbation.

L'abolitionniste. — Au moins elle ne nuit qu'à un seul. Mais admets-tu que les désirs soient impérieux à partir du moment de la puberté?

Thomas Diafoirus. — Oui, c'est même le moment où ils sont les plus bouillants.

1. *La Prostitution devant la philosophie*, 1881. Ghio, édit. — Livre original et qui, au milieu de graves erreurs, contient bon nombre de vérités.

2. *Congrès de Détroit*, 1874.

3. Cette partie de la conversation relative la nécessité de la prostitution est textuelle. Mon interlocuteur était le docteur C....

L'abolitionniste. — Dans nos villes, la puberté se manifeste en moyenne vers quatorze ou quinze ans.

Thomas Diafoirus. — Oui.

L'abolitionniste. — Donc tu conclus qu'il faut des instruments de satisfaction aux jeunes gens de quatorze à quinze ans, et puisque tu considères le bordel comme l'appendice nécessaire de chaque caserne, tu dois en annexer un à chacun de nos collèges. Vas-tu jusque-là?

Thomas Diafoirus. — Ne me demande pas de solution, je ne suis pas législateur.

L'abolitionniste. — Cette excuse est une échappatoire. Tu as un fils, je crois? qu'en fais-tu?

Thomas Diafoirus. — Eh bien! mon fils n'en a pas besoin... ses principes de morale sont plus forts...

L'abolitiomiste. — Prends garde! Tu vas me faire croire que ton fils a subi un arrêt de développement.

Thomas Diafoirus. — Comment?

L'abolitionniste. — Charles Robin dit : « L'éducation sociale amène chez l'homme l'accroissement de l'ensemble de l'encéphale et par suite celui de ses parties qui sont en rapport anatomique et fonctionnel avec les organes génitaux, plus vite que n'a lieu l'évolution de ceux-ci [1]. »

Thomas Diafoirus, un peu troublé, reste muet.

L'abolitionniste. — Ce n'est pas tout : tu as aussi une fille.

Thomas Diafoirus. — Oui.

---

1. *Dict. encyclop. des sciences médicales de* Dechambre. Art. *fécondation,* par Charles Robin.

L'abolitionniste. — Or, Robin ajoute : « Le fait social précédent a pour résultat d'amener l'instinct sexuel, sentiments et désirs à la fois, à se prononcer avant que l'ovaire et les ovules, le testicule et les spermatozoïdes se soient développés convenablement. De là souvent un usage anticipé de ces organes, soit par une véritable copulation, soit par onanisme.

« D'autre part, et inversement, les nécessités sociales conduisent à ne laisser le coït légalement libre par le mariage que longtemps après l'arrivée de l'âge de la puberté. »

Or, tu le vois, Thomas Diafoirus, Robin ne parle pas seulement des hommes, il parle aussi des femmes. Si, au nom de la science, tu proclames le besoin pour les hommes d'instruments de jouissance, au nom de la science tu dois les donner à ta fille ; et tu les refuses, à la fois, à ton fils et à ta fille ! Tu vois bien que, si tu parles au nom de la science, tu n'agis pas en son nom. Je te prends, quand il s'agit des tiens, en flagrant délit de répudiation de la science que tu invoquais quand il s'agit des autres !

Enfin, ton idéal aussi est de concentrer la prostitution dans les maisons de tolérance. Or n'avons-nous pas vu que toutes les filles en maison avaient la syphilis ?

Thomas Diafoirus. — Tant mieux. Une fois leurs accidents secondaires terminés, elles ne peuvent plus la contracter. C'est le conseil que je donne à tous les jeunes gens : Pour éviter la vérole, ne fréquentez que de vieilles femmes de bordel.

L'abolitionniste. — Mais alors au lieu de vos arrestations, de vos visites périodiques, de toutes vos mesures insignifiantes, prenez celle que j'ai déjà indiquée [1]. Que l'agent de police saisisse toute personne « qu'il a de bonnes raisons de considérer comme une prostituée, » il vous l'amènera, vous l'inoculerez; puis vous l'enfermerez, pendant trois ou quatre ans, jusqu'à ce qu'elle soit guérie : et alors vous pourrez la rejeter dans la circulation, complètement garantie !

Thomas Diafoirus. — En effet, ce serait la solution; mais Bouchardat la repousse parce qu'il croit que la « terreur de la syphilis peut être utile à la conservation et au perfectionnement de l'espèce [2]. »

L'abolitionniste. — Alors, il repousse tout système de police des mœurs, de visite obligatoire, de toute mesure prophylactique destinée à affaiblir cette terreur?

Thomas Diafoirus. — Au contraire, lui, y penses-tu? un hygiéniste! il les réclame comme des mesures de salut public.

L'abolitionniste. — Alors, selon lui, la police des mœurs n'a pas pour résultat de diminuer la crainte de la syphilis! Il a bien raison.

Thomas Diafoirus. — Vous interprétez.

L'abolitionniste. — Je n'interprète pas, je constate que s'il croit, en même temps, à la nécessité de la terreur de la syphilis et à la nécessité de la police des mœurs, il considère que celle-ci est tout à fait propre, par les résultats qu'elle obtient, à inspirer cette terreur. Nous sommes d'accord.

Thomas Diafoirus. — Si vous supprimez la police des mœurs, vous voulez donc la destruction de l'humanité.

1. Voy. *supra*, p. 340.
2. *Traité d'hygiène*, 1881, p. 933.

L'abolitionniste. — Avant 1802, l'humanité était donc détruite? La population civile de l'Angleterre est donc détruite?

Thomas Diafoirus. — M. Bouchardat déclare que la syphilis la dévore.

L'abolitionniste. — Sur quelles preuves?

Thomas Diafoirus. — Je n'en sais rien.

L'abolitionniste. — Alors c'est probant. Mais d'après les statisticiens, il y a environ 1300 à 1400 millions d'habitants sur la terre : supposons que la police des mœurs soit appliquée à la population totale des pays où elle existe, ce qui n'est pas vrai, elle ne s'exercerait pas sur plus d'une centaine d'entre eux. Il reste donc au bas mot 1200 millions d'êtres humains privés de ses bienfaits. Si la police des mœurs était aussi bienfaisante et l'influence de la syphilis était aussi terrible que tu le prétends, ils devraient tous avoir disparu depuis longtemps du globe.

Thomas Diafoirus. — Ainsi en Mongolie, en Chine, tout le monde a la syphilis. Le docteur Magitot déclare que tous les Kabyles ont la syphilis.

L'abolitionniste. — Cela n'empêche point ces peuples de faire des enfants et de se développer. Tout le monde rend hommage à l'énergie et à la vitalité de la race Kabyle. Mais si tout le monde a du sang syphilitique dans les veines, tout le monde est inoculé. La vérole ne se double pas : le problème est résolu.

Thomas Diafoirus. — Dis tout ce que tu voudras. Un peuple ne peut se désintéresser de son hygiène publique. L'hygiène, c'est la religion de l'avenir.

L'abolitionniste. — Et du passé : c'est bien là ce qui m'effraie. Ce sont évidemment des aspirations d'hygiène publique qui, tout d'abord, ont poussé les prêtres à prescrire aux juifs de couper le prépuce à leurs enfants et à proscrire de leur alimentation le porc et le lièvre. Vas-tu maintenant m'imposer un nouveau carême? Vas-tu venir dans ma cuisine, sous prétexte de déterminer la part d'azote, de carbone, de phosphate qui m'est nécessaire? *Absit*! comme disait le docteur Récio à Sancho Pança. Vas-tu me prescrire de me coucher à telle heure, de me lever à telle autre? Dans certaines villes d'Orient tous les matins, les muezzins, du haut des minarets, donnent aux maris le signal du devoir conjugal. Vas-tu le régler aussi, et régler l'heure, le mode et la quantité? Quelle sera ta sanction contre l'inobservance et contre l'abus?

Je te permets de réglementer certaines choses, et encore avec prudence. Tu as fait de dures écoles, aux dépens, il est vrai, de pauvres diables qui n'en pouvaient mais. Tu as condamné des laitiers et des marchands de vin innocents. Tu nous as défendu de manger du porc américain et tu as condamné de pauvres gens à mourir de faim, par peur d'une trichine dont personne n'est jamais mort : puis, tu as bien voulu reconnaître ton erreur au bout d'un peu plus d'un an. C'est bien méritoire de ta part. Tu interdis à l'industrie de se servir des nouveaux produits que la chimie met à sa disposition, prétendant que ton diplôme te donne le privilège exclusif de nous empoisonner. Nous discuterons toutes ces questions un autre jour. Arrange des maisons, nettoie les latrines, purifie les égouts, occupe-toi de ces choses. Ce que je te défends, c'est de mettre la main sur moi, sur ma personne, et de me soumettre à tes expériences!

Mais puisque la syphilis te préoccupe tant, pourquoi ne la soignes-tu pas librement, partout, dans des hôpitaux convenables ? Pourquoi prétends-tu que les femmes ne peuvent se soigner que dans tes prisons où tu fais tout le nécessaire pour qu'elles les prennent en horreur?

Thomas Diafoirus. — Si elles étaient libres de se soigner, elles ne se soigneraient pas.

L'abolitionniste. — Cependant il y a des femmes qui vont à Lourcine, quoique cet hôpital ne soit pas fort confortable.

Thomas Diafoirus. — Elles n'y restent pas assez de temps.

L'abolitionniste. — Selon le docteur Diday, jamais les syphilitiques ne devraient sortir de l'hôpital. Mais le docteur Charles Drysdale, médecin du *Rescue society's lock Hospital* déclare [1] que « les femmes et même les très jeunes filles y restent volontairement six mois, jusqu'à ce qu'elles soient complètement débarrassées de tout symptôme syphilitique ; et je pense que ce serait un cas universel, si les malheureux atteints de maladies vénériennes pouvaient librement se faire soigner. » M. le docteur Cooper, secrétaire de la Société de secours, confirme. M. T. R. Lance, chirurgien du London Lock hospital, « était autrefois partisan de la guérison forcée ; mais l'expérience lui a prouvé que si les femmes pouvaient quitter un hôpital à leur gré, un plus grand nombre y entreraient. »

Le docteur Jago, de Plymouth, est partisan de l'admission volontaire dans des hôpitaux qui ne seraient pas appelés des hôpitaux fermés ; il voudrait

1. *Rapport,* 7 juillet 1879

que les malades vénériens fussent mêlés avec tous les autres.

« Sans doute, ajoute-t-il, il y aurait quelque difficulté à l'arrivée d'un nouveau régiment ou d'un vaisseau. Quelques-unes des femmes probablement s'en iraient sans être guéries ; mais beaucoup qui ne viennent pas du tout à l'hôpital, sous le régime de la contrainte, y entreraient ; et à la longue, le gain serait plus grand que la perte. Les femmes désirent être guéries de ces maladies, tout aussi bien que les hommes, et même plus. »

Thomas Diafoirus. — Ce sont des opinions personnelles.

L'abolitionniste. — Il paraît que tes opinions sont impersonnelles. Mais voici ce qui te prouve que celles-là sont assez générales : d'après l'interprétation d'un article de la loi sur les pauvres de 1867, les médecins de workhouses ont le droit de détenir les personnes atteintes de maladies mentales, de maladies contagieuses, jusqu'à complète guérison. Une enquête a été faite en janvier 1880 auprès d'eux : soixante-quinze, qui sont à la tête des plus grands workhouses, ont répondu, et presque tous ont déclaré que la persuasion était complètement suffisante pour engager les malades à rester tout le temps nécessaire pour leur guérison. D'après l'ensemble des témoignages, on peut conclure que sur 100 femmes atteintes de maladies vénériennes, 75 restent aussi longtemps que le médecin le désire ; que 25 quittent avant d'être complètement guéries ; mais que sur ces 25 femmes se trouvent des femmes mariées, infectées par leur mari, des jeunes filles qui ne sont pas prostituées. Elles retournent à leurs travaux sans danger pour personne.

Thomas Diafoirus. — Oh! en Angleterre! mais en France?

L'abolitionniste. — Voici un témoignage que tu ne récuseras pas : Vic Gibert disait en 1802, au moment où on instituait le dispensaire, qu'à l'hôpital des vénériens « il y a tant de prostituées qui se présentent spontanément qu'on est obligé d'en refuser 80 ou 100 par décade[1] ». On leur interdisait de se soigner dans les autres hôpitaux ; en même temps, on les empilait à la Force. M. Anglès, en 1816, avouait « qu'il avait tellement encombré cette maison qu'elles y ont été entassées un moment jusqu'à quatre dans un lit; que plusieurs centaines sont restées sans traitement pendant un temps assez long, etc. » Forcer les femmes à se soigner au nom de la santé publique, mais ne pas leur permettre de se soigner au nom de la morale publique! Telle est toute la logique du système que tu défends.

Thomas Diafoirus. — Mais la visite?

L'abolitionniste. — Je te répondrai par une page d'un de tes collègues qui, il est vrai, est en même temps un penseur, le docteur Tripier :

« Je prétends, enfin, que la propagation de la syphilis est surtout le fait de deux catégories de gens infectés, toutes deux soumises à des visites périodiques: les militaires et les filles soumises. Le militaire et la fille se considèrent comme en règle vis-à-vis d'une discipline qui, pour eux, est devenue toute la loi et toute la morale, lorsqu'ils se sont présentés au jour voulu à la visite. Tant qu'ils ne sont pas détenus à l'hôpital, ils communiquent leur mal sans aucun scrupule. D'ailleurs, ceux qui ont ou

---

1. Parent-Duchâtelet, t. I, p. 630.

croient avoir intérêt à éviter la visite, trouvent moyen d'y échapper : on en a la preuve dans l'âge que présentent, à leur entrée à l'hôpital, la plupart des véroles militaires, celles surtout qui appartiennent aux corps dans lesquels cet accident est considéré comme entraînant une mauvaise note, à la gendarmerie notamment. Est-il certain que les choses se passent autrement pour les filles? — Le médecin n'a à examiner que celles qu'on lui présente.

« En résumé, la réglementation de la prostitution créant aux filles soumises une sécurité qui a beaucoup plus d'inconvénients que les visites n'ont d'avantages, n'offre aucune garantie hygiénique. Il est donc très désirable que l'administration renonce à se faire, sous prétexte d'hygiène, la pourvoyeuse de la débauche publique. »

Thomas Diafoirus, avec dignité. — Je répondrai avec le docteur Ortille (de Lille) que je ne me laisserai pas influencer par les criailleries des *Lanternes* présentes et futures.

L'abolitionniste. — Un dernier mot : les résultats du système seraient-ils aussi positifs qu'ils sont négatifs que je le repousserais encore : car je mets le respect de l'individualité humaine au-dessus de la question d'hygiène ; car je ne saurais admettre l'intervention administrative dans les rapports sexuels. Et maintenant, va, mon ami, défends ton spéculum comme tu as défendu la seringue paternelle; tu resteras avec les docteurs Jeannel, Thiry, Ortille et *tutti quanti*, l'immortel médecin de Molière.

CHAPITRE V

LES ARGUMENTS DE JOSEPH PRUDHOMME

Sauvegarde des familles. — Proposition de Mᵐᵉ Butler. — La morale publique. — Le bal de l'Opéra. — Les modèles de l'École des beaux-arts. — Exemples divers. — La voie publique. — L'encombrement. — Le Palais-Royal. — Mon fils ! — Ma femme ! — Loi sur le racolage à Londres. — Joseph Prudhomme et Jeanne d'Arc. — Solidarité des libertés. — Régler les déraillements. — Prostitution officielle. — Vieille conception des rapports sexuels. — Morale dépressive.

Joseph Prudhomme. — La prostitution est la sauvegarde des familles.

L'abolitionniste. — Les femmes qui y sont sacrifiées n'ont donc pas de famille ? Le bordel dans lequel le futur mari de ta fille contractera la syphilis est-il une sauvegarde pour ta famille ?

Joseph Prudhomme. — La prostitution est un mal nécessaire.

L'abolitionniste. — Si elle est nécessaire, que répondras-tu à Mme Butler lorsqu'elle te dit: « Si la prostitution est nécessaire, pourquoi les bons citoyens, les grands, les riches, les préfets de police, les magistrats, les sénateurs, les députés, ne contribuent-ils pas à ce sacrifice indispensable, en conduisant leurs filles, leurs sœurs dans des maisons de tolérance [1] ?

1. Réunion de la rue d'Arras, 25 janvier 1877.

Joseph Prudhomme. — On ne discute pas ces choses-là.

L'abolitionniste. — En effet, on laisse cette charge sociale, avec tant d'autres, aux filles du pauvre. Mais au moins ne les persécute pas.

Joseph Prudhomme. — Mais il faut que je défende la morale publique.

L'abolitionniste. — Ecoute. Il y a à Paris un superbe monument tout ruisselant d'or. Il a coûté une quarantaine de millions tout au moins. C'est un monument national — ô Prudhomme! — élevé aux dépens de tous les contribuables. Le paysan bas-breton qui ne le verra jamais y a coopéré de ses deniers, au prorata de ses impositions, comme le membre du Jockey-club qui y va tous les soirs. C'est un palais dont la France s'honore et que tu admires volontiers, toute question d'art réservée. Les étrangers nous l'envient. Il porte inscrit sur sa façade les mots solennels : *Académie nationale de musique.* C'est donc un édifice public, gouvernemental, dépendant de l'autorité, dans lequel ne doivent se passer que des actes approuvés par l'autorité, conformes à ses doctrines, à ses idées, à la morale publique que représente l'État et dont il est le gardien.

Voici, hier soir, à quel usage était consacré ce palais national :

Il y avait « bal masqué ». La force armée, gardes de Paris, sergents de ville, étaient aux abords de la façade illuminée, pour en régulariser et en faciliter l'accès.

Dans les escaliers, dans le foyer, dans les couloirs circulaient des hommes en habit noir, des femmes en domino, le visage couvert d'un masque, derrière

39.

lequel brillaient des yeux hardis et provoquants.
D'autres femmes exhibaient leurs seins nus et leurs
jambes serrées dans des maillots. Certaines femmes
étaient assises dans des attitudes significatives. Des
mots s'échangeaient qui n'avaient rien de naïf. Des
groupes se formaient et se dispersaient inopiné-
ment. La persistance de certaines femmes à demeurer dans le même endroit avec la même pose indi-
quait suffisamment le motif qui les amenait là. Le
marché était ouvert ; les demandes répondaient aux
offres. Il y avait foire, foire sérieuse, et foire de
chair humaine.

Mais il fallait un prétexte à cette foire et voici le
prétexte. Aux pieds d'un nombreux orchestre, sous
l'archet frénétique d'un possédé, s'agitaient, se
remuaient, se croisaient des hommes et des femmes,
couverts de masques plus ou moins grotesques et
hideux.

Ces hommes et ces femmes s'ingéniaient à trouver,
je ne dis pas, les postures les plus lascives, non,
mais les postures de l'audace la plus effrontée. Ces
malheureux au teint plombé, au visage flétri, dont
le ton, l'allure, la voix, les expressions rappelaient
les types les plus sombres de la population parisienne, se trémoussaient, essayant d'inventer quelque
horreur qui leur assurât un succès et soulevât des
applaudissements, provoqués en grande partie par
l'admiration qu'on éprouve toujours en voyant quelqu'un faire ce qu'on ne ferait pas soi-même.

Ces hommes de barrière avaient pour compagnes
des femmes à la voix éraillée, aux traits usés, quelques-unes belles d'une certaine impudeur, pleines
de force, la plupart épuisées, cagneuses, mal faites,
semblant aussi pauvres physiquement et moralement

que leurs grossiers costumes, leurs maillots de coton, leurs jupons de gros tulle, leurs fausses fleurs en papier, leurs corsages en velours fané, blanchi sur les coutures. Toute cette masse disparate s'agitait avec une sorte de violence fatiguée.

Ces gestes, ces attitudes, toutes ces horreurs étaient exposées là avec l'assentiment de l'autorité, gardienne de la morale publique. Bien plus, ces gens avaient été amenés là par son représentant, le directeur, subventionné par les deniers de tous les contribuables, d'un théâtre national. Ils étaient payés par lui. Ces hommes et ces femmes, écume de la population de Paris dont la plupart ne vivent que de prostitution, qui font un métier de la dépravation, ces êtres-là étaient, cette nuit-là, des fonctionnaires publics, opérant dans un monument public.

Les spectateurs cherchaient, dans ce tableau, des excitations aphrodisiaques et, comme conséquence, des aventures; c'étaient des sultans se rendant dans le harem public pour y jeter le mouchoir. La plupart des femmes, spectatrices ou actrices, étaient venues pour le ramasser. Ainsi, certaines nuits, dans une société basée sur l'institution du mariage monogame, un palais national se trouve spécialement consacré à la satisfaction d'êtres dont les uns recherchent la polygamie, les autres la polyandrie.

Cette recherche se fait ouvertement, franchement, ne surprend personne, est acceptée par tous, à l'aide de gestes qui se dessinent énergiquement, de paroles nettement accentuées. Il y a dans nos lois, un délit qu'on appelle « l'outrage public à la pudeur » Quelle est donc la définition de ce délit?

Ces habits noirs, ces cravates blanches, ces gilets en cœur, sont portés par des membres des classes dirigeantes. Ils sont pleins des saines notions et des bons principes. Ce sont des défenseurs de la famille, ô Prudhomme! Ils sont mariés ou se marieront. Ce sont des gens corrects. La monogamie est un dogme pour eux. Seulement ils pratiquent la polygamie et vivent au milieu de femmes qui pratiquent la polyandrie.

Un bal masqué a pour but de réunir les hommes et les femmes qui piétinent ainsi sur le Code civil, ne prennent point le mariage au sérieux et peuvent trouver de dix heures du matin à six heures du soir que la famille est la base de la société, mais qui trouvent certainement de minuit à six heures du matin qu'elle n'est agréable que lorsqu'on la laisse à la maison ou enfermée dans les archives des lieux communs officiels.

Un bal masqué dans lequel se trouvent toutes ces choses est une solennité nationale, faite dans un palais national, par un représentant officiel de l'autorité, subventionné des deniers nationaux.

Et maintenant, ô Joseph Prudhomme, réponds-moi à cette question :

— Qu'est-ce que la morale publique?

Joseph Prudhomme. — Ça attire des étrangers!

L'abolitionniste. — Alors, c'est là ta morale publique? mais c'est la morale aussi du tenancier des maisons de tolérance ; vous êtes d'accord tous les deux.

Joseph Prudhomme. — On pourrait supprimer les bals de l'Opéra.

L'abolitionniste. — Ce n'est pas tout. Sais-tu comment tu encourages les arts? A l'École des beaux-arts, chaque mois, une semaine est consacrée aux modèles-femmes. Le lundi de cette semaine, les quatre ateliers sont envahis par des bandes de filles de tout âge depuis neuf ans jusqu'à vingt-cinq ans. Lorsque les élèves sont rassemblés dans chaque atelier, le massier ordonne aux modèles de se déshabiller. Une fois qu'elles sont dans un état complet de nudité, les élèves les soumettent à une inspection minutieuse, discutent celle-ci ou celle-là, avec autant de science que des marchands d'esclaves. L'un fait prendre telle pose, l'autre veut tel mouvement. On discute, on s'échauffe, on vante le mérite d'une blonde ou le charme d'une brune. Enfin, on vote; et celle qui a le plus de voix est admise pour une semaine à poser devant ces messieurs!

Voilà une assez jolie collection d'outrages périodiques à la pudeur, aux frais des contribuables.

Joseph Prudhomme. — C'est vrai.

L'abolitionniste. — Tel fait est considéré comme délit dans une ville, qui est considéré comme fait normal dans une autre localité. Un homme qui se baigne nu à Paris ou dans les environs commet un outrage public à la pudeur et peut être condamné pour ce délit ; dans d'autres localités, ce fait est aussi indifférent qu'à Londres où, à Hyde-Park, on voit dans les jours d'été, des centaines d'hommes se baigner dans cet état. Sur tous les rivages de la Manche et de l'Océan, au moment de la marée, les femmes des pêcheurs, pour la nécessité de leur métier, arrangent leurs vêtements d'une manière qui, dans certaines villes, constituerait un outrage public à la pudeur, tandis que là, cet acte est considéré comme indifférent. Une femme qui sortirait dans la rue, à Paris, en toilette de bal serait probablement condamnée pour outrage public à la pudeur, tandis que, dans un salon, elle n'offense personne. Vous entendez anathématiser, au nom de la morale publique, des théâtres que subventionne l'autorité publique. Cette gardienne de la morale publique peuple les jardins publics de statues qui sont de vrais outrages à la morale publique : dans nos musées, sur nos monuments, s'étalent des images qui sont la violation flagrante des conventions actuelles relatives à la décence publique. Je ne citerai que la figure nue du jeune homme dans le bas-relief de Rude, sur l'Arc de Triomphe, le groupe des Danseuses de Carpeaux, le Génie de la Liberté qui surmonte la colonne de la place de la Bastille et domine Paris de son énorme phallus.

Joseph Prudhomme. — Je croyais cela plus simple.

L'abolitionniste. — Cesse donc d'invoquer un mot aussi élastique et susceptible de tant d'acceptions contraditoires : car c'est au nom de la morale publique que tu organises tes maisons de tolérance.

Joseph Prudhomme. — Oui, mais au moins nous débarrassons la voie publique de la prostitution.

L'abolitionniste. — Pas en lui livrant certaines rues et certains quartiers ; pas en installant des femmes en carte au coin des trottoirs, avec autorisation de racoler les passants ; pas en plaçant des filles à la porte des maisons de tolérance pour inviter les clients.

Joseph Prudhomme. — Eh bien ! il faut enfermer toutes les femmes dans les maisons de tolérance.

L'abolitionniste. — Tu sais que M. Lenaers lui-même a déclaré que ce n'était pas possible.

Joseph Prudhomme. — Mais enfin, il faut balayer les trottoirs.

L'abolitionniste. — La voie publique appartient à tous.

Joseph Prudhomme. — C'est pour cela.

L'abolitionniste. — Mais réfléchis donc que si la voie publique appartient à tous, elle appartient aux filles comme aux hommes. Elle appartient aux prostituées comme aux autres femmes.

Joseph Prudhomme. — Mais elles encombrent la voie publique !

L'abolitionniste. — Moins que toi avec tes voitures et tes camions. Dans ton égoïsme aveugle, tu demandes également qu'on restreigne les terrasses des cafés. Seulement tu es le premier à aller t'y asseoir, et tu serais bien fâché de voir les boulevards sans les femmes qui y circulent. Tu te plains aussi volontiers de l'encombrement de certaines rues ; mais on appelle une rue active, animée, celle qui est encombrée, qui donne, par conséquent, le maximum d'utilité dont elle est susceptible ; on appelle une rue morte, celle dans laquelle ne passe personne et dont l'ouverture a été une dépense inutile. C'est dans la première que tu achèteras une maison ! tu la fréquentes et tu te plains de l'encombrement de la foule, sans t'apercevoir que tu contribues toi-même à l'encombrement et que tu fais partie de la foule. Les piétons se plaignent des voitures, les fiacres des omnibus, les omnibus des tramways : ce sont les manifestations du sentiment égoïste en vertu duquel l'homme, rapportant tout à lui-même, voudrait avoir tous les avantages sociaux sans en subir les inconvénients. Il en est de même de la question de la prostitution dans la rue. Ceux qui récriminent le plus haut sont précisément ceux qui vont dans les endroits qu'elle fréquente ; et peut-être, sans s'en rendre un compte exact à eux-mêmes, parce qu'elle les fréquente. On n'est pas toujours seulement hypocrite envers les autres : on est souvent hypocrite envers soi-même. Il est évident que si le vide se faisait là où il y a des femmes exerçant plus ou moins la prostitution, les trottoirs seraient vite désencombrés. Mais tu serais peut-être le premier à t'en plaindre.

Joseph Prudhomme. — Moi! par exemple!

L'abolitionniste. — Ne t'avance pas trop. Tu te rappelles les galeries de bois du Palais-Royal.

Joseph Prudhomme. — Mon père y avait une boutique.

L'abolitionniste. — Eh bien ! voici ce que je lis dans une monographie du Palais-Royal :

« Les boutiquiers du Palais-Royal se laissèrent persuader que la promenade des filles publiques souillait les galeries et en éloignait les honnêtes gens. Ils pétitionnèrent et, pour leur malheur, leur vœu fut exaucé. Les filles furent expulsées ; mais, au grand dépit de la morale, il faut bien dire que cette mesure fut le signal de la ruine du Palais-Royal[1]. »

Joseph Prudhomme. — C'est vrai.

L'abolitionniste. — Tu es le premier souvent à exploiter, comme marchand, comme restaurateur, cette prostitution que tu anathématises avec tant de violence, quand tu veux prendre ton masque de vertu. L'enquête de New-York a démontré que la plupart des maisons de débauche appartenaient à des personnes qui étaient des piliers de l'Église et de l'État[2]. Habitue-toi donc à regarder la voie publique comme

1. *Paris-Guide. Jardin du Palais-Royal*, t. II, p. 1313.
2. *Actes du Congr. de Genève*, t. 1er, p. 207.

à tout le monde, aux manifestants du 8 janvier comme aux enterrements. Tu y viendras. Hier, tu ne voulais pas reconnaître aux enterrements civils leur droit de passage sur cette voie publique. Aujourd'hui tu veux uniquement le réserver pour toi et ta femme.

Joseph Prudhomme. — Mais, mon fils...

L'abolitionniste. — Parle pour toi.

Joseph Prudhomme. — Je ne veux pas, quand je suis au bras de ma femme, de ma fille, rencontrer des femmes dont la seule présence est une insulte pour elles.

L'abolitionniste. — Le personnage dangereux pour elles, est le monsieur qui suit les femmes. Pourquoi ne demandes-tu pas son arrestation?

Joseph Prudhomme. — Elles ne la demandent pas. Elles demandent celle des filles.

L'abolitionniste. — Je comprends cela. Ces dames sont bien susceptibles. Si elles étaient nées pauvres, dans d'autres conditions, où seraient-elles? Quant à toi, tu veux la prostituée, enfermée discrètement, que tu vas voir quand il te convient; qui est préparée, garantie bonne par la police; que tu n'es pas exposé à rencontrer sur la voie publique, où elle pourrait t'accoster, au grand scandale de ceux que tu abuses par ton hypocrisie.

Joseph Prudhomme. — Alors tu veux la liberté de la prostitution, comme à Londres?.... Eh bien! pas moi.

L'abolitionniste. — Tu as été choqué par le spectacle des femmes qui circulent le soir à Haymarket.

Joseph Prudhomme. — Oui.

L'abolitionniste. — Eh bien! Joseph Prudhomme, tu donnes, sans t'en douter, avec ta naïveté habituelle, le plus fort argument qu'on puisse invoquer contre toute réglementation de la prostitution.

Joseph Prudhomme. — Comment?

L'abolitionniste. — C'est qu'il y a à Londres une loi sévère contre le racolage, frappant de pénalité « toute commune prostituée ou promeneuse de nuit, flânant ou se trouvant dans quelque passage ou place publique dans le but de se prostituer ou de solliciter à l'ennui des passants ou des habitants[1]. »

Elles ne doivent pas stationner. Elles ne doivent pas parler les premières à un homme, à moins que l'homme ne les accompagne ensuite. C'est toujours l'application du principe en vertu duquel l'homme a le droit de provoquer la femme, tandis que la femme n'a pas le droit de provoquer l'homme.

Si elles enfreignent ces dispositions, le policeman les empoigne. Elles sont mises en prison et condamnées à une amende dont l'importance varie selon que le rapport est plus ou moins « corsé ».

Joseph Prudhomme. — Alors tu trouves que la prostituée est une femme comme une autre ?

L'abolitionniste. — George Elliot dit: « Si vous considérez la prostituée comme nécessaire, je l'inviterai à ma table. » Quand tu es en tête-à-tête avec elle, tu es bien de mon avis ; car c'est toi qui es son principal client.

Joseph Prudhomme, faisant la bouche en rond et les yeux en boule de loto. — Oh !

L'abolitionniste. — Je suis heureux d'apprendre que, jusqu'au jour de ton mariage, tu pouvais faire concurrence à Jeanne Darc, et que depuis... Hum !

---

1. *Police Act. 2nd and 3rd Victoria,* ch. XLVII, 11ᵉ subsection of section 54.

hum ! n'insistons pas. Mais tu veux faire de la morale aux dépens des filles. Tout homme a besoin d'un bouc émissaire pour y décharger son hypocrisie. Eh misérable ! « l'excès de la corruption est de sauver le corrupteur et de faire retomber sur sa victime le châtiment du crime[1]. » Puis tu veux faire des castes, des classes, comme si la dégradation des autres te grandissait toi-même. Sir Harcourt Johnstone (aujourd'hui Lord Derwent) faisait cette remarque profonde :

« La plus grande partie de l'aristocratie et du clergé ont été partisans des *Acts*[2], c'est-à-dire les classes qui ont été opposées à toutes les libertés, à la liberté de la presse, à la liberté commerciale, à la liberté municipale. »

Joseph Prudhomme. — Alors il mettait, et tu mets aussi la liberté de la prostitution sur le même pied que ces autres libertés ?...

L'abolitionniste. — Parfaitement, et non-seulement moi, mais ses adversaires ; car il s'agit toujours ici du respect de la personnalité humaine, de la liberté de ses actions, de la diminution du pouvoir directeur que se sont arrogé pendant si longtemps l'État et les classes privilégiées.

Joseph Prudhomme. — Dites-le franchement : vous voulez encourager la prostitution....

L'abolitionniste. — Mais c'est toi qui l'encourages « en entourant de toute la protection de la police les maisons de tolérance », en immatriculant des femmes, en leur donnant une patente de santé, en leur per-

1. *Encyc. méth. Police et municip.* Art. CORRUPTION DES MŒURS.

2. Sir Harcourt Johnstone, discours du 28 janvier (*The Shield*, 8 février 1879.

mettant « des provocations à la débauche dans une
certaine mesure » que détermine ton caprice. As-
tu jamais songé à organiser le vol ou l'assassinat?
Tu trouves que la prostitution est un désordre :
« Logiquement, disait le pasteur Pierson, vous devriez
essayer aussi de régler les déraillements. »

Nous, nous voulons, au contraire, substituer, à ta
prostitution organisée, la prostitution désorganisée ;
à ta prostitution encadrée, officielle, la prostitution
individuelle ; car nous considérons que si nous ne
pouvons empêcher des actes de cette nature, nous
n'avons pas, du moins, à y prendre part pour les
régler ; nous ne voulons point donner à ces actes de
polyandrie et de polygamie le caractère public dont
tu t'efforces de les revêtir.

Le système de toute ta règlementation est une
transformation de la conception la plus ancienne
des rapports sexuels. Chez les peuples peu avancés
en évolution, les Australiens, Fuégiens, Kamtscha-
dales, chez les Grecs, les Romains, les Slaves primitifs, l'homme procédait par voie de capture. Si la
coutume a disparu chez beaucoup de peuples, le
cérémonial a été conservé. Le rapt brutal s'est
transformé en achat chez les Hottentots, les Cafres,
au Gabon, chez les Aschantis, et les peuples d'une
civilisation plus développée.

La préoccupation de la police est d'organiser cet
achat, mais au détriment de la femme et au bénéfice
de l'acheteur.

Elle fait en sorte qu'il trouve la femme facilement,
quand il veut, et qu'il ne soit pas importuné par elle
quand il n'en veut pas.

Elle complète son œuvre, en essayant de lui garantir une marchandise de bonne qualité.

Elle croyait autrefois que son intervention était indispensable dans l'organisation des halles et marchés pour assurer l'approvisionnement. Elle croit encore son intervention indispensable dans la régularisation du marché des services sexuels.

Joseph Prudhomme. — Ceci est trop philosophique pour moi. Dis tout ce que tu voudras; ma conviction est que tu es favorable à la prostitution.

L'abolitionniste. — Non : et je vais te dire très nettement les motifs pour lesquels je la trouve dangereuse. Certes, je reconnais à la femme le droit de disposer d'elle-même, de sa beauté, de son corps, comme moi, je dispose de mon cerveau et de mes bras. Mais il est évident que, dans cette pollution continue, elle perd presque toujours quelque chose de sa personnalité; elle est obligée à certains mensonges et à certaines hypocrisies qui diminuent son être; elle subit une dépression.

De même l'homme qui la fréquente, qui se laisse dominer par la recherche des plaisirs qu'elle peut lui procurer, y laisse quelque chose de son énergie et de son ressort. Il subit également une dépression.

Je blâme la police des mœurs avec d'autant plus d'énergie que son but est d'exercer le maximum de dépression possible sur les femmes sur qui elle peut étendre son action ; de les vouer à la syphilis ; et qu'en organisant la prostitution officielle, elle donne à l'homme des facilités d'éreintement, avec de mensongères apparences de sécurité hygiénique. Je condamne la débauche comme l'ascétisme, parce que tous les deux impliquent diminution de force [1].

1. Voy. mon livre : *Études sur les doctrines sociales du Christianisme.*

Joseph Prudhomme. — Tu as peut-être raison; mais je vais écrire au préfet de police, parce qu'il y a des femmes qui me gênent dans mon quartier.

L'abolitionniste. — C'était toi qui, au lendemain de la Commune, envoyais 400 000 dénonciations à la Prévôté.

Joseph Prudhomme. — Je fais mon devoir en dénonçant les vagabonds, les fainéants. Je voudrais que les filles et les hommes ne pussent venir à Paris qu'après avoir justifié qu'ils ont des moyens d'existence. J'approuve Eugène Delattre d'avoir présenté son projet de loi sur les souteneurs.

L'abolitionniste. — Ah! oui, le souteneur a remplacé l'espion prussien; tu le vois partout. Le délire de la persécution réclame toujours un diable. Tu as épousé une femme riche, je crois?

Joseph Prudhomme. — Oui.

L'abolitionniste. — Eh bien! tu es un Alphonse légal, et tu dois tomber sous l'application de la loi de ce nouveau Caton, dont les premières victimes seront le directeur de l'Opéra et le directeur du Théâtre-Français, tous les deux fonctionnaires publics. (Art. 6 du projet.)

Joseph Prudhomme. — Il aurait peut-être mieux fait de proposer une loi contre la prostitution.

L'abolitionniste. — Soit, mais c'est un délit qui ne peut se commettre qu'à deux. Si tu poursuis la marchande, tu dois aussi poursuivre le client. Prends garde à toi, Prudhomme!

CHAPITRE VI

LES ARGUMENTS DE RATAPOIL

Alors Ratapoil arrive avec sa bande : — « Empoignez-moi tout ça ! » Il fait des rafles. Il arrête à tort et à travers. Il empoigne un jour la femme de Joseph Prudhomme ; et celle-ci pousse les hauts cris. Alors Ratapoil tape sur Joseph Prudhomme, met la main au collet de Thomas Diafoirus et du nouveau Caton, tout en disant :

— Oh ! oh ! l'empire est tombé. Le 24 mai et le 16 mai n'ont pas réussi. La Préfecture de police a subi de rudes assauts. Ça ne fait rien. Avec la police des mœurs, j'aurai toujours des gens à espionner, je connaîtrai toutes sortes de mystères importants ou non, j'aurai de bonnes aubaines, je serai toujours au-dessus de la loi. La liberté individuelle ne ser qu'un mot. Ceux qui invoquent mon bras, contre les femmes, seront mal venus à se plaindre, si je le leur fais sentir par occasion. Tant que j'aurai la police des mœurs, je serai le maître de Paris[1].

1. Au moment où ces lignes sont imprimées, je trouve dans l'*Intransigeant* (10 avril 1882) le récit suivant :

« On nous apporte le récit d'un fait vraiment extraordinaire.

« Le mois dernier, une jeune femme, demeurant 65, rue des Panoyaux, Mme P..., disparaissait subitement. Son mari, très inquiet, se mettait en quête, la recherchait de tous côtés, la réclamait à la Préfecture, à la Morgue. Inutilement.

« Tout à coup, il y a quelques jours, par un hasard des plus sur-

Mais chut !... il ne faut pas le dire trop haut, puisqu'il y a encore des naïfs qui n'ont pas compris cela, malgré les aveux imprudents de M. Lecour[1].

NOTA. — Ces lignes étaient écrites avant le guet-apens organisé, le 27 mai dernier, par la police contre les étudiants. Elle a donné là une leçon frappante à tous ceux qui ont une tendance à se dire : « Oh ! tant que la police ne maltraite que des misérables et des filles, cela ne nous regarde pas ! » Ratapoil leur a montré que tous étaient égaux devant son casse-tête, du moment qu'on le lui laissait en main [2].

prenants, qu'apprend-il ? Celle qu'il pleurait déjà, arrêtée dans une rafle, en revenant le soir de son travail, était enfermée à Saint-Lazare,

« Jetée en prison, on la visita. Les traces d'un récent accouchement la compromirent. Elle voulut écrire. Les lettres ne parvinrent pas à destination.

« N'est-ce pas inouï ?

« Le malheureux mari s'est adressé au préfet Camescasse ; aucune réponse. Il attend encore un ordre d'élargissement.

« Tels sont les faits, ainsi qu'ils nous ont été contés par un avocat qui suit cette invraisemblable affaire et aide les intéressés de ses conseils. »

1. *La Campagne contre la préfecture de police.*

2. Voy. Conseil municipal, 2 juin 1882, interpellation Yves Guyot ; Chambre des députés, interpellation de Lanessan, 7 juin ; audience du Tribunal de police correctionnelle des 3 juin et 7 juin.

CHAPITRE VII

CONCLUSION

I

— Mais vous, que mettez-vous à la place de la police des mœurs?

Joseph Prudhomme a toujours besoin de mettre quelque chose à la place d'un mal. Si, demain on supprimait la fièvre, il demanderait avec épouvante:

— Qu'allez-vous mettre à la place?

Pour restreindre la prostitution, certains moyens préventifs tiennent au plus profond de notre organisation sociale : telles sont la révision des articles du Code civil relatif au mariage et aux enfants naturels : la modification de l'article 1133 du Code civil, de telle sorte que « l'obligation », ayant pour cause des engagements relatifs aux rapports sexuels, entre homme et femme, en dehors du mariage administratif, soit licite. Il y a enfin la transformation profonde de nos mœurs actuelles, qui font dire par le père à son fils en le lançant dans la vie :

— Amuse-toi, si tu veux ; mais pas de liaison !

Et qui font dire par une mère bourgeoise à son fils qui n'a pas suffisamment écouté le premier conseil :

— Je ne consentirai jamais à une mésalliance avec une fille de rien !

Ce sont là des questions que je me réserve de traiter dans un prochain volume ; je ne puis que les indiquer ici ainsi que les questions d'assistance publique, d'éducation des femmes, etc.

Mais je considère comme une grande erreur de croire qu'un état de choses tel que la prostitution puisse se modifier par la volonté seule de la femme. Bastiat, parlant dans un sens général, a formulé avec raison cette vérité constamment méconnue par les gouvernants : « L'humanité se perfectionnera non par la moralisation du producteur, mais par la moralisation du consommateur [1]. »

II

Au point de vue de l'hygiène, si l'on veut guérir la syphilis, il faut d'abord se débarrasser de ce vieux préjugé qui en fait encore une maladie honteuse. Contre elle, on emploie volontiers des règlements de police, la contrainte, des vexations, comme moyens prophylactiques ; mais on n'oublie qu'une chose : c'est de la soigner. La plupart des sociétés de prévoyance et de secours mutuels refusent des secours aux hommes atteints de maladies vénériennes. A Paris, ils n'ont accès que dans un hôpital, le *Midi*.

1. Bastiat, *H. écon.*, p. 234.

Un seul hôpital libre est ouvert aux femmes,
Lourcine. Certains dortoirs du *Midi* rappellent la
prison [1]. A Lourcine, avant 1871, il y avait un
cachot, installé par le docteur Desprès et que supprima M. Fournier. A la sortie du *Midi* et de
Lourcine, il est de règle de ne pas donner de secours.
En revanche, des médecins de *Lourcine* déclarent
qu'ils dénoncent leurs malades à la police [2]. Voilà
une singulière manière de comprendre le secret
médical et d'inviter les femmes à venir se faire
soigner !

Quoique le traitement externe ait été souvent
réclamé, il est complètement insuffisant [3]. Les dispensaires gratuits pourraient produire, à peu de frais,
les meilleurs résultats, car dans la majorité des cas,
les malades atteints d'affections vénériennes ne sont
pas astreints à garder le lit ni la chambre.

M. Fournier n'a installé une clinique à Lourcine
qu'avec la plus grande difficulté. La majorité des
médecins qui parlent des maladies vénériennes « au
nom de la science » ne les connaissent que par ouï
dire ou par accident.

Il faut ouvrir tous les hôpitaux aux vénériens,
hommes et femmes : il faut les y retenir, non par la
contrainte qui les empêchera d'y entrer, mais par le
bien-être qui les y fera rester ; il ne faut pas surtout
que l'assistance publique soit une succursale de la
préfecture de police et que les médecins, même
d'hôpitaux libres, se fassent ses mouchards.

1. D⟨r⟩ Bourneville, *Rapport sur l'hôpital du Midi*, 1880.
2. *De la propagation de la syphilis*, par le docteur Martineau, médecin de l'hôpital de Lourcine, p. 8.
3. Voy. mon rapport sur les services de salubrité, décembre
1880.

Je demande, en un mot, pour les maladies vénériennes le droit commun, en affirmant que la seule
manière de les guérir, c'est de les soigner.

III

— Et la voie publique? reprend Joseph Prudhomme.

Ici la police a une fonction, ou plutôt elle doit
exercer, à cette occasion, sa réelle fonction au point
de vue de la voie publique : maintenir la circulation.

Les prostituées peuvent gêner et empêcher la
circulation dans certains quartiers, à certains endroits; soit. Alors la police doit intervenir, mais
comment? Non pas en faisant une râfle, une razzia,
avec une brutalité violente, dont les effets ne dure-
ront qu'autant que la crainte qu'elle inspire, mais,
au contraire, avec méthode et persévérance.

Un coin de rue est envahi par les prostituées. Il
faut y envoyer un certain nombre de gardiens de
la paix, en uniforme, sous la surveillance d'un
sous-brigadier ou d'un brigadier, avec l'unique
consigne d'empêcher tout stationnement d'hommes
ou de femmes. Il faut qu'ils y restent pendant un
nombre de jours assez longs pour rompre les habitudes acquises. On peut être sûr que les femmes
s'éloigneront vite d'un lieu où elles trouveront des
gardiens de la paix au lieu de clients, et ceux-ci les
suivront. La police aura atteint son but. Que si l'on
objecte qu'elle aura à recommencer la même besogne
sur un autre point, nous ne contestons pas; mais
son rôle est de recommencer tous les jours la besogne

de la veille. Elle ne supprimera pas la prostitution par ce moyen, c'est clair; mais elle aura désencombré le point encombré, et ainsi elle aura rempli sa tâche et satisfait au vœu de « balayer le trottoir. » Si matériellement on ne balayait le trottoir qu'une fois par hasard, il serait toujours sale; de même, la besogne de la police ne doit pas être accidentelle, elle doit être permanente.

Je suis convaincu que son action persévérante sera si efficace que ceux qui demandaient le plus haut qu'on désencombrât les trottoirs des femmes seront les premiers à demander qu'on les désencombre des gardiens de la paix.

Ainsi les femmes, gênées dans leurs lieux de stationnement habituels, les déserteront rapidement et se réfugieront dans des cafés ou dans des bals, où ne vont que les gens qui veulent bien y aller.

« Et si les femmes résistent aux injonctions des agents de police? » demande-t-on.

On croirait vraiment que la police est désarmée, alors que le Code pénal met à sa disposition deux sortes de délits dont elle sait fort bien se servir. C'est le délit de rébellion et le délit d'outrages aux agents. Voici des extraits de l'article 209 du Code pénal : « Toute attaque, toute résistance avec violence et voies de fait envers les officiers ou agents de la police administrative ou judiciaire, est qualifiée, selon les circonstances, de crime ou délit. »

En vertu de l'article 212, la rébellion commise sans armes, par une seule personne, peut entraîner un emprisonnement de six jours à six mois; en réunion et avec armes, elle peut conduire devant la cour d'assises et être frappée des travaux forcés et de la réclusion.

Quant aux outrages et violences envers les dépositaires de l'autorité et de la force publique, ils sont prévus par les articles 223 à 233 du Code pénal. Les violences exercées envers les agents de la force publique sont punies d'un emprisonnement d'un mois à six mois. L'outrage par paroles envers un magistrat de l'ordre administratif ou judiciaire (soit un commissaire de police), peut être frappé d'un emprisonnement d'un mois à deux ans.

Nous ne voulons pas discuter ici le caractère de ces délits, mais on ne peut pas dire, en présence de ces pénalités, que la police est désarmée à leur égard. Nous savons, au contraire, tous les jours, l'abus qu'elle en fait et, dans la circonstance actuelle, ce serait cet abus qu'il faudrait redouter.

Mais, si grand que puisse être cet abus, il vaut beaucoup mieux que le régime de la police des mœurs. Un certain nombre de femmes se rendront coupables de rébellion ou d'outrages envers les agents. Elles seront poursuivies avec les mêmes garanties légales que celles qui entourent la liberté des hommes. Sans doute, ces garanties sont faibles ; l'organisation des tribunaux de police correctionnelle ne vaut rien; mais enfin, c'est le droit commun : quel qu'il soit, il est meilleur que l'arbitraire de la police.

Ces femmes seront arrêtées, condamnées; nous pouvons être certains que la magistrature ne sera pas indulgente pour ces délits; il y aura des exemples qui donneront à réfléchir à celles qui seraient tentées de les imiter; on peut être sûr qu'il suffirait ensuite d'une seule injonction d'un agent en uniforme pour faire exécuter sa consigne.

L'institution du jury correctionnel serait le correctif utile de cette organisation. Ce jury représenterait la

moyenne de l'opinion. Frappant avec sévérité, si la
police faisait son service avec convenance ou acquit-
tant, si elle abusait de son pouvoir, il serait son ré-
gulateur.

IV

Encore un point : 1° je demande qu'on applique
l'article 334 du Code pénal, concernant l'excitation des
mineurs à la débauche, moins aux proxénètes qu'aux
clients ; 2° que toutes les maisons, lupanars ou cou-
vents, basés sur le régime de la séquestration, soient
fermés.

« Et c'est tout?

— Oui! car il ne s'agit pas de substituer une
organisation de la prostitution à une autre, mais de
détruire l'organisation de la prostitution officielle.

Plus de caste de parias, sous prétexte de nécessité
sociale : le droit commun pour tous et pour toutes!

Quant à l'utilité de cette œuvre, je m'en réfère
à cette vérité constatée par Buckle :

« Toutes les grandes réformes qui ont été accom-
« plies ont consisté, non à faire quelque chose de
« nouveau, mais à défaire quelque chose de vieux. »

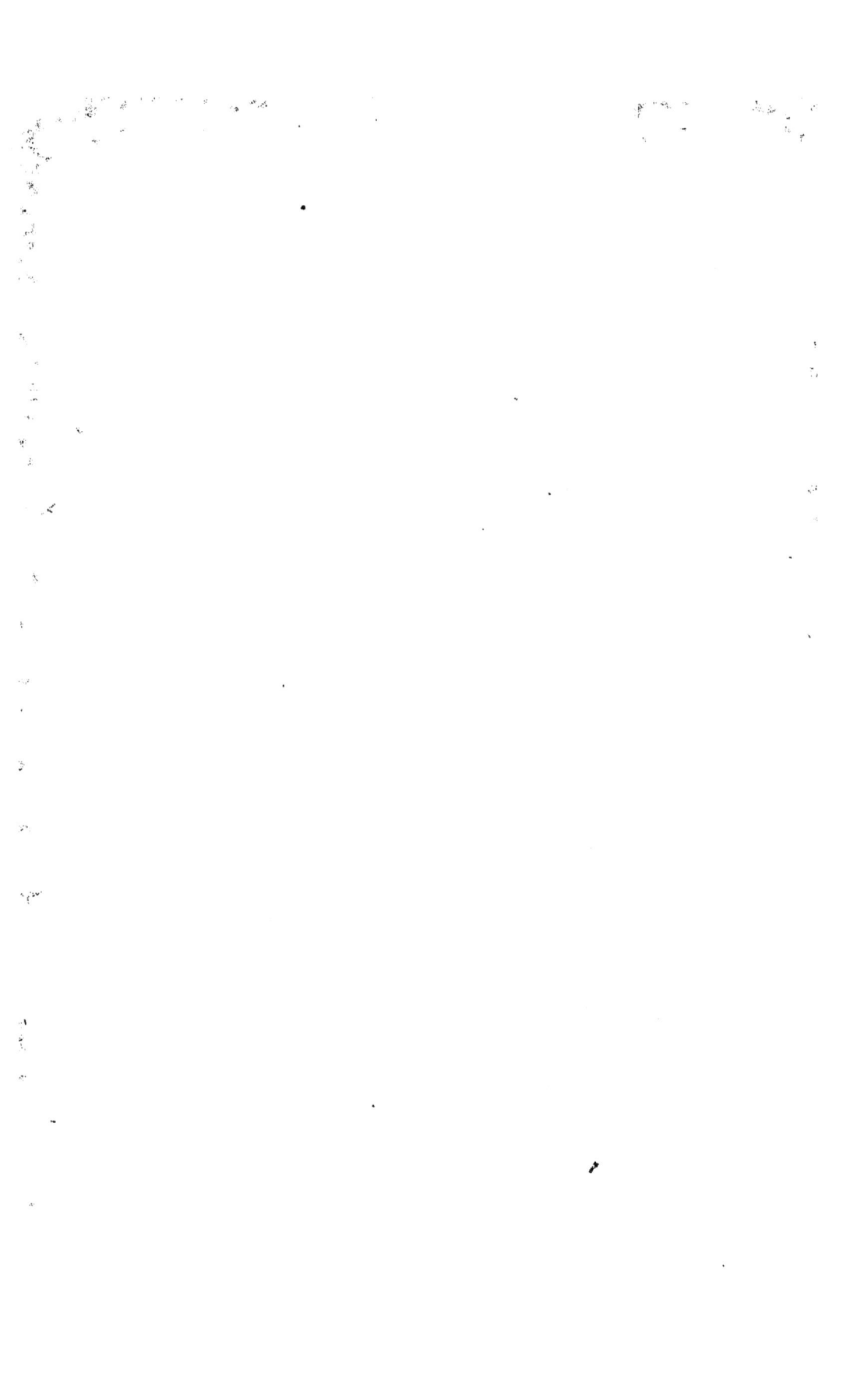

APPENDICE

———

J'avais envoyé un questionnaire uniforme aux municipalités
des 78 villes qui, en dehors du département de la Seine, comptent en France plus de 20 000 habitants. Je remercie profondément les maires qui ont bien voulu faire tous leurs efforts
pour m'envoyer des réponses.

Nota. — Pour des raisons de mise en pages, toutes les réponses n'ayant pas été uniformes, on n'a pu suivre l'ordre alpha-
bétique : je n'ai pu me procurer le chiffre de la population,
déterminé par le recensement de 1881, que pour les villes au-
dessus de 30 000 habitants.

———

MARSEILLE (Bouches-du-Rhône).

Population en 1876 .... 318 868
— en 1881 .... 357 530

Marseille, le 13 mars 1882.

Monsieur le Député [1],

Vous m'avez fait l'honneur de me demander les renseignements nécessaires pour remplir l'imprimé ci-joint, dressé pour un travail relatif
à la prostitution dans les grandes villes de France. Il m'eût été agréable
d'accéder à votre désir ; mais, malgré tout mon bon vouloir, il ne m'a
pas été possible de vous donner une satisfaction complète. Je n'ai pas
trouvé dans les archives du Commissariat central de police, boule-
versées en 1870 et 1871, les documents nécessaires, notamment en ce
qui concerne les années 1861 et suivantes jusqu'en 1875 : à partir de

1. J'avais prié M. Clovis Hugues de vouloir bien me servir d'intermédiaire.

1876 les archives sont un peu moins pauvres, et je m'empresse de vous transmettre ci-dessous, avec l'acquiescement de M. le Maire de Marseille, les quelques renseignements que j'ai pu recueillir et qui pourront vous être utiles.

Nombre de femmes inscrites en	1876	796
—	—	1877	671
—	—	1878	707
—	—	1879	869
—	—	1880	654
—	—	1881	644
En maison		1876	458
—		1877	465
—		1878	455
—		1879	449
—		1880	433
—		1881	414
En carte (isolées)		1876	358
—		1877	226
—		1878	252
—		1879	220
—		1880	221
—		1881	230
Insoumises en		1876	238
—		1877	165
—		1878	94
—		1879	110
—		1880	146
—		1881	126
Majeures en		1876	167
—		1877	101
—		1878	46
—		1879	51
—		1880	64
—		1881	59
Mineures en		1876	71
—		1877	64
—		1878	48
—		1879	59
—		1880	82
—		1881	67

Le nombre de maisons de tolérance a toujours été, depuis 1876 jusqu'en 1881, de 85 à 88, il est actuellement de 87.

Le nombre de visites est d'environ 30 000 par an.

Les cas de maladies constatées par MM. les médecins attachés au service des mœurs sont approximativement les suivants par année :

Syphilis	15
Chancres	120

Blennorrhagies...................... 10
Gale............................... 15
Vaginite........................... 100
Ulcérations 270
Bubons............................. 6
Érosions........................... 6
Uréthrite.......................... 60
Plaques muqueuses.................. 40
Catarrhe vaginal................... 40
Végétations........................ 20

Il n'a jamais été tenu compte des accidents primaires ou secondaires.

Il y a des femmes (en petit nombre cependant) qui, toujours saines, n'ont jamais été envoyées à l'hôpital; tandis que les séjours des autres femmes dans cet établissement se renouvellent de 5 à 10 fois par an, pour la même femme, *principalement pour celles de maisons de tolérance.*

Le nombre de malades vénériennes est d'environ 702 par année, réparties comme suit :

En maison............................ 500
En carte (isolées)................... 100
Insoumises 102

Le service des mœurs ne possède aucun document pour pouvoir répondre aux questions concernant les hommes de la garnison affectés de maladie vénérienne pendant l'année. L'administration militaire seule tient compte de ces accidents syphilitiques.

Les visites sont hebdomadaires.

Les femmes vénériennes envoyées à l'hôpital sont traitées par les médecins attachés à cet établissement, qui est tout à fait indépendant du service de la police des mœurs.

Les hommes atteints de maladie vénérienne sont traités dans le même établissement dans des salles spéciales.

Veuillez agréer, Monsieur le Député, l'hommage de mon entier dévouement et de mon respect.

Le Commissaire central,

VATIER.

MONTPELLIER (Hérault).

Population en 1876................. 55258
   —   en 1881................. 61873

Montpellier, 8 avril 1881.

MON CHER GUYOT,

Il y a ici 72 femmes inscrites. Un quartier spécial est affecté aux femmes inscrites, de telle sorte que nous n'avons aucune femme in-

scrite habitant la ville. Toutes se trouvent dans un quartier appelé
« Cité Pasquier ». Les femmes inscrites sont divisées en deux catégories, les femmes en maisons fermées et les femmes en chambre. Il
y a dans les maisons fermées environ 30 femmes; d'autres maisons
pourraient être appelées mixtes : ces maisons-là reçoivent des femmes
qui ont des dettes, et ces dernières sont surveillées et soumises à la
même règle qui existe dans les maisons fermées; d'autres logent là et
et peuvent sortir lorsque bon leur semble. 20 femmes se trouvent
dans ces conditions. Enfin les 22 femmes qui ne sont comprises dans
aucune de ces catégories sont en chambre.

J'ai signé, du 1er janvier dernier au 31 décembre, 59 billets d'hôpital.
Dans ce nombre se trouvent 40 femmes visitées et inscrites à la Cité
Pasquier, et 19 femmes qui ont été directement conduites dans mon
cabinet par la police : elles n'étaient pas inscrites.

7 femmes inscrites ont été envoyées deux fois à l'hôpital pendant
l'année 1880, ce qui réduit le chiffre des malades à 33.

Je relève sur les bulletins de l'hôpital 3 femmes mineures pour la
Cité Pasquier, c'est-à-dire 33/3 et 19/5 pour la ville.

Les femmes arrêtées le sont la plupart du temps sur la dénonciation
des militaires ou autres qui les accusent de leur avoir communiqué une
maladie vénérienne. Reconnues malades, elles vont à l'hôpital; saines,
elles restent libres, excepté lorsqu'elles se livrent au scandale. Pour inscrire une femme, il faut un jugement motivé par le juge de paix et
que le maire prenne un arrêté municipal, à moins que, et c'est ce qui
arrive habituellement, la femme aille d'elle-même se faire inscrire à la
police, afin d'aller habiter la Cité Pasquier.

Il n'y a pas une seule femme inscrite et soumise en ville, et le nombre
des femmes qui se livrent à la prostitution est certainement égal à
celui des femmes inscrites. Somme toute, Montpellier est une ville où
le service des mœurs est le plus largement établi.

Les hommes vénériens sont admis à l'hôpital : il n'y a pas de dispensaire gratuit pour eux. Ils sont exclus des secours dans la plupart des
sociétés.

Les vénériennes sont internées et ne relèvent que du service médical. La garde en est confiée aux sœurs. Je regrette qu'on ne donne
pas de vin à des femmes atteintes de maladie essentiellement dépressive et lorsque leur genre de vie les fait se livrer à des libations co-
pieuses. — Toutes redoutent l'hôpital.

Dr VIGOUROUX.

RENNES (Ille-et-Vilaine).

Il y a à Rennes 116 femmes inscrites; sur ce nombre on en compte
60 en maisons. Le nombre des insoumises n'est pas connu. Il y a
11 maisons de tolérance.

La visite sanitaire a lieu une fois par semaine.

De 1860 à 1865 on a compté 100 cas de syphilis par an et 200 cas par an de 1875 à 1880. — Dans cette même période de 1875 à 1880 il y a eu, chaque année, de 50 à 100 accidents secondaires, de 50 à 100 cas de chancres mous, de 50 à 100 cas de blennorrhagie, de 60 à 80 maladies du col de la matrice, et 60 cas de gale.

Chaque année, la même femme séjourne en moyenne 3 fois à l'hôpital (maximum : 5 fois; minimum : 1 fois).

Les femmes en maison sont bien moins souvent malades que les isolées, et cela dans la proportion de 4 sur 10.

Sur renseignements constatant l'inconduite notoire, sur plainte indiquant la maladie, la plupart du temps après avertissement, il est fait au maire des propositions d'inscription par le chef du service de police.

Quand les femmes ont été admises à l'hospice, le médecin les visite, les panse et leur fait prendre leurs médicaments tous les matins; le reste du jour, elles sont surveillées par une religieuse et deux infirmières.

Quant aux hommes vénériens, il y en avait très peu pendant la période de 1865 à 1870, parce qu'alors il y avait peu de prostituées clandestines. De 1875 à 1880 leur nombre a décuplé.

Trouver le moyen de diminuer la prostitution est un problème des plus complexes. En attendant qu'il soit résolu, il convient d'appliquer sévèrement et partout les règlements sur les mœurs. Il faudrait notamment punir sévèrement les père et mère qui livrent leurs filles mineures et favorisent leur débauche; livrer à la justice tous ceux qui reçoivent dans des chambres libres les filles mineures; empêcher que les filles mineures soient reçues dans les maisons de tolérance, comme cela a lieu dans certaines villes.

Le chiffre de la garnison de Rennes est d'environ 4000 hommes.

(Communication de la mairie.)

REIMS (Marne).

Population en 1876................... 81 828
— en 1881 .... 93 334

DU MOIS D'OCTOBRE 1878 AU MOIS D'OCTOBRE 1879.

Nombre de femmes inscrites :

N° 1. En maison.............. 19
N° 2. En carte.............. .... 64 isolées.
N° 3. Insoumises 15
N° 4. Majeures... . ...'.. . . 63
N° 5. Mineures........'............. ... 20

Nombre et périodicité des visites. — Tous les vendredis de chaque semaine et toutes les fois qu'une femme est signalée malade.

N° 6. Cas de syphilis... 5

N: 7. Accidents primaires.................... 6
     —   secondaires................. 3
    (Traitées salle Sainte-Pélagie, Hôtel-Dieu).
N° 8. Chancres mous...................... 1
N° 9. Blennorrhagies.................:........ 16
N° 10. Maladies du col de la matrice......... 14
N° 11. Gale 2
    (N'ont pas séjourné à l'Hôtel-Dieu).

Combien de fois la *même année* la même femme a-t-elle été envoyé à l'hôpital?

N° 12. Moyenne.......................... 3
N° 13. Maximum.......................... 4
N° 14. Minimum.......................... 1

N° 15. *Proportion entre les diverses catégories de femmes:*

20 pouvant être classées à la 1re classe.
36 — — — à la 2e —
8 — — — à la 3e —

N° 16. *Quelles sont les formalités employées pour arrêter et pour inscrire les femmes?* — Arrêté motivé d'après la conduite, alors qu'elles ont été plusieurs fois surprises à raccrocher et qu'il est avéré qu'elles ne vivent que de la prostitution, — et d'autres, sur leur demande. L'arrêté municipal qui régit les filles de mauvaise vie ne porte pas qu'elles doivent être arrêtées.

N° 17. *Comment sont traitées les vénériennes à l'hôpital?* — Dans un service spécial.

HOMMES.

N° 18. Nombre de vénériens, hommes...... 147

N° 19. *Y a-t-il un dispensaire gratis?* — Sont traités gratuitement dans un service spécial.

N° 20. *Sont-ils exclus des secours donnés par les sociétés de secours mutuels?* — Oui, aucun secours n'est accordé pour les maladies causées par la débauche ou l'intempérance, ni pour blessures reçues dans une rixe, lorsqu'il est prouvé que le sociétaire a été l'agresseur.

N° 21. *Peut-on diminuer la prostitution?* — Oui.

N° 22. *Les moyens?* — Prendre un arrêté donnant le droit aux agents du service des mœurs d'arrêter et de punir par tant de violon (prison de l'hôtel de ville) les filles ou femmes rencontrées plusieurs fois raccrochant les passants sur la voie et dans les lieux publics ou défendus.

Observations sur quelques articles du Questionnaire.

N° 3. Insoumises.
N° 4.   —   Maximum d'âge, 45 ans.
N° 5.   —   Minimum d'âge, 14 ans.
N° 16.   —   Souvent les femmes se présentent au bureau des

mœurs et déclarent vouloir se livrer à la prostitution. Depuis plus d'un an que j'ai ce service dans ma direction, aucune arrestation arbitraire n'a eu lieu, deux arrestations ont été produites; après enquête, la mise en carte a été maintenue.

Toutes les fois qu'une fille soumise se décide à se marier, elle n'est plus assujettie aux visites sanitaires; si même il est reconnu qu'elle vit maritalement avec quelqu'un, on la dispense de se présenter à la visite.

Ce qu'il y a de plus écœurant, c'est de voir le soir des jeunes gens du meilleur monde venir demander que telle ou telle femme ne soit plus assujettie aux visites sanitaires.

En dehors des filles inscrites, on peut bien compter *deux cents* femmes qui mériteraient d'être mises en carte. Ce chiffre est peut-être au-dessous de la vérité. Ce qui est certain, c'est que la prostitution augmente surtout parmi les filles roulant sur le pavé.

N° 22. Je n'admets point le moyen proposé? pour arrêter les progrès que fait la prostitution.

— Il y aurait une source d'abus, — il y a quelque chose à faire : *quoi??* Mais c'est une question qu'il ne faut point cesser d'étudier.

Je reviens sur la question.

N° 2. Il existe un règlement enjoignant aux filles soumises (isolées) de se présenter à la visite, de ne point sortir après dix heures du soir, d'indiquer au bureau des mœurs tout changement de domicile; de ne jamais se trouver en compagnie de souteneurs; de ne point fréquenter certaines rues, certains lieux publics.

Ces défenses ont donné lieu à 753 rapports de police du 1er janvier au 1er août dernier. Toutes ces filles sont renvoyées en police municipale, sont condamnées suivant la contravention, de 1 franc d'amende à 10 francs, et de un jour à trois jours.

(*Rapport du Commissaire de police.*)

ROUEN (Seine-Inférieure).

Population en 1876................ 104 902
—   en 1881................ 104 720

Rouen, le 15 mars 1881.

Monsieur,

J'ai l'honneur de vous retourner la lettre que vous avez bien voulu me laisser hier en répondant aux questions qui me concernent.

Pendant les cinq dernières années, le nombre des femmes inscrites se décompose ainsi :

	MAJEURES	MINEURES
En maison........	499	»
En carte....................	55	70
Insoumises	261	319

Ainsi que vous pouvez le voir, toutes les pensionnaires des maisons de tolérance sont majeures.

Il suffit dès lors, pour leur inscription sur les contrôles de la prostitution, qu'elles justifient par des pièces authentiques qu'elles ont atteint leur majorité.

En ce qui concerne les arrestations sur la voie publique des prostituées clandestines, les agents n'opèrent jamais, hors le flagrant délit de racrochage, de leur mouvement.

Lorsqu'une femme leur est signalée comme se livrant à la débauche ou qu'ils la remarquent circulant sur la voie publique dans un but évident de racolage, mais qu'ils ne peuvent constater *de visu*, ils cherchent à connaître son domicile, s'entourent de tous les renseignements utiles, et l'ordre d'arrêter n'est donné par le Commissaire central que lorsqu'il est établi que la personne dont il s'agit vit exclusivement de sa débauche.

Il n'en est pas de même de celles qui ont été arrêtées plusieurs fois ou qui ont été traitées de la maladie vénérienne à l'Hospice général. L'intérêt de la santé publique exige que l'on veille sur elles lorsque l'on sait qu'elles continuent leur vie de débauche.

Recevez, Monsieur, etc.

Le Commissaire central,

GIRARD.

Hospices civils de Rouen.

SERVICE DES VÉNÉRIENNES.

Combien de fois la même femme, la même année, est-elle entrée à l'hôpital?

1880	MAXIMUM.	MINIMUM.	MOYENNE.
Au compte du service sanitaire	6	2	2 719
Indigents libres..........	3	2	2 250

Proportion entre les diverses catégories de femmes? — 57, traitées au compte du service sanitaire, sont entrées plusieurs fois dans l'année, et 4 femmes indigentes seulement.

VÉNÉRIENS HOMMES.

Sont-ils admis à l'hôpital? — Oui.

Dans quelle proportion s'y trouvent-ils? — Dans la proportion du 12e sur l'ensemble des malades de l'établissement, l'Hôtel-Dieu non compris.

Y a-t-il un dispensaire gratuit? — Les indigents sont admis gratuitement à l'hospice. — Ceux qui ne sollicitent pas leur entrée, peuvent venir tous les jours aux consultations gratuites de l'établissement.

Comment sont traitées à l'hôpital les vénériennes femmes? — Les vénériennes occupent un vaste quartier qui se compose d'un jardin, d'un préau couvert, de trois infirmeries pour les malades comprenant ensemble 15 lits et d'un grand bâtiment comprenant : *au rez-de-chaussée,* salle de bains, cuisine, grand réfectoire qui sert en même temps de salle de travail en hiver; cabinet pour la religieuse chef de l'office. — *Au 1er étage,* salle du spéculum garnie de 2 lits, ou plutôt de fauteuils à crémaillère permettant de leur donner l'inclinaison nécessaire; — dortoir de 22 lits; grand cabinet de toilette, dans lequel on a installé un lavabo garni de cuvettes en fonte émaillée; des casiers pour recevoir le savon, les peignes, etc., de chaque femme. C'est dans ce cabinet que les vénériennes prennent des injections sur un lit spécial; enfin cabinet d'aisances. — Au 2e étage, même installation qu'au 1er étage. — Au 3e étage : vestiaire, lingerie et 4 chambres contenant ensemble 7 lits pour l'isolement des filles indisciplinées.

Une canalisation conduit l'eau du rez-de-chaussée à tous les étages. Deux fois par jour, elles ont la visite du service médical.

Soins de propreté. — Les vénériennes apportent peu de soin dans leur toilette; il faut les surveiller, les obliger à se peigner, etc. — Une femme de service donne toutes les injections médicamenteuses. — Chaque malade a une canule qui lui est réservée, elle l'ajuste sur l'irrigateur ou sur le robinet d'eau froide.

NOURRITURE.

Au déjeuner de 8 heures : soupe ou bouillon. — Au dîner de 11 heures : bœuf ou viande en ragoût. — Au souper : légumes suivant la saison; poisson ou œufs; pain et cidre à discrétion ; vin, suivant la prescription du médecin.

Moyenne de durée du séjour sur les cinq dernières années :

FEMMES.	MILITAIRES.	CIVILS.
42 jours 3778.	39 jours 8522.	26 jours 292

Y a-t-il progression, dans cette durée de séjour, depuis cinq ans et dans quelles proportions ? — Non pour les trois catégories.

Pour compléter les renseignements qui précèdent, il a paru intéressant de produire deux tableaux indiquant le nombre des vénériens (1° militaires et civils [1]; 2° femmes libres et filles publiques) traités de 1876 à 1880 inclusivement, leurs journées de présence, la durée moyenne du séjour et la mortalité pour cent.

A. LEVILLAIN, Conseiller municipal,

L'un des Administrateurs.

1. J'ai supprimé celui-là. (N. de l'*A.*)

42

Hospice général de Rouen.

Malades vénériennes, femmes et filles publiques, traitées de 1876 à 1880 inclusivement.

ANNÉES		RESTANT le 31 déc. de l'année précédente	ENTRÉES pendant l'année	TOTAL des restantes et des entrées	SORTIES	DÉCÉDÉES	TOTAL DES SORTIES et des décès	RESTANTES le 31 décembre de l'année	JOURNÉES de présence	DURÉE MOYENNE du séjour	MORTALITÉ POUR 100
1876.	Femmes vénériennes.	5	24	29	19	2 [1]	21	8	1,657	57,137	6,896
	Filles publiques.....	6	81	87	76	1 [2]	77	10	3,817	43,873	1,149
1877.	Femmes vénériennes.	8	51	59	49	1 [3]	50	9	3,097	52,491	1,694
	Filles publiques.....	10	84	94	88	1 [4]	89	5	4,316	45,914	1,063
1878.	Femmes vénériennes.	9	79	88	84	1 [5]	85	3	3,286	37,340	1,136
	Filles publiques.....	5	168	173	162	»	162	11	5,326	30,786	»
1879.	Femmes vénériennes.	3	41	44	38	»	38	6	2,278	51,772	»
	Filles publiques.....	11	221	232	204	1 [6]	205	27	7,244	31,224	0,431
1880.	Femmes vénériennes.	6	70	76	57	3 [7]	60	16	5,143	67,671	3,947
	Filles publiques.....	27	268	295	274	2 [8]	276	19	12,982	44,006	9,677
	Totaux et moyennes..	90	1087	1177	1051	12	1063	»	49,146	41,755	1,103

1. Décédées : l'une, des suites de cachexie syphilitique, et l'autre, de péritonite compliquée.
2. Décédée des suites d'un cancer des organes génitaux.
3. Décédée des suites d'une bronchite chronique.
4. Décédée des suites de fièvre puerpérale, étant accouchée à l'hospice pendant son traitement.
5. Décédée des suites d'une péritonite.
6. Décédée des suites de tuberculose.
7. Décédées : la 1re, de pneumonie double ; la 2e, de dothiénentérie, et la 3e, de la syphilis.
8. Décédées : l'une, de scarlatine rubéolique, et l'autre, de tuberculose.

ROANNE (Loire)

(Les réponses aux questions n'ont été données qu'à titre confidentiel.)

1861.... popul. 17398 1866.... — 19354 1876.... — 22797	1re PÉRIODE (1861–1865)					2e PÉRIODE (1876–1880)					
	1861	1862	1863	1864	1865	1876	1877	1878	1879	1880	1881
Nombre des femmes inscrites..........	38										38
En maisons........	20										20
En carte	18										18
Insoumises.........	100										100
Majeures...........	138										138
Mineures...........											
Nombre des maisons de tolérance......	4										4
Nombre des visites ...	52										52
Cas de syphilis	16										16
Accidents primaires.											
— secondaires.											
Chancres mous......											
Blennorrhagies											
Maladies du col de la matrice.........											
Gale (hommes)......											
Nombre de séjours par année d'une même femme à l'hôpital.	4										4
Moyenne...........	1 m.										
Maximum..........	2 m.										
Minimum											
Nombre des malades vénériennes. suivant les catégories de femmes........											
Femmes en maisons.	3										3
— en carte...	11										11
Insoumises.........											
Nombre des vénériens (hommes)........											
Effectif de la garnison.											
Hôpital milit.: vénér.											
Accidents primaires syphilitiques......											
Accidents secondaires syphilitiques											
Chancres mous.....											
Blennorrhagies											

Ces renseignements techniques, d'un ordre purement médical, manquent.

1 bataillon du dépôt, habituellement.

Pas d'hôpital militaire.

AIX (Bouches-du-Rhône).

1861.... popul. 27659 1866.... — 28152 1876.... — 30513	1re PÉRIODE (1861-1865)					2e PÉRIODE (1876-1880)					
	1861	1862	1863	1864	1865	1876	1877	1878	1879	1880	1881
Nombre des femmes in-scrites......											
En maison.........	27	28	25	30	28	24	30	32	29	31	32
En carte..........	6	4	6	3	4	2	4				
Insoumises........											
Majeures.........	33	32	31	33	32	26	34	32	29	31	32
Mineures..........											
Nombre des maisons de tolérance........	7	7	7	7	7	7	7	7	7	7	7
Nombre des visites....	Tous les huit jours (c'est-à-dire le vendredi).										
Cas de syphilis......	Le médecin de l'hôpital n'a pu désigner le genre de ma-										
Accidents primaires..	ladie dont les vénériens étaient atteints. Sous le mot										
— secondaires.	vénériens étaient compris toutes personnes atteintes										
Chancres mous.....	de syphilis, chancres, etc., etc.										
Blennorrhagies.....											
Maladies du col de la matrice........											
Gale (hommes)......	13	12	12	8	17	3	4	11	14	10	6
Nombre de séjours par année d'une même femme à l'hôpital.											
Moyenne	27	43	52	36	28	27	25	46	45	36	32
Maximum..........	105	207	107	125	91	77	93	133	171	149	119
Minimum..........	3	2	20	20	2	1	3	15	2	6	4
Nombre des malades vénériennes sui-vant les catégories de femmes........											
Femmes en maison..	7	8	4	10	5	2	6	12	11	11	9
— en carte....	5	6	4	13	6	6	5	3	9	7	
Insoumises........											
Nombre des vénériens (hommes)	21	20	27	30	27	13	3	3	1	6	4
Effectif de la garnison .											
Hôpital milit. : vénér^s.	39	39	24	16	25	3	11	12	13	6	5
Accidents primaires syphilitiques......											
Accidents secondai-res syphilitiques..											
Chancres mous											
Blennorrhagies											

1° *Quelle est la périodicité des visites ?* — Le vendredi.

2° *Quelles sont les formalités employées pour arrêter et pour inscrire les femmes ?* — La mise en carte n'existe pas ; liberté absolue.

3° *Comment sont traitées les vénériennes à l'hôpital ?* — **Avec** égard.

4° *Y a-t-il un dispensaire gratuit pour les vénériens, hommes ?* — Oui, à l'hôpital.

5° *Les hommes atteints de maladies vénériennes sont-ils exclus des secours donnés par les Sociétés de secours mutuels ?* — Oui.

6° *Peut-on diminuer la prostitution ?* — Difficilement.

7° *Par quels moyens ?* — En assurant le travail des femmes et en augmentant leurs salaires.

(*Communication de la mairie.*)

AMIENS (Somme).

	1re PÉRIODE (1861-1865)					2e PÉRIODE (1876-1880)					
1861.... popul. 58780 1866.... — 61063 1876.... — 66896 1881.... — 73630	1861	1862	1863	1864	1865	1876	1877	1878	1879	1880	1881
Nombre des femmes in-scrites	70	73	71	76	83	85	88	92	88	91	74
En maison..........	33	35	36	38	42	56	58	61	60	61	42
En carte............	35	34	34	36	38	27	29	29	24	28	31
Insoumises	2	4	1	2	3	2	1	2	4	2	1
Majeures	68	69	68	72	78	82	83	88	86	87	69
Mineures..........	2	4	3	4	5	3	5	4	2	4	5
Nombre des maisons de tolérance	10	10	10	10	10	11	11	11	12	13	13
Nombre des visites....	Une visite par semaine										
Cas de syphilis										70	70
Accidents primaires.	Il est impossible de fournir ces renseigne-										12
— secondaires.	ments, le service du dispensaire étant										58
Chancres mous......	fait, jusqu'à l'année dernière, par des										15
Blennorrhagies	médecins qui se renouvelaient sans cesse.										19
Maladies du col de la matrice............											20
Gale (hommes)......	Les galeux séjournent 24 heures à l'hôpital.										12
Nombre de séjours par année d'une même femme à l'hôpital.											
Moyenne...........											
Maximum..........											
Minimum...........											
Nombre des malades vénériennes sui-vant les catégories de femmes........	33	141	127	60	61	286	152	153	194	149	124
Femmes en maison..		48	23		9	106	20	46	49	36	15
— en carte ...						180	132	107	145	113	109
Insoumises											
Nombre des vénériens (hommes).........	Impossible d'indiquer le chiffre, l'admin. hospitalière ne dispose que d'un nombre de lits bien insuffisant.										
Effectif de la garnison.	Impossible de trouver les		2393	2685	2889	2729	2421	2535
Hôpital milit.: vénér..	renseignements de 1861		53	134	173	157	137	224
Accidents primaires syphilitiques......	à 1865. Les chiffres ci-contre ont été pris dans les corps; on envoie ra-		3	3	11	1	3	11
Accidents secondaires syphilitiques	rement les vénériens à l'hôpital, ils sont traités		5	8	11	6	14	26
Chancres mous	dans les infirmeries.		6	17	28	19	23	59
Blennorrhagies......			39	106	123	131	97	128

Quelle est la périodicité des visites? — Toutes les semaines.

Quelles sont les formalités employées pour arrêter et pour inscrire les femmes? — On ne procède à l'arrestation d'une prostituée clandestine, dans un lieu notoirement ouvert à la prostitution, que s'il y a trace de flagrant délit ou aveu de la part de la fille ou de l'homme qui s'est trouvé avec elle, ou lorsqu'une surveillance prolongée de la part des agents, leur a permis d'observer des faits susceptibles d'être précisés, soit qu'on la saisisse au sortir d'un lieu de prostitution ou circulant avec des filles inscrites, soit qu'elle se livre publiquement à la provocation, à la débauche.

L'inscription a lieu lorsqu'une fille est surprise en récidive dans un lieu public ou sur la voie publique, se livrant à des actes de débauche avec un homme qui déclare ne pas la connaître ou ne pas répondre d'elle ; lorsqu'une fille, n'ayant pas de moyens d'existence avouables, est surprise en récidive introduisant dans son domicile un individu qu'elle a rencontré sur la voie publique ou dans un lieu public et qui fait la même déclaration que ci-dessus ; lorsqu'une fille est surprise en récidive dans une maison garnie ou dans tout autre établissement public, enfermée avec un homme qui fait la même déclaration que ci-dessus ; lorsqu'une fille est surprise en récidive dans une maison mal famée ou lorsque les agents la voient entrer dans une pareille maison ou en sortir ; lorsqu'une fille servant comme domestique dans un cabaret est dénoncée comme ayant communiqué le mal vénérien et est trouvée atteinte de syphilis ; lorsqu'à des époques rapprochées les agents ont rencontré la même fille dans les rues ou dans les lieux publics avec des hommes différents, bien que chacun d'eux ait pu déclarer être son amant ou son protecteur. La fréquentation des filles inscrites ou des maîtresses de maison est assimilée au flagrant délit de prostitution clandestine. Dans tous les cas spécifiés ci-dessus, sur un rapport écrit signé de deux agents, qui est transmis à M. le Maire, ce dernier juge de la gravité des faits et ordonne, s'il y a lieu, l'inscription de la fille sur les registres des prostituées.

Comment sont traitées les vénériennes à l'hôpital? — Une somme fixe est allouée tous les ans par l'administration municipale à l'administration hospitalière, qui se charge des soins à donner aux femmes envoyées par le service du dispensaire.

Y a-t-il un dispensaire gratuit pour les vénériens, hommes? — Oui, établi seulement depuis six mois.

Les hommes atteints de maladies vénériennes sont-ils exclus des secours donnés par les Sociétés de secours mutuels [1] ?

Peut-on diminuer la prostitution?

Par quels moyens?

Amiens, le 29 mars 1882.

Le Commissaire central,

H. B. DUBOSC.

1. Probablement. (*Lettre de M. Ch. Petit.*)

ANGOULÊME (Charente).

1861.... popul. 26 961 1866.... — 25 116 1876.... — 30 513 1881.... — 32 287	1re PÉRIODE (1861-1865)					2e PÉRIODE (1876-1881)					
	1861	1862	1863	1864	1865	1876	1877	1878	1879	1880	1881
Nombre des femmes inscrites.........											
En maison.........	42	42	45	40	39	48	48	45	42	43	38
En carte...........	4	6	5	7	12	18	25	58	56	48	89
Insoumises	20	25	25	30	50	80	93	110	130	130	120
Majeures......... ..	3	4	3	5	9	12	16	45	45	36	58
Mineures...........	1	2	2	2	3	6	9	13	11	12	22
Nombre des maisons de tolérance......	13	13	13	13	13	14	14	14	13	12	12
Nombre des visites...	36	36	36	36	36	36	36	36	36	36	36
Cas de syphilis......	15	9	10	14	11	58	78	86	68	52	70
Accidents primaires.	6	7	8	7	9	14	21	24	17	12	19
— secondaires.	2	3	2	4	3	9	15	17	9	5	11
Chancres mous......	4	5	5	6	4	16	21	24	19	14	20
Blennorrhagies......	6	5	7	9	8	10	5	4	3	6	8
Maladies du col de la matrice..........	3	2	2	3	4	3	2	5	4	4	6
Gale.............. .	30	25	12	23	50	44	26	18	15	14	22
Nombre de séjours par année d'une même femme à l'hôpital..											
Moyenne...........	2	2	2	3	3	2	3	3	2	2	3
Maximum.........	3	3	3	7	5	4	5	4	3	3	6
Minimum...........	1	1	1	2	2	1	2	1	1	2	2
Nombre des malades vénériennes suivant les catégories de femmes........											
Femmes en maison..	23	31	21	33	29	40	31	35	30	20	20
Femmes en carte...	16	23	15	27	37	70	82	91	63	35	70
Insoumises.........	37	58	30	30	22	24	60	72	80	75	95
Nombre des vénériens (hommes)........	55	36	28	52	37	61	45	74	79	61	89
Effectif de la garnison.	600	600	600	600	600	4000	4000	3000	3000	3000	3000
Hôpital milit. : vénér.	17	22	16	19	25	106	110	102	109	125	101
Accidents primaires syphilitiques......	8	11	9	12	13	60	59	62	63	74	63
Accidents secondaires syphilitiques..	2	3	2	1	2	10	12	7	5	8	5
Chancres mous.....	4	5	2	3	6	25	27	23	28	26	22
Blennorrhagies.....	3	3	3	2	4	11	12	13	19	17	11

1° *Quelle est la périodicité des visites?* — **Les** 10, 20 et 30 de chaque mois.

2° *Quelles sont les formalités employées pour arrêter et inscrire les femmes?* — **Lorsqu'elles** sont trouvées raccrochant.

3° *Comment sont traitées les vénériennes à l'hôpital?* — Elles sont visitées deux fois par semaine, et sont placées dans un appartement séparé des autres malades.

4° *Y a-t-il un dispensaire gratuit pour les vénériens (hommes)?* — Non, ils sont visités gratuitement à l'hôpital.

5° *Les hommes atteints de maladies vénériennes sont-ils exclus des secours donnés par les sociétés de secours mutuels?* — Oui, pour le traitement de ces maladies.

6° *Peut-on diminuer la prostitution?* — Très difficilement.

(Communication de la mairie.

ARLES-SUR-RHONE.

	1861	1862	1863	1864	1865	1876	1877	1878	1879	1880	1881
1861.... popul. 25543 / 1866.... — 26367 / 1876.... — 25095	1re PÉRIODE 1861-1865.					2e PÉRIODE 1876-1880.					
Nombre des femmes inscrites							50	39	43	39	33
En maison							37	28	32	30	26
En carte							11	11	11	9	7
Insoumises											
Majeures							50	39	43	39	33
Mineures											
Nombre des maisons de tolérance							8	8	8	8	7
Nombre des visites							49	50	48	50	53
Cas de syphilis						11	8	14	17	6	17
Accidents primaires						11	8	14	17	6	17
— secondaires						25	12	19	25	13	28
Chancres mous						40	45	38	40	34	49
Blennorrhagies						72	66	75	63	59	80
Maladies du col de la matrice						17	15	21	19	25	11
Gale						1	7	5	8	11	15
Nombre de séjours par année d'une même femme à l'hospice.											
Moyenne											
Maximum											
Minimum											
Nombre des malades vénériennes suivant les catégories de femmes											
Femmes en maison							6	4	5	2	2
Femmes en carte								1	1	2	1
Insoumises											
Nombre des vénériens (hommes)											
Effectif de la garnison.											
Hôpital milit. : vénér.											
Accidents primaires syphilitiques						1		3	2	8	6
Accidents secondaires syphilitiques								4	4	9	14
Chancres mous						7	9	7	5	11	18
Blennorrhagies						11	20	15	17	26	13

Quelle est la périodicité des visites? — **Tous** les mercredis ou vendredis de chaque semaine.

Quelles sont les formalités employées pour arrêter et pour inscrire les femmes? — Aussitôt reconnues vénériennes par le médecin , elles sont arrêtées et conduites immédiatement à l'hospice ; à leur arrivée elles sont présentées à M. le Commisaire central, qui les inscrit et s'assure si elles sont majeures, avant de les recevoir.

Comment sont traitées les vénériennes à l'hôpital? — Aux frais des maisons auxquelles elles appartiennent.

Y a-t-il un dispensaire gratuit pour les vénériens — hommes ? — Oui. La Mairie paye jusqu'à entière guérison.

Les hommes atteints de maladies vénériennes sont-ils exclus des secours donnés par les Sociétés de secours mutuels? — Oui.

Peut-on diminuer la prostitution ? — Oui.

Par quels moyens ? — Par l'instruction ; il est une chose digne de remarque : la généralité est illettrée.

(Communication de la mairie.)

ARRAS (Pas-de-Calais).

1861.... popul. 25 905 1866.... — 25 749 1876.... — 26 764	1ʳᵉ PÉRIODE (1861–1865)					2ᵉ PÉRIODE (1876–1880)					
	1861	1862	1863	1864	1865	1876	1877	1878	1879	1880	1881
Nombre des femmes inscrites.............						67	42	60	48	?3	46
En maisons.........						57	34	51	40	25	34
En carte...........						10	8	9	8	8	12
Insoumises						6	5	7	8	10	8
Majeures..........						En maison, toutes majeures.					
Mineures..........						4	4	4	4	4	4
						En moyenne des filles isolées.					
Nombre des maisons de tolérance.........											
Nombre des visites....						4	4	4	4	4	4
Cas de syphilis.....						2 par mois. Tous les 14 jours.					
Accidents primaires.											
— secondaires.											
Chancres mous											
Blennorrhagies......											
Maladies du col de la matrice..........											
Gale (hommes)......											
Nombre de séjours par année d'une même femme à l'hôpital.											
Moyenne						Deux en moyenne.					
Maximum..........						Trois mois.					
Minimum..........						Un an.					
Nombre des malades vénériennes suivant les catégories de femmes........						Un mois.					
Femmes en maisons.											
— en carte...											
Insoumises											
Nombre des vénériens (hommes).........											
Effectif de la garnison.											
Hôpital milit.: vénér..											
Accidents primaires syphilitiques											
Accidents secondaires syphilitiques											
Chancres mous											
Blennorrhagies											

1° *Quelle est la périodicité des visites?* — Par quinzaine.

2° *Quelles sont les formalités employées pour arrêter et pour inscrire les femmes?* — Sur le vu d'un rapport du commissaire central, établissant que telle fille ou femme vit entièrement de sa prostitution. M. le Maire prend un arrêté pour l'assujettir aux visites sanitaires et aux règlements concernant les filles soumises.

3° *Comment sont traitées les vénériennes à l'hôpital?*

4° *Y a-t-il un dispensaire gratuit pour les vénériens — hommes?* —Les hommes indigents, atteints de cette maladie, ne paient pas plus que pour d'autres.

5° *Les hommes atteints de maladies vénériennes sont-ils exclus des secours donnés par les Sociétés de secours mutuels?* — Non.

6° *Peut-on diminuer la prostitution?*

7° *Par quels moyens?*

(*Communication de la mairie.*)

AVIGNON (Vaucluse).

1861.... popul. 36081 / 1866.... — 36427 / 1876.... — 38008 / 1881.... — 38469	1re PÉRIODE 1861-1865.					2e PÉRIODE 1876-1881.					
	1861	1862	1863	1864	1865	1876	1877	1878	1879	1880	1881
Nombre des femmes inscrites											79
En maison	60	62	54	52	56	63	59	60	64	62	56
En carte	7	9	9	8	6	9	5	8	9	7	11
Insoumises	18	16	20	18	15	16	18	16	20	25	12
Majeures	10	8	11	10	9	8	10	11	9	14	11
Mineures	15	12	10	16	12	17	13	13	20	18	12
Nombre des maisons de tolérance	13	12	13	14	14	13	14	12	13	13	10
Nombre des visites	4 par mois pour chaque fille.										
Cas de syphilis										2	3
Accidents primaires										3	3
— secondaires										1	2
Chancres mous										4	1
Blennorrhagies										15	21
Maladies du col de la matrice										4	3
Gale											1
Nombre de séjours par année d'une même femme à l'hospice.											
Moyenne										1	1
Maximum										2	2
Minimum											
Nombre des malades vénériennes suivant les catégories de femmes											
Femmes en maison										20	26
Femmes en carte										5	6
Insoumises										7	5
Nombre des vénériens (hommes)											
Effectif de la garnison											2500
Hôpital milit* : vénér*.										27	26
Accidents primaires syphilitiques										3	6
Accidents secondaires syphilitiques										1	3
Chancres mous										4	2
Blennorrhagies										14	15

Quelle est la périodicité des visites? — Divisées en deux portions : Première portion, chaque mardi et toutes les semaines; — deuxième portion, chaque vendredi et toutes les semaines.

Quelles sont les formalités employées pour arrêter et pour inscrire les femmes? — Lorsqu'une fille a été vue plusieurs fois provoquant ostensiblement à la débauche et que des renseignements recueillis il résulte qu'elle n'a d'autre moyen d'existence que le produit de ses relations avec les hommes, elle est invitée à se rendre au bureau de police où des observations lui sont faites par M. le Commissaire central. Si, après une première comparution, elle persiste à mal se conduire, elle est inscrite d'office sur les contrôles de la prostitution et soumise aux visites sanitaires.

Dans beaucoup de cas l'inscription n'a lieu qu'après la deuxième ou troisième comparution.

Comment sont traitées les vénériennes à l'hôpital?

Y a-t-il un dispensaire gratuit pour les vénériens — hommes? — Oui.

Les hommes atteints de maladies vénériennes sont-ils exclus des cours donnés par les Sociétés de secours mutuels? — Non.

Peut-on diminuer la prostitution? — Non.

Par quels moyens?

Le maire,

DEVILLE.

BREST (Finistère).

	1861.... popul. 67 899 / 1866... — 79 847 / 1876.... — 66 828 / 1881.... — 64 599	1re PÉRIODE 1861-1865.					2e PÉRIODE 1876-1880.					
		1861	1862	1863	1864	1865	1876	1877	1878	1879	1880	1881
Nombre des femmes inscrites.							207	206	199	194	192	217
En maison..........							94	96	91	77	74	86
En carte.......							207	206	199	194	192	217
Insoumises..... ...							97	101	96	91	90	100
Majeures							141	144	140	138	137	141
Mineures ;..........							66	62	59	56	55	76
Nombre des maisons de tolérance							16	17	17	12	13	14
Nombre des visites....							8822	8301	8139	7749	7169	6835
Cas de syphilis												
Accidents primaires.							50	48	69	76	75	119
— second...							10	14	17	10	12	15
Chancres mous.												
Blennorrhagies							32	36	36	28	45	26
Maladies du col de la matrice..........							7	2	2	11	5	6
Gale...							17	16	5	8	10	10
Nombre d'entrées par année à l'hôp. civ.		209	307	326	262	242	215	205	201	213	205	230
Moyenne		30	35	39	31	25	16	14	15	18	16	21
Maximum		43	46	52	48	32	24	23	25	30	25	31
Minimum..........		18	24	26	15	18	8	6	6	6	8	12
Nombre de journées de présence......... .		10582	12973	16131	12402	9221	5196	5152	5792	5947	6584	7865
Nombre des malades vénér. suivant les catég. de femmes..												
Femmes en maison..												
Femmes en cartes. .												
Insoumises												
Nombre des vénériens (hommes)..... ...		13	18	31	35	29	30	38	23	40	21	24
Effectif de la garnison.												
Hôpital milit. : vénér*.												
Accidents primaires syphilitiques......												
Accidents secondaires syphilitiques.... .												
Chancres mous......												
Blennorrhagie.												

Q elle est la périodicité des visites? — Les visites ont lieu tous les jours. Chaque femme est visitée hebdomadairement.

Quelles sont les formalités employées pour arrêter et pour inscrire les femmes? — Les commissaires de police proposent l'inscription sur les contrôles des filles ou femmes qui, par suite de plaintes, après enquête ou constatation de flagrant délit, sont reconnues se livrer habituellement à la prostitution. Un service spécial d'agents est employé à la recherche et à la surveillance des prostituées.

Comment sont traitées les vénériennes à l'hôpital? — A Brest, le local, où sont visitées les filles prostituées par un médecin payé par la municipalité et assisté d'un médecin de la marine et d'un autre de la guerre, se trouve adossé à un établissement dit *Succursale de l'hôpital civil.* — Dès qu'une prostituée est reconnue atteinte de mal vénérien, elle passe immédiatement du lieu de visite dans une des salles de la succursale, spécialement affectée à cette catégorie de malades (femmes).

Les vénériennes admises dans la succursale y sont traitées par un des médecins de l'Hôpital civil, chargé de cette partie du service.

Le traitement varie suivant les circonstances et le caractère du mal. — La nourriture des vénériennes varie nécessairement aussi, suivant les prescriptions du médecin. — Des religieuses et des infirmières leur donnent des soins.

La ville de Brest, qui touche directement une subvention de 4500 fr. faite annuellement par les départements de la guerre et de la marine pour l'entretien du dispensaire, et qui perçoit en outre la taxe sur la visite des filles publiques lui rapportant en moyenne 12 000 fr. par an, rembourse l'Hospice civil de tous frais de traitement et de nourriture des vénériennes.

NOTA. — Les galeux ne sont pas admis à séjourner dans l'Hospice civil de Brest. — Sur la proposition du médecin de semaine, ils peuvent être autorisés à venir prendre quelques bains spéciaux, puis il leur est délivré, au besoin, quelques drogues à l'aide desquelles ils se frictionnent chez eux.

Y a-t-il un dispensaire gratuit pour les vénériens — hommes? — Non, il n'en existe pas. Mais l'Hôpital civil reçoit et traite quelques vénériens (hommes), ainsi que le prouvent les chiffres portés à la ligne n° 25 du présent questionnaire. Le nombre des vénériens admis est toujours très limité, d'abord parce qu'il s'en présente peu et ensuite parce que le traitement de ces sortes de malades étant généralement coûteux pour l'hôpital, la commission administrative apporte une certaine réserve dans les admissions.

A Brest, les vénériens (hommes) sont traités à part dans la salle dite des *Consignés.*

Les hommes atteints de maladies vénériennes sont-ils exclus des secours donnés par les Sociétés de secours mutuels? — Oui.

Peut-on diminuer la prostitution? — Dans une ville maritime comme Brest, non.

Par quels moyens?

(*Communication de la mairie.*)

43.

CARCASSONNE (Aude).

1861.... popul. 20644 1866.... — 22173 1876.... — 25971	1re PÉRIODE (1861-1865)					2e PÉRIODE (1876-1881)					
	1861	1862	1863	1864	1865	1876	1877	1878	1879	1880	1881
Nombre des femmes inscrites.........	26	27	28	27	28	49	53	54	57	58	57
En maison.........	24	24	25	24	24	31	25	26	26	27	26
En carte (libres).....	2	3	4	2	4	18	28	28	31	31	31
Insoumises........	5	4	3	6	7	2	3	4	8	9	6
Majeures...........	24	23	25	26	27	45	50	50	51	56	55
Mineures........	2	4	3	1	1	4	3	4	6	2	2
Nombre des maisons de tolérance......	5	5	5	5	5	5	5	5	6	6	6
Nombre des visites....	36	36	36	36	36	36	36	36	48	48	48
Cas de syphilis......	6	7	5	8	6	11	13	12	10	11	10
Accidents primaires.	1	2	1			1	1	1			1
— secondaires.	1	1	1	2	1	1	1	2	2		3
Chancres mous.....	2	1		1	2	3	2	2	1	2	1
Blennorrhagies......	2	3	3	5	3	6	6	6	5	6	5
Maladies du col de la matrice..........							1		1	2	
Gale...............							2	1	1	1	
Nombre de séjours par année d'une même femme à l'hôpital..	102	126	90	248	90	297	273	228	290	253	140
Moyenne...........	17	18	18	31	15	27	21	19	29	23	14
Maximum..........	71	47	51	39	46	91	67	73	68	88	72
Minimum...........	9	11		12	10	11	15	14	7	21	19
Nombre des malades vénériennes suivant les catégories de femmes.......	6	7	5	8	6	11	13	12	10	11	10
Femmes en maison..	4	3	3	2	3	7	7	7	5	5	3
— en carte (libres).	2	4	2	3	3	4	6	5	5	6	7
Insoumises.........	1			1	2	1		2			1
Nombre des vénériens (hommes)........	2		1		3		2	4		5	1
Effectif de la garnison.	800	900	1000	1100	1000	1200	1200	1100	1100	940	940
Hôpital milit. : vénér.	5	4	10	7	15	8	4	7	10	12	10
Accidents primaires syphilitiques......											
Accidents secondaires syphilitiques..											
Chancres mous......											
Blennorrhagies.....											

Quelle est la périodicité des visites? — Le mercredi de chaque semaine.

*Quelles sont les formalités employées pour arrêter et pour inscrire
les femmes?* — Les formalités pour arrêter et inscrire les femmes sont
les suivantes, savoir :

1° Lorsqu'une femme a été surprise, dans un lieu public, se livrant à
l débauche avec un individu ayant déclaré ne pas la connaître et ne
pas répondre d'elle;

2° Lorsqu'une femme, sans moyens d'existence, est surprise en récidive, introduisant chez elle un individu qu'elle a rencontré sur la voie
publique, qui fait la même déclaration que ci-dessus;

3° Lorsqu'une femme est surprise dans une maison publique avec un
individu qui fait la même déclaration que ci-dessus;

4° Lorsque, à des époques rapprochées, les agents ont rencontré la
même femme dans les rues ou dans les lieux publics avec des hommes
différents;

5° Lorsqu'une femme est surprise en récidive dans une maison de
passe;

6° Lorsqu'une femme âgée de moins de quarante-cinq ans est entrée
en qualité de domestique dans une maison de prostitution.

Comment sont traitées les vénériennes à l'hôpital? — Elles sont
nourries comme les malades ordinaires et traitées par un médecin
spécial, salarié par la commune.

Y a-t-il un dispensaire gratuit pour les vénériens — hommes? —
Non.

*Les hommes atteints de maladies vénériennes sont-ils exclus des
secours donnés par les Sociétés de secours mutuels?* — Oui.

Peut-on diminuer la prostitution?

Par quels moyens?

(Communication de la mairie.)

CETTE (Hérault).

	1re PÉRIODE (1861-1865).					2e PÉRIODE (1876-1880).					
1861.... popul. 22498 1866.... — 24177 1876.... — 28690 1881.... — 34537	1861	1862	1863	1864	1865	1876	1877	1978	1879	1880	1881
Nombre des femmes inscrites.........						326	390	439	489	514	568
En maison.........						34	33	35	36	35	30
En carte...........											
Insoumises........											
Majeures.........						34	33	35	36	35	30
Mineures.........						Néant	Néant				
Nombre des maisons de tolérance........						9	10	10	10	10	9
Nombre des visites...						1632	1584	1680	1728	1680	1440
Cas de syphilis....	24	20	21	2	20	19	20	16	15	22	23
Accidents primaires.	30	25	27								
— secondaires.	40										
Chancres mous.....	25										
Blennorrhagies.....	60										
Maladies du col de la matrice..........	15										
Gale...											
Nombre de séjours par année d'une même femme à l'hospice.											
Moyenne.........	13	12	15	14		19	17	19	27	23	
Maximum........	25	20	28	24		25	20	24	30	28	
Minimum	4	3	4	6		5	7	6	8	7	
Nombre des malades vénériennes suivant les catégories de femmes......											
Femmes en maison..						34	33	35	36	35	30
Femmes en carte...											
Insoumises.........											
Nombre des vénériens (hommes)........	18	16	21	27	10	56	27	19	37	87	
Effectif de la garnison.	400										
Hôpital milit : vénér.											
Accidents primaires syphilitiques......	10										
Accidents secondaires syphilitiques..	15										
Chancres mous.....	12										
Blennorrhagies	24										

Quelle est la périodicité des visites? — Le samedi de chaque semaine.

Quelles sont les formalités employées pour arrêter et pour inscrire les femmes? — Les femmes ne sont arrêtées que quand elles se trouvent en état de vagabondage. On ne les inscrit sur les contrôles de la prostitution que, quand après enquête préalable, il est établi qu'elles se livrent à tout venant.

Comment sont traitées les vénériennes à l'hôpital? — Dans une salle isolée de celles des malades ordinaires.

Y a-t-il un dispensaire gratuit pour les vénériens — hommes? — Non.

Les hommes atteints de maladies vénériennes sont-ils exclus des secours donnés par les Sociétés de secours mutuels? — Oui.
Peut-on diminuer la prostitution? — Oui.

Par quels moyens? — En créant des ateliers de couture, de piquage à la machine et des bureaux de placement pour les domestiques qui n'ont pas de métiers, et où des ressources leur seront assurées jusqu'au moment où elles pourront être occupées.

(Communication de la mairie.)

CHALON-SUR-SAONE (Saône-et-Loire).

1861.... popul. 19709 1866.... — 19182 1876.... — 20875	1re PÉRIODE (1861-1865)					2e PÉRIODE (1876-1881)					
	1861	1862	1863	1864	1865	1876	1877	1878	1879	1880	1881
Nombre de femmes inscrites	36	40	29	38	29	25	24	22	32	41	35
En maison	11	12	9	13	12	13	12	10	10	11	9
En carte	25	28	20	25	17	12	12	12	22	31	26
Insoumises	35	38	29	36	29	37	24	21	30	36	30
Majeures	71	70	58	72	58	60	48	40	60	72	60
Mineures	1	2		2		2		3	2	5	5
Nombre des maisons de tolérance	1	1	1	1	1	1	1	1	1	1	1
Nombre des visites	36	36	36	36	36	36	36	36	36	36	36
Cas de syphilis	8	10	7	11	9	8	6	7	8	10	12
Accidents primaires	10	9	6	10	8	5	3	5	6	8	7
— second	8	7	6	10	8	5	2	5	6	8	7
Chancres mous	4	3	5	6	4	7	2	3	5	6	4
Blennorrhagies	12	8	9	10	7	8	7	10	8	9	10
Maladies du col de la matrice	1	2		2	3	5	2	3	4	2	3
Gale	3	5	4	6	5	6	5	4	7	9	5
Nombre de séjours par année d'une même femme à l'hôpital	1	1	1	1	1	1	1	1	1	1	1
Moyenne	4 m.	4 m.	4 m.	4 m.	4 m.	4 m.	4 m.	4 m.	4 m.	4 m.	4 m.
Maximum	6 m.	6 m.	6 m.	6 m.	6 m.	6 m.	6 m.	6 m.	6 m.	6 m.	6 m.
Minimum	3 m	3 m.	3 m.	3 m.	3 m.	3 m.	3 m.	3 m.	3 m.	3 m.	3 m.
Nombre des malades vénériennes suivant les catégories de femmes	6	10	9	8	9	8	6	7	8	10	12
Femmes en maison	2	4	2	2	3	1	2	1	1		2
Femmes en cartes	6	6	7	6	6	7	4	6	4	6	8
Insoumises									3	4	2
Nombre des vénériens (hommes)	10	12	11	11	8	7	6	5	8	6	10
Effectif de la garnison	400	400	400	350	400	450	450	450	450	450	450
Hôpital milit. : vénér. Accidents primaires syphilitiques	5	10	10	9	8	5	4	3	4	6	7
Accidents secondaires syphilitiques	5	10	10	9	8	5	4	3	4	6	7
Chancres mous	3	2	4	5	6	6	3	4	2	5	3
Blennorrhagies	8	7	9	10	6	9	7	10	8	7	5

Quelle est la périodicité des visites? — Les 1er, 11 et 21 de chaque mois.

Quelles sont les formalités employées pour arrêter et pour inscrire les femmes? — Toutes les fois qu'une femme est notoirement connue pour se livrer à la prostitution, non pas clandestine, mais au racolage des passants sur la voie publique, et cela habituellement, elle est conduite au bureau de police et inscrite sur les registres de la prostitution, puis enfin soumise aux visites sanitaires en vertu d'un arrêté municipal. Mais elles ne sont inscrites sur les registres de la prostitution que par une décision spéciale de M. le Maire.

Comment sont traitées les vénériennes à l'hôpital? — Elles suivent le traitement ordinaire. Il leur est fourni les médicaments usités en pareille circonstance, mercure, potassium, etc.

Y a-t-il un dispensaire gratuit pour les vénériens — hommes? — Non, ils sont traités à l'hôpital de la ville.

Les hommes atteints de maladies vénériennes sont-ils exclus des secours donnés par les Sociétés de secours mutuels? — Les règlements des sociétés de secours mutuels de la ville défendent les secours à un homme atteint de maladie vénérienne.

Peut-on diminuer la prostitution?

Par quels moyens?

Châlon-sur-Saône, le 16 mars 1882.

Le Maire,

P. MAUCHAMP,
adjoint.

Avis personnel.
On peut diminuer la prostitution en supprimant les maisons de tolérance, en considérant comme vagabondes et punissant comme telles toutes les femmes étrangères à une localité et ne justifiant pas de moyens d'existence et signalées par leur inconduite ; en établissant des pénalités sévères contre toute femme racolant ou excitant à la débauche sur la voie publique, enfin par l'instruction, en facilitant à la femme l'accès d'une quantité d'emplois qu'elle pourrait remplir ou occuper.

P. MAUCHAMP.

DIEPPE (Seine-Inférieure).

1861.... popu'. 20187 1866..., — 19946 1876.... — 20323	1re PÉRIODE (1861-1865)					2e PÉRIODE (1876-1881)					
	1861	1862	1863	1864	1865	1876	1877	1878	1879	1880	1881
Nombre des femmes inscrites.........	30	28	28	28	29	28	28	27	29	29	27
En maison.............	12	13	13	12	13	12	12	14	13	13	12
En carte.............	18	15	15	.16	16	16	16	13	16	16	15
Insoumises.........											
Majeures...........	27	25	26	27	26	25	25	25	27	27	25
Mineures..........	3	3	2	2	3	3	3	2	2	2	2
Nombre des maisons de tolérance......	1	1	1	1	1	1	1	1	1	1	1
Nombre des visites....	60	60	60	60	60	60	60	60	60	60	60
Cas de syphilis.....	9	8	7	8	7	6	5	4	5	5	5
Accidents primaires.	9	7	7	8	7	6	5	3	5	5	5
— secondaires.		1						1			
Chancres mous.....											
Blennorrhagies.						2		3	2	2	1
Maladies du col de la matrice..........					7	4	5	2	5	5	5
Gale..............										•	1
Nombre de séjours par année d'une même femme à l'hôpital..	1 m.	1 m.	1 m.	1 m.	1 m.	1 m.	1 m.	1 m.	1 m	1 m.	1 m.
Moyenne...........				5			3	5			
Maximum........ .											5
Minimum..........	15 j.	15 j.	15 j.	15 j.	15 j.	15 j.	15 j.	15 j.	15 j.	15 j.	15 j.
Nombre des malades vénériennes suivant les catégories de femmes........											
Femmes en maison..	2	1	2	1	1		1		1	2	1
Femmes en carte....	7	7	5	7	6	6	5	5	8	7	6
Insoumises.........											
Nombre des vénériens (hommes).........											
Effectif de la garnison.	350	350	350	350	350	300	300	300	300	200	200
Hôpital milit. : vénér⁴.	8	7	8	7	8	7	5	6	5	3	3
Accidents primaires syphilitiques......	6	6	8	7	8	7	5	5	5	3	
Accidents secondaires syphilitiques..	2	1						1			
Chancres mous.....											
Blennorrhagies......											

Quelle est la périodicité des visites? — Les 10, 20 et 30 de chaque mois, pour les femmes des maisons de tolérance ; les 15 et 30 de chaque mois pour les filles soumises libres.

Quelles sont les formalités employées pour arrêter et pour inscrire les femmes? — En vertu d'un arrêté municipal, lequel prescrit l'inscription d'une fille lorsqu'elle sera notoirement connue comme se livrant à la prostitution.

Comment sont traitées les vénériennes à l'hôpital? — Dans une salle à part par les soins de deux religieuses et d'après les prescriptions du corps médical.

Y a-t-il un dispensaire gratuit pour les vénériens — hommes? — Non.

Les hommes atteints de maladies vénériennes sont-ils exclus des secours donnés par les Sociétés de secours mutuels ? — Oui.

Peut-on diminuer la prostitution? — Non.

Par quels moyens?

(*Communication de la mairie.*)

DIJON (Côte-d'Or).

1861.... popul. 37074 1866.... — 39193 1876.... — 47930 1881.... — 53899	1re PÉRIODE (1861–1865)					2e PÉRIODE (1876–1880)					
	1861	1862	1863	1864	1865	1876	1877	1878	1879	1880	1881
Nombre des femmes inscrites	63	85	62	78	56	77	68	75	68	175	134
En maison	53	65	56	70	46	65	57	56	47	117	76
En carte	10	20	6	8	10	12	11	19	21	58	58
Insoumises	60	45	55	50	60	60	65	70	70	80	60
Majeures	63	85	62	76	56	77	67	73	63	165	126
Mineures				2			1	2	5	10	8
Nombre des maisons de tolérance	10	11	10	13	12	9	10	11	11	14	13
Nombre des visites	36	36	36	36	36	36	36	36	36	36	36
Cas de syphilis	84	93	69	60	69	43	44	58	45	51	36
Accidents primaires	10	20	25	10	9	8	4	8	5	7	4
— secondaires	12	15	5	19	3		2	4	5	6	2
Chancres mous	20	22	18	16	20	10	6	15	10	10	9
Blennorrhagies	17	14	16	5	10	15	10	10	10	5	13
Maladies du col de la matrice	25	22	5	10	27	10	22	20	10	21	8
Gale (hommes)											
Nombre de séjours par année d'une même femme à l'hôpital.	3	3	4	2	2	2	3	2	4	2	3
Moyenne	15	15	18	16	16	13	17	19	20	21	18
Maximum											
Minimum											
Nombre des maladies vénériennes suivant les catégories de femmes											
Femmes en maison	26	30	18	40	25	15	18	22	24	24	17
— en carte		5	3	2	6	8	6	12	10	9	8
Insoumises	38	17	8	8	18	10	20	24	11	11	11
Nombre des vénériens (hommes)	L'hôpital ne traite pas les vénériens civils.										
Effectif de la garnison. Hôpital milit. : vénér'.	105	81	32	28	84	66	44	37	141	105	68
Accidents primaires syphilitiques	61	42	14	15	54	20	7	19	47	36	25
Accidents secondaires syphilitiques	8	11	11	7	3	9	8	3	24	18	21
Chancres mous	20	21	6	4	14	10	1	2	19	9	9
Blennorrhagies	16	7	1	2	13	27	28	13	51	42	13

Quelle est la périodicité des visites? — Le 1ᵉʳ, le 11 et le 21 de chaque mois.

Quelles sont les formalités employées pour arrêter et pour inscrire les femmes? — D'après un arrêté de M. le Maire, toute femme se livrant à la prostitution d'une manière ostensible est mise en carte d'office par le Commissaire de police central[1].

Comment sont traitées les vénériennes à l'hôpital? — Elles y sont traitées d'une manière tout à fait incomplète.

Y a-t-il un dispensaire gratuit pour les vénériens — hommes? — Les militaires atteints de maladie vénérienne sont seuls admis à l'hôpital, à l'exclusion des civils.

Les hommes atteints de maladies vénériennes sont-ils exclus des secours donnés par les Sociétés de secours mutuels? — Oui.

Peut-on diminuer la prostitution? — Non.

Par quels moyens?

NOTA. — Les femmes soumises sont traitées aux frais de leurs maisons moyennant 1 fr. 25 ; et les autres, aux frais de l'établissement.

(Communication de la mairie.)

1. Une jeune fille s'est suicidée en 1876. (*N. de l'A.*)

DUNKERQUE (Nord).

1861.... popul. 32113 1866.... — 33083 1876.... — 35071 1881.... — 36644	1re PÉRIODE 1861-1865.					2e PÉRIODE 1876-1880.					
	1861	1862	1863	1864	1865	1876	1877	1878	1879	1880	1881
Nombre des femmes inscrites.........	85	92	95	102	106	138	149	147	150	155	160
En maison..........	70	79	82	95	98	125	134	130	132	130	141
En carte...........	15	13	13	7	8	13	15	17	18	25	19
Insoumises											
Majeures...........	82	87	89	101	100	132	143	144	146	155	160
Mineures....	3	5	6	1	6	6	6	3	4		
Nombre des maisons de tolérance.........	14	14	14	14	14	15	15	15	15	16	16
Nombre des visites ...	Tous les dix jours et lorsqu'il y a des doutes sur l'état sanitaire de la femme.										
Cas de syphilis	42	37	77	145	102	64	97	97	106	108	107
Accidents primaires.		1		1	1		1	1	1	1	
— secondaires.	12	11	2	5	9	13	15	14	15	14	15
Chancres mous	6	4	6	25	18	15	9	11	12	14	13
Blennorrhagies......	10	10	50	74	55	21	36	25	33	39	28
Maladies du col de la matrice	14	11	19	40	19	15	36	46	45	40	50
Gale											
Nombre de séjours par année d'une même femme à l'hospice.	34										
Moyenne	10										
Maximum	40										
Minimum...	5										1
Nombres des malades vénériennes suivant les catégories de femmes...	Il n'est guère possible à Dunkerque d'établir cette différence, attendu que le nombre des filles cartées-libres est restreint en ce moment.										
Femmes en maison...	26	21	59	120	78	50	72	84	88	87	92
Femmes en carte... Insoumises	16	16	18	16	24	14	25	13	18	21	15
Nombre des vénériens (hommes)..											
Effectif de la garnison.											
Hôpital milite: vénér.											
Accidents primaires syphilitiques											
Accidents secondaires syphilitiques..											
Chancres mous.....											
Blennorrhagies											

Quelle est la périodicité des visites ? — **Tous les dix jours.**

Quelles sont les formalités employées pour arrêter et pour inscrire les femmes ? — Sur plainte relative à leur état sanitaire suivie d'enquête; lorsque la femme n'a aucun moyen d'existence et qu'elle est notoirement connue pour se livrer à la prostitution ou aussi quanp elle est surprise en flagrant délit se livrant ostensiblement à la prostitution sur la voie publique.

Comment sont traitées les vénériennes à l'hôpital? — 1° Les blennorrhagies sont traitées d'abord par les émollients, puis par les astringents;
2° Les syphilis sont traitées : localement par des applications de calomel, de nitrate d'argent, ou de nitrate acide de mercure; — et, comme traitement général, par des pilules de sublimé corrosif et opium.

Y a-t-il un dispensaire gratuit pour les vénériens — hommes ? — Non

Les hommes atteints de maladies vénériennes sont-ils exclus des secours donnés par les Sociétés de secours mutuels? — Oui.

Peut-on diminuer la prostitution ?

Par quels moyens ?

                    (Communication de la mairie.)

LAVAL (Mayenne).

1861.... popul. 22 892 1866.... — 27 189 1876.... — 27 107	1re PÉRIODE (1861-1865)					2e PÉRIODE (1876-1881)					
	1861	1862	1863	1864	1865	1876	1877	1878	1879	1880	1881
Nombre des femmes inscrites.........	30 en moyenne pour chaque année.					40 en moyenne pour l'année.					
En maison.........	20 à 21 en moy. p. ch. an.					23 à 24 en moyenne.					
En carte......... ...	10 à 11 en moy. p. ch. an.					16 à 17 en moyenne.					
Insoumises	12 en moyenne.					Une dizaine environ.					
Majeures..	2 en moyenne					4 sur les 10 } moyenne.					
Mineures...........	10 en moyenne.					6 sur les 10					
Nombre des maisons de tolérance......	3	3	3	3	3	3	3	3	3	3	3
Nombre des visites....	3 par mois, les 10, 20 et 30.					3 par mois, les 10, 20 et 30.					
Cas de syphilis.....	1		3			13	10	8	1	7	12
Accidents primaires.	23	9	20	10	33	6	8	3		5	9
— secondaires.	8	6	29	18	12	18	17	39	34	21	20
Chancres mous......	21	25	15	12	6	10	10	8	21	9	1
Blennorrhagies......	10	21	17	16	10	12	6	6	16	7	8
Maladies du col de la matrice..........	1										
Gale...............	2	7	1	1	1				1	1	1
Nombre de séjours par année d'une même femme à l'hôpital.	5	2	2	3	2	3	4	3	4	3	5
Moyenne...........	15	18	20	20	18	20	20	18	19	19	20
Maximum...........	162	56	65	135	147	80	77	64	107	66	70
Minimum..........	5	3	4	4	4	1	5	3	1	2	1
Nombre des malades vénériennes suivant les catégories de femmes.......	62	75	79	67	54	44	42	53	80	47	47
Femmes en maison..	15	7	4	10	7	21	15	14	9	14	23
Femmes en carte...	45	66	69	54	45	17	20	34	61	21	16
Insoumises.........	2	2	6	3	2	6	7	5	10	12	8
Nombre des vénériens (hommes).........											
Effectif de la garnison.	1 bataillon de dépôt.					2 bat. 1 rég. ent. à part. de 1878.					
Hôpital milit. : vénér'.	Pas d'hôp.p.les vénériens.					Pas d'hôpit. p. les vénériens.					
Accidents primaires syphilitiques......											
Accidents secondaires syphilitiques...											
Chancres mous......											
Blennorrhagies.....											

Quelle est la périodicité des visites? — Tous les dix jours, 10, 20 et 30 de chaque mois. (Il y a quelquefois des visites extraordinaires sans date fixe.)

Quelles sont les formalités employées pour arrêter et pour inscrire les femmes? — Les femmes signalées par le public, par les agents sont inscrites après enquête et soumises à une visite tous les dix jours, elles sont inscrites au bureau de police.

Cette inscription n'a lieu que lorsqu'il est bien démontré qu'elles se livrent à la prostitution.

Comment sont traitées les vénériennes à l'hôpital? — Par un médecin qui s'y rend tous les matins; une femme est attachée au dispensaire où il y a douze lits montés et quatre en supplément; la surveillance est faite par la supérieure des sœurs de la prison chargée de la pharmacie.

Le dispensaire n'est pas à l'hôpital, il forme un établissement spécial touchant à la prison et séparé d'elle.

Y a-t-il un dispensaire gratuit pour les vénériens — hommes? — Non.

Les hommes atteints de maladies vénériennes sont-ils exclus des secours donnés par les Sociétés de secours mutuels? — Oui.

Peut-on diminuer la prostitution? — Ça me paraît difficile, le travail des femmes est trop peu rémunérateur; on pourrait peut être l'atténuer par l'élévation des salaires des femmes.

Par quels moyens?

Observation générale.

Le dispensaire établi par la préfecture reçoit les femmes de tout le département.

Dans l'état ci-inclus, il n'est question que des femmes de la ville de Laval.

Le dispensaire a reçu de janvier 1850 à janvier 1881 un total de 2515 femmes, ce qui fait une moyenne de 80 par année.

Il y a eu de janvier 1850 à janvier 1881, 388 femmes étrangères à la ville.

Laval, le 00 mars 1882.

Le commissaire de police,
Ch. TROCHENS.

LIMOGES (Haute-Vienne).

1864.... popul. 51059 1866.... — 53022 1876.... — 59011 1881.... — 63126	1re PÉRIODE (1861–1865)					2e PÉRIODE (1876–1881)					
	1861	1862	1863	1864	1865	1876	1877	1878	1879	1880	1881
Nombre des femmes inscrites.........						183	168	174	168	159	175
En maison..........	82	78	79	76	80	72	70	70	68	64	55
En carte						111	98	104	100	95	120
Insoumises.........											
Majeures											
Mineures..........											
Nombre des maisons de tolérance.........	23	28	23	23	23	20	17	17	16	16	15
Nombre des visites...											
Cas de syphilis											
Accidents primaires.						19	20	16	12	18	19
— secondaires.						44	63	22	24	48	55
Chancres mous.....											
Blennorrhagies						22	32	23	20	16	7
Maladies du col de la matrice						16	23	14	13	22	21
Gale						15	13	8	6	9	9
Nombre de séjours par année d'une même femme à l'hôpital.						4	5	2	6	3	1
Moyenne...........						8	7	4	3	1	
Maximum..........						1 jr.	6 jrs.	1 jr.	2 jrs.	3 jrs.	12 j.
Minimum...........											
Nombre des malades vénériennes, suivant les catégories de femmes........	97	98	102	109	105	135	117	92	88	109	117
Femmes en maison..						25	27	26	17	21	23
— en carte....						110	90	70	71	88	94
Insoumises.........											
Nombre des vénériens (hommes).........	33	44	37	45	52	92	76	70	102	146	140
Effectif de la garnison.	Il a été impossible d'en établir la moyenne.										
Hôpital milit. ; vénér°.	239	217	310	186	161	48	46	39	45	56	103
Accidents primaires syphilitiques......	65	48	61	20	8	19	9	9	16	11	31
Accidents secondaires syphilitiques..	26	29	56	35	48	8	10	7	4	15	14
Chancres mous.....	30	46	94	39	29	4	3	6	2	5	22
Blennorrhagies.....	118	94	99	92	81	17	24	17	23	25	36

Quelle est la périodicité des visites? — Les jeudis de chaque semaine.

Quelles sont les formalités employées pour arrêter et pour inscrire les femmes? — Voy. l'arrêté du 3 février 1872. Toutefois, depuis quelques semaines, nous procédons par des enquêtes administratives à l'endroit des femmes n'ayant d'autres moyens d'existence que le produit de la prostitution.

Comment sont traitées les vénériennes à l'hôpital? — Par les soins du médecin du dispensaire qui passe quotidiennement la visite des femmes en traitement dans l'asile affecté à ce service (Sainte-Madeleine).

Y a-t-il un dispensaire gratuit pour les vénériens — hommes? — Oui, à l'Hôpital général.

Les hommes atteints de maladies vénériennes sont-ils exclus des secours donnés par les Sociétés de secours mutuels? — Oui, par la moitié environ des Sociétés de secours mutuels.

Peut-on diminuer la prostitution? — Oui.

Par quels moyens? — Par l'instruction et l'amélioration du sort de la femme.

Limoges, le 27 mars 1882.

Le Commissaire central,

F. MICHEL.

Vu : le Maire,

MARCELIN BÉCHAD,
adjoint.

LORIENT (Morbihan).

1861.... popul. 35462 1866.... — 37655 1876.... — 35165 1881.... — 37822	1ʳᵉ PÉRIODE (1861-1865)					2ᵉ PÉRIODE (1876-1881)					
	1861	1862	1863	1864	1865	1876	1877	1878	1879	1880	1881
Nombre des femmes inscrites........ .											
En maison.........	90	85	60	69	56	6)	84	74	71	73	81
En carte...........	42	38	27	32	20	26	24	26	36	43	44
Insoumises.........	50	45	30	42	55	38	48	58	60	72	90
Majeures...........	124	114	67	80	60	75	37	83	88	93	103
Mineures..........	8	9	20	21	16	11	30	17	19	23	19
Nombre des maisons de tolérance......	11	11	11	11	11	11	11	11	11	11	11
Nombre des visites....	104	104	104	104	104	104	104	104	104	104	104
Cas de syphilis......	125	132	109	105	112	118	110	115	166	174	180
Accidents primaires.	40	35	27	25	32	39	31	28	41	49	52
— secondaires.	27	29	21	19	25	28	22	18	25	30	28
Chancres mous.....	13	17	9	13	10	14	8	13	16	14	10
Blennorrhagies......	55	51	52	48	45	39	47	35	28	35	40
Maladies du col de la matrice..........	31	27	32	29	26	23	15	21	25	18	27
Gale..............	14	10	8	7	5	11	4	9	10	15	12
Nombre de séjours par année d'une même femme à l'hôpital.											
Moyenne...........	3	6	3	3	3	4	3	5	4	3	6
Maximum..........	7	8	6	7	5	9	6	8	7	5	8
Minimum..........	2	2	1	2	1	2	2	2	1	2	2
Nombre des maladies vénériennes suivant les catégories de femmes.......											
Femmes en maison..	50	57	45	52	60	82	73	79	87	80	97
Femmes en carte....	35	31	26	33	88	24	25	22	28	70	55
Insoumises.........	23	19	29	20	22	12	17	15	26	24	27
Nombre des vénériens (hommes).........	32	27	20	23	30	29	35	40	50	53	57
Effectif de la garnison..	3000	2900	3200	3400	3000	3700	3000	3600	3800	4200	4400
l.ôpital milit. : vénérˢ.	75	63	52	67	80	72	64	82	93	69	87
Accidents primaires syphilitiques......	20	16	13	18	20	18	23	21	25	19	23
Accidents secondaires syphilitiques..	15	13	10	11	16	15	9	15	17	11	18
Chancres mous.....	22	19	14	10	12	10	13	23	22	18	20
Blennorrhagies......	18	15	15	28	32	29	19	23	29	21	26

Quelle est la périodicité des visites? — Le mercredi et le samedi de chaque semaine.

Quelles sont les formalités employées pour arrêter et pour inscrire les femmes? — Quand une fille ou femme est réellement reconnue se livrer à la prostitution, elle est conduite à la visite au dispensaire; si les médecins constatent qu'elle est atteinte de maladie vénérienne ou qu'elle a des habitudes de prostitution, elle est inscrite d'office.

Comment sont traitées les vénériennes à l'hôpital? — Les vénériennes sont traitées dans un hôpital spécial d'où elles ne sortent qu'après complète guérison.

Y a-t-il un dispensaire gratuit pour les vénériens — hommes? — Non.

Les hommes atteints de maladies vénériennes sont-ils exclus des secours donnés par les Sociétés de secours mutuels? — Oui.

Peut-on diminuer la prostitution? — Nous le pensons.

Par quels moyens? — Le seul moyen que nous connaissions pour diminuer la prostitution, ce serait de moraliser la jeunesse au moyen de l'éducation.

(Communication de la mairie.)

LYON (Rhône).

1861... popul. 318 303 1866... — 323 954 1876... — 342 815 1881.. — 372 887	1re PÉRIODE (1861-1865)					2e PÉRIODE (1875-1880)					
	1861	1862	1863	1864	1865	1875	1876	1877	1878	1879	1880
Nombre des femmes inscrites.........											
En maison.........	220					Le tiers des inscrites.					
En cartes..........	510					Les isolées forment les 2 au-					
Insoumises	150					tres tiers dont il faut dé-					
						duire un tiers d'insoumises.					
Majeures..........						Toutes majeures en maison.					
Mineures (isolées) ..	1/2										
Nombre des maisons de tolérance......											
Nombre des visites...	1 fois par semaine.					2 fois pour les syphil. durant 3 mois.					
Cas de syphilis... .						127					
Accidents primaires.	205	745	671	545	583		11	21	30	350	
— secondaires.						64	106	122	181		
Chancres mous.....						38	3	5	16		
Blennorrhagies	400					433	406	600	530	730	
Maladies du col de la matrice (aff. div)..						35	352	122	41		
Gale...............											
Nombre de séjours par année d'une même femme à l'hôpital.											
Moyenne.	3										
Maximum	6										
Minimum..........	1										
Nombre des malades vénériennes sui- vant les catégories de femmes......						715	844		819	910	
Femmes en maison..						242					
— en carte....	520	509	452	434	455	252					
Insoumises.........	195	177	169	111	128	221				240	
Nombre des vénériens (hommes)	674	635	614	642	604	719				778	
Effectif de la garnison.											14 000 enr.
Hôpital milit. : vénér'.											
Accidents primaires syphilitiques......											
Accidents secondai- res syphilitiques..											
Chancres mous.....											
Blennorrhagies											

Quelle est la périodicité des visites? — Depuis 1870, une fois par semaine, au bureau de police.

Quelles sont les formalités employées pour arrêter et pour inscrire les femmes? — L'arrestation a lieu quand une femme se livre publiquement à la prostitution et que des faits de prostitution publique sont constatés. La femme arrêtée est soumise à la visite le jour même ou le lendemain, et, selon les cas, elle est envoyée à l'hôpital ou mise en liberté. Une instruction sommaire est faite d'après les renseignements fournis par l'interrogatoire. Cette instruction est, dans certains cas, suivie d'une proposition d'inscription adressée par M. le commissaire spécial de la sûreté, à M. le Préfet qui, seul, a qualité pour ordonner l'inscription.

Comment sont traitées les vénériennes à l'hôpital? — Bien.

Y a-t-il un dispensaire gratuit pour les vénériens — hommes? — Un, mais très insuffisant.

Les hommes atteints de maladies vénériennes sont-ils exclus des secours donnés par les Sociétés de secours mutuels?

Peut-on diminuer la prostitution? — Il serait impossible de diminuer la prostitution; on ne peut que la réglementer.

Par quels moyens?

Qu'appelez-vous femmes mariées?

Qu'appelez-vous volontaires? — Filles entrées volontairement.

En 1876, 272; en 1877, 208; en 1878, 240.
Il y a, à l'Antiquaille, un service de femmes vénériennes complètement en dehors de la police. C'est ce que l'on désigne sous le nom de volontaires.
On a inscrit ces malades ici sous la rubrique insoumises.

(*Communication de la mairie.*)

Par l'intermédiaire du Dr Lacassagne.

MOULINS (Allier).

1861.... popul. 17581 1866.... — 18896 1876.... — 21774	1re PÉRIODE 1861-1865.					2e PÉRIODE 1876-1881.					
	1861	1862	1863	1864	1865	1876	1877	1878	1879	1880	1881
Nombre des femmes inscrites..........	76	69	62	44	50	58	63	59	55	64	69
En maison..........	51	42	47	28	40	45	42	33	28	42	40
En carte.....	25	27	15	16	10	13	21	26	27	22	29
Insoumises..........						12	9	14	11	5	10
Majeures............	55	49	43	34	42	52	52	56	60	58	62
Mineures............	21	20	19	10	8	16	11	17	6	11	7
Nombre des maisons de tolérance	7	6	8	6	7	6	5	6	5	5	5
Nombre des visites....	52	52	52	52	52	52	52	52	52	52	52
Cas de syphilis......											
Accidents primaires.											
— secondaires..											
Chancres mous......											
Blennorrhagies... ..											
Maladies du col de la matrice..........											
Gale.....						2		1	1		
Nombre de séjours par année d'une femme à l'hospice........											
Moyenne............						23	20	18	18	16	14
Maximum......... .						104	95	55	50	77	56
Minimum.....						1	1	1	1	1	1
Nombre des malades vénériennes suivant les catégories de femmes.......						22	38	31	29	62	29
Femmes en maison..						7	8	13	8	14	10
Femmes en carte ...						8	13	5	7	18	14
Insoumises.........						7	17	13	14	30	5
Nombre des vénériens (hommes)........											
Effectif de la garnison.											
Hôpital milit. : vénér'.						32	29	23	30	27	15
Accidents primaires syphilitiques......											
Accidents secondaires syphilitiques..											
Chancres mous......											
Blennorrhagies......											

Quelle est la périodicité des visites ? — Tous les huit jours, le jeudi de chaque semaine.

Quelles sont les formalités pour arrêter et pour inscrire les femmes ? — 1° Sur leur demande; 2° Lorsqu'elles sont surprises à raccrocher sur la voie publique; 3° Lorsqu'elles sont désignées par la notoriété publique comme se livrant à la prostitution clandestine.

Comment sont traitées les vénériennes à l'hôpital ? — Dans un service spécial et éloigné, sans contact avec les autres malades de l'hôpital.

Y a-t-il un dispensaire gratuit pour les vénériens — hommes ? — Non.

Les hommes atteints de maladies vénériennes sont-ils exclus des secours donnés par les Sociétés de secours mutuels ? — Oui.

Peut-on diminuer la prostitution ? — Très difficile, sinon impossible.

Par quels moyens ?

La prostitution paraît plutôt augmenter que diminuer et le nombre des filles qui s'y livrent clandestinement est toujours très élevé. — Pour cette catégorie de filles, la nécessité de la visite s'impose de la façon la plus impérieuse et toute liberté sur ce point offrirait les plus grands dangers, car ce sont ces filles qui contaminent la plupart des vénériens civils ou militaires, sans jamais se faire soigner. La liberté de la prostitution et la suppression de la visite seraient, comme cela est arrivé dans différents pays[1], le point de départ d'un accroissement considérable dans le nombre des syphilitiques.

(Communication de la mairie.)

1. Nous serions curieux de connaître ces pays. (*N. de l'A.*)

NANTES (Loire-Inférieure).

1861... popul. 113625 1866... — 111256 18·6... — 122247 1881... — »	1re PÉRIODE (1861-1865)					2e PÉRIODE (1876-1881)					
	1861	1862	1863	1864	1865	1876	1877	1878	1879	1880	1881
Nombre des femmes inscrites.........	173	143	122	132	116	114	101	127	106	131	151
En maison........ ..	107	66	70	83	72	77	54	59	37	60	63
En carte...........	66	67	52	49	44	37	47	68	69	71	88
Insoumises...........	Qu'entend-on par insoumises?										
Majeures...........	ǀ ǀ ǀ ǀ ǀǀ ǀ ǀ ǀ ǀ ǀ										
Mineures...........	Il n'y a pas de mineures inscrites; celles qui se livrent à la prostitution sont assujetties à la visite.										
Nombre des maisons de tolérance......	28	28	28	28	28	18	18	18	18	18	18
Nombre des visites...	52	52	52	52	52	52	52	52	52	104	104
Cas de syphilis......											220
Accidents primaires.											13
— secondaires.											33
Chancres mous.....											37
Blennorrhagies......											9
Maladies du col de la matrice.......											23
Gale...............											19
Nombre de séjours par année d'une même femme à l'hôpital.											5
Moyenne.											3
Maximum........,...											5
Minimum...........											1
Nombre des maladies vénériennes suivant les catégories de femmes.......											
Femmes en maison.											56
Femmes en carte...											194
Insoumises.........	Celles reconnues malades sont mises en carte.										
Nombre des vénériens (hommes)........	243	302	297	305	279	309	345	306	304	315	346
Effectif de la garnison.											2744
Hôpital milit. : vénér.	75	63	59	78	85	105	95	63	79	87	87
Accidents primaires syphilitiques......											
Accidents secondaires syphilitiques..											
Chancres mous.....											
Blennorrhagies											

Quelle est la périodicité des visites? — Deux fois par semaine.

Quelles sont les formalités employées pour arrêter et pour inscrire les femmes? — Les filles ou femmes majeures surprises plusieurs fois racolant plusieurs individus sur la voie publique et celles se soumettant à la visite ou la demandant.

Les filles mineures convaincues de prostitution sont seulement assujetties aux visites sanitaires.

Comment sont traitées les vénériennes à l'hôpital? — Dans une salle spéciale de l'Hôtel-Dieu.

Y a-t-il un dispensaire gratuit pour les vénériens — hommes? — Non.

Les hommes atteints de maladies vénériennes sont-ils exclus des secours donnés par les Sociétés de secours mutuels? — Oui.

Peut-on diminuer la prostitution? — Je ne le crois pas, on ne peut que la réglementer de façon qu'elle s'étale moins publiquement.

Par quels moyens? — Par l'application rigoureuse des règlements.

Lu et reconnu exact,

Le Maire de Nantes,
G. COLOMBET.

NIORT (Deux-Sèvres).

1862.... popul. 20831 1866.... — 20775 1876.... — 30923	1re PÉRIODE 1861-1865.					2e PÉRIODE 1876-1881.					
	1861	1862	1863	1864	1865	1876	1877	1878	1879	1880	1881
Nombre des femmes inscrites	32	32	42	44	22	31	16	24	22	36	42
En maison.........	24	28	22	34	16	21	15	20	18	24	36
En carte	7	3	15	8	4	10	1	3	3	12	6
Insoumises											
Majeures											
Mineures..........	1	1	5	2	2			1	1		
Nombre des maisons de tolérance......	3	3	3	3	3	3	3	3	3		3
Nombre des visites	36	36	36	36	36	36	36	36	36	3	36
Cas de syphilis.....					1	5	3		1	6	1
Accidents primaires.											
— secondaires.											
Chancres mous.....											
Blennorrhagies......											
Maladies du col de la matrice											
Gale											
Nombre de séjours par année d'une même femme à l'hospice.											
Moyenne											
Maximum.........											
Minimum.........											
Nombre des malades vénériennes suivant les catégories de femmes											
Femmes en maison..											
Femmes en carte...					1	5	3		1	6	1
Insoumises											
Nombre de vénériens (hommes).........											
Effectif de la garnison.											803
Hôpital milite : vénér.											
Accidents primaires syphilitiques.... .											
Accidents secondaires syphilitiques..											
Chancres mous.....											
Blennorrhagies......											

Quelle est la périodicité des visites? — Les visites ont lieu les 1ᵉʳ, 10 et 20 de chaque mois.

Quelles sont les formalités employées pour arrêter et pour inscrire les femmes? — Elles sont arrêtées, d'après un certificat du médecin, chargé du dispensaire, et inscrites sur le registre des filles publiques par suite d'un arrêté de M. le Maire, après une visite préalable.

Comment sont traitées les vénériennes à l'hôpital?

Y a-t-il un dispensaire gratuit pour les vénériens — hommes? — Non.

Les hommes atteints de maladies vénériennes sont-ils exclus des secours donnés par les Sociétés de secours mutuels? — **Oui.**

Peut-on diminuer la prostitution? — Oui.

Par quels moyens? — Par la recherche de la paternité.

(Communication de la mairie.)

PAU (Basses-Pyrénées).

1861.... popul. 21140 1863.... — 24563 1876.... — 28908	1re PÉRIODE 1861-1865.					2e PÉRIODE 1876-1881.					
	1861	1862	1863	1864	1865	1876	1877	1878	1879	1880	1881
Nombre des femmes inscrites.........	50	53	51	49	52	50	57	54	55	46	40
En maison.........	30	27	26	28	29	22	27	25	23	27	23
En carte	20	26	25	21	23	28	30	21	22	19	17
Insoumises											
Majeures...........	47	45	45	46	48	42	43	40	48	41	37
Mineures	3	8	6	3	4	8	14	14	7	5	3
Nombre de maisons de tolérance.........	4	4	4	4	4	4	4	4	4	4	4
Nombre de visites.....	52	52	52	52	52	52	52	52	52	52	52
Cas de syphilis......											
Accidents primaires.											
— secondaires.											
Chancres mous......											
Blennorrhagies											
Maladies du col de la matrice											
Gale.......											
Nombre de séjours par année d'une même femme à l'hospice.											
Moyenne											
Maximum											
Minimum...........											
Nombre des malades vénériennes sui-vant les catégories de femmes											
Femmes en maison..											
Femmes en carte....											
Insoumises											
Nombre des vénériens (hommes)											
Effectif de la garnison.											
Hôpital milite : vénérs.											
Accidents primaires syphilitiques......											
Accidents secondai-res syphilitiques..											
Chancres mous											
Blennorrhagies											

Quelle est la périodicité des visites ? — Chaque mardi.

Quelles sont les formalités employées pour arrêter et pour inscrire les femmes ?

Comment sont traitées les vénériennes à l'hôpital ? — Les vénériennes sont traitées au dépôt de santé par les médecins de l'hôpital, soit au compte de la ville, soit au compte des maîtresses de maisons.

Y a-t-il un dispensaire gratuit pour les vénériens — hommes ? — Non.

Les hommes atteints de maladies vénériennes sont-ils exclus des secours donnés par les Sociétés de secours mutuels ? — Oui.

Peut-on diminuer la prostitution ? — On arrivera très difficilement à la diminuer.

Par quels moyens ?

Pau, le 15 mars 1882.

Monsieur le Maire,

En vous retournant les pièces ci-jointes, j'ai l'honneur de vous faire connaître qu'il est impossible de fournir les renseignements demandés à la première page. Il n'est pas tenu au Commissariat central de registre sur lequel sont inscrits les cas de maladies.

Les médecins délivrent une carte sur laquelle on constate la maladie. Cette carte est remise à la Supérieure de l'hospice qui l'annexe à la fin du trimestre à l'état de la dépense. Il n'y aurait donc qu'à consulter les états ou les cartes qui sont à la Mairie où est tenu un registre d'entrées et de sorties [1].

Les visites se font tous les mardis.

Les maîtresses de maison sont tenues de faire inscrire au Commissariat central les femmes qu'elles reçoivent.

Les agents chargés du service des mœurs recherchent les filles isolées qui sont soumises à la visite hebdomadaire.

Les vénériennes sont traitées au dépôt de santé par les médecins de l'hospice, soit au compte de la ville, soit au compte des maîtresses de maison.

Pas de dispensaire pour les hommes civils. Les militaires sont traités à l'hospice.

Les hommes malades sont exclus des secours donnés par les Sociétés de secours mutuels.

On arrivera difficilement à diminuer la prostitution.

Le commissaire central,

E. Blount.

1. Ces cartes n'ont pas été conservées à la mairie et le registre d'entrée et de sortie ne mentionne pas la maladie.

(Communication de la mairie.)

SAINT-QUENTIN (Aisne).

	1ʳᵉ PÉRIODE (1861-1865)						2ᵉ PÉRIODE (1876-1881)						
1861. popul. 30790 1866. — 32690 1876. — 38926 1881. — 45021	1861	1862	1863	1864	1865	Total	1876	1877	1878	1879	1880	1881	Total
Nombre des femmes inscrites.......	70	89	112	104	123	498	119	119	138	126	113	143	758
En maison......	27	38	43	37	48	183	63	58	47	55	45	40	338
En carte	43	51	69	67	75	305	56	61	91	71	68	103	450
Insoumises......			Néant.						Néant.				
Majeures........	62	82	101	89	105	439	90	108	106	102	86	100	592
Mineures........	8	7	11	15	18	59	29	11	32	24	27	43	160
Nombre des maisons de toléreᵉ.	3	3	3	3	3	3	3	3	3	3	3	3	3
Nombre des visites.	26	26	26	26	26	26	52	52	52	52	52	52	52
Cas de syphilis..							9	19	22	9	26	22	107
Accid. primaires.	De 1861 à 1865, les vénériennes n'étaient pas admises à l'hôpital de Saint-Quentin; elles étaient dirigées dans les hôpitaux de Paris (Saint-Lazare).						3	2	11	13	7	9	45
— secondaires.							2	10		2	2	7	23
Chancres mous..							1	1	2	2	5	10	21
Blennorrhagies.								1		2		1	4
Maladies du col de la matrice..									6	1	6	4	17
Gale										1			1
Nombre de séjours parannée d'une même femme à l'hôpital.......													
Moyenne........							21	24	32	34	29	33	173
Maximum.......							82	58	39	48	72	85	384
Minimum							4	7	9	5	11	15	51
Nombre des maladies vénériennᵉ suivant les catégories de femᵉ.													
En maison......							2	4	2	5	4	3	20
En carte........							32	27	35	42	51	47	234
Insoumises......									Néant.				
Nombre des vénériens (hommes).									Néant.				
Effectif de la garnis.							1281	1040	1518	1419	1441	852	
Hôpit. milit.: vénérᵉ.							8	3	3	4	17	32	67
Accidents primaires syphilitiqᵉ.							7	3	3	4	15	28	60
Accidents second. syphilitiques...							1			3	2		6
Chancres mous..							2	3	3	4	17	32	61
Blennorrhagies ..					Ces cas sont traités à la caserne.								

Quelle est la périodicité des visites? —   ne fois la semaine; autrefois tous les quinze jours.

Quelles sont les formalités employées pour arrêter et pour inscrire les femmes? — Après les avoir vues raccrocher sur la voie publique et enquête sur leurs moyens d'existence.

Comment sont traitées les vénériennes à l'hôpital? — Elles sont traitées jusqu'à parfaite guérison au mercure et au copahu. Elles sont toutes dans la même chambre et bien soignées.

Y a-t-il un dispensaire gratuit pour les vénériens — hommes? — Non.

Les hommes atteints de maladies vénériennes sont-ils exclus des secours donnés par les Sociétés de secours mutuels? — Les statuts des sociétés de secours mutuels défendent de traiter les maladies vénériennes; cependant on le fait exceptionnellement pour quelques-uns, mais, dans la crainte de faire connaître cette maladie aux co-sociétaires et aussi par humanité, ils sont traités gratuitement.

Peut-on diminuer la prostitution? — Cela paraît difficile.

Par quels moyens? — On n'en connait pas.

(*Communic tion de la mairie.*)

TARBES (Hautes-Pyrénées.)

1861.... popul. 14768 1866.... — 15658 1876.... — 21293	1re PÉRIODE (1861-1865)					2e PÉRIODE (1876-1881)					
	1861	1862	1863	1864	1865	1876	1877	1878	1879	1880	1881
Nombre des femmes inscrites.........	135	115	129	115	100	106	110	150	134	107	105
En maison.........	65	53	62	56	48	44	45	69	63	49	42
En carte...........	18	14	17	13	10	14	15	26	19	12	16
Insoumises.........	52	48	50	46	42	48	50	6'	52	46	47
Majeures..........	35	32	33	31	29	28	26	34	29	27	26
Mineures..........	17	16	17	15	13	20	24	27	23	19	21
Nombre des maisons de tolérance......	8	8	8	8	8	7	7	7	7	7	7
Nombre des visites....	52	52	52	52	52	52	52	52	52	52	52
Cas de syphilis...... Accidents primaires. — secondaires. Chancres mous..... Blennorrhagies...... Maladies du col de la matrice........ Gale...............	Le registre servant à l'inscription de cette catégorie de malades ne mentionne que : maladies vénériennes.										
Nombre de séjours par année d'une même femme à l'hôpital. Moyenne...........	Registres disparus.					2	2	2	2	2	2
Maximum..........						4	4	4	4	4	4
Minimum..........						1	1	1	1	1	1
Nombre des maladies vénériennes suivant les catégories de femmes......						70	67	68	62	48	43
Femmes en maison..						31	25	29	20	18	13
Femmes en carte....						19	15	25	21	15	3
Insoumises.........						20	27	14	21	15	27
Nombre des vénériens (hommes)........	2	2	5	2	9	38	30	17	17	37	35
Effectif de la garnison.	2600	2850	3050	3000	3000	2895	4650	4600	4625	4060	4056
Hôpital milit. : vénér'.	41	136	107	114	77	22	38	40	75	78	68
Accidents primaires syphilitiques.	21	86	81	44	27	3	17	24	14	24	10
Accidents secondaires syphilitiques.	7	29	12	35	16	8	8	14	10	13	6
Chancre mous......	4	5	3	12	15	3			25	19	19
Blennorrhagies......	9	16	11	23	19	8	13	2	26	22	33

Quelle est la périodicité des visites? — Le vendredi de chaque semaine.

Quelles sont les formalités employées pour arrêter et pour inscrire les femmes? — Les femmes majeures qui désirent se livrer à la prostitution sont inscrites, sur leur demande, sur un registre tenu à cet effet au bureau du commissariat central; celles qui se livrent à la prostitution clandestine sont inscrites d'office.

Les mineures qui se livrent à la prostitution clandestine sont invitées à rentrer dans leurs familles après avoir subi la visite sanitaire; si elles n'obtempèrent pas à cette invitation, elles y sont conduites par la gendarmerie; si plus tard elles reviennent à Tarbes pour s'y prostituer, elles sont assujetties à la carte. (Art. 21, arrêté municipal du 19 juillet 1864.)

Comment sont traitées les vénériennes à l'hôpital? — Elles sont placées dans une salle spéciale isolée, sous la surveillance d'une infirmière, et soignées par un médecin spécial.

Y a-t-il un dispensaire gratuit pour les vénériens — hommes?.-- Oui.

Les hommes atteints de maladies vénériennes sont-ils exclus des secours donnés par les Sociétés de secours mutuels? — Non.

Peut-on diminuer la prostitution? — Oui.

Par quels moyens? — En surveillant d'une manière spéciale les procureuses qui excitent et engagent par des promesses illusoires les filles à se livrer à la prostitution.

Tarbes, le 14 avril 1881,

Le Commissaire central,

GIRON.

TROYES (Aube).

1861.... popul. 34613 1866.... — 35678 1876.... — 41275 1881. .. — 48156	1re PÉRIODE (1861-1865)					2e PÉRIODE (1876-1881)					
	1861	1862	1863	1864	1865	1876	1877	1878	1879	1880	1881
Nombre de femmes in- scrites............	52	49	52	55	60	82	85	92	94	96	98
En maison...	34	30	32	29	35	40	42	45	45	42	48
En carte............	18	19	20	26	25	42	43	47	49	54	50
Insoumises											
Majeures	39	37	44	40	47	60	70	68	71	74	69
Mineures	13	12	8	15	13	22	15	24	23	22	29
Nombre des maisons de tolérance........	5	4	5	6	6	6	6	6	6	6	6
Nombre des visites....	52	52	52	52	52	52	52	52	52	52	52
Cas de syphilis......	86	51	75	65	53	40	47	69	45	62	67
Accidents primaires. — second. ...	34	20	32	29	21	15	18	29	17	30	30
Chancres mous.....	20	17	26	16	15	18	14	25	15	21	22
Blennorrhagies ..... Maladies du col de la matrice	32	14	17	20	17	17	15	15	13	11	15
Gale...............											
Nombre de séjours par année d'une même femme à l'hôpital..	Néant.										
Moyenne..........											
Maximum											
Minimum..........											
Nombre des malades vénériennes sui- vant les catégories de femmes.......											
Femmes en maison..	35	29	33	40	44	12	4	13	9	12	12
Femmes en carte....	51	22	42	25	9	40	43	56	36	50	55
Insoumises											
Nombre des vénériens (hommes)....... ..	(Pas avant 1881.)										64
Effectif de la garnison.											
Hôpital milit.: vénér^s.	4	7	8	5	10	5	9	3	8	7	14
Accidents primaires syphilitiques......											
Accidents secondai- res syphilitiques..	0	2	3	3	5	1	5	1	6	5	6
Chancres mous......	1	2	1	2	3	3	4	1	0	0	5
Blennorrhagies......	2	3	4	0	2	1	0	1	2	2	3

Quelle est la périodicité des visites? — **Tous** les vendredis de chaque semaine.

Quelles sont les formalités employées pour arrêter et pour inscrire les femmes? — C'est à la suite de plaintes adressées contre elles et encore pour avoir été trouvées sur la voie publique se livrant à la prostitution, et il arrive quelquefois qu'elles se font inscrire d'office sur le registre des prostituées.

Comment sont traitées les vénériennes à l'hôpital? — Bien traitées. Un médecin principal et un suppléant sont attachés au service du dispensaire. Les femmes en traitement sont sous la surveillance d'une infirmière spéciale.

Y a-t-il un dispensaire gratuit pour les vénériens — hommes? — Ce dispensaire existe seulement depuis l'année 1881.

Les hommes atteints de maladies vénériennes sont-ils exclus des secours donnés par les Sociétés de secours mutuels? — Ils en sont tous exclus.

Peut-on diminuer la prostitution? — Non; il n'existe pas à Troyes, plus que dans les villes industrielles du même ordre, de causes particulières favorables au développement de la prostitution. La question des moyens à employer pour diminuer la prostitution se pose donc à Troyes dans les termes généraux où elle se présente au moraliste en même temps qu'au législateur.

Par quels moyens?

(Communication de la mairie.)

VALENCE (Drôme).

1861.... popul. 18711 1866.... — 20142 1876... — 23220	1re PÉRIODE (1861-1865)					2e PÉRIODE (1876-1881)					
	1861	1862	1863	1864	1865	1876	1877	1878	1879	1880	1881
Nombre des femmes inscrites.........											
En maison.........						88	78	77	96	105	100
En carte.........						51	37	34	29	30	27
Insoumises.........											
Majeures.........						34	27	22	24	16	15
Mineures.........						17	10	12	5	14	12
Nombre des maisons de tolérance.........						13	13	13	13	12	11
Nombre des visites....						7153	8104	8481	8543	8324	8240
Cas de syphilis							3		1	3	5
Accidents primaires.											
— secondaires.						14	21	25	45	31	29
Chancres mous......						45	39	50	54	39	60
Blennorrhagies						52	30	42	38	36	26
Maladies du col de la matrice........						40	24	27	24	21	19
Gale..............							2	7	7	5	5
Nombre de séjours par année d'une même femme à l'hospice.						jours 255	jours 99	jours 110	jours 146	jours 136	jours 155
Moyenne............						45	35	30	40	35	40
Maximum..........						45	40	30	35	30	40
Minimum..........						25	20	15	20	20	25
Nombre des malades vénériennes suivant les catégories de femmes........											
Femmes en maison..						40	33	37	39	35	37
Femmes en carte....						77	65	85	88	59	75
Insoumises........						86	16	21	21	29	25
Nombre des vénériens (hommes)........											4112
Effectif de la garnison.											
Hôpital milite : vénére						1	1	1	1	1	1
Accidents primaires syphilitiques.....						9	9	15	8	6	5
Accidents secondaires syphilitiques......						3	24	19	23	14	14
Chancres mous......						7		7	18	14	14
Blennorrhagies.... .						58	30	39	27	56	27

(1re période, colonnes 1861-1865 : Le service des mœurs n'a été réglementé qu'en 1873.)

Quelle est la périodicité des visites ? — **Les** visites sont hebdomadaires.

Quelles sont les formalités employées pour arrêter et pour inscrire les femmes ? — Les femmes sont inscrites sur leur demande ou d'office, après invitation préalable restée sans effet de se livrer au travail et enquête démontrant qu'elles n'ont d'autres moyens d'existence que la prostitution.

Comment sont traitées les vénériennes à l'hôpital? — Elles sont traitées dans un dispensaire spécial appartenant à la ville. Le médecin visiteur est chargé de la direction du traitement. Il a, sous ses ordres, la directrice de l'établissement, sage-femme, très-compétente, qui est chargée des pansements du matin et du soir.

Les femmes sont bien nourries, bien couchées, Une grande cour, ombragée l'été, leur permet de prendre l'air. L'établissement possède un système de bains et d'injections vaginales.

Y a-t-il un dispensaire gratuit pour les vénériens — hommes? — Il n'en existe point de proprement dit. Les vénériens (hommes) peuvent se présenter à la consultation gratuite municipale et ils reçoivent des bons de médicaments.

Les hommes atteints de maladies vénériennes sont-ils exclus des secours donnés par les Sociétés de secours mutuels? — Les membres des Sociétés de secours mutuels peuvent consulter les médecins de ces sociétés, mais les médicaments sont à leur charge.

Peut-on diminuer la prostitution? — Difficilement.

Par quels moyens? — Ces moyens ne sont pas du ressort de l'administration. Il faudrait changer nos mœurs et modifier profondément l'état social de la femme.

Quand celle-ci aura un salaire suffisant pour subvenir à ses besoins, elle n'aura pas recours à la prostitution ou elle ne s'y livrera que pour satisfaire ses passions et ses désirs de luxe. La paresse et la vanité en feront toujours tomber un grand nombre.

(Communication de la mairie.)

VALENCIENNES (Nord).

1861.... popul. 24 966 1866.... — 24 344 1876.... — 26 083	1ᵉʳ PÉRIODE (1861-1865)					2ᵉ PÉRIODE (1876-1881)					
	1861	1862	1863	1864	1865	1876	1877	1878	1879	1880	1881
Nombre des femmes inscrites						117	66	125	119	68	109
En maison..........						103	57	107	94	58	101
En carte ....·.						14	9	18	25	10	8
Insoumises.											
Majeures..........						110	60	116	112	61	104
Mineures..						7	6	9	?	7	5
Nombre des maisons de tolérance						12	12	12	12	11	11
Nombre des visites ...						3212	2276	4500	4284	2448	3924
Cas de syphilis......											
Accidents primaires.						3	4	8	3	4	10
— secondaires.						2		1	3	2	4
Chancres mous......									3	1	4
Blennorrhagies......						19	9	15	12	5	7
Maladies du col de la matrice..........						4		1		2	1
Gale...............									2		
Nombre de séjours par année d'une même femme à l'hospice.											
Moyenne...........											
Maximum											
Minimum..........											
Nombre des malades vénériennes sui- vant les catégories de femmes											
Femmes en maison..											
Femmes en carte...											
Insoumises											
Nombre des vénériens (hommes).........											
Effectif de la garnison.											
Hôpital milit* : vénér*.											
Accidents primaires syphilitiques......											
Accidents secondai- res syphilitiques..											
Chancres mous......											
Blennorrhagies.....											

L'autorité militaire ne veut pas donner les renseigne-ments relatifs au questionnaire ci-joint.

Quelle est la périodicité des visites ? — Les 10, 20 et 30 de chaque mois.

Quelles sont les formalités employées pour arrêter et pour inscrire les femmes ? — Lorsqu'il est établi qu'une femme se livre habituellement à la prostitution, elle est soumise aux visites sanitaires par un arrêté spécial pris par M. le Maire.

Comment sont traitées les vénériennes à l'hôpital ? — Les accidents primitifs sont traités par les cautérisations et l'application d'iodoforme. — Le traitement mercuriel est institué dès le début dans la syphilis. — Le nitrate d'argent et l'acide chromique sont employés contre les chancres mous. — Pour les vaginites et les métrites nous appliquons deux fois par semaine un sachet plein de poudre d'alun. — Les injections sont largement employées.

Y a-t-il un dispensaire gratuit pour les vénériens — hommes? — Oui.

Les hommes atteints de maladies vénériennes sont-ils exclus des secours donnés par les Sociétés de secours mutuels ? — Oui.

Peut-on diminuer la prostitution ?

Par quels moyens ?

Commissariat central
de police.

RAPPORT.

La prostitution était en décroissance marquée depuis le mode de recrutement adopté après la guerre.

Les vieux sous-officiers ont disparu, ainsi que les vieux soldats, lesquels, en temps de paix, ne songeaient qu'à boire et à fréquenter les femmes qui rôdaient autrefois sur les remparts et autour des casernes, et dont l'exemple excitait les jeunes soldats à la débauche.

Avec le service obligatoire de trois ou cinq ans, les jeunes soldats, constamment tenus en haleine par le service et des exercices durant toute l'année, et n'étant plus entraînés par l'exemple de leurs anciens, rentrent sains de corps dans leurs foyers, et l'armée renvoie chaque année une classe d'hommes aguerris, fortifiés, et pleins de santé.

Mais la prostitution menace de devenir plus grande et plus générale que jamais, par la liberté accordée aux débits de boissons. Dans nos provinces, les cabaretiers, qui n'ont plus à craindre de fermeture par ordre de l'administration, font de leurs établissements des maisons de rendez-vous, facilitent la débauche, et aident au développement de la prostitution dans des proportions alarmantes pour l'avenir des populations.

SAINT-ÉTIENNE (Loire).

1861.... popul. 92250 1866.... — 96620 1876.... — 126019 1881.... — 120965	1re PÉRIODE (1861-1865)					2e PÉRIODE (1876-1880)					
	1861	1862	1863	1864	1865	1876	1877	1878	1879	1880	1881
Nombre des femmes inscrites..........	82	80	95	101	105	197	180	162	158	150	137
En maison...........	36	42	48	49	52	71	70	82	88	83	77
En carte............	46	44	47	52	53	126	110	80	70	67	62
Insoumises..........	6	7	5	6	8	8	7	6	5	5	4
Majeures...........	30	32	36	37	42	100	87	60	50	48	46
Mineures...........	16	12	11	15	11	18	16	14	15	14	12
Nombre des maisons de tolérance......	5	6	7	7	7	8	8	9	12	12	11
Nombre des visites....	36	36	36	36	56	54	54	54	54	54	54
Cas de syphilis.....											
Accidents primaires.	25	27	26	29	24	47	44	40	38	36	32
— secondaires.	32	35	38	41	43	83	78	65	60	54	50
Chancres mous.....											
Blennorrhagies......											
Maladies du col de la matrice...........											
Gale...............											
Nombre de séjours par année d'une même femme à l'hôpital.	99	82	85	90	83	96	90	92	85	80	76
Moyenne............	35	40	45	56	54	55	50	52	45	40	38
Maximum..........	55	62	65	69	66	70	60	64	58	56	57
Minimum...........	25	30	34	36	38	40	38	35	30	25	26
Nombre des malades vénériennes suivant les catégories de femmes........											
Femmes en maison.	9	11	14	16	15	28	26	25	28	27	24
— en carte...	27	32	38	41	43	67	62	58	56	59	57
Insoumises.........	6	7	5	6	8	8	7	6	5	5	4
Nombre des vénériens (hommes).........											
Effectif de la garnison.											
Hôpital milit. : vénér°.											
Accidents primaires syphilitiques......											
Accidents secondaires syphilitiques..											
Chancres mous......											
Blennorrhagies											

Quelle est la périodicité des visites? — Vendredi et samedi de chaque semaine.

Quelles sont les formalités employées pour arrêter et pour inscrire les femmes? — Lorsqu'elles ont été prises plusieurs fois pour se livrer à la prostitution clandestine; qu'elles ne veulent pas travailler et enfin que les parents les abandonnent ne pouvant payer pour les faire enfermer au refuge, où d'ailleurs très souvent il manque de place.

Comment sont traitées les vénériennes à l'hôpital? — Par un médecin qui passe deux fois par semaine, qui fait une ordonnance suivant la maladie qu'elles ont. Il y a une sœur et une femme spécialement chargées de ce service.

Y a-t-il un dispensaire gratuit pour les vénériens — hommes? — Non; les malades sont dirigés à l'hôpital de l'Antiquaille, à Lyon.

Les hommes atteints de maladies vénériennes sont-ils exclus des secours donnés par les Sociétés de secours mutuels? — Non.

Peut-on diminuer la prostitution? — Cela n'est guère possible, elle augmente tous les jours.

Par quels moyens? — Aucun.

(Communication de la mairie.

ROUBAIX (Nord).

1861.... popul. 49274 1866.... — 65091 1876.... — 33661 1881.... — 90572	1re PÉRIODE (1861-1865)					2e PÉRIODE (1876-1881)					
	1861	1862	1863	1864	1865	1876	1877	1878	1879	1880	1881
Nombre de femmes inscrites............	6	4	5	3	4	31	45	39	47	73	46
En maisons.........	6	4	5	3	4	21	41	31	43	69	37
En carte............						10	4	8	4	4	9
Insoumises.........	?	?	?	?	?	?	?	?	?	?	?
Majeures............	6	4	5	3	4	31	45	39	47	73	46
Mineures......... ..											
Nombre des maisons de tolérance.........	1	1	1	1	1	3	3	3	3	3	3
Nombre des visites....	36	36	36	36	36	36	36	36	36	36	36
Cas de syphilis											
Accidents primaires.											
— second...											
Chancres mous..... .			3	2	10	15	14	40	46	22	42
Blennorrhagies	3	4	17	12	17	132	117	95	121	107	85
Maladies du col de la matrice...........	1							1		2	2	1
Gale........	42	35	55	58	150				1		
Nombre de séjours par année d'une même femme à l'hôpital..											
Moyenne						33	31	27	25	18	63
Maximum..........						91	67	93	93	34	52
Minimum........ ...						8	2	6	2	6	5
Nombre des malades vénériennes suivant les catégories de femmes........											
Femmes en maison..						3	6	5	5	2	1
Femmes en carte....							2	6	5	5	4
Insoumises.........						29	31	37	35	15	24
Nombre des vénériens (hommes)..........	3	4	20	14	27	115	115	135	124	109	99
Effectif de la garnison.											
Hôpital milit. : vénér'.											
Accidents primaires syphilitiques.......											
Accidents secondaires syphilitiques..											
Chancres mous......											
Blennorrhagies......											

Quelle est la périodicité des visites? — De dix en dix jours.

Quelles sont les formalités employées pour arrêter et pour inscrire les femmes? — Il faut que les femmes se livrent notoirement à la débauche et *qu'il soit reconnu qu'elles ne vivent* QUE DE CELA[1]. Il faut aussi qu'elles soient majeures. — Il y a un arrêté de police municipale contre les filles mineures qui se livrent à la prostitution, elles peuvent être condamnées à l'amende et à la prison, puis soumises *momentanément* à la visite. (*Police.*)

Ici la prostitution ne s'exerce pas sur la rue : on ne voit jamais, comme à Paris, à Lille, etc., de femmes faire le *trottoir*. Les habitués connaissent la demeure des femmes et vont les trouver. Ce régime est dû au peu de population flottante de la ville, si rapprochée de Lille et à la facilité qu'a toute la jeunesse masculine de faire des maîtresses dans les ateliers[2][3].

Comment sont traitées les vénériennes à l'hôpital? — Le service des vénériens comprend deux salles isolées : l'une d'hommes, l'autre de femmes, desservies par le même médecin. On reçoit indistinctement, dans cette dernière, filles publiques, soumises, libres et même mariées. Dès lors qu'une femme est atteinte d'une affection vénérienne quelconque, elle est forcée, pour se faire soigner à l'hôpital, d'afficher ainsi sa maladie. Cette pratique, qui a pour unique avantage d'assurer l'isolement, outre qu'elle force le médecin du pauvre à violer le secret médical et à brouiller parfois des ménages, a encore le double inconvénient de mettre en contact des individus tout à fait corrompus avec des individus d'une moralité plus ou moins conservée et surtout d'aller contre le but de l'assistance et de la protection publique, la plupart des filles libres et surtout des femmes mariées pauvres ne venant se faire soigner, souvent, qu'à la dernière extrémité. (*L'économe de l'hôpital.*)

Y a-t-il un dispensaire gratuit pour les vénériens — hommes? —Non'

Les hommes atteints de maladies vénériennes sont-ils exclus des secours donnés par les Sociétés de secours mutuels? — Non.

Peut-on diminuer la prostitution? — Il y a peu de maisons de prostitution (légales) à Roubaix et peu aussi de filles en carte; cela tient à la facilité avec laquelle se livrent les filles de fabrique, et le nombre en est considérable (Police.)[4].

---

1. On conçoit qu'avec ces conditions la statistique de la prostitution soit défectueuse.

2. Il n'y a pas de mineures *inscrites*, mais il n'en faut pas conclure qu'il n'y a pas de prostituées de **12** à 21 ans.

3. Il n'y a guère qu'une douzaine de femmes pour les 3 maisons : ces gros nombres sont dus aux changements.

4. On pourrait supprimer la prostitution légale, mais on n'atteindrait pas la prostitution clandestine. Ainsi, on n'a autorisé que 3 maisons, mais il y a, à la connaissance de la police, 74 cabarets servant, plus ou moins ostensiblement, de maisons de passe. De plus, à 3 kilomètres de Roubaix, vers Tourcoing, un hameau belge, le Mont-à-Leu, possède une quarantaine de cabarets desservis par 2, 3 ou 4 femmes se livrant publiquement à la prostitution. Quant à la prostitution clandestine ou inconnue, elle est considérable : les enquêtes auxquelles je me suis livré en différentes circonstances m'ont révélé des faits lamentables,

Par quels moyens? — Le seul moyen, à mon avis (c'est le commissaire qui parle), c'est d'amener le bien-être dans les familles par le travail bien rémunéré. Quand les familles auront le nécessaire et qu'elles n'auront plus faim, elles se moraliseront et leurs enfants ne se prostitueront plus. (*Police.*)

ainsi, il est constant qu'une fille ne conserve pas d'ouvrage en fabrique, lorsqu'elle est un peu jolie, si elle ne cède aux *injonctions* du patron, du directeur ou d'un contre-maître. Plusieurs fois des pères, des frères m'ont révélé de ces faits, avec des circonstances odieuses; ces malheureux pleuraient de rage. Il est toute une classe d'ouvrières, les piqûrières, dont la prostitution est bien connue : ces pauvres filles enlèvent ou réparent les défauts dans les pièces d'étoffe; or elles travaillent chez elles et vont à la fabrique chercher une pièce en reportant la précédente, mais on ne leur donne pas de pièce nouvelle si elles n'ont, dans le personnel de la fabrique, quelqu'un qui les protège.

Toute cette prostitution libre, sans contrôle possible, sans statistique, est un mal incurable dans l'état social actuel; plus le rapport entre les salaires et les prix des choses nécessaires à la vie augmente, plus s'étend cette corruption et, cependant, patrons, directeurs, employés sont, en immense majorité, cléricaux; toutes les malheureuses qu'ils débauchent doivent remplir leurs devoirs religieux; c'est la seconde condition pour obtenir du travail!

Guérir cette plaie est donc chose impossible dans l'état actuel de l'industrie. Quant à préparer cette guérison, il n'y faut guère songer avec nos législateurs actuels, pas plus d'ailleurs qu'avec ceux que prépare l'indignation légitime, mais ignorante du prolétariat. Il y a, à adopter, une marche ascendante dont la bourgeoisie sera toujours effrayée et que certains énergumènes trouveront toujours inefficace. Entre les deux groupes, il y a d'ailleurs si peu de socialistes éclairés, dévoués, prêts à tous les sacrifices, à tous les combats!

Mais la commune libre, autonome, pourrait, en rapport avec la forme particulière de son industrie locale, modifier profondément, et en peu de temps (relativement du moins), cette lamentable situation; on pourrait alors :

Rendre professionnelle l'éducation populaire, depuis la salle d'asile jusqu'à l'enseignement industriel supérieur, en passant par l'école primaire et l'école d'apprentissage; l'enseignement professionnel devenant, dès lors, obligatoire.

Rendre l'impôt communal, avec base appropriée aux tendances locales. (Ici l'impôt devrait frapper le capital progressivement.)

Constituer fortement les syndicats ouvriers et les lancer dans l'industrie collective.

Fonder des banques de travail sous la double forme banque-argent et banque-matière.

Sans cette transformation de l'industrialisme actuel, je ne vois pas trop le moyen d'augmenter les salaires et, par conséquent, de donner le bien-être aux familles, naïvement réclamé par la police. Qu'on ajoute à cela la dissémination des ateliers par un système télédynamique quelconque, amenant le travail en famille, et il est certain que la prostitution sera bien diminuée. La suppression graduelle de l'enseignement religieux, une éducation forte et saine, supprimant l'état actuel d'hystérie progressive, complètera la réforme.

Tout cela sera bien long, mais tout s'enchaîne dans le mal social dont nous souffrons : l'essentiel c'est que les hommes de bonne volonté s'associent et se mettent résolûment à l'œuvre.

Roubaix, 16 mars 1882.

ÉMILE MOREAU.

GRENOBLE (Isère).

1861.... popul. 34724 1866.... — 40484 1876.... — 45426 1881.... — 50254	1ʳᵉ PÉRIODE (1861-1865)					2ᵉ PÉRIODE (1876-1881)					
	1861	1862	1863	1864	1865	1876	1877	1878	1879	1880	1881
Nombre des femmes inscrites..........						12	20	50	99	64	73
En maison...						15	16	16	18	18	18
En carte............						35	32	73	105	78	75
Insoumises..........											
Majeures						9	12	33	67	38	44
Mineures..........						3	8	17	32	26	29
Nombre des maisons de tolérance.........						2	2	2	2	2	2
Nombre des visites....						52	52	52	52	52	52
Cas de syphilis......						56	71	85	116	119	99
Accidents primaires.						4	8	13	19	17	11
— secondaires.						32	36	35	42	58	62
Chancres mous						11	9	12	21	23	16
Blennorrhagies......						7	16	19	23	15	7
Maladies du col de la matrice...						2	5	6	11	5	3
Gale...........										1	
Nombre de séjours par année d'une même femme à l'hôpital						3	3	4	4	4	5
Moyenne						3	3	3	3	4	5
Maximum						4	4	5	6	8	10
Minimum..........						2	2	2	2	2	2
Nombre des malades vénériennes suivant les catégories de femmes						56	71	85	116	119	99
Femmes en maison..							1				
— en carte...						45	52	61	58	92	65
Insoumises..........						11	19	23	58	27	34
Nombre des vénériens (hommes)........											
Effectif de la garnison.											
Hôpital milit. : vénér⁵.											
Accidents primaires syphilitiques......											
Accidents secondaires syphilitiques..											
Chancres mous......											
Blennorrhagies......											

Quelle est la périodicité des visites ? — Une fois par semaine, soit pour les femmes en maisons fermées, soit pour les isolées.

Quelles sont les formalités employées pour arrêter et pour inscrire les femmes ? — Lorsqu'une femme est dénoncée soit par l'autorité militaire, soit par un civil, des renseignements sont pris sur sa conduite, elle est amenée au bureau de police, s'il y a lieu, dans un local à ce destiné et visitée. Suivant le rapport du médecin inspecteur du dispensaire, elle est admise d'urgence à l'hôpital pour y être traitée aux frais de la ville, ou laissée libre suivant le cas.

Comment sont traitées les vénériennes à l'hôpital ? — Elles sont soumises à deux visites par semaine et sont traitées par les médecins de l'hôpital.

Y a-t-il un dispensaire gratuit pour les vénériens — hommes ? — Oui.

Les hommes atteints de maladies vénériennes sont-ils exclus des secours donnés par les Sociétés de secours mutuels ? — Oui.

Peut-on diminuer la prostitution ? — Oui.

Par quels moyens ? — Par une surveillance plus efficace des parents; par une instruction plus développée et ensuite par l'augmentation de la journée du travail des femmes, qui peut à peine suffire aux premiers besoins. La privation et le luxe sont les éléments qui poussent à la prostitution.

Il n'y a à Grenoble que deux maisons de tolérance.

Hospice de Grenoble.

Grenoble, le 21 avril 1882.

Monsieur le Maire,

Nous avons peu de renseignements à vous fournir sur les questions relatives à la prostitution et qui sont, d'ailleurs, plus spécialement du ressort de la police.

Nous pouvons vous faire savoir cependant que l'hôpital reçoit, depuis quelques années seulement, les hommes atteints d'affections vénériennes : le nombre des journées qui, de ce chef, avait été de 2097 en 1880, s'est élevé à 2743 en 1881. Ces malades sont traités dans une salle spéciale faisant partie du service de M. le chirurgien en chef, qui les visite tous les jours. La moyenne de séjour de chacun d'eux, demeurée stationnaire pendant les deux dernières années, est de près de 28 jours.

En ce qui concerne les filles publiques, nous avons, à diverses reprises, appelé votre sollicitude, Monsieur le Maire, sur le ralentissement marqué du service des mœurs, accusé par une diminution constante du nombre des journées de syphilitiques : c'est ainsi qu'en 1880 et en 1881, le bâtiment du Refuge n'a pas reçu à la fois, pendant plusieurs semaines, plus de quatre à cinq malades.

La moyenne de séjour de ces femmes a été de 30 à 31 journées : elles se sont plutôt recrutées parmi les filles de brasserie que parmi les filles inscrites.

Nous devons dire que beaucoup d'hommes viennent chaque matin à la visite de notre médecin solliciter une consultation gratuite pour affection vénérienne, sans demander leur entrée à l'hôpital ; nous ne pouvons donc donner une statistique bien rigoureuse.

Il en est de même pour l'hôpital militaire : les soldats vénériens, habituellement traités dans les infirmeries de régiment, ne sont admis à l'hôpital qu'autant que leur affection a pris un certain caractère de gravité.

Agréez, Monsieur le Maire, l'assurance de notre haute considération.

Les Administrateurs,

(*Suivent les signatures.*)

Pour copie conforme :

Le Maire de Grenoble,

ED. REY.

ÉTRANGER.

J'ai étendu mon enquête à des pays étrangers, sauf à l'Angleterre, où les documents sont publics.

A **Bruxelles**, grâce à l'obligeance du Dr Guillery, j'ai reçu les documents dont je me suis servi dans le volume.

A **Liége**, je m'étais adressé au célèbre professeur Émile de Laveleye. Il m'a répondu : « Ici même, j'ai rencontré de trop grandes résistances... »

Le bourgmestre d'Anvers m'a répondu que, comme on s'occupait de la question, il ne pouvait donner aucun renseignement. Voilà évidemment un homme qui n'aime pas que les décisions soient éclairées. Il ajoute, du reste, avec candeur : « Il n'est guère probable que l'on trouverait dans les archives de mon administration les éléments nécessaires pour les mener à bonne fin. »

De **Rotterdam** où la police des mœurs fonctionne avec le succès qu'on sait, je n'ai reçu aucune réponse ; de même de La Haye.

En Italie, je n'ai pu avoir d'informations que sur **Naples**, grâce à l'obligeance, aux pas et démarches d'un statisticien français, M. Maurice Jametel.

NAPLES (Italie).

1861... popul. 447 000 1865... — 447 500 1876... — 450 600 1878... — 450 800	1re PÉRIODE (1861-1865)					2e PÉRIODE (1876-1881)					
	1861	1862	1863	1864	1865	1876	1877	1878	1879	1880	1881
Nombre des femmes inscrites............	1169	1355	1475	1482	1501	1794	1804	1916	1932	1927	1894
En maison.........	216	291	267	237	296	285	384	423	472	476	453
En carte...........	63	74	88	95	115	129	140	193	160	151	141
Isolées...............	890	990	1120	1150	1090	1380	1280	1300	1300	1300	1300
Majeures	1150	1330	1455	1460	1475	1769	1770	1890	1900	1900	1870
Mineures	19	25	20	22	26	25	34	26	32	27	24
Nombre des maisons de tolérance	72	97	89	79	74	57	128	141	118	119	131
Nombre des visites....	54675	55783	59834	60475	61383	91200	76786	63821	86483	97558	D6949
Cas de syphilis......	1294	1564	4002	3524	3873	3255	2566	3722	3607	3930	3430
Accidents primaires.	745	815	2460	2147	2333	2077	1439	2450	2337	2400	1931
— second...	229	329	589	593	666	573	583	555	485	511	579
Chancres mous......	185	215	433	352	384	331	292	311	340	462	415
Blennorrhagies......	113	155	255	180	277	127	189	276	287	317	285
Maladies du col de la matrice	12	37	195	197	183	100	40	113	131	183	167
Gale	10	13	70	55	30	47	23	17	27	37	33
Nombre de séjours par année d'une même femme à l'hôpital..											
Moyenne	30	30	30	30	30	30	30	30	30	30	30
Maximum	240	240	240	240	240	240	240	240	240	240	240
Minimum...........	4	4	4	4	4	4	4	4	4	4	4
Nombre des maladies vénériennes suivant les catégories de femmes........											
Femmes en maison..	500	455	1137	1041	1197	979	669	575	794	888	1091
A domicile.	94	104	214	247	276	393	384	451	399	375	417
Isolées...	900	1005	2651	2236	2400	1883	1513	2696	2414	2667	1922
Nombre des vénériens (hommes).........	519	1118	961	1160	1127	1994	1644	1538	1254	1422	2016
Accidents primaires syphilitiques......	308	732	615	693	705	1376	1175	1077	728	817	1331
Accidents secondaires syphilitiques..	151	233	223	257	247	381	293	287	366	447	399
Chancres mous......	40	113	111	149	155	219	115	141	133	127	247
Blennorrhagies.......	20	40	12	61	20	18	61	33	27	31	39

Pas de renseignements sur l'armée.

Quelle est la périodicité des visites ? — Deux visites par semaine pour chaque femme.

Quelles sont les formalités employées pour arrêter et inscrire les femmes ? — Voir les articles 17 et 20 du règlement approuvé par décret du 15 février 1860, et l'instruction ministérielle du 23 avril 1880.

Comment sont traitées les vénériennes à l'hôpital ? — Elles ont des lits, la nourriture et des soins gratuits.

Y a-t-il un dispensaire gratuit pour les vénériens — hommes ? — Oui.

Les hommes atteints de maladies vénériennes sont-ils exclus des secours donnés par les Sociétés de secours mutuels ? — En général, oui. Ils ne sont pas visités à l'office sanitaire.

Peut-on diminuer la prostitution ? — Oui.

Par quels moyens ? — Par l'instruction gratuite et le travail abondant, avec deux asiles, l'un pour les pratiquantes, l'autre pour les repenties.

Les seuls renseignements qu'on ait pu m'obtenir à **Genève**, après des démarches de tout genre, sont ceux-ci : En 1869, il y avait 325 filles inscrites; en 1882, il n'y en avait plus que 108. Il y a 18 maisons de tolérance. Les visites sont au nombre de 120 (quatre par semaine!). Je me permets de poser un point d'interrogation devant ce renseignement. En tout cas, les deux docteurs chargés de ce service ne sont pas soucieux de statistique médicale. Ils n'ont fourni qu'un seul renseignement : c'est que 20 femmes atteintes de maladies vénériennes ont déjà été soignées en 1882 (avril). Naturellement, il n'y a pas de dispensaire gratuit pour les hommes, et les vénériens sont exclus des secours donnés par les sociétés de secours mutuels.

En Allemagne, je me suis adressé à Mme Guillaume Schack. Elle m'a répondu la lettre suivante :

Berlin, 1er février 1882.

Cher Monsieur,

Après avoir reçu votre lettre, j'ai fait des démarches auprès des bureaux statistiques pour obtenir les réponses à votre questionnaire. Mais nous ne possédons pas une statistique sur la question de la prostitution. Nous avons une statistique des hôpitaux, une autre sur les filles inscrites qui se trouve dans les mains des différents bureaux de la police; mais on n'a pas encore eu soin de réunir et de comparer tous ces chiffres. On me conseille de m'adresser tout droit au ministère de l'intérieur et de demander qu'on s'occupe de cette statistique, ce que je vais faire. Je serais bien aise d'avoir encore quelques exemplaires du questionnaire pour les faire remplir autant que possible dans toutes les villes où j'irai, etc.

GUILLAUME SCHACK.

Voici tous les renseignements que j'ai pu recevoir.

BERLIN

L'an 1780, il y avait 100 maisons de tolérance à 9 filles sur 80 000 habitants.

L'an 1864, il y avait 936 filles en carte sur 632 000 habitants.

L'an 1867, il y avait 1447 filles en carte sur 702 437 habitants.

Depuis l'année 1866 il y avait des listes (Tabellen) régulières. Les indications avant ce temps se contredisent quelquefois, et les mesures de la police ont été changées souvent.

L'année 1855, maximum des filles de maison, 248; minimum, 216. Le 1er juin 1855, on chassait toutes les filles de maison qui n'étaient pas nées à Berlin, et il n'en restait que 49 à la fin de l'année.

HUPPÉ.

Visite dans la Charité neuve (Neuve Charité).

Berlin, 11 février 1880.

La Charité neuve n'est destinée qu'aux femmes vénériennes. Il y avait 220 filles, mais le nombre est quelquefois beaucoup plus considérable. Dans la salle des mères, il y avait à peu près une vingtaine de femmes. On garde les enfants d'un à deux mois.

On reçoit les malades vénériennes dans tous les hôpitaux, mais la maladie reconnue, on les envoie, les femmes dans la Charité neuve, les hommes dans l'ancienne Charité et dans l'hôpital du Gewerkskranken-verein (je ne connais pas ce dernier). Très rarement, on garde des malades syphilitiques à Béthanien ou dans les hôpitaux de la ville ; on craint la contagion.

Si les malades ne peuvent payer, c'est la ville qui paye les frais de guérison.

La Charité neuve est gardée par des sœurs de Kaiserswerth. Elles n'appartiennent pas à un ordre religieux, quoiqu'elles se nomment « sœurs », et elles sont libres de quitter quand elles veulent.

JAHRE. Année.	...MÄSSIGER ättlicher Contrôle Standen. (Femmes en carte.) Sous le contrôle médical régulier.		VORGELADEN und ver-warnt wurden — Citées et retenues.	IN DIE POLIZEI-GEWAHRSAME gebracht wegen Vergehen gegen die Sittlichkeit. — Arrêtées pour délits contre la morale publique.	DER PROSTITUTION verdächtig waren eingeschrieben. — Suspectes de prostitution. Enregistrées.	HABITANTS de Berlin.
	Im Jahre — (Pendant l'année.)	Ende des Jahres — (A la fin de l'année.)				
1852		695			618	438 958
1853		950	206		824	
1854		1156	716		1540	
1855		1338	731		2271	447 483
1856		1366	804		3075	
1857		1235	848		3923	
1858		1117	775		4698	458 637
1859		1078	604		5302	
1860		989	774		6046	
1861		954	858		6904	547 571
1862		990	838		7742	
1863		1019	963		8705	
1864		136	809		9514	632 749
1865		990	415		9929	
1866	1686	1052	931	15 982	10 860	
1867	2005	1487	1631	23 681	12 491	702 347
1868	2126	1625	1119	26 460	13 610	
1869		1776	757		14 360 [1]	Juillet.
1870	2332	1682		17 435		800 000
1871	2345	1668		21 133		
1872	2457	1787		25 891		
1873	?	2224	1292		14 000	
1874	?					
1875	2929	2241		16 587	16 587	968 000
1676	3162	2386		16 168	16 168	
1877	4416	2547		17 549	17 549	
1878	4109			17 003		

1. Dans cette liste on a compté les nouvelles inscriptions, sans indiquer les noms des filles mortes ou de celles qui avaient quitté Berlin depuis 1852. Ainsi M. Huppé croit que le nombre réel des filles inscrites comme "verdächtig" de la "gewerbsmässigen" prostitution n'est que le quart du nombre indiqué. — D'après les renseignements que j'ai pris, on évalue le nombre des femmes qui se donnent à la prostitution de 30 à 40 000.   G. G.

LIN.

MES.

		ENVOYÉES A LA CHARITÉ (L'HÔPITAL) à cause de :			
Gale.	Syphilis et gale.	Syphilis primaire.	Syphilis secondaire.	Verdächtigen Hautausschlag. — Maladies de peau suspectes.	En tout.
6	?	249			255
10	?	266			276
32	5	531	126		502
77	16	600	510	12	1119
61	17	772	548	5	1299
36	4	542	499	4	1086
49	?	422	410		884
20	75	518	328	13	927
36	6	658	388	4	1092
44	10	529	364		947
96	45	904	435		1280
147	79	809	479		1514
53	29	852	387		1321
49	15	860	265	8	1197
46	17	1204	164	14	1445
86	7	1164	275	60	1592
88	4	1160	209	48	1509
56	1	880	128	3	1077
43		811	68	6	928
58		793	49	6	906
53	2	992	75	7	1129
119	23	1671			1813
					1032
5		647	126	101	879
9		2162			2171[2]
19	28	1556			1603

$+$ 196 filles malades de maisons de tolérance.
$+$ 126 — — —
$+$ 83 — — —

En 1856 on a supprimé les maisons de tolérance officielles. Elles existent encore, jusqu'à un certain point; mais elles ne sont pas reconnues par le gouvernement.

Age des filles en carte en 1873.

14 ans.	15 ans.	16 ans.	17 ans.	18 ans.
5	43	49	86	162

19 ans.	20 ans.
165	175

21 à 25 ans.	26 à 30 ans.	31 à 35 ans.
748	452	204

36 à 40 ans.	41 à 50 ans.	et au-dessus de 50.
76	39	20

M. Huppé dit : Si toutes les prostituées étaient inscrites, le nombre des femmes de l'âge de 16 à 20 ans serait beaucoup plus considérable que le nombre des femmes des autres âges.

1. En 1877, outre ces 2171 femmes envoyées à la Charité, 311 femmes malades syphilitiques ont demandé à y être reçues.
En 1878, outre ces 1603 femmes envoyées à la Charité, 613 femmes malades syphilitiques ont demandé à y être reçues.

HOMMES.

ANNÉES.	ENVOYÉS A LA CHARITÉ.			GEWERKS-KRANKENVEREIN. Union de secours pour les malades.		CAS DE SYPHILIS dans la garnison de Berlin.	HOMMES ET FEMMES. Les listes officielles indiquent des cas de syphilis. En tout.
	Gale.	Syphilis.	En tout.	Membres.	Cas de maladies vénériennes.		
1860...						848	
1861...						815	
1862...				49 416	3253	985	5581
1863...				50 061	3526	978	6018
1864...				55 505	3406	1099	5826
1865...				60 867	3241	806	5244
1866...	116	663	779	56 312	3941	1308	7473
1867...	214	228	442	60 014	4278	1397	7709
1868..	194	194	388	66 872	4436	1212	7545
1869...	159	225	384	69 916	4664	1055	7170
1870...	165	191	356	69 244	3881	982	5930
1871...	82	200	282	75 642	4106	933	6147
1872...	65	185	250	84 650	4253	974	6488
1873...							
1874...							
1875...							7576
1876...	8	68	71			895	
1877...		140	140		7585	954	
1878...	84	140	228	85 375	1083[1]	891	

1. Sur les habitants de Berlin on compte 2,5 pour 100 de malades vénériens.

HUPPÉ (1874).

A **Amsterdam**, il n'y a pas de police des mœurs. Aussi, ai-je reçu immédiatement des renseignements tellement complets que je ne puis les donner tous ici et que je me vois forcé de les résumer.

AMSTERDAM.

De 1860 à 1865 les maladies vénériennes étaient traitées à l'hôpital « Buiten-Gasthuis ».

1860..... ... popul. 248 000 1865......... — 262 000 DIAGNOSE	1860 Hommes	1860 Femmes	1861 Hommes	1861 Femmes	1862 Hommes	1862 Femmes	1863 Hommes	1863 Femmes	1864 Hommes	1864 Femmes	TOTAL général Hommes	TOTAL général Femmes
I. Blennorrh..........	23	4	10	8	40	8	55	30	71	29	199	79
II. — vaginæ.....		13	.			4						17
III. — uteri.......						2						2
IV. Epididymitis.......	1										1	
V. Orchitis..........	4								2		6	
VI. Paraphimosis......	4		1						2		7	
VII. Cystitis	2										2	
VIII. Condyl. acuminata.	4	8	3	3	1	3			1		9	14
IX. Bubones..........	6	5	2	3							8	8
X. Bubo traumat......			1								1	
XI. Condylom lata		2								1		3
XII. Syphil. constit	5	12			29	17	67	49	51	64	152	142
XIII. — congenita..		1		1	2	1	7	5	5	1	14	9
XIV. Ulcera mollia......	28	28	33	12	8	5					69	45
XV. — indur.......	1			1	21	6	24	6	27	12	73	25
XVI. Exanthem. (Syph.).	1	2		1							1	3
XVII. Angina (Syph.).....	1										1	
XVIII. Periostitis (Syph.)..				1								1
XIX. Proctitis (Syph.)....				4		1						5
XX. Periproctitis fistul. (Syph.)..........				4							4	
XXI. Rhagades ani......	1			1							2	
XXII. Fistula urethræ....				1	2		1				1	3
XXIII. Herpes præputialis..				1							1	
XXIV. Abscess. labii minoris............				1								1
XXV. Syphilidophobie....		1					2			1	2	2
XXVI. Nihil					1						1	
XXVII. Blennorrh. et Bubo.	2	3	2		1	1	3	9	9	4	17	17
XXVIII. — et Phimosis..	2		1								3	
A reporter.....	85	79	60	37	103	49	158	99	168	112	574	376

AMSTERDAM (suite).

DIAGNOSE	TOTAL DES ANNÉES										TOTAL général	
	1860		1861		1862		1863		1864			
	Hommes	Femmes	Hommes	Femmes	Hommes	Femmes	Hommes	Femmes	Hommes	Femmes	Hommes	Femmes
Report.....	85	79	60	37	103	49	158	99	168	112	574	376
XXIX. Blennorrh. et Condyloma acum....			1	5		12	1				2	17
XXX. Blennorrh. et Cystitis............			1	2		2					1	4
XXXI. Blennorh. et Rheumat. blennorrh..		1										1
XXXII. Blennorh. et Ulcera.	3	1			6	10	10	20	17	29	36	60
XXXIII. — et Syphilis.	3	4	1		1	5					5	9
XXXIV. — et Orchit. syphil..........			1								1	
XXXV. Bubo et Ulcera....	4	1	34	5	15	4	1	18	3	15	57	43
XXXVI. — et Condyloma acumin.........					2	1					2	1
XXXVII. Bubo et Balanit....	3				1						4	
XXXVIII. Paraphimosis et Gangræn præput.....			1								1	
XXXIX. Paraphimosis et Ulcera mollia......			2								2	
XL. Condylom acum. et Angina syphil....				1								1
XLI. Rhagad. ani et Angina syph.........			1								1	
XLII. Ulcera mollia et Syphilis		1			5		4	2	5	1	14	4
XLIII. Ulcera mollia et Exanth..........	2					2					2	2
XLIV. Syphilis oris et vesicæ.............	1			1							1	1
XLV. Onychia et Psorias plantar...........					1						1	
XLVI. Blennorrh., Epididym., Orchitis...	2								2		4	
XLVII. Blenn., Bubo, Condyl. acum.......	9	3	19		9	1			4		41	4
XLVIII. Blennorrh., Ulcera mollia et Bubo...			2	1	6	2	7	2			15	5
A reporter.....	112	90	123	50	149	88	181	141	199	157	764	528

DIAGNOSE	TOTAL DES ANNÉES										TOTAL général	
	1860		1861		1862		1863		1864			
	Hommes	Femmes	Hommes	Femmes	Hommes	Femmes	Hommes	Femmes	Hommes	Femmes	Hommes	Femmes
Report.....	112	90	123	50	149	88	181	151	199	157	764	528
XLIX. Blennorih., Vag., Ulc., Bubo..............				8		4						12
L. Blenn., Bubo et Exanth.			1	1	1						2	1
LI. Blennorrh., Ulc. mollia et Syphil...........						2	4	4	2	2	6	8
LII. Blennorrh., Ang. syph., Condyl. acum.......						1						1
LIII. Exanth., Angin. syph., Condyl. acum.......			1	1	1						1	2
LIV. Exanth., dolor, artic., Bubo indol..........					2						2	
LV. Exanth., Ulcera mollia et Bubo indol........				3	4	3					7	3
LVI. Syphilis, Ulcera mollia et Bubo.............	3			1							4	
LVII. Syphil., Ulcera mollia, Condyl. acum.......					1							1
LVIII. Blennorr., Ulc. mollia, Bubo, Condyl. acum.					1							1
LIX. Blennorr., Ulc. mollia, Bubo, Exanth.......				1								1
LX. Blennorrh.,Ulc. mollia, Exanth., Ang. syph..	4			6							4	6
LXI. Blennorrh., Condylom acum., Exanth., Angina syphil..........				1		3						4
LXII. Blenn., Condyl. acum., Exanth., Ulc. mollia.	1			1							1	1
LXIII. Ulcera mollia, Angina syph., Exanth., Cond.			4	4		3					4	7
LXIV. Ulcera mollia, Angina syph., Exanth., Periost. syph.........				1								1
LXV. Blennorrh.,Ulc. mollia, Ang. syph., Exanth., Iritis..............				1								1
LXVI. Ulcera mollia, Condyl. acum., Bubo indol.. Exanth., Proctitis....						1						1
Totaux généraux...	120	90	135	78	156	105	185	145	201	159	797	577

48

De 1875 à 1880 les maladies vénériennes ont été traitées à l'hôpital « Binnen-Gasthuis » et Polyclinique, à Amsterdam.

	HOMMES.	FEMMES.
Cas de syphilis.	1012	607
Accidents primaires......	643	145
Accidents secondaires...	369	462
Chancres mous...	153	43
Blennorrhagies...	202	100
Maladies du col de la matrice...	»	»
Gale...	106	151

Comment sont traités les vénériennes à l'hospice? — De différentes manières.

Nombre des vénériens (hommes)............ 1012

Y a-t-il un dispensaire gratuit? — Oui, la Polyclinique.

Sont-ils exclus des secours donnés par les sociétés de secours mutuels? — Non.

Chiffre des habitants : 326 000.

L'hôpital est libre : or, dans une statistique très détaillée sur la durée des séjours à l'hôpital, nous voyons :

En 1860 une femme reste 525 jours
1860   —   484   —
1860   —   363   —
1861   —   448   —
1861   —   546   —
1862   —   490   —
1862   —   634   —
1863   —   614   —
1864   —   623   — etc.

C'est la preuve que des femmes malades restent tout le temps nécessaire à l'hôpital, pourvu qu'elles soient bien soignées.

CONCLUSION.

Il est évident que les villes qui ont répondu à ce questionnaire sont celles dans lesquelles le service est le mieux organisé. Or, il ressort de ce questionnaire les faits suivants :

A Aix, le médecin considère que la blennorrhagie et la syphilis sont la même chose. A Arles sur Rhône, il compte seulement les accidents primaires comme syphilitiques; les accidents
secondaires ne le sont pas, paraît-il. A Angoulême, il trouve
19 accidents primaires, 11 accidents secondaires, et il arrive à
70 syphilitiques. A Amiens, il n'y a pas de statistique médicale
jusqu'en 1881. A Arras, on déclare qu'il y a des femmes qui
restent un an à l'hôpital, et c'est tout. A Brest, il n'y aurait pas
un seul chancre mou, ce qui paraît fort extraordinaire. A Châ-
lons-sur-Saône, les cas de syphilis seraient moins nombreux
que ceux des accidents primaires et secondaires réunis. A Dijon, les maladies du col de la matrice, la blennorrhagie, les
chancres mous sont considérés comme syphilitiques. A Dun-
kerque, il en est de même. A Laval, les chiffres des accidents
primaires et secondaires ne concordent pas avec le chiffre des
syphilitiques. A Limoges, il n'y aurait pas eu un chancre mou.
A Lorient, comment le nombre des syphilitiques peut-il être inférieur à celui des accidents primaires et secondaires? A Lyon,
malgré tous les efforts du docteur Lacassagne, professeur de
médecine légale, je n'ai pu avoir que des renseignements qui,
évidemment, ne prouvent que le désordre profond de la comptabilité médicale. Il paraît que jamais le service du dispensaire
n'a essayé de se rendre compte de ses opérations. A Marseille,
on n'a jamais tenu compte des accidents primaires ni secondaires.
A Moulins, on ne donne pas un renseignement médical; mais
on affirme que la suppression de la police des mœurs a augmenté les maladies vénériennes dans « d'autres pays ». A Nantes,
il paraît qu'on n'a fait de statistique que pour l'année 1881. Le
médecin considère la gale, la blennorrhagie et les chancres
mous comme syphilitiques. Il suffit de jeter un coup d'œil sur la
statistique de la ville de Niort pour constater que la statistique
médicale n'y existe pas. A Pau, les renseignements médicaux
sont nuls. A Roubaix, il n'y aurait pas un seul cas de syphilis!
A Rennes, chaque sorte de maladie varie de 50 à 100! Les renseignements de Rouen n'apprennent rien. A Saint-Quentin, on
compte évidemment comme syphilitiques des malades qui ne
sont que vénériens. A Troyes, le médecin considère les maladies
du col de la matrice comme syphilitiques; mais on n'a pas trouvé
en dix ans un seul chancre mou ni une seule blennorrhagie! A
Naples, la gale elle-même est rangée parmi les maladies syphilitiques.

Donc, la plupart des médecins ne se sont jamais donné la
peine de constater les résultats statistiques de leur service; le
plus grand nombre comprennent sous le nom de syphilis des

maladies qui n'ont aucun rapport avec elles. Presque tous paraissent ignorer l'état de la science actuelle sur cette question.

On se sert de moyens de compression contre les femmes; presque partout on traite ces malades comme des criminelles. Au lieu de leur donner la nourriture fortifiante qu'il leur faudrait, on les prive d e vin comme à Montpellier.

Quant aux hommes, les sociétés de secours mutuels leur refusent presque partout des secours. A Amiens, l'hôpital n'a pas assez de lits pour eux. A Brest, on ne les reçoit à l'hôpital qu'avec difficulté et on les met en pénitence, dans une salle : « les consignés ». A Cette, on ne les traite pas du tout[1].

Il est vrai qu'à Amsterdam ils ne sont exclus ni de l'hôpital ni des secours des sociétés de prévoyance; mais à Amsterdam, il n'y a pas de police des mœurs !

En un mot, voici comment est comprise la prophylaxie des maladies vénériennes : persécuter les femmes, ne pas soigner les malades.

Au point de vue moral, partout on reconnaît que la police des mœurs n'a pas pour résultat de diminuer la prostitution, mais de l'organiser.

Si alors vous voulez tout simplement l'organiser, quittez vos airs hypocrites, agissez franchement, paternellement, en administrateurs bienveillants, et non pas en tartufes féroces.

[1]. J'avais reçu quelques nouvelles statistiques au moment où le volume était sous presse, je les ajoute à ce nouveau tirage. Je prie les personnes qui m'ont encore promis des renseignements de vouloir bien me les faire parvenir le plus tôt possible.

LA HAYE (Hollande).

ANNÉES	NOMBRE de PROSTITUÉES inscrites	CHIFFRE de la POPULATION	EFFECTIF de la GARNISON	NOMBRE de PROSTITUÉES traitées dans les hôpitaux p. affections vénériennes	NOMBRE DE FEMMES non prostituées traitées pour les mêmes affections	NOMBRE D'HOMMES vénériens traités dans les hôpitaux civils	NOMBRE de VÉNÉRIENS traités dans les hôpitaux militaires
1871.............	100	92,644	· 2668	110	—	—	446
1872.............	124	92,785	2642	163	20	52	275
1873........... .	126	94,895	2282	173	31	45	180
1874.............	135	97,565	2448	153	25	50	153
1875.............	101	100,254	2508	127	24	55	200
1876.............	104	104,095	2632	134	28	59	219
1877.............	96	107,897	2736	99	40	60	223
1878.............	80	111,017	2771	100	25	62	267
1879.............	91	114,936	2760	73	17	47	220
1880.............	94	117,854	2845	87	16	68	186
1881.............	87	123,493	2421	68	35	71	176

Le Commissaire de police,
VAN SCHERMBECK.

48.

Gemeente UTRECHT.

Staat houdende opgaven betreffende de prostitutie over de laatste tien jaren in de gemeente Utrecht.

ONDERWERPEN.		OP 31 DECEMBER VAN HET JAAR.										AAN- MERKINGEN.
		1872	1873	1874	1875	1876	1877	1878	1879	1880	1881	
Aantal publicke vrouwen. (Nombre des prostituées.)	a. In bordeelen. (En maison.)	17	16	22	20	18	14	17	20	20	18	
	b. Op zich zelf wonende. (Isolées.)	31	33	37	37	35	30	26	26	22	17	
Getal inwoners. (Population.)		62.218	63.140	64.271	65.052	66.106	67.338	68.284	69.671	70.219	71.272	
Sterkte van het garnizoen. (Garnison.)				1.282	1.345	1.354	1.239	1.349	1.436	1.528	1.705	Over de jaren 1872 en 1873 niet op te geven.
Aantal publicke vrouwen in het ziekenhuis behandeld. (Prostituées traitées dans l'hôp.).	a. Uit bordeelen. (En maison.)	15	17	14	13	15	15	15	12	15	6	
	b. Van op zich zelf wonende. (Isolées.)	22	34	26	13	18	7	8	12	8	7	
Aantal in het ziekenhuis behandelde meisjes of vrouwen niet inge schreven. (Prostituées non inscrites.)		7	2				1				1	
Aantal behandelde venerische mannen in burgerziekenhuizen. (Hommes traités dans les hôpitaux non militaires.)												Niet op te geven. (Inconnu.)
Aantal behandelde venerische militairen in militaire hospitalen. (Dans les hôpitaux militaires.)												Id.

ROTTERDAM (Hollande).

JAREN.	AANTAL INGESCHREVENE PUBLICKE VROUWEN. — (PROSTITUÉES.))		CYFER VON DE BEVOLKING. (Population.)	CYFER VON HET GARNIZOEN. (Garnison.)	ZICH BEVINDEN EN IN HET GASTHUIS OPGENOMENE PUBLICKE VROUWEN. (Prostituées traitées dans l'hôpital.)	
	In bordeelen. (En maison.)	Op zich zelve wonende. (Isolées.)			In bordeelen. (En maison.)	Op zich zelve wonende. (Isolées.)
Au 1er janvier 1871..	102	161				
Au 31 décembre 1871..	110	132	123.677	424	41	162
— 1872..	95	143	122.471	292	43	156
— 1873..	89	160	125.893	330	33	182
— 1874..	89	162	129.239	198	27	190
— 1875..	92	174	132.054	245	22	195
— 1876..	75	211	136.230	193	22	184
— 1877..	76	262	142.585	533	42	350
— 1878..	62	349	147.082	584	36	343
— 1879..	66	458	150.357	476	25	481
— 1880..	59	477	152.517	461	20	386

GAND (Belgique).

1861... popul. 120 000 1876... — 130 000 1879... — 132 000	1re PÉRIODE (1861-1865)					2e PÉRIODE (1876-1880)					
	1861	1862	1863	1864	1865	1876	1877	1878	1879	1880	1881
Nombre de femmes in-scrites............	162	146	153	95	95	209	226	221	253	249	134
En maison..........	129	109	134	74	84	144	139	140	165	165	77
En carte	30	30	15	16	9	38	64	58	63	59	21
insoumises	3	7	4	5	2	27	23	23	25	25	36
Majeures						7	5	6	7	6	5
Mineures..........						20	18	17	18	19	31
Nombre des maisons de tolérance.........	45	40	38	39	39	39	36	39	38	39	36
Nombre des visites ...	104	104	104	104	104	104	104	104	104	104	104
Cas de syphilis											
Accidents primaires.											
— second^s...											
Chancres mous.....											
Blennorrhagies......											
Maladies du col de la matrice..........											
Gale...............											
Nombre de séjours par année d'une même femme à l'hôpital.											
Moyenne...........											
Maximum											
Minimum											
Nombre des maladies vénériennes sui-vant les catégories de femmes.......											
Femmes en maison.											
Femmes en carte...											
Insoumises........											
Nombre des vénériens (hommes)											
Effectif de la garnison.											
Hôpital milit.; vénér..											
Accidents primaires syphilitiques											
Accidents secondaires syphilitiques......											
Chancres mous											
Blennorrhagies											

Quelle est la périodicité des visites? — Deux **visites** par semaine (au spéculum) ; à l'hôpital les femmes sont visitées 3 fois par semaine.

Quelles sont les formalités employées pour arrêter et pour inscrire les femmes? — Les femmes âgées de 21 ans, qui sont dénoncées comme se livrant à la prostitution clandestine, sont inscrites d'office. (Voir les articles 26 et 27 du règlement ci-joint.)

Comment sont traitées les vénériennes à l'hôpital? — Avec les mêmes soins que les autres malades, seulement elles ne peuvent sortir que lorsque le médecin certifie leur complète guérison ; les femmes inscrites subissent encore une contre-visite, avant qu'on ne leur remette leur carte.

Y a-t-il un dispensaire gratuit pour les vénériens, hommes? — Oui, il existe une salle spéciale, parfois insuffisante.

Les hommes atteints de maladies vénériennes sont-ils exclus des secours donnés par les Sociétés de secours mutuels? — Oui, cela est général.

Peut-on diminuer la prostitution? Il y a la prostitution clandestine et la prostitution règlementée. La prostitution règlementée comprend les femmes en maison ou en carte ; quand le nombre des femmes inscrites diminue, la prostitution clandestine augmente, c'est ce qui arrive à Gand.

Par quels moyens?

Le Bourgmestre.

ALAIS (Gard).

	1re PÉRIODE (1861-1865)					2e PÉRIODE (1876-1880)					
1861.... popul. 20257 — 1866.... — 19964 — 1876.... — 20893	1861	1862	1863	1864	1865	1876	1877	1878	1879	1880	1881
Nombre de femmes inscrites...........			2	2	8	20	36	30	33	18	36
En maison			2	2	8	20	36	30	33	18	36
En carte............							1	9	5	5	4
Insoumises.........											
Majeures...........							1	9	5	5	4
Mineures...........											
Nombre des maisons de tolérance.........	3										
Nombre des visites....				Chaque semaine le vendredi.							
Cas de syphilis......											
Accidents primaires.											
— second...											
Chancres mous											
Blennorrhagies......											
Maladies du col de la matrice..........											
Gale................											
Nombre de séjours par année d'une même femme à l'hôpital.											
Moyenne............											
Maximum											
Minimum											
Nombre des maladies vénériennes suivant les catégories de femmes........											
Femmes en maison..											
Femmes en carte....											
Insoumises.........											
Nombre des vénériens (hommes).........											
Effectif de la garnison.				Un bataillon.							
Hôpital milit. : vénér°.											
Accidents primaires syphilitiques......											
Accidents secondaires syphilitiques..											
Chancres mous......											
Blennorrhagies......											

Quelle est la périodicité des visites? — Chaque vendredi.

Quelles sont les formalités employées pour arrêter et pour inscrire les femmes? — Lorsqu'il est de notoriété publique qu'elles se livrent à la prostitution, ou bien lorsque les agents les rencontrent raccrochant dans les rues.

Comment sont traitées les vénériennes à l'hospice? — Par le médecin de l'hôpital, M. Fabre, et par M. Largnier, qui font chacun un trimestre.

Y a-t-il un dispensaire gratuit pour les vénériens, hommes? — Non! on les traite à l'hôpital et séparés des autres malades.

Les hommes atteints de maladies vénériennes sont-ils exclus des secours donnés par les Sociétés de secours mutuels? — Oui.

Peut-on diminuer la prostitution? — Difficilement.

Par quels moyens?

BAYONNE (Hautes-Pyrénées).

1861.... popul. 25 611 1866.... — 26 333 1876.... — 27 416	1re PÉRIODE (1861-1865)					2e PÉRIODE (1876-1880)					
	1861	1862	1863	1864	1865	1876	1877	1878	1879	1880	1881
Nombre des femmes inscrites..........											
En maison..........	48	45	40	52	47	47	29	33	30	30	19
En carte...........	33	18	19	13	8		22	25	23	19	18
Insoumises..........											
Majeures..........	70	60	52	60	52	47	47	55	49	47	35
Mineures...........	11	3	7	5	3		4	3	4	2	2
Nombre des maisons de tolérance.........	4	4	4	4	4	4	4	3	3	3	3
Nombre des visites....											
Cas de syphilis....											
Accidents primaires.											
— secondaires.											
Chancres mous......											
Blennorrhagies......											
Maladies du col de la matrice...........											
Gale................											
Nombre de séjours par année d'une même femme à l'hospice.											
Moyenne...........	37	56	27	33	41	40	71	44	43	45,5	70
Maximum...........											
Minimum..........											
Nombre des malades vénériennes suivant les catégories de femmes........	110	72	98	93	82	41	44	56	36	26	30
Femmes en maison..											
Femmes en carte...											
Insoumises.........											
Nombre des vénériens (hommes).........											
Effectif de la garnison.						2500	2500	2500	2500	2500	2500
Hôpital milit. : vénér'.	160	85	133	86	71	108	91	79	47	64	52
Accidents primaires syphilitiques.......						19	23	20	10	11	
Accidents secondaires syphilitiques..						15	20	18	7	10	7
Chancres mous......						8	11	8	4	7	10
Blennorrhagies......						65	37	33	26	34	34

Quelle est la périodicité des visites? — **Avant 1871, visites trois fois par mois, à domicile.** Depuis, visite hebdomadaire au dispensaire.

Quelles sont les formalités employées pour arrêter et pour inscrire les femmes? — Pour les filles soumises, l'inscription se fait par arrêté du maire, sur rapport du commissaire, établissant que la fille est notoirement connue comme se livrant à la prostitution clandestine et en tirant ses moyens d'existence. La radiation peut être prononcée par arrêté du maire. Des cas de maladies syphilitiques peuvent amener une inscription d'office. Pour filles de maisons, venant du dehors, elles sont examinées par le médecin de dispensaire, et, à la suite de cette visite, leurs papiers, acte de naissance, etc., sont déposés au commissariat central, où ils sont gardés après l'inscription des filles sur le registre de la police.

Comment sont traitées les vénériennes à l'hôpital? — Dans un quartier spécial séparé des autres services.

Y a-t-il un dispensaire gratuit pour les vénériens, hommes? — Non.

Les hommes atteints de maladies vénériennes sont-ils exclus des secours donnés par les Sociétés de secours mutuels? — Oui.

Peut-on diminuer la prostitution?

Par quels moyens?

PÉRIGUEUX (Dordogne).

1861.... popal. 19140 1866.... — 20401 1876.... — 24169	1re PÉRIODE (1861-1865)					2e PÉRIODE (1876-1881)					
	1861	1862	1863	1864	1865	1876	1877	1878	1879	1880	1881
Nombre des femmes inscrites.........						88					
En maison.........	41	54	59	60	62	88	73	102	94	90	99
En carte..........	15	15	18	16	18	9	31	19	25	61	51
Insoumises.........											
Majeures	41	54	59	60	62	88	73	102	94	90	99
Mineures..........											
Nombre des maisons de tolérance.......	6	6	6	6	6	8	8	8	8	8	8
Nombre des visites....	52	52	52	52	52	52	52	52	52	52	52
Cas de syphilis......											
Accidents primaires.											
— secondaires											
Chancres mous......											
Blennorrhagies......											
Maladies du col de la matrice..........											
Gale..............											

Moyenne sur 100 cas des maladies traités à la salle des vénériens de 1876 à 1881 :

1. SYPHILIS	2. CHANCRES MOUS	3. VAGINITE	4. GALE
Chancre induré	Manifestation secondaire, tert.. syphilis cutanée, etc.		
	MOUS	avec ou sans urethrite	avec complicat. de végétation demétr. du col ulcéré ou non
3	15	13	58	10	1

	1861	1862	1863	1864	1865	1876	1877	1878	1879	1880	1881
Nombre de séjours par année d'une même femme à l'hospice.	30	30	23	29	30	15	25	18	18	21	29
Moyenne..........	30	30	23	29	30	15	25	18	18	21	29

Maximum ....

Les chiffres ci-dessus représentent la moyenne des journées que chaque femme a passées à l'hospice.

Minimum..........

Le maximum des séjours par année est de 4.

	1861	1862	1863	1864	1865	1876	1877	1878	1879	1880	1881
Nombre des maladies vénériennes suivant les catégories de femmes........											
Femmes en maison..	33	36	39	35	28	18	32	26	24	30	32
Femmes en carte...	40	45	50	42	30	22	45	40	30	40	45
Insoumises.........	26	28	29	37	27	14	21	12	19	22	20
Nombre des vénériens (hommes)........											
Effectif de la garnison.	1250	1180	1500	1450	1550	1050	1300	1560	1440	1800	1450
Hôpital milit. : vénér.	1	1	1	1	1	1	1	1	1	1	1

Accidents primaires syphilitiques......
Accidents secondai-re syphilitiques....
Chancres mous......
Blennorrhagies......

Ces renseignements ne pourraient être fournis par les médecins militaires qu'à leurs chefs hiérarchiques.

Quelle est la périodicité des visites? — Les visites sont faites par un médecin-chirurgien de l'hospice deux fois par semaine et plus si c'est nécessaire.

Quelles sont les formalités employées pour arrêter et inscrire les femmes? — Les femmes sont inscrites après une enquête établissant qu'elles se livrent à la prostitution, et en vertu d'un arrêté de M. le maire, ou bien lorsqu'elles sont surprises en flagrant délit de raccrochage.

Généralement l'enquête qui précède l'inscription n'est commencée qu'après la déclaration d'un ou plusieurs individus venus spontanément se plaindre d'affections contagieuses résultant de leurs relations avec telle personne désignée.

Comment sont traitées les vénériennes à l'hospice? — Comme régime et nourriture, elles sont assimilées aux autres malades. Elle sont dans un quartier isolé.

J'ai constaté qu'il était difficile d'obtenir des religieuses et même des médecins la même assiduité et les mêmes soins pour les vénériens que pour les autres malades.

Y a-t-il un dispensaire gratuit pour les vénériens (hommes)? — Non.

Il y en a un à Bordeaux qui reçoit les malades de la région.

Les hommes atteints de maladies vénériennes sont-ils exclus des secours donnés par les Sociétés de secours mutuels? — Oui, par les statuts déjà anciens de ces Sociétés; mais, dans la pratique, les vénériens sont soignés comme les autres malades, et il n'y a aucune difficulté à ce sujet.

Peut-on diminuer la prostitution? — Oui, en redoublant de vigilance et de sévérité envers les gens qui provoquent ou font provoquer les jeunes filles à la débauche — les proxénètes et les hommes au profit desquels ils s'emploient. La loi restera injuste et insuffisante tant qu'elle n'établira pas une assimilation complète dans le délit et dans la peine entre tous les complices de ces actes de corruption. C'est l'appât de l'argent et non l'attrait du vice qui fait succomber les jeunes filles; les proxénètes, je parle de celles qui vivent librement sous l'apparence d'une autre profession, n'agissent elles-mêmes qu'à l'instigation des hommes qui les payent et qui peuvent, sous la législation actuelle, continuer d'entretenir cette infâme industrie sans risquer de perdre leur « honorabilité. »

Le Maire.

MONTAUBAN (Tarn-et-Garonne).

1861.... popul. 27 054 1866.... — 25 991 1876.... — 26 962	1re PÉRIODE (1861-1865)					2e PÉRIODE (1876-1881)					
	1861	1862	1863	1864	1865	1876	1877	1878	1879	1880	1881
Nombre des femmes inscrites.........										30	25
En maison.........	12							18	17	17	17
En carte...........	4							10	10	22	13
Insoumises........											
Majeures..........	Toutes.										
Mineures..........											
Nombre des maisons de tolérance......	3	3	3	3	3	3	3	3	3	3	3
Nombre des visites...	52	52	52	52	52	52	52	52	52	52	52
Cas de syphilis......											
Accidents primaires.										1	1
— secondaires.										1	1
Chancres mous......						2	3			1	4
Blennorrhagies......											
Maladies du col de la matrice..........						1	2			1	3
Gale..............											
Nombre de séjours par année d'une même femme à l'hôpital..											
Moyenne...........						1				1	2
Maximum..........											
Minimum..........											
Nombre des malades vénériennes suivant les catégories de femmes........											
Femmes en maison..						2	3			3	4
Femmes en carte...						2	3			3	5
Insoumises.........											
Nombre des vénériens (hommes).........											
Effectif de la garnison.						4000					
Hôpital milit. : vénér.						27	23	39	49	32	62
Accidents primaires syphilitiques......											
Accidents secondaires syphilitiques..											
Chancres mous.....											
Blennorrhagies......											

Quelle est la périodicité des visites? — Les femmes sont visitées toutes les semaines.

Quelles sont les formalités employées pour arrêter et pour inscrire les femmes? — On n'arrête et on n'inscrit les femmes que sur une plainte fondée et après avoir fait une enquête dans leur quartier, ou lorsqu'elles sont prises en flagrant délit.

Comment sont traitées les vénériennes à l'hôpital? — Elles y sont très bien traitées selon leur maladie.

Y a-t-il un dispensaire gratuit pour les vénériens, hommes? — Non.

Les hommes atteints de maladies vénériennes sont-ils exclus des secours donnés par les Sociétés de secours mutuels? — Oui.

Peut-on diminuer la prostitution? — Non.

Par quels moyens?

Le Maire,

ALEXIS BERGI.

LE BILL DE RAPPEL EN ANGLETERRE.

(V. p. 433.)

La seconde lecture du bill de rappel déposé par M. Stansfeld devait venir en discussion le 5 juillet; la marche des débats parlementaires l'a fait ajourner au 19 juillet.

La situation politique de l'Angleterre n'était pas favorable à une pareille discussion. Ce n'est pas là le moindre inconvénient des complications extérieures; elles arrêtent toutes les réformes intérieures.

M. Stansfeld n'en exposa pas moins les arguments des adversaires des *contagious diseases acts*. Il réfuta cette erreur qu'on leur prête, surtout en Angleterre, qu'ils ne voudraient pas soigner les maladies vénériennes, quand, au contraire, ils veulent qu'on les soigne comme les autres maladies. Il montra que les *acts* étaient une sanction et un encouragement de la prostitution. Enfin, il mit en cause la responsabilité du gouvernement de M. Gladstone et demanda qu'après le dépôt du rapport du comité, le gouvernement déposât un projet de loi dans le sens du rappel. M. Childers, ministre de la guerre, répondit au nom du gouvernement, qu'il reconnaissait qu'il avait l'obligation de s'occuper le plus tôt

possible de cette question. Pour le moment, il déclara que s'il donnait une opinion personnelle, il
manquerait à la déférence qu'il devait à la commission d'enquête qui s'est livrée à un si long travail. Il
doit attendre la fin de ses travaux et son rapport
qui ne tardera pas à être déposé. Après des remar-
ques de sir Staffort Northcorte et de M. O'Shaugh-
nessey, acte fut pris des déclarations de M. Childers, et à l'unanimité le débat fut ajourné.

LE SCANDALE MÉDICAL.

(V. p. 479.)

Dans la séance du 28 juillet du conseil municipal,
j'ai dénoncé le fait rapporté par le Dr Monténem. A
l'unanimité, le conseil municipal a invité le directeur de l'assistance publique à supprimer cet odieux
scandale.

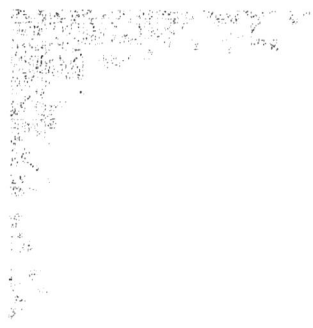

TABLE DES MATIÈRES

TABLE DES MATIÈRES.

DEUXIÈME PARTIE

ORGANISATION MÉDICALE DE LA PROSTITUTION.

TROISIÈME PARTIE

LES ABOLITIONNISTES.

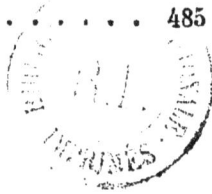

DE LA TABLE DES MATIÈRES.

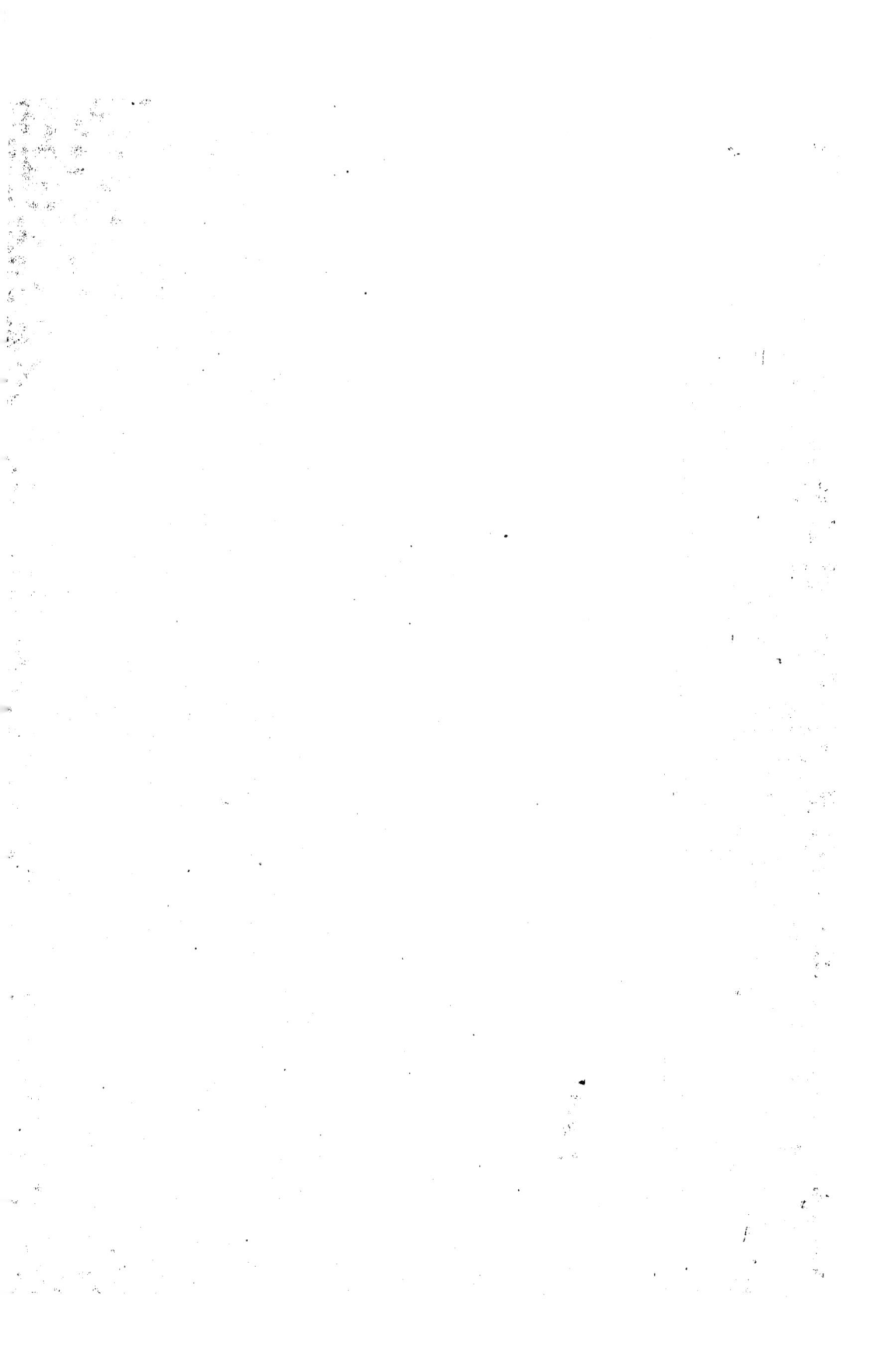

TABLE DES GRAPHIQUES

FIN DE LA TABLE DES GRAPHIQUES.

Imprimerie A. Lahure, rue de Fleurus, 9, à Paris.

Extrait du Catalogue de la BIBLIOTHÈQUE-CHARPENTIER

13, RUE DE GRENELLE-SAINT-GERMAIN, PARIS

à 3 fr. 50 le volume

ÉMILE CLAIRIN

Le Cléricalisme de 1789 à 1870......... 1 vol.

JULES SOURY

Jésus et les Évangiles. 2ᵉ édition......... 1 vol.

JEAN WALLON

Le Clergé de quatre-vingt-neuf......... 1 vol.

Jésus et les Jésuites......... 1 vol.

Un Collège de Jésuites......... 1 vol.

PIERRE VICTOR

Les Évangiles et l'Histoire......... 1 vol.

P. LANFREY

Histoire politique des Papes......... 1 vol.

L'Église et les Philosophes......... 1 vol.

ALFRED MICHIELS

Histoire secrète du Gouvernement Autrichien......... 1 vol.

Paris. — Impr. E. CAPIOMONT ET V. RENAULT, rue des Poitevins, 6.